宋元學案補遺

四

〔清〕王梓材 馮雲濠 編撰
沈芝盈 梁運華 點校

中華書局

宋元學案補遺卷四十目録

宋元學案補遺卷四十

後學 鄞 王梓材
慈谿馮雲濠 同輯

橫浦學案補遺

橫浦師承

郎官黃先生珪附師李鷟。弟琇。

黃珪字元功。永福人。徙居侯官。從司業李鷟學。釋褐後復中乙科。爲衢州教授。啓發甚至。除杭州教授。時橫浦爲諸生。實在座下。紹興八年。橫浦爲吏部侍郎。先生爲郎官。間相過從。仁心義色肅然郁然。先生嗜學不倦。自登第以至踐歷臺省。無一日廢書。嘗謂季弟琇曰。大學所謂誠其意者。毋自欺也。吾兄弟素習禮經。盍佩而行之。平昔所寓。必大書誠意正心四字于座右。以效古人盤盂几杖之戒云。橫浦文集。

龜山門人

補文忠張橫浦先生九成

梓材謹案。朱子文集邵州學濂溪先生祠記述潘燾之言曰。以故府張公九成之學爲出于先生也。亦祠以侑焉。是先生固濂溪私淑矣。

雲濠謹案。黄氏補本爲先生傳作海昌人。且言其投檄而歸海昌云。

横浦語要

敬之一字。乃克己私之利刃子。

有是四端而不知學問。則行于所不當行。故有不愛其親而愛他人者。不惡小人而惡君子者。有遜位于子之而召亂者。有非君子而是小人者。此所以不可不學也。何謂學。中庸所謂博學審問愼思明辨篤行。伊川所謂五者廢其一則非學。

論語含蓄。未易理會。雖至妙之理。只一兩句便了。孟子須反復詳説。初學讀之。比之論語似易曉。然亦未易觀。蓋孟子多散漫。觀者須把他散漫處去尋他渾成處看。行則見于實效。知多止于説辭。

一國之大。有百官有司之俸。有祭祀賓客之給。儻輕費妄用。則將頭會箕斂。奪民財。而民不勝病矣。要當量入爲出。百官有司其俸有高下。其品有章程。

快意事孰不喜爲。往往事過不能無悔者。蓋于他人有甚不快存焉。豈得不動于心。君子所以隱忍詳復。不敢輕易也。

横浦書説

孔安國曰。少昊顓頊高辛唐虞之書。謂之五典。言常道也。是典之爲義。特載唐堯常事。而今觀其所載。皆後世人主勉强勞苦終未能彷彿其萬一者。而曰常道。則其意所責于後世人主者。其亦不淺也。

吾儕讀書當學堯舜。堯之用賢。堯之同天。堯之知人。堯之識變。果何自而來哉。當亦知所主也。盍深思其所以然。他日以堯舜之道輔吾聖君。則亦有所據矣。以上堯典。

益稷未嘗有一字而乃以命篇何也。曰。此史官之意。以謂禹之所以成功者。以益稷同心爲之佐也。同心協贊。得以名篇。使後世之士知功不必爭。名不必擅。儻吾懷至公之心。共成天下之務。如益稷者。亦自不廢于唐虞之時。至列名于禹皋陶之後。則忌嫉之心。强愎之意。庶幾其少瘳乎。益助禹以刊木而奏鮮食。稷助禹以濬川而奏艱食鮮食。二人與同其勞苦。共成此大功。三人之心一而無間。史官以其一也。故以益稷名篇。而附于禹皋陶之後焉。至于論安汝止以動上帝。作股肱耳目以至治庶頑讒説。反覆辨論至于賡歌。皆禹昌言之所及也。故因以附焉。其主則在益稷而已。益稷。

禹敷土。隨山刊木。奠高山大川。此史辭也。禹錫玄圭。告厥成功。此史辭也。若夫自冀州至訖乎四海。皆禹述治水本末。與夫山川之主名。草木之生遂。貢賦之高下。土色之黑白。山之首尾。川之分派。其所以弼成五服。聲教訖于四海者。盡載以奏于上。藏之史官。略加删潤。敘結成書。取以備一代之制作。而謂之夏書。然其間稱祗台德先。不距朕行。此豈史辭哉。此禹之自言也。自稱祗我之德。不違我之行。而不知退讓。安在其爲不矜伐哉。曰。古之所謂不矜伐者。非如後世心夸大而外辭遜也。其不矜伐者。在以其色理情性退然如無能之人。不言而天下知其爲聖賢。至于辭語之間當述敘而陳白者。亦不可切切然校計防閑。如後世之巧詐彌縫也。使其如後世之人。中外不相應。豈能變移道化成此大功哉。余因以發之。然此書所紀事亦衆矣。而謂之禹貢。其間言賦篚亦鮮矣。乃不略及之。何哉。曰。此史官名書之深意也。其意以謂昔者洪水茫茫。九州不辨。民皆昏墊。今一旦平定四海。使民安居樂土。自然懷報上之心。以其土地所有獻于上。若人子具甘旨温清之奉于慈親焉。此民喜悦之心也。名篇之意其在兹乎。不及賦篚以言。名雖曰賦篚。亦非强爲科索。使民不聊生也。其喜悦願輸。亦若貢物然。此所以總名之曰貢也。意其深哉。嗚呼。山川水土。道里細微。事亦大矣。而其名篇乃以民心爲言。則聖賢之心蓋可知矣。禹貢。

此篇周公攝政代成王。大誥多邦。及御事以征三監之意也。此事正在流言時。未必成王之心也。當時柄在周公。而周公身受武王之託。故專此事而不疑。以謂區區之心。天地必知之。武王知之。若以嫌疑爲自安計。則吾與武王辛勤艱苦。成此基業。一旦坐視其將墜而不救。此亦何心哉。然而以後世觀之。周公所以自謀者亦已疏矣。以是知古之聖賢不求人知而求天知。不爲身計爲天下國家計。疑在成王。忠在一身。周公行與天通。與鬼神通。則成王疑心自當破散。而吾之忠誠自當見矣。此篇益見周公之忠。益生成王之疑。余反覆讀此。輒爲之三歎。周公以爲三監賊也。在所當征。成王以爲三監忠也。周公擅兵權。以騁私欲。殺三監。以滅口耳。事既如此。而邦君御事。又以爲成王當考翼不可征。周公諄諄以卜。乃先王之所信。而十夫予翼賢者。亦以爲當征。武王所圖之事。所圖之功。所指之疆土。豈可中輟。爲他人淩踐哉。所以獨忤君心。獨違衆議。以十夫爲助。而秉此忠誠。上通天心。下通三王之心以征之。征而成功。成王愈疑。非上天明其忠。嗚呼。周公之負枉其有既乎。大誥。

微子蓋帝乙長子。特以其母初賤而生。故不立。其後母貴而生紂。故紂得立。然而紂無道亡天下。其子武庚又背叛亡其國。商緒宜絶矣。周家忠厚。不忍滅商宗廟社稷。卒封微子以爲商後。且使成湯以來不泯祭祀。凡三十二傳而滅于齊。是全湯之宗祀者。微子也。使微子繼帝乙有天下。豈有牧野之事乎。微子之命。

余觀君牙伯冏之篇。亦虛心于治道矣。穆王。其父昭王。溺死于漢水。畧無恢復之計。而馳騖四方。與兩篇之言絶不相似。然而余三復兩篇。見其慇懃惻怛。有足以感動人者。何也。曰。德宗何人哉。有陸贄作奉天詔書。遂使山東父老爲之泣下。則夫二篇之命。亦必當時仁人君子憫穆王之無志。故修辭立誠。以勸厲于臣下也。或曰。安知非出于穆王之自爲耶。曰。穆王無志如此。以五十之年。乃卽尊位。而乃不以父恥爲念。區區如兒輩務夸馬力。奔走四方。此不才之主也。安得有此至誠之言。冏命。

以史攷之。是平王因申侯殺其父而得立也。嗚呼。尚忍言之耶。使平王知有父子。方且痛傷求死之不給。肯爲殺父者所立乎。使平王權以濟事。方且枕戈嘗膽以報父仇。肯命文侯而無一言以及幽王。畧無傷痛之辭。何也。豈初造國家。未能勝之。故爲此畏懼。將以有待耶。而在位五十年。畧無設施。是特不孝之子而已。孔子存之。蓋以著平王之罪。與胤征同也。文侯之命。

王伯厚曰。張子韶書説。于君牙。冏命。文侯之命。其言峻厲激發。讀之使人憤慨。其有感于靖康之變乎。胡文定春秋傳。于夫椒之事亦致意焉。朱子詩傳。其説王風揚之水亦然。

張無垢中庸説

朱子曰。張公始學于龜山之門。而逃儒以歸于釋。既自以爲有得矣。而其釋之師語之曰。左右既得。欛柄入手。開導之際。當改頭換面。隨宜説法。使殊途同歸。則世㊀出世間。兩無遺恨矣。然此語亦不可使俗輩知。將謂實有恁麼事也。原註。見大慧禪師與張侍郎書。今不見于語録中。蓋其徒諱之也。用此之故。凡張氏所論著。皆陽儒而陰釋。其離合出入之際。務在愚一世之耳目。而使之恬不覺悟。以入乎釋氏之門。雖欲復出而不可得。本末旨意。畧其所受于師者。

㊀「世」上脱「住」。

其二本殊歸。蓋不特莊周出于子夏。李斯原于荀卿而已也。竊不自揆。嘗欲爲之論辨。以曉當世之惑。而大本既殊。無所不異。因覽其中庸說。故掇其尤甚者什一二。著于篇。其他如論語。孝經。大學。孟子之説。不暇偏爲之辨。大抵恩遽急迫。其所以爲説。皆此書之類也。天命之謂性。第贊性之可貴耳。未見人收之爲己物也。率性之謂道。則人體之爲己物。而入于仁義禮智中矣。然而未見其施設運用也。脩道之謂教。則仁行于父子。義行于君臣。禮行于賓主。知行于賢者。而道之等降隆殺。于是而見焉。天命之謂性。率性之謂道。修道之謂教。

朱子曰。天命之謂性。言性之所以名。乃天之所賦。人之所受。義理之本原。非但贊其可貴而已。性亦何待于人贊其貴耶。董子曰。命者天之令也。性者生之質也。此可謂庶幾子思之意。而異乎張氏之言矣。且既謂之性。則固已自人所受而言之。今曰未爲己物。則是天之生是人也。未以此與之而置之他所。必是人者自起而收之。而後得以爲己物也。不知未得此性之前。其爲人也。孰使之呼吸食息于天地之間以收此性。且夫性者。又豈塊然一物。寓于一處。可摶而置之軀殼之中耶。仁義禮智。性之所有。與性爲體者也。今曰體爲己物。然後入于仁義禮智之中。則是四者。道設于此。而後性來于彼也。不知方性之未入也。是四者又何自而來哉。凡此皆不知大本。妄意穿鑿之言。智者觀之。亦不待盡讀其書。而是非邪正已判于此章矣。仁行于父子。義行于君臣。是乃率性之道。而遽以爲脩道之教。亦失其次序矣。不睹不聞。少致其忽。宜若無害矣。然而怠忽之心。已顯于心目之間。

不足以感人動物而招非意之辱。莫爲之禍焉。此君子所以慎其獨也。以上是故君子戒慎乎其所不睹至慎其獨也。

朱子曰。君子所以慎其獨者。非爲恐招禍辱而已也。今曰不睹不聞之間。少致其忽。初無所害。特恐招禍辱而後慎其獨焉。非知道之言也。

未發以前。戒慎恐懼無一豪私欲。喜怒哀樂之未發謂之中。

朱子曰。未發以前。天理渾然。戒慎恐懼則既發矣。

方率性時。戒慎恐懼。此學者之事也。及其深入性之本原。直造所謂天命在我。然後爲君臣父子兄弟夫婦之教。以幸于天下。至于此時。聖人之功用興矣。

朱子曰。率性之謂道。言道之所以得名者如此。蓋曰各循其性之本然。卽所謂道爾。非以此爲學者之事。亦未有戒慎恐懼之意也。脩道之謂教。通天下而言之。聖人所以立極。賢人所以脩身。皆在于此。非如張氏之説也。又曰。深入性之本原。直造所謂天命在我。理亦有礙。且必至此地。然後爲人倫之教。以幸天下。則是聖人未至此地之時。未有人倫之教。而所以至此地者。亦不由人倫而入也。凡此。皆爛漫無根之言。乃釋氏之緒餘。非吾儒之本旨也。

率性之謂道。未離本位。修道之謂教。不可以離不離名之也。以上君子中庸。

朱子曰。言性有本位。則性有方所矣。聖賢言性。似不如此。假如其説。則前章云率性所以求中。言求。則是自此求彼。非離正位而何。至于以脩道爲聖人之功用。則又曰不可以離不離名之。蓋其説有所不通。而駸駸乎遁矣。

人皆用知于詮品是非。而不知用知于戒慎恐懼。使移詮品是非之心于戒慎恐懼。知孰大焉。人皆曰予知。

朱子曰。有是有非。天下之正理。而是非之心人皆有之。所以爲知之端也。無焉。則非人矣。故詮品是非乃窮理之事。亦學者之急務也。張氏絶之。吾見其任私鑿知。不得循天理之正矣。然斯言也。豈釋氏所稱直取無上菩提。一切是非莫管之遺意耶。嗚呼。斯言也。其儒釋所以分之始與。

顔子戒慎恐懼。超然悟未發已發之幾于喜怒哀樂處。一得天命之性。所謂善者。則深入其中。人欲都忘。我心皆喪。

朱子曰。超然悟未發已發之幾。中庸無此意也。喜怒哀樂莫非性也。中節則無不善矣。不知更欲如何得之。而又如何深入其中也。若此。則是前乎此者未得此性。而常在性之外也耶。且曰我心皆喪。尤害于理。

人第見其拳拳服膺。而不知顔子與天理爲一。無一豪私欲横乎其間。不識不知。我已且無有矣。以上回之爲人。

朱子曰。此言蓋欲極意以諛顔子。而無所準則。不自知其言之過也。

予嘗求聖人而不可得。今乃知止在喜怒哀樂未發處爾。惟聖者能之。

朱子曰。有道者見理平常。其言雍容閒暇。而理致自遠。似不如此之駭遽而張皇也。由戒愼恐懼以養喜怒哀樂。使爲中爲和。以爲天地。化育萬物。

朱子曰。喜怒哀樂之未發乃本然之中。發而中節乃本然之和。非人之所能使也。天地位焉。萬物育焉。亦理之自然。今加以字。而倒其文。非子思之本意矣。此乃一篇之指要。而張氏語之。輒有差謬。尚安得爲知言哉。

中庸無止法。故聖人有所不知。不能自謂知能止矣。○君子之道。所以大莫能載。小莫能破。以其戒愼恐懼。察于微茫之功也。

朱子曰。大學之道在知所止。蓋無止。則高者過。卑者陷。非所以爲中庸矣。聖人固未嘗自謂知能。然非此章之指也。蓋所謂不知不能。莫能載。莫能破。皆極言道體之無窮爾。非爲聖人而言。亦無察于微茫之意也。

戒愼恐懼。則未萌之始。已致其察。至于鳶飛魚躍。而察乃在焉。○上際下蟠。察無不在。所以如鳶飛魚躍。察乃隨飛躍而見焉。

朱子曰。中庸引此詩以發明道體之無所不在。所謂費而隱也。明道上蔡言之已詳。子思復生。不能易也。張氏之云。不亦異乎。且曰未萌之始已致其察。則是有事焉而正之也。顧惟此察始于戒愼恐懼。以養中和。而喜怒哀樂未發已發之間。乃起而爲中和。以上君子之道費而隱。

朱子曰。起而爲中和。如之何其起也。此豈知中和者之語哉。

人卽性也。以我之性覺彼之性。

朱子曰。詳經文。初無此意。皆釋氏之説也。且性豈有彼我乎。又如之何其能以也。

使其由此見性。則自然由乎中庸。而向來無物之言。不常之行。皆掃不見跡矣。以上君子以人治人改而止。

朱子曰。見性本釋氏語。蓋一見則已矣。儒者則曰知性。既知之矣。又必有以養而充之。以至于盡。其用力有漸。固非一日二日之功。日用之際。一有懈焉。則幾微之閒。所害多矣。此克己復禮之所以爲難。而曾子所以戰戰兢兢。至死而後知其免也。張氏之言與此亦不類矣。然釋氏之徒有既有謂見性不疑。而其習氣嗜欲無以異于衆人者。豈非恃夫掃不見跡之虛談。而不察乎無物不常之實弊。以至此乎。然則張氏之言。其淵源所自。蓋可知矣。

恕由忠而生。忠所以責己也。知己之難克。然後知天下之未見性者。不可深罪也。〇知一己之難克。而知天下皆可恕之人。以上忠恕違道不遠。

朱子曰。恕由忠生。明道謝子侯子蓋嘗言之。然其爲説。與此不相似也。若曰知一己之難克。而知天下皆可恕之人。則是以己之私待人也。恕之爲義。本不如此。正蒙曰。以責人之心責己。則盡道。以愛己之心愛人。則盡仁。以衆人望人。則易從。此則物我一致。各務循理而無違矣。聖賢之言自有準則。所謂以人治人者。雖曰以衆人望人。然而必曰道不遠人。

則所以謂衆人者亦有道矣。以己不能克其私。而并容他人。使之成其惡。則是相率而禽獸也。其爲不忠不恕。孰大于是。

子事父。臣事君。弟事兄。朋友先施之。皆曰求者。蓋所以致其察也。察子之事父。吾未能。安敢責父之愛子乎。所求乎子以事父未能也。

朱子曰。此四句當爲八句。子臣弟友四字是句絶處。求猶責也。所求乎子者如此。然我以之事父。則自有所未能。正蒙所謂以責人之心責己則盡道。蓋將由是而加勉。正身以及物。非如上章所云以己難克而并容他人也。且又曰。察子之事父吾未能。安敢責父之愛子乎。則是君臣父子漠然爲路人矣。旻天之泣。小弁之怨。又何謂也。蓋其馳心高妙。而于章句未及致詳。故因以誤爲此説。以求爲察。亦非文義。

顧者察也。言顧行。

朱子曰。按上章以求爲察。固已無謂。此又以顧爲察。尤爲牽合。大抵張氏之爲是説。得一字可推而前者。則極意推之。不問其至于何處。與其可行不可行也。篇内所謂戒慎恐懼。下章所謂忠恕。所謂仁勇。所謂發育峻極。皆此類也。

君子戒慎恐懼。醞釀成中庸之道。在上位不陵下。

朱子曰。中庸之道。天理自然。非如酒醴。必醞釀而成也。

欲知戒慎恐懼之效。當于忠恕卜之。欲知忠恕之效。當于父母卜之。君子之道譬如行遠必自邇。

朱子曰。此言皆牽合無理。且父母至尊。豈人子所以卜忠恕之物乎。詳味此言。可見其二本矣。

天地萬物森然。鬼神列于中。不可違也。鬼神之爲德。

朱子曰。張氏他章之説甚詳。而此獨略。將有所疑而不敢盡耶。抑其所謂鬼神者特如世俗之論。而不之究耶。然詳味列字之意。則以鬼神别爲一物明矣。豈知鬼神者之言哉。

言此所以勉天下之爲德也。當始一戒慎恐懼。而以位禄名壽卜德之進否。大德必受命。

朱子曰。德盛則名位禄壽從之。乃理之必然。非姑爲此言以勉天下之爲德。亦非使學者以是四者卜其德之進否也。舜之飯糗茹草。若將終身焉。其受命也。乃不期而自至耳。豈曰卜之云乎。張氏之説。乃謀利計功之尤者。學者一有此念存乎胸中。則不可以進德矣。

戒慎恐懼。則無適而不在中和。中其無憂也。必矣。中和之中自當有賢父聖子。〇武王之舉。危道也。以上無憂者其惟文王乎。

朱子曰。凡此類皆牽合。而此數句尤疏闊無理。又以武王之舉爲危道。則是聖人行險以徼幸也。是豈知順天應人之爲安哉。

不知先王居于何地。乃知天神自郊求。地示自社求。人鬼自禘嘗求哉。郊社之禮禘嘗之義。

朱子曰。先王所以知此。以其理而已矣。不煩更爲奇怪之説。

布種下實未及頃刻。地道敏樹。

朱子曰。雖天下至易生之物。亦未有下種未及頃刻而發生者。此可見其矜奇欲速之心矣。

戒慎恐懼。深致其察。所以知天也。

朱子曰。戒懼致察。既知天而事天之事也。未能知天。則何所戒懼乎。

推知天之心以知人。推知人之心以事親。以上故君子不可以不修身至不可以不知天。

朱子曰。推知天以知人。猶之可也。推知人以事親。不亦悖乎。伊川先生曰。不知人。則所與或非其人。所由或非其道。而辱身危親者有之。故思事親。不可以不知人。此論不可易也。

知而未能行。是未能運用此誠也。

朱子曰。知而未能行。乃未能得之于己。豈特未能用而已乎。然此所謂知者。亦未眞知也。眞知則未有不能行者。且曰運用此誠。亦非知誠者之語。蓋誠則無爲而成。初不煩運用矣。

行知仁勇者誠也。而所以知此誠者。非他物也。亦卽誠也。所以行此誠者。非他物也。亦卽誠也。此聖人極誠之所在而指之也。○誠字雖同。而行知仁勇之誠。不若知誠之誠爲甚明。知誠之誠。不若行誠之誠爲甚大也。以上所以行之者一也。及其知之一也。及其成功一也。

朱子曰。經文所以行之者一也。與及其知之一也。及其成功一也。兩句立語命意不同。張氏似誤作一例讀之。故其爲説如此。文義猶不暇通。而遽欲語其精微。此其所以失之也。

且所謂誠者一而已矣。今乃裂而三之。又于其中相與自爲優劣。蓋不窮天理。無所準則。而逞其私智。逆探幽深。横鶩捷出。必極其所如往而後已。則安得不至于是乎。然推其本原。則生生化化見見聞聞之緒餘也。

近之爲言。以不遠也。不遠卽在此而已。第知所以好學者誰。所以力行者誰。所以知恥者誰。則爲知仁勇矣。見于言語文字者。皆近之而已。惟人體之。識所以體者。爲當幾而明。卽事而解。則知仁勇豈他物哉。好學近乎知。力行近乎仁。知恥近乎勇。

朱子曰。上章既言達德之名。恐學者無所從入。故又言其不遠者以示之。使由是而求之。則可以入德也。聖人之言。淺深遠近之序不可差次如此。張氏以爲不遠者是矣。而又曰。卽在此而已。何其言之相戾也。蓋其所以爲説者。牽之以入于荒唐繆悠之中。其勢不得而自已爾。夫好學力行知恥在我而已。必求其所以如此者爲誰。而後爲至是。是身外復有一身。心外復有一心。紛紛乎果何時而已耶。設使果如其言。則所謂誰者一而已矣。聖人復何用虛張三者之目。使學者徒爲是多方以求之耶。詳求聖人之意。決不如是。特釋氏之説耳。此章之旨。惟吕博士之言淵慤有味。庶幾得之。張氏之徒。蓋以爲淺近而忽之矣。然豈知其言近指遠。甚得聖賢之意也與。

如其知仁勇。則亦不期于修身。尊賢親親。敬大臣。體羣臣。子庶民。來百工。懷諸侯。柔遠人矣。○九經以次而行。皆中其會矣。以上凡爲天下國家有九經。

朱子曰。如張氏之云。則九經皆剩語矣。聖人之道所以異于異端者。以其本末内外一以貫之。而無精粗之辨也。故子思于九經反覆三致意焉。而張氏忽之如此。蓋每事欲高于聖賢一等。而不知憑虚失實。祇其所以爲卑也。

欲學者養誠于平日也。凡事豫則立。

朱子曰。先立乎誠則無不豫矣。非謂豫養誠也。既誠矣。則何豫養之云乎。

世之論誠者多錯認專爲誠。夫至誠無息。專非誠也。以專爲誠。則是語言寢處。應對醻酢。皆離本位矣。

朱子曰。專固不足以盡誠。然遂以無息爲誠。則亦誤矣。蓋惟至誠爲無息。非因其無息而命之以誠也。離本位之言。聖人無有。已辨於前矣。然專亦豈能遽離本位哉。

世之行誠者。類皆不知變通。至于誦孝經以禦賊。讀仁王以消災。

朱子曰。聖賢惟言存誠思誠。未嘗言行誠。蓋思之既得。存之既著。則其誠在己而見于行事者。無一不出于誠。謂之行誠。則是己與誠爲二。而自我以行彼。誠之爲道。不如是也。如此者。其失不但不知變通而已。若曰所行既出于誠。則又不可謂之行誠。而亦無不知變通之理。張氏之言。進退無所據矣。至于誦孝經以禦賊。蓋不知明理而有迂愚之蔽。以是爲行誠而不知變通。然則張氏之所謂誠。亦無以異于專矣。讀仁王經者。其溺于邪僻又甚。不得與誦孝經者同科矣。

格物知至之學。內而一念。外而萬事。無不窮其終始。窮而又窮。以至於極盡之地。人欲都盡。一旦廓然。則性善昭昭。無可疑矣。

朱子曰。格物之學。二先生以來。諸君子論之備矣。張氏之云。乃釋氏看話之法。非聖賢之遺旨也。吕舍人大學解所論格物。正與此同。愚亦已爲之辨矣。

注之于身則身誠。注之于親則親悦。注之于友則友信。注之于君于民。則獲上而民治。

朱子曰。明乎善則身自誠。乃理之自然。身誠則親自悦。由是以至于友。于君。于民皆然。乃積盛充實而自致耳。今曰注之而然。則是設之于此。射之于彼。而冀其必然也。其爲不誠。莫大于是。

誠之所在。擊觸轉移。以上不誠乎身矣。

朱子曰。至誠積于中而事物應于外。理之常也。然豈若是其驚遽暴疾哉。

博學者戒愼恐懼非一事也。博學之。

朱子曰。戒愼恐懼乃篤行之事。非博學之謂也。

由上智之自得。而合乎聖人之教者。性也。由遵聖人之教。而造乎上智之地者。教也。上智自得。而不合于聖人之教。則爲異端矣。誠明明誠。

朱子曰。張氏于誠明之説。蓋未嘗深攷而爲此説。以合其素論。觀其自處。傲然已在誠明之域矣。然謂上智自得而有不合于聖人之教者。則未知其所得果何事也。且所謂異端者。

復誰謂乎。夫豈不自知其已失身于此。而故爲是言者。是乃所謂改頭換面。陰予而陽擠之。將以自蓋其迹。而幸人之不疑己。其爲不誠。莫大于是。以是心而語中庸。不亦戾乎。大哉。聖人之道章云。荒唐夢幻之學。其意亦猶是也。

此誠既見。己性亦見。人性亦見。物性亦見。天地之性亦見。惟天下至誠爲能盡其性至天地參矣。

朱子曰。經言惟至誠故能盡性。非曰誠見而性見也。見字與盡字意義迥別。大率釋氏以見性成佛爲極。而不知聖人盡性之大。故張氏之言每如此。

禮樂射御書數中有造乎誠之地也。

朱子曰。直造乎誠。則非致曲也。

變者此誠。忽然而有。倏然而無。以上其次致曲。

朱子曰。誠若如此。何以爲物之終始乎。

既前知之。則以誠造化轉稱變易。使禍爲福。妖爲祥。亡爲興。蓋無難也。至誠之道。可以前知。

朱子曰。至誠之道。非可以者。以之則非誠矣。夫轉禍爲福。易災爲祥。以大戊高宗之事觀之。則理固有是。然不如是之易也。是以古之聖賢遇災而懼。嚴恭祇畏。以正厥事。猶不敢庶幾其萬一。故曰瞻仰昊天。曷惠其寧。豈曰轉移變易。而無難哉。然此章之指。初亦不爲是發也。

吾誠一往。則耳目口鼻皆壞矣。不誠無物。

朱子曰。誠無人我之別。不必言吾。無彼此之殊。不必言往。耳目口鼻亦豈有一旦遽壞之理哉。此章之説。諸先生言之悉矣。觀此得失可見。

誠未足貴。誠而又誠之。斯足貴也。君子誠之爲貴。

朱子曰。聖人言天下之理。無出于誠。而曰誠未足貴。何其言之悖也。且既誠矣。以爲未足貴。而又誠之乃足貴。則前之所謂誠者。無乃爲棄物與。蓋緣本不知誠。而惟恐其言之小。故其言每如此。且誠者天之道。豈亦未足貴。必待誠之者人之道。乃足貴耶。雖至愚有以知其不然矣。

不見形象而天地自章。不動聲色而天地自變。垂拱無爲而天地自成。天地亦大矣。而使之章。使之變。使之成。皆在於我。

至誠不息。則有不見而章。不動而變。無爲而成。天地又自此而造化之妙矣。以上至誠無息。

朱子曰。經義蓋謂至誠之理。未嘗形見而自彰著。未嘗動作而自變化。無所營爲而自成就。天地之道一言而盡。亦不過如此而已。張氏乃以爲聖人至誠于此。能使天地章明變化于彼。不惟文義不通。而亦本無此理。其曰天地自此而造化。語尤險怪。蓋聖人之于天地。不過因其自然之理以裁成輔相之而已。若聖人反能造化天地。則是子孫反能孕育父祖。無是理也。凡此好大不根之言。皆其心術之蔽。又原于釋氏心法起滅天地之意。正蒙斥之詳矣。

自戒愼恐懼而入。入而造于發育峻極之地而不敢已。則行乎三千三百之中而道問學矣。尊德性而不敢已。則又變而爲致廣大。致廣大而不敢已。則又變而盡精微。盡精微而不敢已。則又變而極高明。極高明而不敢已。則又變而道中庸。知新崇禮。又致廣大。極高明之變名也。

朱子曰。此章言體道成德之目。無不敢已而又變之意。變名之説。亦無義理。豈有一豪之變怪。以驚眩天下之耳目哉。以上尊德性而道問學至敦厚以崇禮。

朱子曰。張氏之書。變怪驚眩。蓋不少矣。猶以爲無有。不知更欲如何。乃爲變怪驚眩哉。周法已弊。其過多矣。孔子身非輔相。不在尊位。所以不敢輕議妄論。而曲意以從周之法度。吾從周。

朱子曰。孔子言周監于二代。郁郁乎文哉。吾從周。則其從周也。亦有道矣。非不得已而妄從之也。若末世之弊。有如拜上之泰。則不盡從矣。其不得不從者。是亦義理之所在。斯誠然而從之。以爲曲意而從。非聖人之心也。張氏歸心乎釋氏。而曲意于儒者。故其所以窺聖人者如此。非一辭之失也。其所從來遠矣。

夫如此指何事而言哉。卽予所謂戒慎不睹。恐懼不聞也。君子未有不如此而蚤有譽于天下也。

朱子曰。張氏戒慎恐懼二句。横貫中庸一篇之中。其牽合附會。連章累句。不容一一辨正矣。至于此章。經文所謂如此。乃上文君子之道本諸身以下耳。張氏欲成其前説。乃近舍本章上文之義。遠指戒慎恐懼于數千字之間。未論義理之當否。而豈言語文字體勢之常哉。故特論此一章尤疏漏處。以見其餘之皆此類也。

論至于此。則夫子蓋未嘗死也。觀乎天地。此亦夫子之乾坤也。此天地之所以爲大也。

朱子曰。孔子言。文王既没。文不在兹乎。未嘗言文王之不死也。然言近指遠。其味無窮。所以爲聖人之言也。不死之云。變怪駭人。而實無餘味。故程子有言。立言當涵養意思。不使知德者厭。無德者惑。正爲此耳。

附録

生平恥言人過。樂誘以善道。鄉曲無少長皆愛慕。

楊龜山諸公講明大道。名重天下。聞公行誼。相與締交。學士大夫聞公歸海昌。簦笈雲集。公遜辭不獲。乃與言曰。夫人幼而學之。壯而欲行之。大學平天下之道。自格物入。夫子不踰矩之道。自志學入。一心之所營。卽經綸天下之業。一身之所履。卽綏定國家之事。耳目乃禮樂之原。其可勿正。夢寐乃居處之驗。其可勿思。諸君子曷亦深求而自得之。以無愧所學。

改著作佐郎。是歲。樊光遠爲南宫首。汪應辰魁天下。公轉對。上曰。朕妙選多士。而魁殿省者皆卿門人。深用嘉歎。卿以何術致然。公曰。昔夏侯勝矜語門人。謂士患不明經。經旨苟明。取青紫如拾芥。臣嘗鄙之。明經所以立身行己而致君澤民。儻以是爲青紫之資。則得失亂其中。榮辱奪其外。始焉苟得。則終必患失。漢儒經學之弊。正在于此。張禹孔光沿襲爲常。而阿合苟容。以成漢室之變。是皆志在青紫所致也。臣不佞。不復以利禄之説聳誘其徒。惟知講明經術。

景行前修。庶幾克成忠孝耳。上嘉歎久之。

一日。論日有食之。因以危言闔切帝心。且曰。日食之變。本于惡氣。惡氣之萌。本于惡念。不芟夷蘊崇之。絶其本根。將奔騰四達。上觸乎天。則日月薄蝕。五星失序。下觸乎地。則菑及五穀。怪妖迭見。中觸乎人。則爲兵爲火。札瘥備至。是則惡念之起。可不應時撲滅乎。臣願陛下正心術以格天心。上聳然曰。誠在朕念慮間。當爲卿戒之。

復祕閣修撰。知温州。公被命則曰。吾居横浦久。心實安之。不能忘也。因自號横浦居士。疾稍間。設絳帳自居。訓子姪益廑有學。説曰。余以經學訓汝。所以端本原。養情性。以正汝所習。若乃申韓刑名。儀秦縱横。耳不可有聞。目不可有見。操履醇正。深造自得。則吾身無在而非聖人矣。並家傳。

周益公題張無垢手書曰。其云大學一篇。學者入聖域衢路。又云。聞見所得。不如踐履之深。又云。接事遇物于不可意處。試吾所得。此最親切者。又云。閉目前視六十以前己行是非。自進自退。亦一快也。凡是四端。所以脩身。所以誨人。周禮盡在魯矣。尺牘云乎哉。

朱子曰。世之解經者有三。一儒者之經。一文人之經。東坡陳少南輩是也。一禪者之經。張子韶輩是也。

又答許順之曰。如子韶之説。直截不是正理。説得儘高儘妙處。病痛愈深。此可以爲戒。而不可學也。

又曰。近聞越州洪适欲刊張子韶經解。爲之憂歎。不能去懷。若見得孟子正人心承三聖意思。方知此心不是苟然也。

又答石子重書云。洪适在會稽。盡取張子韶經解板行。此禍甚酷。不在洪水夷狄猛獸之下。令人寒心。

又語類曰。某舊見張子韶有箇文字。論仁義之實云。當其事親之時。有以見其温然如春之意。便是仁。當其從兄之際。有以見其肅然如秋之意。便是義。某嘗對其說。古人固有習而不察。如今卻是略略地習。卻加意去察。古人固有由之而不知。如今卻是略略地由。卻加意去知。因笑云。李先生見某說。忽然曰。公適間說得好。可更說一遍看。

陳龍川曰。近世張給事學佛有見。晚從楊龜山學。自謂能悟其非。駕其說以鼓天下之學者。靡然從之。家置其書。人習其法。幾纏縛膠固。雖世之所謂高明之士。往往溺于其中而不能以自出。其爲人心之害。何止于戰國之楊墨也。

陳直齋曰。無垢諸經解。大抵援引詳博。文意瀾翻。似乎少簡嚴。而務欲開廣後學之見聞。使不墮于淺狹。故讀其書者。亦往往有得焉。

羅大經鶴林玉露曰。胡澹庵見楊龜山。舉兩肘示之曰。吾此肘不離案三十年。然後于道有進。張無垢謫横浦。寓城西寶界南。其寢室有短窗。每日昧爽。輒抱書立窗下就明而讀。如是者十四年。洎北歸。窗下石上雙趺之跡隱然。至今猶存。前輩爲學勤苦如此。然龜山蓋少年耳。無垢乃晚年。尤難也。

王深寧困學紀聞曰。朱子以無垢爲雜學。論語集注獨取審富貴安貧賤之語。

趙滏水道學發源引曰。張氏孝經解。足以啓發人之善心。由之足以見聖人之蘊。至于載之東西銘。子翬之聖傳論。譬之户有南北東西。由之皆可以至于堂奧。

宋潛溪凝道記曰。横浦之學何如。曰。清節峻標。固足以師表百世。其學則出于宗杲之禪。而借儒家言以文之也。儒與浮屠其言固有同者。求其用。蓋天淵之不相涉也。其可混而爲一哉。金溪之學則又源于横浦者也。考其所言。蓋有不容掩者矣。

唐肅曰。先生從學龜山。學有源本。于經傳多所訓釋。而孟子書尤究心焉。

梓材謹案。四庫全書著録先生孟子傳二十九卷。係内府藏本。盡心篇已佚。提要云。横浦之學出于龜山。又喜與僧宗杲遊。故不免雜于釋氏。所作心日新二録。大抵以禪機詁儒理。故朱子作雜學辨。頗議其非。惟注是書。則以當時馮休作删孟子。李覯作常語。司馬光作疑孟。晁説之作詆孟。鄭厚叔作藝圃折衷。皆以排斥孟子爲事。故特發明義利經權之辨。著孟子尊王賤霸有大功。撥亂反正有大用。每一章爲解一篇。主于闡揚宏旨。不主于箋詁文句。是以曲折縱横。全如論體。又辨治法者多。辨心法者少。故其言亦切近事理。無由旁涉于空寂。在横浦諸著作中。此爲最醇。至于草芥寇讎之説。謂人君當知此理。而人臣不可有此心。觀其眸子之説。謂瞭與眊乃邪正之分。不徒論其明暗。又必有孟子之學識而後能分其邪正。尤能得文外微旨云。又案。鄭厚字叔友。提要誤作鄭厚叔。附識于此。

高道淳最樂編曰。張子韶謂與小人居常自檢點。司馬温公曰。君子所以成人。其惟誠乎。范文正曰。言欲遜。遜免禍。行欲嚴。嚴免悔。皆當三復力行。

横浦講友

補進士姚先生述堯

梓材謹案。先生字進道。華亭人。張子固毘陵集有姚進道文集序云。其卒于京師。年纔三十。又云。名穀。秀之華亭人。其地同。其字同。豈其有二名耶。

補葉先生先覺

葉先覺。横浦之友也。横浦和施彦執懷姚進道及先生云。環顧天地間。四海惟三友。兩老雖未死。二妙已先路。生者豈其巧。死者亦非謬。君如悟斯契。萬事可懷袖。横浦詩集。

補施持正先生德操

附録

程泰之海寧縣鄉賢祠堂記曰。彦執學有本末。主孟子以排釋氏曰。絶人倫。漫等級。棄禮樂仁義不用。謂能躐造空無。此其勝處。槩之以道。當自倒易後先。又飾荒幻報應。誑愚取貲。則尤爲世蠹。因著爲之論。以曉未悟。其學若此。亦可謂强立不惑者已。

陳先生一鶚

陳一鶚字開祖。永嘉人。紹興二年登第。張子韶雅重之。仕至廣德太守。行誼表于一鄉。廉靖著于仕途。其倅豫章户部尚書。張如瑩以慶遠軍節度使來爲連帥。爲書歸去來辭于畫卷。且推美其古雅。子求仁。周益公集。

謝先生舉之

謝舉之。南劒人。横浦子伯厚從之學。嘗請字於横浦。横浦字之曰志遠。横浦文集。

□先生公繼

□公繼。

横浦家學

張先生伯厚

張伯厚。横浦子。嘗從謝舉之學讀書。横浦文集。

張先生窠

張窠字□□。横浦從子也。從學横浦。有學説貽先生伯季。横浦卒。爲述家傳。横浦家傳。

横浦門人

補尚書淩先生景夏

附録

紹興對策。吕頤浩稱其詞勝張九成。

遷著作佐郎。與館職胡琟朱松張擴常明范如圭等六人共奏封事。言和議非便。秦檜憾之。知外郡及閒居凡十餘年。

汪玉山祭淩尚書文曰。惟公氣質粹美。學問純正。充養既厚。持守益定。視其容貌。如不勝衣。孰知其勇。見義必爲。聽其議論。如不出口。孰知其直。言無所苟。謂公爲清。清而有容。謂公爲和。和而不同。人有一善。或以自矜。公終其身。兢兢靡寧。

補知州樊先生光遠

雲濠謹案。先生著有尚書解三卷。禮記講義三卷。梅窗雜著十卷。

附録

汪玉山誌其墓曰。初。臨川王荊公著三經義字説。以同天下之學。舉世誦如六經。然范陽張先生以爲學者貴于自得。而躬行可以爲天下國家用也。今守其穿鑿附會之説。而修身治人析爲兩途。則何貴于學矣。先生以此數見黜于當時之有司。貧至飦粥不給。茂實獨師事之甚謹。既冠。徒步就太學試。以書義對。是時文體亦稍變矣。而茂實獨直指王氏之失。力排之切。中其要。考官奇之。置高等。是後士人乃益得自致于學。

補 忠定史眞隱先生浩

雲濠謹案。鄮峯眞隱漫録先生祭無垢先生文云。晚守永嘉。吏課推最。不施刑威。專用教誨。力敘彝倫。俾俗純粹。某掌郡庠。時適相值。傾蓋忘年。雅同聲氣。乃以旦日。衣冠畢萃。端笏趨隅。薦牘見遺。公之舉詞。深有旨味。識超幾先。意傳經外。惟此八字。三宵不寐。思而得之。實録無愧。佩服華衮。銘在心志。此忠定受知横浦之徵。

經筵薦舉劄子

朝奉郎福建路安撫司幹辦公事石憝。器質純靜。不求聞知。爲邑南劍之尤溪。興學校。禮賢士。苟有利民。知無不爲。頌聲洋溢。如古循吏。

朝奉郎前兩浙轉運司主管文字陳仲諤。操履醇正。議論有源。居福之鄙。月評所貴。人無異詞。

文休郎新差充南外敦宗院宗學教授汪義端。好學不倦。有爲善心。嘗仕四明。郡僚事無詭隨。唯狥公議。

從政郎漢陽軍軍學教授石斗文。問學知方。行己有恥。不爲詭激。以釣虛名。涵養之□㊀。

㊀「□」當爲「久」。

必能立事。

迪功郎監潭州南嶽廟沈銖。鄉行可推。士夫信服。其與人交。面箴其失。退無後言。有古直諒之風。

梓材謹案。右五人惟汪義端攻慶元學者。有負所舉。

陛辭薦舉劄子

明州鄞縣主簿薛叔似。學窺往聖。志慕前修。試吏之始。已有能譽。若任之以事。當無施而不可。

新紹興府司理參軍楊簡。性學通明。辭華條達。孝友之行。閫内化之。施于有政。其民必敬而愛之。

新建寧府崇安縣主簿陸九淵。淵源之學。沈粹之才。輩行推之。而心悟理融。出于自得。

新無爲軍軍學教授石宗昭。學問操履。文采政事。四者皆過人。而深自韜晦。無好異之失。

新寧國府府學教授陳謙。材術既高。文章尤美。推其所用。必能稱職。

新鄂州推官葉適。資稟甚高。博記能文。其學進而未已。

前江東安撫司幹辦公事崔敦禮。學問該通。辭藻華贍。與其弟敦詩相埒。識者惜其未用。

新江陰軍江陰縣尉袁燮。學問純明。性資端厚。守正而無矯激。又在庠序。士子推服。

添差通判常州趙善譽。宗子之秀。學問文采。俱有可觀。吏材尤高。不在彦逾下。
前撫州州學教授張貴謨。文學吏治。務求實用。試之以事。必有益於時。
監臨安府回易庫胡拱。故禮部尚書沂之子。沈厚似沂。而拱行尤峻。安恬守道。不願人知。
前衡州州學教授舒璘。性資誠慤。好學不倦。而練達世故。材實有用。
新紹興府府學教授舒烈。性質和粹。操履端固。平居雖簡易。而遇事有守。
明州州學教授王恕。博通性理。諳曉民事。時輩推爲可用之才。
監潭州南嶽廟湛循。性資和裕。學問通明。頃中甲科。不求榮進。而爲親請祠。時輩推之。

梓材謹案。右十五人。惟張貴謨攻慶元學者。有負所舉。

附録

少孤。自力于學。貫穿經史。理致超詣。措詞持論。出人意表。爲温州教授。郡守張九成有重名。待以國士。諸生推重之。以中書舍人吴秉信薦。除太學正。除開府儀同三司。公自言臣何功德。叨此眷寵。孝宗指心而言曰。于此甚有功。朕學力堅固。心術明正。皆卿之力也。

朱子曰。史丞相説書。亦有好處。如命公後。衆説皆云命伯禽爲周公之後。史云。成王既歸。命周公在後。看公定予往矣一言。便見得是周公旦在後之意。

又語類曰。史丞相好薦人。極不易。然卻有些籠絡人意思。不佳。陳丞相較渾厚。無這般意思。又若賢否不辨者。孫燭湖上書曰。書傳多所發明帝王君臣精微正大之藴。剖決古今異同偏見。開悟後學心目。使人沛然飽滿者。無慮數十百條。又曰。欲以疑義請教者。一一疏諸下方。

雲濠謹案。四庫書目本永樂大典。訂鼇先生尚書講義二十卷。提要云。其説大抵以注疏爲主。參考諸儒。而以己意融貫之。當張魏公用兵中原時。直翁方爲右僕射。獨持異論。論者責其沮恢復之謀。今觀其解文侯之命一篇。亦極美宣王之勤政復讐。而傷平王之無志恢復。則其意原不以用兵爲非。殆以魏公未能度力量時。故不欲僥倖嘗試耶。又引孫燭湖集云云。則此書實與燭湖商確之矣。又案。宋史藝文志載先生周禮天地二官講義十四卷。經義考言所鈔文淵閣殘本。第存七八九三卷而已。

王深寧困學紀聞曰。呂文靖爲相。非無一疵可議。子爲名相而揚其父之美。史直翁爲相。非無一善可稱。子爲權臣而掩其父之美。易曰。有子考无咎。

謝山箋曰。直翁固是良相。其薦朱陸陳楊葉諸公。乾淳大儒。一舉盡之矣。呂申公所不及。

梓材謹案。困學紀聞上條云。紹興隆興主和者皆小人。開禧主戰者皆小人。謝山箋曰。趙忠簡是且戰且和。未肯降心者也。與史文惠不同。文惠以力不足爲言。是其審量而行。又與湯思退不同。又曰。世多咎辛稼軒和開禧之議。然開禧未嘗能用稼軒也。水心則辭詔矣。

梓材又案。謝山句餘土音卷一史忠定公洞天詩云。乾淳丞相老甘盤。歸來別墅眞隱仙。又云。丞相事業卓可傳。老成持議國脈延。又云。同叔子申雖負慝。不揜滄洲諸子賢。

黄南山先賢忠定史丞相贊曰。學明天人。四十始仕。善政家猷。允光青史。上而八行。下而三相。承緒惟公。賢者氣象。

補郭先生欽止

梓材謹案。自先生建石洞書院。金華府志稱其從兄良臣建西園書院。姪伯廣建南湖書院。蓋皆慕其風而興者云。

雲濠謹案。金華徵獻畧載先生闢石洞書院云。其時爲之師者。則龍泉葉適。繼之爲括蒼湯致。前此朱熹以僞學之禁。遊處甚久。又云。時往來其間者爲金華吕祖謙。唐仲友。永嘉陳傅良。永康陳亮。會稽陸游。浦江魏了翁。義烏徐僑。蘭溪杜旗。餘不下數十人云。

附録

朱子銘其墓曰。才百夫之特。而身不階于一命。志四方之遠。而行不出于一鄉。然而子弟服師儒之訓。州閭識遜悌之方。霍然其變豪傑之窟。焕乎其闢禮義之場。是則其思百世而長弗替。繩繩有永彌昌。

蘇先生玭別見滄洲諸儒學案補遺。

陳先生自修

陳自修字求仁。永嘉人。爲劇邑。以名父子再典郡。周益公題跋稱其同僚期月。端方篤實。

相助爲多。臨行出無垢張公與其先君子手書二十幅。乃知父師淵源有自來矣。周益公集。

陶先生與諧

陶與諧。横浦門人。嘗録横浦春秋講義。横浦文集。

推官李先生賓

李賓字獻可。大庾人。師事張子韶。行履端潔。邃于經學。以特唱名任潯州推官。會當國惡子韶。先生遂致仕。南安府志。

蘇先生伯益

蘇伯益。□□□□人。受學于横浦數年。横浦怒之。或問伯益從來氣直。學問不在諸門弟子後。先生亦素喜之。今以小不可而怒之甚。何也。横浦曰。直固可喜。不遜亦可惡。弟子于師。豈可悖慢。皆學問不進。故吾所以怒之者。亦是與一服良藥耳。横浦心傳。

郭先生忠順

郭忠順字移可。浦城人。横浦弟子。儒林宗派。

參議方先生導

方導字夷吾。世居嚴之鸕鷀原。先生忠厚孝謹。師承侍郎横浦張公。又從御史樊光遠。三山宗丞林之奇游。官至淮南安撫參議。樓攻媿集。

于郎同調

季先生光弼附兄光度。子復之。泰之。蒙之。門人陳偕。謝特起。

季光弼字觀國。平陽人。少穎悟。于書無所不讀。紹興二十七年進士。主鹽官簿。鹽官邑庠久不振。先生召橫浦高第于恕。郎煜勉。以身率士子課試。皆臨視之。咸自奮勵。充邵州教授。邵陽僻遠。士無師承。先生遇諸生如朋儕。程度甚悉。鄰郡縣之士。至者相屬。凡經指授。多成美才。如陳偕謝特起輩。有聲湖湘間。其善教養如此。丁母憂。授寧德縣丞。救荒不爲文具。皆出于惻怛之意。隆興初。幾邑大歉。京尹以事屬先生。先生列急務六條獻之。隨卽施行。史丞相聞其才。常下先生所陳。盡發常平。裁價分糶。民爲之謠曰。饑不憂。與之庾。儒林季公民之父。寒不憂。今有袴。儒林季公民之母。知嵊縣。又遭洊饑。山谷窮民易致嘯聚。先生加意拊摩。豫令富室致吳中之米七千餘斛。丐于府。得常平緡錢二萬于鄰邑。始得安堵。而嗣歲又甚。禾未登場。民已菜色。時朱晦庵力舉一道荒政。尤詳于越。先生求哀諸司。得米四萬斛。縣有二十七鄉。凡爲賑糶場。賑濟場。養濟坊。三十餘所。戴星出入。以課督之。數月之後。鬚髮爲變。晦庵貽書勞勉。曰。省刑薄賦。以回天意。非體國愛民之切不及此。淳熙十年卒于縣。子復之。泰之。蒙之。俱習世業。先生天資篤厚。與兄光度友愛。誦書作文。自爲師友。終身無間言。無他嗜好。

惟以著述自娛。乾道四年戊辰朔日有食之。先生摭光武十事。備論以進。詔循兩資。居八年。再上萬言書。敷繹前説。又攷唐之宰相起自武德裴寂。終于天祐楊涉。作編年録。論説二百五十有五。去取抑揚。皆有微意。蓋位非其據。勳如汾陽而不與。事有責備。德如晉公而不恕云。樓攻媿集。

忠定同調

崔先生敦禮附弟敦詩。

崔敦禮字□□。靜海人。與弟敦詩同登紹興中進士。愛溧陽山水。買田築居。仕至諸王宮大小學教授。敦詩字大雅。官至中書舍人。加侍講直學士院。所陳必剴切。有文集三十卷。制稾二十三卷。奏議五卷。通鑑要覽六十卷。姓譜。

芻言

禍者福之先也。利者害之始也。恩者怨之媒也。譽者毁之招也。君子不邀福。故無禍矣。不求利。故無害矣。不廣恩。故無怨矣。不取譽。故無毁矣。

莫易于爲善。莫難于爲不善。敦君臣。篤父子。睦兄弟。信朋友。善也。至易者也。駕浮僞飾。奸詭造險。戲作機巧。不善也。至難者也。難則勞。易則佚。難則憂。易則樂。君子者㊀佚樂而爲君子者也。小人憂勞而爲小人者也。舍易而難。舍佚而勞。舍樂而憂。愚矣哉。

橫浦私淑

文達陸復齋先生九齡詳復齋學案。

文安陸象山先生九淵詳象山學案。

鄭先生亨仲

鄭亨仲。□□人。張子韶云。余平生貧困處之。亦自有法。每日用度。不過數十錢。至今不易也。先生在華陽。亦日以數十錢懸壁間。椒桂葱薑約一二錢。曰。吾平生貧苦。晚年登第。稍覺快意。便成奇禍。今學張子韶法。要見舊時虀鹽風味。可長久也。宋賢事彙。

謝氏門人

張先生伯厚見上橫浦家學。

㊀「者」衍。

樊氏門人

方先生導見上橫浦門人。

倪氏家學

補文節倪齊齋先生思

梓材謹案。先生祭周丞相平園文有云。思以晚學。夙登崇墉。是先生嘗及周氏之門矣。

梓材又案。先生經解雜著有此心章兩卷。易章三十卷。易説二卷。中庸集義。大學解辨。顏子。子思子。讀曾子。各一卷。論語義證二十卷。孟子問答十二卷。

倪正甫語

易以理寓象數。因象數以明理。漢儒多明象數。而于理或泥而不通。自王弼以玄理注易。儒者於是談理日勝。乃復盡略象數。二者皆得易之一偏。至本朝。言理則程伊川爲最。兼象數則朱子爲詳。集二書爲一。庶幾理與象數兼得之。

朱竹垞曰。按程子傳依王氏本。朱子本義依吕氏本。本不可合而爲一。克齋董氏乃强合之。倪正甫云云。則董氏未合之前。倪氏已有此論矣。

梓材謹案。先生稱晦菴爲朱子。蓋已私淑之矣。

經鉏堂雜志

儉者君子之德。世俗以儉爲鄙。非遠識也。儉則足用。儉則寡求。儉則可以成家。儉則可以立身。儉則可以傳子孫。奢則用不給。奢則貪求。奢則害身。奢則破家。奢則不可以訓子孫。利害相反如此。富家有富家計。貧家有貧家計。量入爲出。則不至乏用矣。用常有餘。則可以爲意外横用之備矣。今以家之用分而爲二。令爾子弟分掌之。其日用收支爲一。其歲計分支爲一。日用以賃錢俸錢當之。每月終白尊長。有餘則攢在後月。不足則取歲計錢足之。歲計以家之薄產所入當之。歲終以白尊長。有餘則來歲可以舉事。不足則無所興舉。可以展向後者。一切勿爲。以待可爲而爲之。或有意外横用。亦告于尊長。隨宜區處。

人家至於破產。先自借用官物錢。始既先借用官物錢。至于官物催攢。不免舉債典質。久而利重。雖欲存產業不可得矣。故當先須留官錢物。則無此患。僕奮空拳。粗成家業。毫分積累甚難。諸子宜體念。各存公心管幹。且爲二十年計。日後則事難料。又在諸子從長區處。僕之智力有不及矣。月河莫侍郎家甚富。兄弟同居三十年。此可法也。蓋聚居則百費皆省。析居則人各有費也。然須上下和睦。若能奮飛。不藉父業。則聽其挈出。不可將帶父業。留以與不能奮飛者可也。

人家用度皆可預計。惟横用不可預計。若婚嫁之事。是閒暇時子弟自能主張。若乃喪葬倉卒之際。往往爲浮言所動。多至妄用。以此爲孝。世俗之見切不可徇。以上歲計。

士大夫家子弟。若無家業。經營衣食。不過三端。上焉者仕而仰禄。中焉者就館聚徒。下焉者干求假貸。今員多闕少。待次之日常多。官小俸薄。既難贍給遠宦。有往來道途之費。縱餘無幾。意外有丁憂論罷之虞。不可不備。又還家無以爲策。則居官凡事掣肘。若有退步。進退在我。易以行志矣。就館聚徒。所得不過數十。有一書館。爭者甚衆。未娶就館猶可。既娶之後。難遠離家。在己爲羈旅。在家則百事不可照應。或自有子欲教不可。若稍有家業。則可免此患。縱不免就館聚徒。亦不至若不可一日無館者之窘也。至於干謁假貸。滋味尤惡。不惟趦趄囁嚅。此狀可惡。奔走于道途。見拒于閽人。情況之惡。抑又可知。縱有所得無幾。久而化爲脣吻。潔特之士化爲無廉恥可厭之人。若乃假貸。親故至一至再。亦難言矣。若自有薄產。可無此惡。況吾家業雖不多。若自知節省。且爲二十年計。已作歲計簿。復作月計簿。蓋先有月計。然後歲計可知。若月之所用多於其所入。積而至歲。爲大闕用矣。月計。

或曰。既有子孫。當爲子孫計。人之情也。余曰。君子豈不爲子孫計。然有道矣。種德。一也。家傳清白。二也。使之從學而知義。三也。授以資身之術。如才高者。命之習舉業取科第。才卑者。命之以經營生理。四也。家法整齊。上下和睦。五也。爲擇良師友。六也。爲娶淑婦。七也。常存儉風。八也。如此八者。豈非爲子孫計乎。如孔子教伯魚以詩禮。漢儒教子一經。楊震之使人謂其後爲清白吏子孫。鄧禹十子。人各授之一業。龐德公云。人皆遺之以危。我獨遺之以安。皆善爲子孫計者。儉而能施。仁也。儉而寡求。義也。儉以爲家法。禮也。儉以訓子孫。智也。儉而慳吝。不仁也。儉復貪求。不義也。儉於其親。非禮也。儉其積遺子孫。不智也。衣以歲計。食以日計。一日闕食。必至饑餒。一年闕衣。尚可藉舊。食在家者也。食粗而無人知。衣飾外者也。衣敝而人必笑。故善處貧者。節食以完衣。不善處貧者。典衣而市食。以上子孫計。

陳榕門曰。按所言月計。歲計。子孫計。非沾沾惟利是計也。量入爲出。理自如此。人之物力。止有此數。妄用則不繼。饑寒交迫。急不擇音。妄取妄求。勢所必至。欲固其節。其可得乎。謹身節用。士庶宜然。而儉以成廉。尤仕宦之所急。許魯齋言學者以治生爲急。司馬温公每問士大夫生計足否。皆此意也。

附録

公嘗曰。陽城脱不遇裴延齡爲相。終無以自白。故在瑣闥一百六日。雖小事必言。嘗語諸子。吾生平素慕樂天。蓋樂天直道屢黜。而于牛李之黨終無所附。居數郡。有實德在民。晚歲委命無求。與公出處相似。然樂天未七十已苦風痺。公晚而益强。蔣良貴狀其行曰。淳熙之士。不變于慶元黨禍者鮮矣。再壞之開禧。三壞之嘉定。公剛方質直。不尚苟同。以周趙之賢。猶且不肯微受爾汝。則其奴視權孽固宜。

袁絜齋祭之曰。自古爲國。必有正人。主張維持。公道以伸。故立于朝廷。則忠言讜論。不知有身。而位乎岳牧。則撫民如子。養之如春。其或退而歸休。則德望巋然。人皆覬其復用。及夫不幸而殁。而人心衋然。莫不爲之傷痛。此公始終之大致也。博通古今。探索精微。詞華炳蔚。端有指歸。方當盛年。蚤登清貫。屢起屢仆。卓然不亂。年未六十。剛腸窒慾。清明温潤。如冰如玉。更化之始。正位常伯。瑣闥封駁。正途斯闢。自爾居閒。山巓水濱。逍遙自適。不緇不磷。遺奏懇切。有規有戒。死不忘君。可謂深愛。此公之始終無愧也。嗚呼。曾爲盛德如斯。而不克究其設施乎。

眞西山重建倪公祠記曰。某之初守泉也。公方燕處月河之上。不能躬問以政而以書。公睠焉還答。以温陵赤子爲寄。而毋崇宴觴。毋黷琛貨。民以靜安。俗以儉化。則其教之目也。在郡三年。雖微銖髮足紀。而以公之心爲心。則凜不敢渝。賴是得亡獲罪于泉之父老。公之賜我厚矣。

杜清獻跋倪文節遺奏曰。道喪俗弊。士氣日卑。數十年來。卓然以風節自見。磊落如公者。不能以一二數。當淳紹間。駸駸嚮用。未幾。屢踣屢起。正嘉定更化。召用諸老。濟濟在庭。而公獨危言激論。落落不合。自此一斥不復。屏居十年。閉門著書。暇日棹扁舟。策短杖。賦詩酌酒。幾與世相忘者。至其親稿遺奏。愛君一念。至死不忘。八柄四維之論。氣不少懾。所言未形之患。無一不酧。使公之志得行於時。豈有二三十年濊染壞爛。不可收拾。若是其可痛哉。

王深寧困學紀聞曰。漢董賢册文言允執其中。蕭咸謂此堯禪舜之文。非三公故事。班固筆之于史矣。而固紀竇憲之功曰。納于大麓。惟清緝熙。其諛甚於董賢之册。當憲氣燄方張。有議欲拜之伏稱萬歲者。微韓稜正色。則無君之惡肆矣。此固所以文姦言而無忌憚也。倪正父駁昆命元龜之制。有以也夫。

謝山箋曰。觀人當於其素。寶慶大臣卽不至萌無君之心。而諂之者不異班固之於竇憲矣。時草制者爲陳晦。又史氏之私人也。何義門以倪語爲非。豈知深寧于此固有深慨也夫。

又曰。宋初趙中令制詞亦有此語。陳晦據以絀倪氏之說。以史氏之勢。而倪敢論之。其直節自不可没。

梓材謹案。葉紹翁四朝聞見録言。陳晦與眞文忠最厚。蓋辨明故典。頗質于文忠。故謝山不足于西山云。

又曰。富文忠公使敵還。遷翰林學士。樞密副使。皆力辭。願思夷狄輕侮之恥。坐薪嘗膽。不忘修政。嘉定初。講解使還。中書議表賀。又有以和戎爲二府功。欲差次遷秩。倪文節公曰。澶淵之役。撓而班師。天子下詔罪己。中書樞密待罪。今屈己盟戎。奈何君相反以爲慶。乃止。

文節學侶

文忠眞西山先生德秀詳西山眞氏學案。

史氏門人

周先生鑄

周鑄字□□。□□人。史忠定門人。嘗爲忠定編鄮峯眞隱漫録。四庫全書提要。

郭氏家學

郭先生津別見麗澤諸儒學案補遺。

郭先生浩別見滄洲諸儒學案補遺。

文節家學

倪先生祖義

倪先生祖常合傳。

倪祖義。祖常。皆文節子。文節六子。而二先生最賢。居易録。

文節門人

正獻袁絜齋先生燮詳絜齋學案。

横浦續傳

黄先生倫

黄倫字彝卿。三山人。編次尚書精義六十卷。直齋書録解題。

雲濠謹案。四庫書目本永樂大典編綴先生尚書精義五十卷。提要云。此本前有余氏萬卷堂刊行小序。稱爲釋褐黄君。則曾舉進士。又云。其説薈萃諸説。依經臚載。不加論斷。間有同異。亦兩存之。其所徵引。自漢迄宋。亦極瞻博。惟編次不以時代。每條皆首引張横浦之説。似卽本横浦所著尚書詳説而推廣之。故陳直齋頗疑其出于僞託。然横浦詳説之目。僅見宋志。久經湮晦。卽使果相沿襲。亦未嘗不可藉是書以傳横浦書也。

侍郎徐先生鹿卿附師朱炳。

徐鹿卿字德夫。豐城人。幼强記。能文。長從鄉先生朱炳受業。經子皆手鈔口誦。以己意折衷諸史及前人論著。各以類纂輯。里中子弟皆師焉。擢嘉定十六年進士。教授南安軍。以是邦周程講學之地。而無垢張公謫居最久。乃論次其言行與廷對。刻之學宫。與諸生講肄。時引其説。學租多在溪洞。拊恤佃人。無逋租者。後盜發城外。屋皆燬。惟學獨存。曰。是無撓我者。歷官□□㊀侍郎。劉後村集。

㊀「□□」當為「禮部」。

宋元學案補遺卷四十一目録

宋元學案補遺卷四十一

後學 鄞 王梓材 慈谿馮雲濠 同輯

衡麓學案補遺

武夷家學

補 文忠胡致堂先生寅

梓材謹案。閩書載先生從侯師聖游。復從龜山受學。是先生本侯氏門人也。

衡麓語要

敬爲禮之實。不敬則威儀俯仰與俳優之戲者何殊。辭受取舍與市道之交者奚辨。故三千三百之制。必齋必莊。必恭必肅。爲禮以敬爲本故也。

禮者。制心之防範。其文采威儀。足以固人肌膚之會。筋骸之束。其秩敘等衰。足以杜人陵犯之態。踰越之行。

曰荒。曰怠。曰豫。曰縱。曰傲。曰慢。曰戲。曰侮。皆敬之反也。曰愼。曰戒。曰儆。曰畏。曰恭。曰祇。曰寅。曰肅。皆敬之發也。若不通經。謂能斷得古今世之治亂。事之得失。人之賢否。及能立身行己者。吾不信也。縱其閒或有是者。亦偶然爾。

後世學者從事於章句。耽玩于詞藻。以爲己則無增益智思之力。爲人則無制世御俗之略。而所學遂爲無用之具。召之使論其所學。爲定其理。或自出一義。使人各以意對。爲可否之。當時政事。俾之折衷。故人皆樂從而有成。

易書開示中正得失之理。表明吉凶悔吝之先。使人知所避就。詞若隱微。皆指人事。不如是。則聖人豈固爲玄談以無益于世乎。而學易者。往往歸易于虛無幽眇。不涉世用。而其所行則背義違理。以趨乎悔吝之地。其失本于人自人。易自易。而不知易卽人也。自何晏王弼以老子莊周之書釋大易。王衍等競相慕效。專事清談。糟粕五經。蔑棄敦實。風流波蕩。晉隨以亡。

爲學之方曰知仁勇。三者闕一不可。知則能分別。仁則能守得定。勇則能力行。

凡言恕者。一斷以尚寬從厚而已矣。是悅夫恕之名。而未嘗味夫己所不欲勿施於人之理也。姑以治獄喻之。殺人者死。一也。殺己之親。使報足矣。又遷怒以及其宗。殺人之親。或使未滅。又要陰報曰。死者已不幸。寧忍復爲之戮人。至乃蠲釋之。假如人我易地。彼以此見施吾。其心服乎。斯人也。惟知有己。不知有人。

子不敬承父事以傷其父心。父又不能撫字其子而疾惡之。弟不思天倫明序以慢其兄。兄又不念同氣鞠養而憎棄之。一家如此。則一家潰敗。天下如此。尚何人理之有。然後知堯舜之君。唐虞之盛。本于孝弟。決非虛語也。

莫難强如怠心。莫難制如欲心。莫難降如驕心。莫難平如怒心。莫難抑如忌心。莫難正如僻心。然皆放心也。大人格君心之非者。格此等也。

聖人爲戒必於方盛之時。方盛慮衰。則可以防其滿極而圖其永久。至於既衰而後戒。則無及矣。自古天下治安未有久而不亂者。蓋不能戒於其盛也。

陰陽之運。天地之化。物理人事之終始。皆自芒忽毫釐至不可禦。故修德者矜細行。圖治者憂未然。堯舜君臣反覆警省。未嘗不以幾爲戒。故折句萌。則百尋之木不能成矣。忽蟻穴。則千丈之隄不能固矣。君子所以貴於見幾而作也。

善不可以利爲。爲利而爲善。則無善之理。故孝而有利心。不成乎孝矣。忠而有利心。不成乎忠矣。何者。心無二用。利輕則義重。利絕則義純。一有利心參乎其間。未有不反爲利所勝者。故當辭而思受。則辭必不果。臨戰而思生。則戰必不力。無不然者。

養氣然後勇。

父子君臣之倫。禮樂刑政之具。以至取予之介。交際之言。加帚于箕之儀。奉席如橋之習。無非性與天道也。謂此非性與天道。則人所以行于父子君臣禮樂刑政者。是皆智巧僞設土苴秕糠之迹。而性與天道茫昧杳冥無預乎人事。此豈五經所載。孔孟所教耶。

衡麓經説

易。詩。書。春秋。全經也。先賢以之配皇帝王霸。言世之變。道之用。不出乎是矣。論語。孟子。聖賢之微言。諸經之管轄也。孝經非曾子所爲。蓋其門人識所聞而成之。故整比章指。又未免有淺近者。不可以經名也。禮記多出于孔子弟子。然必去吕不韋之月令及漢儒之王制。仍博集名儒。擇冠。昏。喪。祭。鄉。相見之經與曲禮。以類相從。然後可以爲一書。若大學。中庸。則孟子之倫也。不可附之禮篇。至于學記。樂記。閒居。燕居。緇衣。表記。格言甚多。非經解儒行之比。當以爲大學中庸之次也。禮運。禮器。玉藻。郊特牲之類。又其次也。若周官。則決不出于周公。不當立博士使學者傳習。姑置之足矣。

斐然集

堯舜禹傳心之言曰。人心惟危。道心惟微。人心謂利欲之私也。行乎利欲。則背於義理。豈不危乎。道心謂義理之公也。公與私在一念之閒耳。私欲閒之蔽之。雖離婁不能以目見也。豈不微乎。惟危。故安之爲難。惟微。故知之爲不易。上殿劄子。

帝王保天下之要。以民爲本。而得民心之道。以食爲先。舜命十二牧曰。食哉。惟時箕子陳八政。一曰食。二曰貨。人之有食。猶魚之有水。水盛則魚繁。減則魚耗。涸則魚死。至易見也。

轉對劄子。

士大夫立身行己。惟義之適。義苟不可。死且不辭。官於何有。寄秦丞相書。

禮義誠不愆。然後可不恤人言。内省誠不疚。然後能不憂不懼。致黎生書。

論語言仁凡六十餘處。大抵言爲仁也。獨答樊遲之問曰。愛人。自韓退之而後。皆以愛命仁。則恐失之。子思傳之曰。仁者人也。孟子傳之曰。仁。人心也。此仁何處不備。獨指以爲愛。可乎。寄張相。

游夏以文學名。表其所長也。然禮運偃也所爲。樂記商也所爲。華實彬彬。亞于經訓。後之作者。有能及耶。洙泗文集序。

士未嘗不論學。而知要者鮮矣。彼有玩心于載籍。馳騖于見聞。以記誦精博爲功。以詞章藻麗爲能者。非不足賢也。試舉洙泗之閒。聖人與門弟子答問之微言以質之。未有不望洋向若而莫測其際者。何哉。英華易被而本根難覓也。東安縣重建學記。

言語工則短於德行。文學優則粗于政事。二之中。四之下。則不及充實而光輝。一于清。安于和。則偏夫金聲玉振之無可無不可。蒙齋記。

先儒謂仲尼感麟而作春秋。此說非也。仲尼豈以身之不遇。感而著書。與憤世嫉邪者比。正使麟適不出。春秋遂不作乎。故知作春秋非本于麟。麟特因春秋作而爲之祥應耳。麟齋記。

性不動而情或遷。遷者善歟。曰。因物有遷。古訓非之。安得謂之善。然則惡歟。曰。見善則遷。聖人所取。安得謂之惡。夫一言而兩義。顧用之如何耳。復其可復。不復其所不可復。斯則眞復。而吾所謂善用者也。復齋記。

觀水必觀瀾。蓋觀其源也。不觀其源而觀其波。是猶觀人者不攷其實。觀道者不要其用。觀政者不稽其心。觀言者不質其事。失之遠矣。觀瀾閣記。

君子之安處其身者。惟無逸乎。無逸疑勞㊀動而不安。然身修而治立。乃所以爲甚安也。好逸疑閒㊁暇而無憂。然德毀而亂萌。乃所以爲甚憂也。故無逸者圖逸之本也。

惟德動天。世多疑之。然成王畏天。親迎周公而風不爲災。宣王畏天。側身修行而旱不爲患。至于殺一孝婦。何與于陰陽。而天爲之旱。烹一虐吏。何預于陰陽。而天爲之雨。必深考其故。則知天不可忽。而古人應天以實。不以文之説明矣。

堯不虐無告。武王不虐煢獨。湯子惠困窮。文王政先四者。蓋代天理物。不當使匹夫匹婦不被其澤。又況衆所易陵之人乎。

人所以肆行無畏者。不能自抑也。遏其妄情。止其私欲。惟義理是從。則必畏天命。必畏祖宗。必畏諫諍。必畏謗讟。必畏禍亂。此非他人所能與也。由我而已。

㊀「勞」上脱「於」。
㊁「閒」上脱「於」。

惟正之供者。賦税之常也。所入有定數。則所用有定式。一或妄費。必將不終。而加賦横斂之政出矣。

人情猶水耳。隄防謹固。則水不得洩。一有蟻穴之漏。則千丈之隄。百尺之防。亦將潰矣。禮法嚴備。則情不得放。一有自恕之心。則經禮三百。曲禮三千。亦將廢矣。故臣謂無逸之君未有不謹于禮者。能克己復禮。逸何從生乎。

天下有至正之理。自有天地生人以來至於今日不可改者。存之則爲正心。行之則爲正道。言之則爲正論。盡之則爲正人。

天下猶人之一身。言路猶關鬲也。關鬲通則血氣流行。而身體安。言路通。則得失不蔽。而政事治。以上書無逸解。

封建與天下共其利。公也。郡縣以天下奉一人。私也。柳子厚封建論辨。

著書既難。釋聖人之言尤非易。要當多求博取。以會至當。驗之于心。體之于事。則考諸前言往行而不謬矣。跋葉隆古論語解義。

古人求多聞。將以建事。貴多識。將以蓄德。聖賢猶不敢不勉。而後世之士。有寸長片善。則裕然若不啻足矣。跋胡待制詠古詩。

挾策讀書。博習乎詞藝之末。以悦人而取世資。故明經者以拾青紫爲志。稽古者以得車馬爲榮。自聖人觀之。必謂之末學矣。零陵縣學策問。

聖至于舜。惡至于跖。霄壤絶矣。其發端殊趨。乃在善利一念之閒。大哉閒乎。君子之所甚謹也。陸棠傳。

雲濠謹案。四庫全書著録斐然集三十卷。提要稱其父子兄弟皆篤信程氏之學。致堂尤以氣節著。爲起居郎時。詔議移蹕之所。上萬言書力爭。爲中書舍人時。議遣使往雲中。又抗疏力爭。並明白剴切。樓攻媿序所謂。引誼以劘上。往往有敵體以下所難堪者。殆非虚語云。

崇正辨序

崇正辨何爲而作歟。闢佛之邪説也。佛之道孰不尊而畏之。曷謂之邪也。不親其親而名異姓爲慈父。不君世主而拜其師爲法王。棄其妻子而以注續爲罪垢。是淪三綱也。視父母如怨仇。則無惻隱。滅類異形而不恥。則無羞惡。取人之財。以得爲善。則無辭讓。同我者卽賢。異我者卽不肖。則無是非。是絶四端也。

人生物也。佛不言生而言死。人事皆可見也。佛不言顯而言幽。人死然後名之曰鬼也。佛不言人而言鬼。人不能免者常道也。佛不言常而言怪。常道所以然者理也。佛不言理而言幻。生之後。死之前。所當盡心也。佛不言此生而言前後生。見聞思議。皆實證也。佛不以爲實而言耳目所不際。思議所不及。至善之德盡于乾坤也。佛不知其盡而言天之上。地之下。于八荒之外。若動若植。無非物也。佛不恤草木之榮枯。而閔飛走之輪轉。百骸内外無非形也。佛不除手足而除髮鬚。不廢八竅而防一竅。等慈悲也。佛獨不慈悲父母妻子。而慈悲虎狼蛇虺。等棄捨也。佛獨使人棄捨其財以與僧。而不使僧棄捨其所取之財以與人。河山大地未嘗可以法空也。佛必欲空之。而屹然沛然。卒不能空。兵革災禍未嘗可以咒度也。佛必欲度之。而伏屍萬里。烈焚淪没。卒不獲度。此其説之疏漏畔戾而無據之大略也。非邪而何。

夫闚光于隙穴者。豈知日月之大明。圓和于一物者。豈信陰陽之變化。此凡民淺識也。佛因而迷之曰。世界不可以計數。生死不可以窮世。于是不智者亦從而惑矣。身拔一毛。則色必慄然變。足履一刺。則心必惕然動。此凡民懦氣也。佛因而惴之曰。報應之來。迅于影響之答。幽冥之獄。倍于金木之慘。于是不勇者亦從而懼矣。迫窮患害。必興饒益之想。謀及幽遠。必爲子孫之慮。凡民貪情也。佛因而誘之曰。從吾之教。則諸樂咸備。壽富不足言。造吾之地。則超位高明。天帝不足貴。于是不仁者亦從而貪矣。吾儒誠能窮理盡心而宅心。必無此三弊。或者曰。凡子所言。皆僧之弊。非佛本旨也。子惡僧可也。兼佛而斥之則過矣。則應之曰。黄河之源不揚黑水之波。桃李之根不結松柏之實。使緇衣髡首者承其教。用其術。有此弊。是誰之過也。仲尼父子君臣之道。經紀乎億千萬載。豈有弊耶。惟其造作而無弊也。是以如天之覆不待推而高。如地之載不待培而厚。如日月之照不待廓而明。惟其造作而有弊也。是故曼衍其辨。張皇其法。防以戒律。而詛以鬼神。侈以美觀。而要以誓願。託之于國王宰官。劫之以禍福苦樂。而其弊久而益甚矣。墨氏兼愛。其流無父。楊朱爲我。其流無君。非身自爲之也。孟子究極禍害。比之禽獸。

況其身自爲之。又率天下而從之。其害源之所達。而禍波之浸淫。千有餘年。喪人之心。失人之身。破人之家。亡人之國。漂泊滔懷。天下溺焉。莫之援也。豈曰弊而已乎。

雲濠謹案。四庫存書目録崇正辨三卷。提要云。是書專爲闢佛而作。每條先引釋氏之説于先。而辨正于後。持論最正。其剖析亦最明。然佛之爲患。在于以心性微妙之辭。汩亂聖賢之學問。故不可不辨。至其經典荒誕之説。支離矛盾。安謬灼然。皆所謂不足與辨者。必一一較其有無。是亦求勝之過矣。

讀史管見

天對地而名。未易以智識窺。非地爲有方所可議之比也。

後梁紀。司馬氏自以正閏之際非所敢知。然蜀魏分據。則書諸葛亮入寇。是以魏爲正矣。梁晉交爭。而書晉兵寇洺州。是以梁爲正矣。孟子曰。今天下地醜德齊。莫能相尚。先主武侯。縱不爲興復漢室。其人品高賢。固冠冕三國。乃以曹氏壓之。若河東雖出蕃夷。然忠功義烈。蓋唐末第一流。而又顯然斥爲梁寇。地雖數倍。德則不倫。是以成敗論事。而不安義理之實。豈所以訓哉。然則如何以兩下相殺書梁晉之事。以北伐魏賊紀蜀兵之出。然後當于人心矣。

天人無二道。心迹不可判。此孔孟之學也。于司天考而見歐陽氏之分天于人。于論爲人後而見歐陽氏之別心于迹。使其概乎有聞。則其論不至若是僨。而使天下之爲父子者不定也。

漢文減節喪紀。固負萬世譏矣。然遺詔所諭。謂吏民耳。太子嗣君。豈吏民比。而景帝冒用此文。乃自短三年之制。是不爲君父服斬衰。自景帝始也。且天子之所以不遂服三年者。何謂哉。謂妨政事耶。謂費財用耶。謂防攝政之人耶。謂妨政事。孰大于國家之大憂。謂費財用。財用固所以行禮也。謂防攝政之人。則虞夏殷周未聞有攝政之人奪喪君之國者。揆之以禮。稽之以事。無一而可。乃不法堯舜三代。而以刻薄之景帝爲師。何哉。寥寥千載。惟晉武欲行古制。而厄于裴傅之邪説。獨魏孝文天性仁厚。斷以不疑。雖不盡合禮文。而哀戚之情溢于杖經。讀史者猶惻然感動。想見其爲人。

雲濠謹案。王阮亭居易録論唐初于竇建德王世充之事。引胡致堂謂宜數世充之罪而戮之。而以宥世充者宥建德。則刑有章矣。諒哉。又以致堂議建德不當哭煬帝。謁蕭后。以爲異乎漢高之于義帝爲謬云。

附録

文定公被召命。子姪各述所見。公呈十事。一曰定都建康。以係民望。二曰選用賢德。以修民紀。三曰改紀國政。以便民心。四曰修明軍制。以爲民防。五曰擊捕盜賊。以阜民生。六曰增重上流。以存民基。七曰薦舉縣令。以安民俗。八曰久任守宰。以固民志。九曰開廣言路。以通民情。十曰網羅遺逸。以收民才。

建炎三年。高宗幸金陵。金人南侵。詔議移蹕之所。先生上書曰。今日圖復中興之策。莫大于罷免和議。以使命之幣爲養兵之資。不然則僻處東南。萬事不競。納賄則孰富于京室。納質則孰重于二聖。反復之計。所謂乞和。決無可成之理。夫大亂之後。風俗靡然。欲不變之。在于務實效。去虛文。治兵擇將。誓戡大憝者。孝弟之實也。遣使乞和。冀幸萬一者。虛文也。屈己求賢。信用羣策者。求賢之實也。外示禮貌。不用其言者。虛文也。不惟面從必將心改。苟利于國。即日行之者。納諫之實也。和顏泛受。內惡切直者。虛文也。擢智勇忠直之人。待御以恩威。結約以誠信者。任將之實也。親厚庸奴。等威不立者。虛文也。汰疲弱。擇壯勇。足其衣食。申明階級。以變其驕悍者。治軍之實也。教習兒戲。紀律蕩然者。虛文也。遴選守刺。久于其官。痛刈姦贓。廣行寬恤者。愛民之實也。軍須戎具。征求取辦。蠲租赦令。苟以欺之者。虛文也。若夫保宗廟陵寢土地。以此六實者行乎其閒。則爲中興之實政也。陵廟荒圮。土宇日蹙。衣冠黔首。爲血爲肉。以此六虛者行乎其閒。則爲今日虛文。

自公遊庠序。已深詆王氏。專尚關洛諸儒之學。嘗示學者詩曰。貧病離居莫厭侵。牀頭黃卷靜披尋。情通不礙天機妙。行到方知學海深。宇宙一身雖小小。乾坤萬象總森森。分明此意人難會。長望青衿肯嗣音。

朱子孝經刊誤曰。熹舊見衡山胡侍郎論語說。疑孝經引詩非經本文。初甚駭焉。徐而察之。始悟胡公之言爲信。而孝經之可疑者不但此也。因以書質之沙隨程可久丈。程答書曰。頃見玉山汪端明。亦以爲此書多出後人傅會。乃知前輩讀書精審。其論固已及此。

又跋先生敍古千文曰。其敍事立言。昭示法戒。實有春秋經世之志。至于發明大統。開示正塗。則又于卒章深致意焉。
朱子語類曰。致堂讀史管見。乃嶺表所作。當時並無一册文字隨行。只是記憶。所以其閒有牴牾處。
又曰。明仲甚畏仁仲議論。明仲亦自信不及先生云。人不可不遇敵己之人。仁仲當時無有能當之者。故恣其言説出來。然今觀明仲説較平正。
魏鶴山序斐然集曰。迹其平生。任重道遠。之死不渝。實由文定爲之父。仁仲爲之弟。講之家庭者固如此。至其述崇正辨以闢異端。纂伊洛緒言以闡正學。著論語詳説以明孔門傳授之心法。讀史管見以抉資治通鑑數千百年褒貶之實。最後傳諸葛武侯以寓其討賊興漢之初心。蓋公自宣靖炎興四十年閒。雖顛沛百罹。而始終一説。所以扶持三綱者。其不謂大有功于斯世矣乎。
王深寧困學紀聞曰。胡文定父子奏疏。以春秋之義扶世道。正人心。可以立懦夫之志。此義不明。人欲横流。始也不知邪正。終也不知逆順。
梓材謹案。謝山于不知邪正箋云。陳賈。傅伯壽。胡紘之徒也。于不知逆順箋云。留黄之徒也。

衡麓學侶

補　梁歸正先生觀國

雲濠謹案。喪禮十五卷。廣東通志作五卷。云。革用道釋者。門人稱曰歸正先生。又云。壼教十五卷。付其女弟。爲師訓閭巷童女以守禮法。凡師事先生者。喪葬不用緇黃。一時風俗賴之一變。其所遺書。眞德秀王應麟輩皆稱之。

附録

志行淳懿。未嘗踰矩矱。嘗再薦于鄉。不第。退取經書熟誦之。歎曰。聖賢垂教。乃使人譁于口吻。誕于紙筆。小而干澤。大而迷國。比荆舒。用以盲瞶天下者。可守而不變哉。乃取所作科舉文畀諸火。以自治身心。一言一動必求與古人合。

及卒。胡致堂志其墓且銘之曰。卓哉粱生。生在遐域。無師可親。采諸方策。又曰。大布之衣。藜羹饌饟。其中沛然。孰爲卿相。

衡麓講友

直閣向先生子忞別見武夷學案補遺。

衡麓同調

金先生彦

金彦。邵陽人。力學善屬文。天資敦厚。喜賑困窶而惇孝。友人號爲義門。胡致堂嘗記其事。

一統志。

梁氏講友

補學録高東溪先生登

雲濠謹案。先生所著有東溪集。

東溪遺文

威公初二年書王。三年不書。至十年復書王。十一年不書王。至十八年復書王。説者紛然。皆于義未安。孫胡二家謂元年以天道王法正威公之罪。二年以天道王法正宋督之罪。程氏亦謂弑逆者不以王法正。天理滅矣。至説十年十八年。則又近鑿。考春秋書月則書王。不書月則不書王。明正朔王者之所頒。非諸侯所得而自出也。于威公書月而不書王。威公弑隱公自立。聖人之意微矣。元年書王。端本故也。二年十年十八年書王。二百四十二年無十年不書王。十年而無王。則人道滅矣。非春秋之法也。不當以臆説求之。春秋威公不書王論。

其出户如見賓。其入虚如有人。其行無媿于影。其寢無愧于衾。斯事斯語。無怠厥終。慎獨銘。

附録

授廣東富州主簿。憲臣董棻聞其名。檄讞昭賀等郡獄。兼賀州學事。學故有田。罷歸買馬。

先生請復舊。守曰。買馬養士孰急。先生曰。養士急耳。守曰。抗長吏耶。曰。天下所恃以治者。禮樂法度也。守不能奪。命攝獄。有囚殺人。守欲免之。先生不可。卒執法。秩滿。士民乞留不獲。餽錢五十萬。先生辭不可。請置學買書。

謫居。授徒自給。聞胡廷政事少失。輒顰蹙不樂。大失。則慟哭隨之。先生事母至孝。嘗舟行阻風。母方念乏晨羞。忽有白魚躍入。母病思食鹿肉。夜有虎啣鹿置門去。

補 陳先生元中

雲濠謹案。致堂先生序洙泗文集云。洙泗集者。龍溪陳君元忠。以後世文體求之論語。得其義類。分門而編之。以爲文章之祖也。則先生之名。當作元忠。其稱元中者誤。

梓材謹案。先生字景衛。河源令崔從政若礪以其妹妻之。見胡澹庵所作從政墓誌。澹庵爲洙泗文集序。稱漳人陳生元忠。挾書一卷來謁。則先生固及澹庵之門矣。

洙泗文集自序

聖言不華。自然成文。某是書。聖人心法在焉。

張氏學侶

少師張先生邵 父幾。

張邵字才彦。烏江人。唐國子司業籍之後。世儒家。父幾。贈金紫光禄大夫。鄉譽尤高。先生少傳父學。宣和三年登上舍第。建炎元年。爲衢州司刑曹。二年。詔中外士民直陳時事。先生言。有中原之形勢。有東南之形勢。今縱未能遽爭中原。宜進都金陵。因淮江蜀漢閩廣之資。以圖進取。不應退自削弱。郡守胡唐老奇之。三年。薦充江浙制置司準備差使。改承奉郎。召對。會遣乏使。先生毅然請行。假禮部尚書。特轉五官。二弟祁剡皆補官。祁明州觀察推官。奉母以居。先生卽日就道。見撻懶于濰州。逼之拜。不可。執置昌邑。徙密州柞山寨。以兵守之。四年夏。撻懶過密。先生以書抵之。執付劉豫。先生升階揖豫。以舊官呼之。爲陳君臣大義。辭氣激烈。豫怒繫之獄。豫知不可屈。復以先生送金。拘之燕山圜福寺。紹興元年也。先生又爲書言豫鼠首兩端。益徙東北千餘里之中京。後又北徙會寧府。去燕三千里。完顏亶頗厭兵。慕文教後生。從先生者皆習弦誦。更執經授大義。十三年改館。致饋。許之南歸。除祕閣修撰。主管沖祐觀。以母夫人年七十。謁告歸鄞。方出門。而諫官誣之。改台州崇道。十七年丁母憂。蔬食廬墓。執喪盡禮。十九年除敷文閣待制。提舉江州太平興國宮。屏居蕭寺。食閒祿者十年。二十五年秦檜死。起知池州。明年請祠歸。道由廣德軍。假官舍居之而卒。贈中奉大夫。年六十一。後以子升朝。累贈少師。遺文十卷。周益公集。

雲濠謹案。周公謹浩然齋雅談言。張少師與洪忠宣久陷金國。其後獲歸。而終身爲秦檜之所抑。陳容公儲跋其墓碑云。流離區脫。視死如飴。君子有性焉。不謂命也。絕漠來歸。忠不見録。君子有命焉。不謂性也。暨檜殞金亡。忠宣少師二公如生。故曰知命與性。則知天矣。

梓材謹案。吾鄞邑志所載王鄞江墓志。爲荆公所作。以先生兄弟三人皆爲鄞江游學之徒。考墓志。鄞江卒于至和二年乙未。而先生以紹聖十六年丙子卒。年六十一。當生于紹聖三年丙子。上距鄞江之卒已四十二年。安得受業鄞江之門。或以爲受業桃源而誤以爲鄞江。然桃源以元豐八年乙丑卒。去先生之生亦十有二年。其非桃源之徒亦明矣。

張先生郯

張郯字知彦。烏江人。待制邵之弟也。少用待制出使恩。授右迪功郎。調開化尉兼主簿。歷知眞州鄂州。提舉江南東路常平茶鹽公事。九遷至朝奉大夫。遂請老。以子遇郊祀恩。封朝議大夫。先生爲人魁磊不凡。學問識其大者。臨事無秋毫疑滯。寓家蕭山。收養孤嫠。與同甘苦。視所居之鄉如其宗黨。進善人。誨責其有過者。俗爲一變。淳熙十六年卒。年八十七。子六人。尚書孝伯其長子也。渭南文集。

衡麓門人

補 知軍劉先生荀

明本

明四端察五典者窮理之本。

窮理者進學之本。

不欺者修德之本。
寡欲者養心之本。
敬者爲禮之本。
勤者修業之本。
求實用者窮經之本。
推己及物者治道之本。
修身者齊家之本。
養心者事親之本。
信者交友之本。
正君心者治國之本。
審勢者安天下之本。以上上卷。
正名分者爲政之本。
防微者銷患之本。
達人情去利心者行事之本。
不求備者待人之本。
寬而有制者御衆之本。

察良心者用刑之本。

澂源者救弊之本。

刑賞者制師之本。

節用者理財之本。以上中卷。

立志者有爲之本。

宏毅者任重致遠之本。

勇者爲義之本。

果斷者立事之本。

守正者立朝之本。

得失輕者去就之本。

辭順理直者論事之本。

時者出處語默之本。

義者辭受取予之本。

知止者保身之本。

安義命者處困之本。以上下卷。

若夫統論道之大本。曰中而已。

明本序

予觀論語記林放問禮之本。孔子有大哉問之對。有子論孝弟。而有君子務本之言。始知學者進德修業必先明夫本。夫事物莫不有本。知其本則所由之户不差。循序而進。然後德業可得而成矣。大學曰。物有本末。事有終始。知所先後。則近道矣。言知其序而進。則至於道近也。

雲濠謹案。四庫全書本永樂大典著録明本釋三卷。提要云。是書乃其講學之語。大旨謂致力當求其本。因舉其切要者三十三條。各爲標目而著論以發明之。論所不盡者。又自爲之注。中多稱引元祐諸人。程門諸子。及同時胡致堂。張横浦。朱子之言。持論頗醇正。其文率詳剴切。務達其意而止。北宋諸名臣之言行出處。亦附注焉。蓋黨籍子孫尊其先世之舊聞也。又言。是書楊士奇焦竑皆作明本二卷。永樂大典題曰明本釋。疑其書原名明本。後人因其注而增題釋字歟。

附録

趙章泉呈劉子卿詩曰。南渡六十載。況談元祐時。故家垂欲盡。遺事莽難知。文字既多舛。傳聞寧破疑。惟公有源委。萬折必東之。其四曰。往自清江别。于今近十年。依僧聊避暑。擁節會朝天。我愧不如昔。公平眞過前。政規期斷手。明本已終篇。

吴澄齋先生翌詳見五峯學案。

通守方困學先生疇詳見紫微學案。

知軍石先生安民附弟安行。安持。

石安民字惠叔。臨桂人。紹興間舉進士。爲象州判官。決獄平恕。嘗分教廉藤。有文風。晚知吉陽軍。未赴而卒。先生早從安晦胡寅遊。受知于張魏公。弟安行。安持。與先生齊名。人號三石。姓譜。

金先生悦

金悦。邵陽人。彦弟。從胡致堂遊。潛心理學。徵召俱不就。鄉里高其清節。楚紀。

黄先生談

黄談字子默。元祐給事中夷仲之曾孫。山谷先生從孫。實傳詩社之正印。有文集三十卷。自號澗壑居士。早受知于胡明仲侍郎。其後劉共父樞密。張安國舍人。繼帥湖南。皆爲上客。屬以文翰。人門具美。宜在朝廷。而官止榷務。壽不及知命。識者惜之。周益公集。

縣丞黄先生執矩別見嶽麓諸儒學案補遺。

黎先生□

梓材謹案。斐然集有致黎先生書。而逸其名。當是文定門人。黎才翁之子。

張氏家學

補安撫張于湖先生孝祥

附録

廷試時策問師友淵源。秦塤與曹冠皆力攻程氏專門之學。先生獨不攻。考官已定塤冠多士。先生次之。曹冠又次之。高宗讀塤策。皆秦檜語。于是擢先生第一。而塤第三。

梓材謹案。劉後村跋許教一鶚廷對策云。昔張安國對策譽檜。既魁天下。大悔之。後交遊朱張。爲紫巖上客。亦安國也。蓋嘉其晚節云。

參政張先生孝伯

張孝伯。和州人。總得祁從子。隆興閒進士。官至參知政事。時韓侂胄當國。先生勸弛僞學黨禁。一時賢人貶斥者得漸還故職。姓譜。

向氏門人

通判胡先生□

胡□。

梓材謹案。胡澹庵與向宣卿云。先兄通判獲出門下。

金氏家學

金先生悦見上衡麓門人。

高氏門人

陳先生景肅

陳景肅字和仲。漳浦人。有學行。師事高登。與同邑吴大成隱漸山石榴洞。登紹興進士。授仙遊令。薄賦輕徭。旌善伐惡。官至朝議大夫。著禮疏詩疏。及石屏擷翠集。道南源委。

陳氏講友

吴先生大成

吴大成字□□。漳浦人。紹興閒秦檜當國。隱漸山石榴洞。講明正學。與陳俊卿林澤之歡聚賦詩。乾道中。奉檄湖湘。往來京浙。著有梅月詩卷箋義。經疑傳稾。道南源委。

于湖家學

張先生□

張□。

附録

朱子語類曰。卜筮之書如火珠林之類。許多道理依舊在其閒。但是因他作這卜筮。後却去推出許多道理來。他當初做時。却只是爲卜筮畫在那裏。不是曉盡許多道理後方始畫。這箇道理難説。向來張安國兒子來問。某與説云。要曉得便只似靈峯課模樣。有一朋友言。恐只是以其人未能曉而告之以此説。某云。是誠實恁地説。

于湖門人

知州王先生阮別見滄洲諸儒學案補遺。

謝先生堯仁

謝堯仁。于湖門人也。嘗序于湖集。稱于湖每作詩文。輒問門人視東坡何如云。四庫書目提要。

劉先生翰

劉翰字武子。長沙人。高宗紹興閒游于張于湖范石湖之門。以詩名。著有小山集。南宋文範作者攷。

董先生道輔

董道輔。武陵人。于湖門人。紹熙庚戌中秋後三日。拜于湖墓。有詩。景定建康志。

章先生甫

章甫字冠之。鄱陽人。徙居眞州。自號易足居士。著自鳴集六卷。張端義貴耳集云。有文集十卷。少從于湖交游。豪放飄蕩。不受拘羈云。四庫書目提要。

參政家學

張先生即之

張即之字温夫。參知政事孝伯之子。以父恩授承務郎。銓中兩浙轉運司進士舉。歷官司農寺丞。知嘉興未赴。以言者罷。居㊀祠。主管雲臺觀。引年告老。特授直祕閣。致仕。寶祐四年。制置使余晦入蜀。以讒劾閬州守王惟忠。于是削惟忠五官。没入其資。下詔獄鍛鍊誣伏。坐棄市。先生雖閒居。移書言于淮東制置使賈似道。恤其遺孤。又使從孫士倩娶惟忠孤女。未幾似道入相。中書舍人常挺亦以爲言。景定元年。給還首領。以禮改葬。復金壇田。多先生倡義云。先生以能書聞天下。金人尤寶其翰墨。宋史。

㊀「居」，當爲「丐」。

陳氏門人

鄭先生柔

鄭柔字克剛。漳州人。紹興中在太學。與時相秦檜湯思退左。嘗建議乞決意北征。爲思退所阻。調高要簿。不就。歸隱九侯山。著有康正題詠。時甚重之。閩書。

薛先生京附楊耿。

薛京字宗汴。漳州人。與鄭柔俱師事陳景肅。陳與秦檜忤。辭知台州。先生亦乞歸省。檜以其爲景肅黨。銜之。歸與其徒講學漸山九侯閒。賦詩自樂。終檜之世。屏跡不仕。時同郡楊耿字國光。在太學與先生齊名。相率乞歸。闢精一堂于修竹閒師焉。漳州府志。

陳氏續傳

提督陳先生植別見北溪學案補遺。

宋元學案補遺卷四十二目録

宋元學案補遺卷四十二

後學 鄞 王梓材 慈谿馮雲濠 同輯

五峯學案補遺

武夷家學

補承務胡五峯先生宏

梓材謹案。方桐江跋鶴山周易集義有云。五峯得之上蔡。傳之南軒。似先生私淑上蔡者。

胡子知言

大哉性乎。世俗之言性者。類指一理而言爾。未有見天命之全體者也。

凡人之生。粹然天地之心。道義完具。無適無莫。不可以善惡辨。不可以是非分。

雲濠謹案。四庫全書本永樂大典著録先生知言六卷。附録一卷。提要稱是編乃其論學之語。隨筆劄記。屢經改訂而後成。吕東萊嘗以爲勝于正蒙。然五峯之學。本其父文定。文定之學雖出于龜山。而又兼出于東林總。總嘗謂本然之性不與惡對言。文定沿習其説。遂以本然者與善惡相對者分成兩性。五峯此書亦仍守其家傳。其所謂性無善惡。心以成性。天理人欲同體異用。同行異情。指名其體曰性。指名其用曰心。性不能不動。動則心矣。云云。朱子力詆其非。至作知言疑義。與東萊及五峯門人南軒互相辨論。即南軒亦不敢盡以其師説爲然。其論治道。以井田封建爲必不可廢。亦泥古而流于迂繆。然其他實多明白正大。足以闡正學而闢異端。朱子嘗稱其思索精致處。殊不可及。固未以一二瑕疵盡廢其書也。其附録卽朱子語類各條。又録五峯集五卷。提要稱其易外傳皆以史證經。論語指南乃取黄祖舜沈大廉二家之説折衷之。釋疑孟則辨司馬温公疑孟之誤。議論俱極醇云。

胡五峯語

仲尼繫易。歷敘制器致用。兼濟民生者。獨稱犧農黄帝堯舜氏。蓋以是爲五帝也。而顓辛無聞焉。太史公所載特形容之虛語爾。

梓材謹案。此語致堂所作復州重修伏羲廟記述之。

今之儒者移學文藝干仕進之心。以收其放心而善其身。則何古人之不可及哉。父兄以文藝令其子弟。朋友以仕進相招。往而不返。則心始荒而不治。萬事之成咸不逮古先矣。

梓材謹案。此條小學外篇引之。稱胡子。

周官司徒掌邦教。敷五典。司空掌邦土。居四民。世傳周官闕冬官。未嘗闕也。乃冬官事屬之地官。

梓材謹案。吴草廬以大司徒之半補冬官之闕。蓋本諸此。又以知俞王冬官未嘗亡之説。皆有所自也。

皇王大紀論

包犧。神農。黄帝。堯。舜。是五君。有先天地開闢之仁。後天地制作之義。故孔子曰。包犧氏没。神農氏作。神農氏没。黄帝堯舜氏作。按黄帝之後。少昊顓頊高辛皆嘗帝天下矣。孔子所以越而遺之者。以三君居位僅可接其世而已。未嘗有制作貽□㊀故也。則五帝之名實定矣。

自史遷載管仲言上古封禪之君七十有二。後世人主希慕之以爲太平盛典。然登不徧于四岳。封非十有二山。人懷晏安。不行五載一巡守之制。出崇泰侈。無納言計功行賞之實。鐫文告成。明示得意。而非所以教諸侯德也。泥金檢玉。遂其侈心。而非所以教諸侯禮也。心與天道相反。事與聖賢相悖。故太平之典方舉。而天災人禍隨至者多矣。梁許懋曰。燧人之前。世質民淳。安得泥金檢玉。結繩而治。安得鐫文告成。是故考舜典可以知後世封禪之失。稽懋言可以知史遷著書之謬。以上五帝紀。

至哉聲之宫也。猶五行之土也。金木水火得之然後生。猶四端之仁。義禮智得之然後中。猶事之中。萬物得之然後成。是故宫聲者不可以易知也。以上有體元之君。下有調元之臣。安土樂天。然後宫聲可識而雅樂可復也。後世以其淺陋之德。而欲求元妙之聲。必不應矣。惟禮亦然。故孔子曰。人而不仁。如禮何。人而不仁。如樂何。宫聲元妙。

天地之閒有氣化。有形化。人之生雖以形相禪。固天地之精也。姜嫄克禋克祀。以弗無子。志之所至。氣亦至焉。氣之所至。精亦至焉。故履帝嚳之武而敏歆。于是有子。不可謂怪。而諸

㊀「□」當作「萬世」。

儒不識。陋可知也。至于讖緯之書。謂慶都感赤龍之精而生堯。簡狄吞玄鳥之卵而生契。則誣矣。何者。人也。乃與繁氣交而生人。則無是理也。是以載其事而削其辭焉。西漢薄太后有蒼龍據腹之祥而生文帝。若非史氏記之詳明。則後世必謂與龍交而生子矣。是故儒者莫要于窮理。理明然後物格而知至。知至然後意誠而心不亂。姜嫄生稷。

肆類于上帝。禋于六宗。此闕文。失其次者也。其文宜曰。受終于文祖。禋于六宗。在璿璣玉衡。以齊七政。肆類于上帝。宜于冢土。至于山川。書經焚毁。伏生耄矣。口授于人。故多闕失也。國有大事。必既告諸祖禰。然後告于天地以及羣神。此禮之常也。故張耄以六宗爲三昭三穆。學者多從其說。孔安國曰。六宗者四時也。寒暑也。日也。月也。星也。水旱也。在聖人名必當物。祀上帝而謂之類者。本乎天者咸在其中也。況四時寒暑水旱與日月星辰之運。卽天神之奧。又可分裂各爲神乎。古者大旱雩于上帝。不曰雩于旱神。斯可見矣。歷代諸儒之說。咸與孔氏不相遠。獨虞喜以六宗爲地。求之于理無義。考之于文無徵。雖欲取之。其孰信之。六宗說。

史載秦滅周。九鼎入于秦。自是不復見。左氏以爲鼎者。圖象百物而爲之備。使民知神姦者也。愚竊以爲誣矣。何者。魑魅罔兩。自古不以爲天下患。惟鄙夫鄙婦則或言之。縉紳先生不道也。王者協于上下。以承天休。乃以此爲事而庸鑄之于鼎乎。然則禹所鑄者何也。始除洪水之害。別九州之分野。差土田之高下。定貢賦之式度。立井田封建之經界。盡一時生養。斯民之道矣。故又鑄九鼎以爲萬世準繩。桀有昏德而遷于商。商紂暴虐而遷于周。如此其重也。春秋之時。晉鄭鑄刑書。則知古人創立制度。欲傳遠久者。必于鼎矣。秦方廢井田。開阡陌。除封建。置郡縣。滅先王之迹。焚及簡編。況鼎者明書制度。章章堅久之器乎。秦不沈之于伊洛。必淪之于瀍澗矣。始皇百不資于先代。而無故求周鼎于泗水。則其欲詭惑天下之意可知矣。漢興。去古未遠。易曰。解利西南。无所往。其來復。吉。有攸往。夙吉。高祖父子兄弟知无所往之利。而不知來復往夙之吉。侵尋至今。茫茫禹迹。法度盡廢。上不仁其身。民各私其有。不均不平。不正不定。暴虐無告。冤陷困窮。爭鬬滋甚。獄訟繁多。皆此之由也。孰能居其位而仁其民。博諮于天下求所以正諸。鼎象百物。

寅賓出日。寅餞納日。而不及月者。傳曰。日之所行爲中道。月五星隨之而已。故不及也。周官曰。冬夏致日。春秋致月。失聖人之旨矣。寅賓出日。

古史不載湯改元。獨劉道原載之。愚竊以爲非其實也。夫人君卽位之一年。謂之元年。所以謂一爲元者。竊譬諸人。猶其始生也。猶其有首也。生之時一定而不可再。身之首一生而不可易。成湯之元立于桀之三十五載矣。其所以克享天心。受天明命。以有九有之師。爰革夏正。本是而爲之者也。又可改乎。元者義之所存。非若一二之爲數也。後世以元爲數而不知其義。如漢武之初年曰建元元年。既曰元年。則元已建矣。又曰建元。豈不贅乎。後又因事別建年號。如曰元朔元年。既曰元。又曰朔。又曰元年。失其義也。甚矣。嗚呼。使人君知其義而體之。則元原于一。豈至如是紛紛乎。成湯改元。

十一月一陽復于地下。此周正之所以建子也。十二月二陽長于地中。此商正之所以建丑也。天道至微。非聖人莫能知。建正以昭示天下也。使天下之爲人上者由之而知。則能養天下之善于至微。而不至于夭閼。止天下之惡于至微。而不至于盈積。深探其幾。推而行之。聖人之妙用也。知道者于此見天心焉。是仁之端也。聖人教天下後世之意。可謂深切著明矣。豈因易代。止以新時人耳目而已哉。商周建正。

多士。今爾又曰。夏迪簡在王庭。有服在百僚。予一人惟職用德。宜在爾小子。乃興從爾遷之下。多方。克閱于乃邑謀介爾。乃自時洛邑。尚永力畋爾田。天惟畀矜爾。我有周惟其大介賚爾。迪簡在王庭。尚爾事。有服在大僚。宜在多士予一人惟聽用德下。而殷革夏命。宜與肆予敢求爾于天邑商相屬也。伏生耄矣。口授乎人。文失其次。如是正之。則多士多方可讀而求其義矣。多士多方文失次。

天命之謂性。王者受命于天。宰制天下。其所以祭天地者。盡其心以成吾性耳。非有天神地祇在吾度外。有形體狀貌可得見而承事之也。劉歆周禮曰。樂六變而天神降。八變而地示出。此豈君子知理之言。類如巫祝造怪之辭也。則又以爲神降示出。然後可得爲禮。獨不知樂所以導和。禮所以爲節。作樂乃所以行禮。禮神也。寧待神降示出。然後行禮哉。夫天地之道。一往一來。否泰相應。變化無方。人日用而不窮。不可以智慮測度。不可以才能作爲者。謂之鬼神。鬼神者特以往來言之。道固一體不可分也。先儒多以神屬之天。鬼屬之人。我知其不知鬼神之情狀矣。

故易詩書春秋皆無如周禮之文者。然則劉歆之僞妄可不闢乎。

武所以象德也。故必于其人。必于其事。必于其時。不于其人。不于其事。不于其時。則爲無義。人心不厭。鬼神不享也。劉歆牽合周禮之文。乃曰。黄帝之雲門。以祀天神。堯之咸池。以祀地示。舜之韶。以祀四望。禹之大夏。以祀山川。成湯之大濩。以享先妣。夫以雲門祭天猶可言也。地示烏知堯之咸池。四望烏知舜之韶。山川烏知禹之大夏。而周之先妣烏知商之大濩也哉。設禮作樂。而不知其義。則無以爲禮樂矣。彼劉歆者。叛父背君。不祥之人也。是烏知禮樂。世儒瞢瞢然推尊其書。使與聖經並。此某之所以拊膺太息。論之而不能自已者也。以上周禮禮樂。

幽王無道。雖天下所不與。其見殺于犬戎。則天下所不忍。而平王乃子也。所宜坐薪嘗膽。養民訓兵。帥天下諸侯。披其巢穴。誅其宗種。復居鎬京。繼迹文武成康。以蓋前人之愆。則可謂人子矣。愚觀其命秦晉之詞。語平而不切。志舒而不慘。忘不共戴天之讎。輕棄舊都。以西事委之于秦。而卽安于洛邑。亡三綱矣。孔子定書而取文侯之命。何哉。平王雖不自飭勵。而晉侯不失藩室之道。逐西戎。黜伯服。扶立冢嗣。定都成周。號令天下。莫敢不從。使平王猶有仁心義氣。而輔之以晉文衛武。則周室中興矣。聖人心廣道大。權輕重不失毫釐。是以深取晉文。而于平王猶有望也。及其末年。怠惰放縱。不可救藥。日以衰微。名號雖存。其實與杞宋等矣。聖人據事實。本天命而作春秋。固非衆人之所識也。文侯之命。

煬公。伯禽之子。孝公之弟。以弟而得國者也。喪事卽遠。有進而無退。宮廟卽遠。有毀而無立。煬公至是十有九世矣。是祧主也。其不可立宮明甚。所以立之者。季氏以少子當魯國祭祀。得專廢立。自恣重賂足以結四鄰。私恩足以收百姓。所懼神怒或降之罰耳。故有禱于煬公而立宮也。聖人筆之于經史。後人考其世。尋其由。則季氏誣神之罪著。而禮制不至于遂亂。而惑人之聽矣。魯立煬宮。

彖文孔子之所作也。孔子極言天地之道。謂乾道變化。則萬物各正性命。坤承順天。而萬物生焉。是故雖一物之微。必天地合而後成。其施者天也。產者地也。劉歆周禮曰。以天產作陰德。以中禮防之。以地產作陽德。以和樂防之。是列天地爲二本。而中和禮樂異道矣。何可以爲經。與易詩書春秋比乎。天產地產。

司馬遷載孔子隳三都之明年。由大司寇攝行相事。夫聖人之所以大過人者。無它焉。如天之生物。隨其分限。無不可爲而過者。無可爲而不及者。爲司空而正封域。則溝合昭公之墓。爲司寇而治姦亂。則誅少正卯而隳三都。及成不隳。而三家之慮變矣。聖人色斯舉矣。安有由大司寇攝相之事。遷載孔子言行。不得其眞者尤多。未知其所以得實録之名者何故。周敬王二十三年。孔子從而祭。膰肉不至。不脱冕而行。遂適衛。

子貢在言語之科。觀其遺言。理義明暢。雖使甚愚人。亦曉然知利害之所在。此聖人之所貴也。若夫縱横捭闔。不顧義理。一出而存魯。亂齊。破吴。强晉。霸越。則子貢之所甚惡也。嗚呼。以文王武王之將聖。司馬太史尚信以爲陰修德政而傾商。不宅大憂而干紂。又況聖門諸子哉。

愚惡夫棄聖經而祖述司馬太史以爲實録者。是以論之。使後世無惑焉。子貢見太宰嚭。

先王之所以講封建井田者。畝數一定。不可詭移。一也。邑里阻固。雖有戎車。不可超越。二也。道路有制。雖有姦宄。不可羣逞。三也。此三利者絶兼并之端。正獄訟之原。沮寇盜。禁奸宄于未兆。所以均平天下行政。教美風俗。保世永年之大法也。秦一廢之。及今千六百歲。而弊日益深。而夷狄不可禁矣。可勝歎哉。商鞅變法。

附録

秦檜當國。貽書其兄致堂。問二弟何不通書。意欲用之。先生作書止敍契好而已。書辭甚厲。人問之。先生曰。政恐其召。故示之以不可召之端。

嘗爲制欲詩曰。寵辱無休變萬端。阿誰能向靜中看。消磨利欲十分盡。免得臨機剖判難。又讀朱元晦詩曰。幽人偏愛青山好。爲是青山青不老。山中出雲雨太虛。一洗塵埃山更好。

朱文公跋曰。此衡山胡子詩也。初紹興庚辰。熹臥病山間。籍溪胡先生除正字。赴館供職。劉英父自祕書除察官。以書見招。熹試以兩詩代書報之曰。先生去上芸香閣。閣老新峩獬豸冠。留取幽人臥空谷。一川風月要人看。甕牖前頭翠作屏。晚來相對舊儀型。浮雲一任閒舒卷。萬古青山只麼青。或傳以語胡子。子謂其學者張敬夫曰。吾未識此人。然觀此詩。知其庶幾能有進矣。特其言有體而無用。故吾爲是詩以箴警之。庶其聞之而有發也。明年胡子卒。又四年。熹始見敬夫。而得獲聞之。恨不及見胡子。而卒請其目也。因敘其本末而書之于策。以無忘胡子之意云。

或問于南軒曰。論語一書未嘗明言性。子思中庸獨有天命之謂性一語。而孟子始道性善。今先生知言反復論性爲甚詳。無乃與聖賢之意或有異乎。南軒曰。無以異也。夫子雖未嘗明言性。而子貢蓋嘗識之曰。夫子之言性與天道。不可得而聞也。是豈眞不可得聞哉。蓋夫子之言無非性與天道之流行也。至孟子時如楊墨告子之徒。異說並興。孟子懼學者之惑。指示大本。使知所止。今之異端。則又異乎古。自謂識心見性。其說開廣。故高明之士。往往樂聞而善趨之。一溺其間。則喪其本心。隳弛萬事。毫釐之差。霄壤之繆。其禍可勝言哉。先生于此又烏得而忘言也。學者能精察于視聽言動之間。卓然知夫心之所以爲妙。則性命之理蓋可默識。然後知先生之意與古人若合符節。不然。不知求仁而居然論性。則幾何其不流于異端之歸乎。

朱子曰。謂天命爲不囿于物可也。以爲不囿于善。則不知天之所以爲天矣。謂惡不可以言性可也。以爲善不足以言性。則不知善之所自來矣。知言中此等議論與其他好處。自相矛盾者甚多。却與告子楊子釋氏蘇氏之言幾無以異。昨來所以不免致疑者。止爲如此。惜乎不及供洒掃于五峯之門而面質之耳。

又曰。五峯以周禮爲非周公致太平之書。謂如天官冢宰却管甚宫閫之事。其意只是見後世宰相請託宫闈。交結近習。以爲不可。殊不知此正人君治國平天下之本。豈可以後世之弊而併廢聖人之良法美意哉。

朱子語類曰。游楊之後多爲秦相所屈。胡文定剛勁。諸子皆然。和仲不屈于秦。仁仲直却其招。不往。

又曰。孔子曰。吾十有五而志于學。至三十而立。以上節節推去。五峯曰。爲學在立志。立志在居敬。此言甚佳。

又曰。五峯説心妙性情之德。不是他曾去研窮深體。如何直見得恁地。

又曰。五峯知言大抵説性未是。自胡文定胡侍郎皆説性未是。其言曰。性猶水也。善。其水之下乎。情。其水之瀾乎。欲。其水之波浪乎。乍看似亦好。細看不然。如瀾與波浪何别。渠又包了情欲在性中。所以其説如此。

又曰。胡五峯云。人有不仁。心無不仁。此説極好。人有私欲。遮障了不見這仁。然心中仁依舊只在。如日月本是光明。雖被雲遮。光明依舊在裏。又如水被泥土塞了。所以不流。然水性之流依舊只在。所以克己復禮爲仁。只是克了私欲。仁依舊只在那裏。譬如一個鏡。本自光明。只緣塵却昏了。若磨去塵。光明只在。

又曰。湖南一派。譬如燈火更明。只管挑。不添油。便明得也即不好。所以氣局小。長汲汲然張筋努脈。

陳與叔問曰。胡子知言曰。天下莫大于心。至富貴貧賤不能安也。先生嘗以延平先生讀正蒙書語示夢良。此後五峯胡子書竟未敢看。然此段語已嘗熟誦。自見得説心著大字推字。性著久字順字。命著成字信字爲有理。恐大亦是與天地同體之意。久只是常而不變之意。成只是一定不易之意否。朱子曰。此段好。但點出兩處理會不得。

陳龍川序先生遺文曰。聞之諸公長者。以爲五峯實傳文定之學。比得其傳文觀之。見其辨析精微。力扶正道。惓惓斯世。如有隱憂。發憤至于忘食。而出處之義終不苟。可謂自盡于仁者矣。其教學者以求仁。終篇之意未嘗不致意焉。推其文以與學者共之。因文以達其意。庶幾五峯之志未泯也。

樓攻媿跋先生論語指南曰。論語一書。自昔大儒不知幾人。未有能發明仁之一字。自伊洛二先生始發千古之祕。洙泗言仁深見本源。玆讀指南一卷。樞密黄公。察院沈公。皆深于此者。五峯斷以一言。方見二公猶有差處。一曰。有心于爲仁。則曰。如此立言。恐不識心。不識仁也。一曰。能惡人則或者疑焉。于是復明仁者之心。曰。本無所惡也。則曰。只是當好惡之時。胸中元未了了也。烏得爲仁。又顔淵問仁之下有曰。人有仁不仁。心無不仁。此要約處不可毫釐差。嗚呼。此言旨哉。此論語之本體也。然非二公相與講貫。亦無以發五峯之言。

吴竹洲題五峯先生知言卷末曰。某受此書于南軒先生。謹諉諸同志汪伯虞鋟木以廣其傳。異時吾黨之士有文詞者。有學問者。有才有智。而可與立事者。有剛正不撓。恬退有守。温厚而寡過者。皆知以此道爲終身根本之地。如蕭何之守關中。寇恂之守河内。則庶幾乎知所税駕。不然。

吾懼其終身之無所歸也。

陳及之曰。胡五峯以宮中有官府次舍。又有民人。非所以別内外。不知宮正所掌者。典婦功。典絲枲。染人。屨人等官。皆士人也。各有官廬官署。所謂民卽其徒隸。雖在宮中。各有分限。漢郎吏舍。衛士廬。周匝殿内。豈謂與宮嬪雜處耶。

王深寧困學紀聞曰。譬諸草木。區以別矣。五峯曰。草木生于粟粒之萌。及其長大。根莖華實雖凌雲蔽日。據山蟠地。從初具乎一萌之内。而未嘗自外增益之也。朱文公曰。林少穎亦說與黄祖舜如此。

五峯講友

縣尉詹先生慥

詹慥字應之。崇安人。安貧守道。一介不取諸人。誘掖後進。孳孳不倦。從游者多所成立。尊爲鄉先生。爲文操筆立就。人以爲腹稾。晚任贛之信豐尉。有文集二十卷。姓譜。

五峯家學

補主簿胡廣仲先生實

梓材謹案。先生名一作寔。文定仲弟朝奉郎安止之子。又案。先生以擴名齋而南軒記之。

附録

朱子答廣仲書曰。上蔡雖説明道先使學者有所知識。却從敬入。然其記二先生語。却謂未有致知而不在敬者。又自云。諸君不須别求見處。但敬與窮理則可以入德矣。二先生亦言根本須先培壅。然後可立趨向。又言莊整齋肅久之。則天理明。五峯雖言知不先至。則敬不得施。然又云。格物之道必先居敬。以持其志。此言皆何謂邪。某竊謂明道所謂先有知識者。只爲知邪正。識趨向耳。未便遽及知至之事也。上蔡五峯既推之太過。而來諭又謂知之一字。便是聖門授受之機。則是因二公之過而又過之。試以聖賢之言考之。似皆未有此等語意。却是近世禪家説話多如此。若必如此。則是未知以前可以怠慢放肆。無所不爲。而必若曾子一唯之後。然後可以用力于敬也。此説之行。于學者日用工夫大有所害。恐將有談玄説妙以終其身。而不及用力于敬者。非但言語之小疵也。

補 胡伯逢先生大原

雲濠謹案。先生嘗官豫章通守。見朱子所作翁司農蒙之墓碣銘。

胡先生大壯

胡大壯字季履。季隨之兄也。朱子嘗答其書曰。季隨明敏。朋友中少見其比。自惟衰墮。豈足以副其遠來之意。然亦不敢虚也。歸曰當相與講之。有所未安。却望見告。得以反復爲幸。昆仲家學門庭非它人比。而區區所望又特在于其實。而不在于名。願有以深察此意也。朱子文集。

梓材謹案。湖南通志引一統志云。胡大履。宏子。與弟大時俱受業張栻之門。而大時則其壻也。世其家學。又言。大履兄弟俱嘗學于朱子。大時又嘗學于陸九淵。大履蓋卽先生。誤以其字爲名耳。

五峯門人

補 彪先生居正

附録

受學五峯。又從南軒遊。南軒屢贈以詩。有相逢還莫逆。清絶兩無塵之句。時嶽麓之教大興。信安劉强學往就學。日與先生遊處。先生爲言前輩師友淵源甚悉。

補 吴澄齋先生翌

雲濠謹案。儒林宗派列先生于致堂門人。第朱子狀其行。未言其從學致堂耳。

附録

既誦其所聞于五峯先生者。而又上稽前古聖賢之言。中覽前世儒先之論。下引四方朋友之説。

參伍辨訂。去短集長。其左右出入。雖不專主于一家。然其大要以胡氏所傳爲宗也。

生平忠信。撫幼孤曲有恩義。與人交。表裏殫竭。心所不安者。告語切至而不失其和。故朋儕多樂親之。

舊有嶽麓書院。設山長。教授生徒。尋廢。五峯嘗請復之。乾道初。帥守劉珙始復書院。轉運副使蕭之敏以禮聘先生。先生曰。此吾先師之所不得爲者。豈可以涼德當之哉。力辭不赴。

朱子祭之曰。某久辱游從。多蒙規益。睽離雖久。書疏鼎來。忽聞不淑之言。實隕無從之涕。

補 監獄趙先生師孟

梓材謹案。南軒爲先生墓誌云。始君來南嶽。會文定胡公之家在焉。君聞所講伊洛餘論。而心慕之。下云。與文定季子仁仲先生游云云。蓋先生本在文定之門。而又卒業于五峯者。故墓誌又云。先生之殃。君哭之尤哀云。

補 通判向先生浯

雲濠謹案。姓譜作向語。字伯源。攷五峯集有與向伯元書。似又當作伯元。先生兄弟行名皆以水。則作語者譌也。

梓材謹案。先生官至朝議大夫。見朱子題跋。

附録

朱子跋先生遺戒曰。向公伯元少受學于胡文定公。晚年退處于家。尊聞行知。不以老而少懈。及啓手足。親書幅紙戒其子孫。勿爲世俗所謂道場者。筆札端好。詞氣謹嚴。與平日不少異。諸孤士伯等奉承遺旨。不敢失墜。既又謀刻諸石。以詔久遠。熹以爲此書之行可爲世法。觀者誠能因而推之。盡祛末俗之陋。以求先王之禮而審行之。則斯言也不但爲向氏一門之訓而已。

樂曲肱先生洪詳見武夷學案。

吴先生銓別見武夷學案補遺。

譚先生傃

譚傃。長沙人。延康殿學士世勣之孫。五峯之甥也。五峯嘗授以伊川所正大學以勉之。五峯集。

張先生栻

張栻。

王峯私淑

文公朱晦庵先生熹詳晦翁學案。

成公吕東萊先生祖謙詳東萊學案。

詹氏家學

龍圖詹先生體仁詳見滄洲諸儒學案。

胡氏所傳

補修撰楊先生大異

附録

忤宰相意。出知澧州。理宗曰。是四川死節更生者楊大異耶。論事剴切。有用材也。何遽出之。

提點廣東刑獄兼庾事。訪張九齡故宅。建曲江書院以祀。

歸里第。與居民無異。學者從之講肄。諄諄相與發明經旨。條析理學。

廣仲家學

胡先生寓

胡寓。文定從子。廣仲之弟也。父歿。時僅垂髫。廣仲撫育教訓。恩意甚力。張南軒集。

吴氏門人

葉先生定別見嶽麓諸儒學案補遺。

楊氏家學

楊先生霆

楊霆字震仲。大異子。少有志節。以世澤奏補將仕郎。銓試第一。授修職郎。桂嶺主簿。有能聲。累辟荊湖制置司幹官。吕文德爲帥。素慢侮士。常試以難事。先生倉卒立辨。皆合其意。密薦諸朝。除通判江陵府。暇日與諸生講學。丁内艱。德祐初起復奉議郎。湖南安撫司參議。與安撫使李芾協力戰守。及城破。先生赴水死。妻妾奔救無及。遂皆死。宋史。

五峯續傳

文安金仁山先生履祥詳北山四先生學案。

宋元學案補遺卷四十三目録

宋元學案補遺卷四十三

後學 鄞 王梓材 慈谿 馮雲濠 同輯

劉胡諸儒學案補遺

艮齋先緒

魏先生文璉

魏先生穎 合傳。

魏文璉字□□。其父自甌寧徙建陽。先生粹然儒者也。有春秋豁疑六卷。易説五卷。子穎。藏書甚富。胡籍溪門人挺之其曾孫也。胡斐然集。

劉楊門人

補 簡肅劉白水先生勉之

梓材謹案。先生號白水。亦號草堂。

附録

自幼强學。日誦數千言。耳目所接。一過不復忘。

見劉元城。奇其材。留語數十日。告以平生行己立朝大節。以至方外之學。他人所不及聞者。無不傾盡。先生拜受其言。精思力行。朝夕不怠。久而若有得焉。則疇昔所聞一言之善。融會貫通。皆爲己用。而踐履日以莊篤。亂後。故山室廬荒頓。乃卽建陽近郊蕭屯別墅結草爲堂。讀書其中。力耕稼以自給。澹若無求于世。而一時賢士大夫莫不注心高仰之。

胡致堂祭之曰。嗟嗟致中。蚤自貴珍。見賢必事。遇仁必親。學無定師。參以訂證。濬其明穎。礲其廉勁。事親篤孝。友于弟昆。政施厥家。肅雍閨門。其在朋友。忠益相告。其于鄉黨。善者所好。德義積躬。名聞于朝。公卿引重。弓旌是招。三揖而前。尚赴堂察。君以疾辭。歸馭遄發。縉紳趣榮。決性奔馳。豈有匹夫。重己如斯。士負智能。鮮克遵養。歲不我與。利有攸往。猗歟致中。術略跡通。若將終焉。一畝之宮。謂天艱之。式燕其晚。而迄艱之。惟理之反。

朱子曰。先生學子造門。隨其材品。爲說聖賢教學門户以及前言往行之懿。終日娓娓無倦色。自壯至老。如一日也。

武夷家學

補簡肅胡籍溪先生憲

雲濠謹案。道南源委云。謚靖肅。著論語會議諸書。

附録

既就職。日進諸生而告之以古人爲己之學。聞者始而笑。中而疑。久而觀于先生所以修身。所以事親。所以接人。無一不如所言。于是翕然尊信悦服。而先生猶以爲未足也。

朱子致先生書曰。前日聞極論天下事。至于慷慨灑涕。有以見仁人之心。不能忘世如此。天其或者一試大儒之效乎。聞之喜而不寐。伏計必有規模素定于胸中。某竊謂天下形勢。當路所不可不知也。救之之術。獨在救其本根而已。不過視天下人望之所屬者。舉而用之。使其舉措用舍必當于人心。則天下之心翕然。其氣力易以鼓動。如羸病之人針藥所不能及。焫其丹田氣海。則氣血萃于本根。而耳目手足利矣。

又祭之曰。弓旌鼎來。聘幣是將。義不去親。欲隱彌彰。乃降命書。乃賜冠裳。乃命典教。于梓于桑。學徒莘莘。儼立成行。謦欬未聞。眉睫不揚。或訛厥心。炳其文章。作人之功。于今靡忘。

又語類曰。胡籍溪人物好。沈靜謹嚴。只是講學不透。

周益公表其墓曰。原仲自言少從其從叔文定公傳論語學。時時爲予誦説。以爲入道之要也。

洛學私淑

補 觀使劉屏山先生子翬

梓材謹案。先生文集卷首載先生傳云。累贈太師齊國公。諡文靖。又案先生挽胡文定第三首云。奕葉論深契。平生仰大儒。淹留趨絳帳。寂寞奠生芻。忽見摧梁木。悲歌碎玉壺。尺書垂奬意。提耳愧柴愚。是先生雖未受業文定。而實私淑文定。爲文定之同調也。又挽吕居仁有云。江左欣相見。傾輸便豁然。挽留嘗一粥。契闊已三年。則先生亦紫微講友也。

聖傳論

堯舜有傳道之名。而無可傳之迹。後世聖人豈喜託虚名而强追遐躅哉。必有受也。書曰。惟精惟一。此相傳之密旨也。昧乎一則莫知元本。滯于一則入于虚妙。悦于談聽而不可用。豈所謂允執厥中。易曰。天下之動。貞夫一者也。隨動而一。非舍此合彼也。且性外無物。安得有二。一者道也。能一者心也。心與道應。堯舜所以聖也。一之所通。初無限量。斂之方寸。寂然而已。感而遂通。未常變易。意形而自絶。思正而忽無。緩而不怠。急而不危。應而不隨。受而不蓄。此堯舜之心所以常一也。心之不一。因有見焉。見立情遷。莫知主宰。違從欣厭之所縈拂。憂懼哀樂之所移换。事有百千萬緒。心亦百千萬變。頃刻之閒不能自定。求其際天地亘古今。豈不難哉。堯舜。

人心之疵莫重于愛。禹不聞呱呱之泣。私愛撤矣。縱而爲欲。又其疵也。禹卑宫菲食。私欲撤矣。觸而爲憤。又其疵也。禹不以鯀誅而廢國事。私憤撤矣。鬬而爲夸。又其疵也。禹不以苗民逆命而遑師。私夸撤矣。禹之心如虚空木石。無所染涅。無所動搖。而所以異於虚空木石者。惟愛人利物之心獨存耳。大學之道貴乎能定能靜。然慮心常存也。大易之旨貴乎無慮無思。然感心不滅也。慮感之心。愛人利物之端也。禹之所造。殆謂是與。禹。

心過則邪。制邪爲正。心過則妄。制妄爲誠。聖人不能使人必無過心。而能使人常存制心。制心勝則動靜語默惟吾是令。過心不二。制心亦無。無意無我。寂然常樂。此湯君臣相告之言。所以成其日新之德者也。湯。

文王羑里之囚。死生憂患之至矣。而從容演易。安時處順。無異凝旒端冕。南面而居。蓋其平昔涵養之功。正在事物變遷之際。與之循習。無所駭異也。昔晉文公欲爲襄公擇傅。胥臣曰。文王在傅不勤。處師不煩。非專教誨之力也。彼言稟之于天。從容自合云耳。殊不知聖稟雖異。未有不因涵養而成者。譬之甘水珍木。滌其源則益清。培其根則滋茂。此文王之純亦不已也。文王。

善牧畜者。謹轡勒于未放之時。善牧民者。嚴禮法于未犯之時。善牧心者。攝思慮于未萌之時。良心之放必有端也。慮端不能弭。必形于言。言端不能弭。必見于動。動端不能弭。必流于過。過深于動。動深于言。言深于慮。是以意防慮。如撥口防言。如遏身防動。如奪行防過。如割其發。淺其制。易其形。深其制。難捻滔滔于潤土。滅赫赫于焦薪。此君子平居自牧。常持以謙之功也。有持謙之功者。其慮必直。其言必式。其動必宜。其過必白。慮無枝蔓之謂直。言無背面之謂式。動無悔吝之謂宜。過無藏襲之謂白。迹其用心。非一朝一夕也。温恭寅畏。常有以制于冥冥。其始也。角鋭抗衡。若競若爭。其中也。勢緩力行。或從或違。其終也。廓然同。粹然一。忻忻而大順。周公進于是矣。負聖人之才。成天下之業。光明盛大如此。而驕吝之氣不萌乎中。豈矯抑而然耶。其處之有素矣。周公。

死生亦大矣。聖人豈忽之哉。負手曳杖。逍遥而歌。往來之際。湛然如此。非平日有見焉不能也。所以不切切言之者。懼學者守易曉之空言。而不聞至精至賾之道也。故曰。朝聞道夕死可矣。是夫子雖不切切言之。而常誨人以生死之大方也。孔子。

顔子終日如愚。論語所載。惟發二問。一爲仁。一爲邦。夫子答之。皆極天理人事之大者。原易之用。内焉惟窮理盡性。外焉惟開物成務。顔子盡之。雖無諸子之著撰。謂之通易可也。顔子。

曾子之教孝也。立身揚名。惟此一節。而于聞道最爲超警。生死之際。粲然明白。蓋由始則因孝心而致敬。終則因敬心而成己。驗其平日服膺。念兹在兹而已。啓手足則見于戰戰兢兢之時。發善言則存乎容貌辭氣之際。皆敬之謂也。曾子。

善養性者不汨于情。亦不滅情。不流于喜怒哀樂。亦不去喜怒哀樂。子思所謂中也。即喜怒哀樂以爲中。不可離喜怒哀樂以爲中。亦不可如金石之有聲。如飲食之有味。非合非離。中即契焉。故喜怒哀樂未發之謂中。子思姑約此以明中。非舍此而中可得也。子思。

自得者。得之于心也。心無所得而蹈規守矩。終出勉强。不能從容優入聖域。是學也。父兄至愛不能發其端。師友至密不能進其道。必也靈襟中啓。獨見内教。洞洞然。屬屬然。如平昔之傳聞想像。一旦親覩焉。庶乎其可也。夫學者之心。發于憒憒。其見必卓。開于冥冥。其詣必至。故拙魯愚鈍爲道之資。知巧聰明爲性之障。眞志立于懦。眞習養于徐。眞用發于常。眞樂生于淡。軒軒之志久必墮。皦皦之習久必疏。揭揭之用久必變。沾沾之樂久必渝。是以學貴終始也。千了萬通愈失眞宗。惟循惟默乃能自得。回之愚。參之魯。在孔門所得最深。皆用心于無所用。若退而進者也。去聖愈遠。自得之學湮没無聞。非惟學者之失也。亦教者之過焉。六經之言毫髮分辨。聖人之意極口宣揚。諄諄屑屑無舉隅善誘之方。將以利之。反以害之。學者亦曰如是足矣。理盡于此矣。拾前人之咳唾。遵舊轍以驅馳。故思學廢于箋解。省學廢于譏議。悟學廢于揣度。通學廢于偏黨。默學廢于領略。敏學廢于疑貳。六學廢而道衰矣。孰以孟子自得之言啓之哉。孟子有自得之言。無自得之迹。但言居之安。資之深。左右逢原而已。不可以意義形容也。孟子。

屏山文集

大易之旨。微妙難識。善學易者。以復爲先。惟人之生。咸具是性。喜怒憂樂。或失其正。視而知復。不蝕其明。聽而知復。不流于聲。言而知復。匪易匪輕。動而知復。悔吝不生。惟是四知。本焉則一。孰覺而存。孰迷而失。勿謂有本。勞思内馳。亦勿謂無。悠悠弗思。廓爾貫通。心冥取舍。既復其初。無復之者。蕩蕩坦坦。周流六虚。昔非不足。今非有餘。伊顔氏子。口不言易。庶幾之功。默臻其極。今我仰止。以名斯齋。念兹在兹。其敢怠哉。復齋銘。

汝心之休。處此如遊。汝心之流。處此如囚。此堂何有。惟經與史。隱索周施。于兹備矣。誦書琅琅。其聲乃揚。雜慮横心。聖言則忘。讀書默默。精義乃得。借聽于人。終焉必惑。視彼迅晷。若弗云來。今汝不勉。則何有哉。時習之説。反身之樂。瞻忽茫茫。匪伊情度。示六經堂學者。

木穉而曲。其老不舒。人穉弗攻。其成必愚。故善學者。必謹其初。毋悦于新。毋駭于奇。驟得必夸。久而寖微。習而察焉。豈曰無徵。出指于西。底止必秦。其次也。頃刻之功。初若不足。外務奪之。或毁或續。及其至焉。皆其所積。故君子許其進。而惰夫疑以自絶。

可口之實。出于凡木。人或有言。志善忘惡。彼眞不賢。可助余之㝡。見賢可信。信之不疑。勿窺其小疵。謂不足以爲余師。我信乃自益。我疑乃自隳。師乎師乎。惟己之爲。以上遺訓。

附録

家世屏山下潭溪之上。有園林水石之勝。既得祠禄于是。俯仰其閒。盡棄人閒事。自號病翁。

獨居一室。危坐或竟日夜。嗒然無一言。意有所得。則筆之于書。或詠歌以自適。

與胡原仲劉致中爲道義交。相見講學外。無一雜言。聞常人有片言之善。無不從容咨叩。必竭兩端而後已。先生屏山詩曰。南溪抱山流。潤氣滋林麓。夢破午窗陰。清風在寒竹。

胡籍溪序屏山集曰。彦沖天姿卓異而屬意高深。於書無所不讀。語不妄發。與人交淡而耐久。初無所假借。鄉人子弟來見。必與之款曲。告以孝弟忠信之道。而勉其學業。由是薫而爲善士者多矣。

朱子屏山蒙齋琴銘曰。抑之幽然者。若直其遇險而止。寫之泠然者。若導其出山之泉。蓋先生之言不可得而聞矣。若其亨貞之意。則託兹器而猶傳。

又跋先生文集曰。先生文辭之偉。固足以驚一世之耳目。然其精微之學。靜退之風。形于文墨。有足以發蒙蔽而銷鄙吝之萌者。尤覽者所宜盡心也。

又跋潘顯甫字序曰。余年十六七時。屏山劉先生字余以元晦而祝之。其詞曰。木晦于根。春容曄敷。人晦于身。神明内腴。余受其言而行之不力。涉世犯患。顛沛而歸。然後知其言之有味也。

又跋家藏劉病翁遺帖曰。熹早以童子獲侍左右。先生始亦但以舉子見期。而熹竊窺觀。見其自爲與所以教人者若不相似。暇日僭有請焉。先生欣然嘉其有志。始爲開示爲學門户。朝夕誨誘。亹亹不倦。其後先生屬疾。熹適行役在外。亟歸省問。先生喜甚。顧而語曰。病中無可與語。幸吾子之來歸也。自是日奉湯藥。先生所以教詔益詳。期許益重。至爲具道平生問學次第。傾倒無餘。一日從容。因出詩一篇見授。先生性不喜書。常時詩文率多口占。使諸生執事。獨此與贈劉致明丈長句。皆手書之。其意可見也。

朱子語類曰。初師屏山籍溪。籍溪學于文定。又好佛老。以文定之學爲論治道則可。而道未至。然于佛老亦未有見。屏山少年能爲舉業。客莆田。接墻下一僧。能入定。數日後乃見。公老歸家讀儒書。以爲與佛合。故作聖傳論。其後屏山先亡。籍溪在。某得見。于此道未有所得。乃見延平。

虞道園記屏山書院曰。蓋先生之言曰。嘗臥病莆陽。與釋老子之徒接。以爲其言是矣。而反觀吾書。而後有以知吾道之大。體用之全。卓然高風遠識。何可及也。著而爲書。自堯。舜。禹。湯。文。武。周公。孔子。顔。曾。思。孟。論其所行之道。序其所傳之宗。蓋其用力積久。而眞知深遠以爲言者也。至于其所自得而指示學者。歷論世學之所以蔽。人心之所以晦。吾道之所以不明者。俾知其蒙之所在而發之。以求夫不遠之復。而曰不遠復者。入德之門也。嗟夫。此顔子之學也。先生以顔子之學爲學。而告諸學者亦以顔子之學爲學焉。今以學者欲求先生之學。不以顔子之學爲學。豈先生之所以望于學者乎。

劉胡學侶

教授陸支離先生祐補

附録

李㮚爲林少穎哀辭曰。支離先生歸自湖南宣幕。門户簡峻。士鮮知向。㮚先君子于少穎爲舅。而與支離友善。謂少穎曰。支離紫微一也。盍往焉。遂從之。

庶官方先生德順補

雲濠謹案。劉屏山文集謝方德順古風一首有云。英英方家郎。秀發如瓊枝。裝懷素王書。落書幼婦詞。我昔客壺山。邂逅初見之。賓筵爲勸駕。一武登雲梯。

籍溪學侶

程先生元

龔先生和合傳。

程元。龔和。皆篤行之士也。胡籍溪添差建州教授。延致之。俾參學政。人士大化。道南源委。

梓材謹案。是書本文程元下有廉節二字。似亦人姓名。然攷之宋史隱逸傳云。郡人程元。以篤行稱。龔和以廉節著。則非别一人也。

劉胡同調

推官潘浩然先生殖

潘殖字子醇。浦城人。大觀中兩以鄉薦上禮部。不偶。建炎戊申始以累舉除官。調眞州推官。性嗜學不倦。嘗悟新學之非。于是述妄筌書五卷。性理書九篇。自號浩然子。劉白水勉之。劉屏山子翬。皆喜其書。屏山跋其後。極稱其得學易門户。姓譜。

守微説

孟子戒以燕伐燕。正以當時之君。地醜德齊。莫能相尚。既非得常勝之道。爲有德不可敵者。又非同力度德。同德度義。有以出其右。特尙權謀以詭詐相傾。要亦較勝負于幸不幸之閒耳。盛時則不然。舜敷德而苗格。文修教而崇降。湯躋聖欽。布昭者聖武。武有聖德。自稱者有道。當時輔佐亦皆同德之人。故聿求元聖。既獲仁人。于是以有道攻無道。以至仁伐至不仁。此其所以屈人兵于奉辭罰罪。乃先勝于師出有名之際。而不專在行陳閒也。老子曰。朴雖小。天下莫能臣。侯王若能守。萬物將自賓。微固搏之不得然。莫顯乎是。信能守之而勿忘。則不失其至尊至貴者。是以力旋天地。莫覩其健。威服海内。不名以武。在易之師謂之長子。以其一也。一則不貳。武王所以無貳爾心。而以之勝商也歟。

附録

焦氏竑題安正忘筌集曰。宋人嘗輯一代諸儒語爲鳴道集。而殿子醇。屏山李純甫一一評騭之。無少假借。獨于此集則以爲破後學之大夢。又云。發莫名之祕。以救生靈。余故取其守微説。以備一格云。

侍郎楊先生由義

楊由義字宜之。家世開封。建炎初。先生父以軍前正將扈駕南渡。未幾寇入杭。先生奉母避地鹽官。寇踵至。母妹俱以節死。先生抵杭。其父適以督運自富陽還。父子大慟。爲母妹成葬禮。遂家于鹽官。先生幼時頗從事學問。久之遂與漕薦。丰度俊偉。詞翰典麗。館于賢士大夫之門者凡二十年。晦庵朱子亦其弟子也。使金營。帥强之拜。先生曰。本朝見宰相無拜禮。此膝詎易屈。帥怒。械繫月餘。守節益堅。竟完璧歸。孝宗嘉歎。遷太府卿。兼刑部侍郎。卒于鹽官。浙江通志寓賢。

郡守蔡先生兹

蔡兹字光烈。永春人。紹興進士。歷官郡守。除廣憲。抗辭甚力。嘗爲考官。謂人曰。吾取中後生三篇策。皆欲爲朝廷措置大事。他日必非尋常人。乃朱文公也。姓譜。

籍溪門人

補 直閣魏艮齋先生掞之

梓材謹案。先生原名挺之。字元履。後改名字。言行録云。以元履聞也久。故稱者莫能易也。

附録

被召命。辭謝不獲。則以布衣入見。極陳當世之務。大要勸上以修德業。正人心。養士氣。爲恢復之本。上獎歎開納。

守太學録。先是學官養望自高。不與諸生接。先生既就職。日進諸生教誨。又增葺其舍。人人感勵。

與人交。盡其情。然不苟合。長善捄失。惟恐不及。後進有一長。必亟稱而推之。位尊望重者。苟有不合己意。亦面質不置。大抵爲人最隆于義也。

朱子祭之曰。猗歟元履。才英氣豪。凌空踔遠。志節堅高。爰自弱齡。聲華秀發。事賢友仁。其聞四達。迨夫中歲。攷古驗今。訂以經傳。益宏益深。聞人之善。若獲于己。推之揚之。情曷能已。視人之阨。若己擠之。是振是拔。力無有遺。

補 朝奉劉恒軒先生懋

梓材謹案。道南源委載先生嘗授迪功郎。任會昌西尉。兼學事。著禮記集説。語孟訓解。第以先生爲白水孫。則誤矣。白水名勉之。先生字子勉。不得爲祖孫。朱子表白水之墓言其無子。以從兄之子思温爲後。思温亦無子。又以從弟之子澧後之。則先生安得爲白水孫乎。又案。福建通志云。嘗從劉子翬胡寅學。胡寅蓋胡憲之譌。謂籍溪也。

附録

先生博學通經。受學于劉屏山。得其論著。繼從籍溪。始知爲學大旨。自是易象天文地理曆律之奥無所不通。以朝奉大夫致仕。杜門掃軌。仰師聖賢。鄉人子弟多所造就。

蔡西山贊之曰。志氣偉然。音節華暢。閑雅舒遲。威儀揖讓。海納山藏。無得而量。孔思周情。無得而狀。見羨晦翁。千載是仰。

補 縣令邵先生景之

雲濠謹案。閩書以先生爲蒙谷族人。道南源委云。字秀山。性嗜學。登乾道進士。教授常百餘人。

提舉林三山先生之奇詳見紫微學案。

曾先生逢詳見武夷學案。

翰林熊先生克

熊克字子復。建陽人。獨善先生蕃之子。著書有九朝通略。中興小曆。官制新典。帝王經譜。壻王克勤狀其行實曰。文有顔延之錯綵之工。史有陳壽敘事之長。牧民得曹參清靜之旨。制行適徐公通介之常。姓譜。

梓材謹案。道南源委言。胡籍溪。朱子從遊最久。而林之奇。吕祖謙。魏掞之。熊克。曾逢。皆其門人。是先生爲胡門之證。

附録

幼而翹秀。既長好學。善屬文。郡博士胡籍溪器之曰。子學老于年。他日當以文章顯。以進士知諸暨縣。越帥課賦頗急。諸邑率督趣以應。先生曰。寧吾獲罪。不忍困吾民。他日府遣幕僚閲視有亡。時方不雨。先生對之泣曰。此催租時耶。部使者芮煇行縣至其境。謂之曰。曩知子文墨而已。今乃見古循吏。爲表薦之。

除直學士院。宰相趙雄甚異之。因奏曰。翰林清選熊克。小臣不由論薦。而得無服衆論。請自朝廷召試。然後用之。上曰。善。乃以爲校書郎。累遷學士院權直。上御選德殿。召諭曰。卿制誥甚工且有體。自此燕閒可論治道。先生自以見知于上。數有論奏。嘗言金人雖講和而未保于他。今宜以和爲守。以守爲攻。當和好之時。爲備守之計。彼不能禁吾不爲也。邊備既實。金人萬一猖獗。必不得志于我。退而乘我。曲不在我矣。梓材謹案。世有大敵當前。而輕于議和。忽于攻守者。當以此言爲圭臬。

先生博聞强記。自少至老。著述外無他嗜。尤淹習宋朝典故。有問者酬對如響。

張先生哲

張哲字堯卿。浦城人。致堂作序送之曰。張生從予伯氏學。甘淡泊。迷寒暑。孜孜兀兀。惟讀書質疑爲事。其于覓舉干禄。若無意焉者。會妖僧張圓覺以邪術鼓于富沙。生能鑑然無所惑。見其里人必爲之辨。有像孔聖于瞿曇之側者。必使之正之。庶幾尊所聞。行所知者矣。斐然集。

從事劉七者先生玶詳下屏山家學。

屏山家學

補忠肅劉先生珙

附録

知制誥兼侍讀。間復從容言于上曰。世儒多病漢高帝不悦學。輕儒生。臣竊以爲高帝之明。其所不悦。特腐儒之俗學耳。誠使當時有以二帝三王之學告之。臣知其必將竦然敬信。而功烈所就不止此矣。因爲上言聖王之學。所以明理正心。而爲萬事之綱者甚悉。上亟稱善。大修潭州嶽麓書院。養士數十人。而屬張子敬夫往遊其間。告以古人爲己之學。謂明道先生嘗官建康。屬邑爲之立祠學宫。而刻陳忠肅公責沈之文于壁。以示學者。

朱子祭之曰。念昔帝師。爲國死義。亞傅承之。夷險一致。屏山雖隱。亦豈忘世。公襲其傳。克廣無替。衆咸謂公。當訖外庸。入贊皇極。下鳌庶公。登賢屏姦。復境攘戎。内繼祖考。畢其餘忠。天胡難諶。而止于此。羣邪交慶。衆正心死。矧予之衰。竊究終始。願言思公。曷其有已。

陸放翁祭之曰。嗚呼公乎。有文有武。有仁有智。立朝無助。以直自遂。聲氣不動。而折萬里之衝。從容一言。而決盈庭之議。蓋人之所難。公之所易。仰天俯地。一念不愧。秋毫未安。寢食忘味。輕夫富貴。而重朋友之責。自屈達尊。而伸白屋之士。蓋人之所忽。公之所畏。

蔡西山輓之曰。今代中興佐。如公有幾人。秉心先許國。臨事輒忘身。才略優中外。清忠表搢紳。天乎何不淑。遽奪我元臣。

又曰。大節人誰識。孤忠我獨知。文章亦餘事。軒冕意何爲。國恥生期報。臣心死未衰。淒涼遺奏稿。千載有餘悲。

補從事劉七者先生玶

梓材謹案。直齋書録解題有屏山七者翁集十卷。云。從事郎崇安劉玶平父撰。子翬彦仲之子也。殆先生一名玶耶。

附録

少有奇質。長事胡籍溪謹。問講學之要。天姿孝友。事生母卓氏盡孝。鄉人化之。先廬居屏山之下。公廣其觀遊。種竹疏泉。上下磵谷。爲退隱計。復善修身。悟古人日損日益之意。自名其室曰七者之寮。而刻文壁閒。以志其目。爲人簡易跌宕。衣冠食飲取具無所擇。而蒐輯先世遺文軼事。纖悉無遺。聚書教子。校讐課督。皆有程品。

朱子日用自儆示平父詩曰。圓融無際大無餘。只此身心是太虛。不向用時勤猛省。却于何處味眞腴。尋常應對尤須謹。造次施爲更莫疏。一日洞然無別體。方知不枉費工夫。

又答平甫書曰。大抵家務冗幹既多。此不可已者。若于其餘時。又以不急雜務。虛費光陰。則是終無時讀書也。愚意講學幹蠱之外。挽弓鳴琴抄書讐校之類。皆可且罷。此等不惟廢讀書。亦妨幹也。平甫試思此等于吾身計果孰親且急哉。又比來遊從稍雜。與此曹交處最易親狎。而驕慢之心日滋。既非所以養成德器。其于觀聽亦自不美。所損多矣。有國家者猶以近習傷德害政。況吾徒乎。然亦非必絶之。但吾清心省事。接之以時。遇之以禮。彼將自疏。如僕輩固不足道。然平甫亦嘗見衡門之下有雜賓乎。以禮來者禮接之。亦嘗有留連酒炙。把臂並遊。對牀夜語者乎。

此不足爲外人道也。但欲平甫自知而節之。

劉先生學箕附門人游彬。

劉學箕字習之。崇安人。子翬之孫。玶之子也。閒居不仕。自號種春子。家饒池館。有堂曰方是閒。故又號方是閒居士。小稾二卷。前有嘉定閒建陽劉淮。東里趙蕃。開封趙必愿三序。末有自記及其門人游彬等跋。四庫全書總目。

屏山門人

補縣令方先生耒

雲濠謹案。道南源委言。先生師事朱子于建安。朱子稱其明敏强毅。進學不倦。以先生爲朱門。猶沿後村之説。

附録

朱子答其書曰。老兄以明敏果決之資。挾淩高厲遠之志。士友閒所難得。今兹需次。暫得閒日。所宜潛心味道。益進所學。以副區區期望之意。向來所探似亦太高。所存似亦太簡。又每有自喜己□㊀獨任己見之意。今當小立課程而守之以篤。博窮物理而追之以漸。常存百不能百不解

㊀「□」當作「材」。

之心。而取諸人以爲善。則德之進也。不可禦矣。

劉後村跋朱文公與方耕道帖曰。耕道歷仕有廉直聲。嘗從宣公辟爲湖北帥屬。文公與之書云。既爲辟客。有見聞當密言。又云。當斟酌量度有益而後言。又云。若一言不契。即欲忿然引去則不可。文公性方峻。與他人言。勉其剛烈激發。而與耕道言。更欲其委曲和緩。若耕道者可謂直諒之友矣。

雲濠謹案。有廉直聲下。有受學朱張之門六字。即謝山補傳所以爲非者。

補 隱君黄轂城先生銖

雲濠謹案。朱子序先生詩云。余年十五六時。與子厚相遇于屏山劉氏之齋館。俱事病翁先生。子厚少余一歲。讀書爲文。略相上下。猶或有時從余切磋。以進其所不及。又云。世家建之甌寧。中徙潁昌且再世。母孫讀書能文。昆弟皆皆(一)有異材。蓋其兄即子衡也。

黄先生子衡

黄子衡。甌寧人。與朱子同師相好也。生十五年。當紹興之癸亥。始與遊于潭溪之上。朱子生後先生者五月。以故兄事之。其遊日以久。其好日以篤。所居又爲東西鄰。弦歌誦説之聲相聞。聚而語六經百氏之奥。立身行事之方。與當世得失。無不講以求其至。而及乎文章之趣。字畫伎

(一)「皆皆」衍一「皆」。

藝之工否者。皆其餘也。先生自以爲學未足以充其資。去而之三山。從師學焉。朱子送之以序。朱子文集。

運管歐陽先生光祖

歐陽光祖字慶嗣。崇安人。九歲能文。時人目爲童瑞。從劉屏山學。屏山甚稱重之。改學于朱子。朱子亦遣三子師焉。乾道八年。再舉登第。趙豐公張敬夫列薦于朝。方欲召用。而豐公去國。後爲江西運管。姓譜。

楊氏門人

文公朱晦庵先生熹詳晦翁學案。

魏氏家學

魏先生應仲

魏應仲。元履子。朱子嘗與之書曰。三哥年長。宜自知力學。以副親庭責望之意。朱子文集。

梓材謹案。朱子爲艮齋墓志云。子男二人。孝伯國學進士。孝朋尚幼。先生字應仲。未知于二人何當也。

熊氏門人

正字王先生克勤

王克勤字叔弼。臨川人。淳熙二年中童子科。郡即其所居立瑞童坊。入祕省讀書。又登淳熙十四年第。歷太常簿祕書省正字。江西通志。

附録

童子時。熊子復愛其才。將妻以女而乏資。遣令草制。獲賜金。遂以歸之。

忠肅家學

劉先生學雅別見滄洲諸儒學案補遺。

劉先生學裘

劉學裘字傳之。忠肅仲子。初忠肅没。無子。以學雅與先生爲後。先生用父蔭補承奉郎。多歷州縣。一以循良爲治。吏民皆化之。嘗守撫州。修復學校。刻規約于堂。以示學者。時一至。爲解説義理之學。移守邕州。秩滿召還。後以疾累得郡不赴。終中散大夫。姓譜。

忠肅門人

運判方先生有開別見滄洲諸儒學案補遺。

七者家學

劉先生學古別見滄洲諸儒學案補遺。

縠城門人

補 陳先生以莊

梓材謹案。劉後村有陳敬叟集序云。敬叟縠城黄子厚之甥。故其詩酷似之。

許先生閎

許閎。三山人。嘗學詩于黄子厚。得其牖户。收拾遺文。拳拳綴緝。師死而不忍倍之。是可嘉已。朱子文集。

歐陽門人

中散朱先生塾

朝奉朱先生埜

侍郎朱先生在並詳晦翁學案。

宋元學案補遺卷四十四目録

宋元學案補遺卷四十四

後學 鄞 王梓材 慈谿馮雲濠 同輯

趙張諸儒學案補遺

張氏先緒

簽判張先生咸父紘。

張咸字君悦。綿竹人。父希白先生紘。舉茂才異等。知雷州。有治聲。先生元豐二年進士。賢良兩科。其對策之語有曰。臣寧言而死于斧鉞。不能以不言而負陛下。官至簽書劍南西川節度判官。忠獻魏公其子也。姓譜。

梓材謹案。朱子撰魏公行狀稱。先生歷官州縣。職事之外。覃思載籍。諸子百氏之書無不貫穿。而折衷于六經。

附録

先生應制初出蜀。過夔州。郡將知名士也。一見遇之甚厚。因問曰。四科優劣之差。見于何書。先生無以對。守曰。載孟子註中。因閲示之。且曰。不可不牢攏之也。先生道中漫思索。著論成篇。至閣試六題。以此爲首。主文錢穆父覽而異之。爲過閣第一。揮麈録。

葉紹翁曰。本朝六題之制。必先經題註疏。而後子史。以孟子註爲首。殆恐不然。

張氏師承

太學嚴先生賡

嚴賡。蓬州老儒也。少與張魏公同遊太學。京師紛華。每時節游觀。同舍皆出。魏公獨在。先生見之。咨嗟愛重。嘗學易有得。遂以乾坤之説授魏公。朱子文集。

子文門人

補忠簡趙得全先生鼎

家訓筆録

第一項。閨門之内。以孝友爲先。吾平日教子孫讀書爲學。正爲此事。前人遺訓子孫。自有一書。并司馬温公家範。可各録一本。時時一覽。足以爲法。不待吾一一言之。

第二項。凡在仕宦。以廉勤爲本。人之才性各有短長。固難勉强。唯廉勤二字。人人可至。廉勤所以處己。和順所以接物。與人和則可以安身。可以遠害矣。

第十四項。仕宦稍達。俸入優厚。自置田產。養贍有餘。即以分給者。均濟諸位之用度不足或無餘者。然不欲立爲定式。此在人義風何如耳。能體吾均愛子孫之心。强行之。則吾爲有後矣。

第二十八項。同族義居。唯是主家者持心公平。無一毫欺隱。乃可率下。亦可以久遠。不至敗壞家法。

第二十九項。古今遺訓子弟固有成書。其詳不可概舉。唯節儉一事。最爲美行。司馬文正公訓儉文。人寫一本。以爲永遠之法。

附録

公在越。惟以束吏恤民爲務。每言不束吏。雖善政不能行。由是奸猾屏息。

公謙沖待士。犯顔敢諫。凡内降恩澤。多奏格不行。號爲賢相。然深喜程頤之學。朝士翕然尊㊀之。時有今託稱伊川門人者。卻皆進用。如選人桐廬喻樗。正其人也。乃不見知。是月公始薦樗改官除正字。誥詞曰。頃窮西洛之淵源。遂見古人之大體。中書舍人王居正行也。樗以此頗爲衆所嫉。胡安國亦師頤者也。聞之以謂西洛淵源。古人大體。雖其高第游酢楊時謝良佐諸人。尚難言之。而況樗耶。乃敢託于詞命。以妄褒借。識者憂之。居正未幾遷兵侍。于是有伊川三魂之目。以公爲尊魂。居正爲强魂。言其多忿也。故工部侍郎爲還魂。言其身死而道猶行也。既而正學張嵲㊁遂以元祐中五鬼配之。

㊀「尊」當爲「嚮」。

㊁「嵲」當爲「嵲」。

胡澹庵哭趙公詩曰。以身去國故求死。抗疏犯顏今獨難。閣下特書三姓在。海南惟見兩翁還。一邱孤塚寄瓊島。千古高名屹太山。天地只因慳一老。中原何日復三關。

喻湍石玉泉語録曰。時趙張二公相得。人固知且並相。樗獨以謂且作樞使。同心同德亦何不可。他日趙退則張繼之。説一般話。行一般事。用一般人。如此則氣道長若同相。議論有不合。或當去位。則一番更改。必有參商。是賢者自相戾也。已而其事亦稍如此。

汪玉山祭之曰。惟公兩登上宰。皆值艱危之時。一斥南荒。遂爲生死之別。事已定于蓋棺。恩特榮于歸骨。

或問朱文公。中興賢相皆推趙忠簡公。何如。曰。看他做來做去。亦只是王茂弘規模。當時廟論大概亦主和議。使當國久。未必不出于和。但就和上須有些計校。如歲幣稱呼疆土之類。不至一一聽命如秦檜之樣。草草地和了。

虞道園董澤書院記曰。周邵與伯子廣大而精微。高明而平實。渾融旁薄。人莫得而窺焉。及叔子之時。邪説益以用事。有待于匡闢。而爭者起矣。門人徒以其説相傳。衆人固怵于利害。棄絶而弗之從已。時則有若故宋丞相忠簡趙公。奮自聞喜諸生。獨能學邵氏于其子。學程氏于其門人。得其説而尊信之。生死以之而弗變也。及相其君于危難之間。庶幾行其道。而竟以貶死。非天也夫。

忠簡學侶

直閣胡先生襄別見武夷學案。

忠簡同調

文定朱漢上先生震詳漢上學案。

參政范先生同

范同字擇善。建康人。政和中進士。再中宏詞科。爲吏部員外郎。紹興中。累官翰林學士。拜參知政事兼修實録。姓譜。

侍郎呂先生祉

呂祉字安老。建陽人。宣和初上舍釋褐。高宗朝累官直龍圖閣。知建康府。遷吏部侍郎。劉豫子入寇。命之護合肥。諸將酈瓊叛。迫先生過淮北。不從而死。其妻吴氏在吴中自縊以殉葬。聞者哀之。姓譜。

雲濠謹案。先生官至兵部尚書。陸督府參謀軍事。慶元間。詔立廟賜額以旌其忠。

附録

時大臣喜程氏學。然曹眞僞。且尚勢利。故羣小競趨。風俗愈壞。臣寮論其弊。有詔戒諭學者。公奏程頤學于中庸以爲入德之要。是君子之中庸而時中也。靖康以來。其學頗傳。其徒楊時驟躋要近。小人歆豔之。遂變其巾服。更相汲引曰。此爲伊川之學也。其惡直醜正。而欲擠排之。則曰。彼爲王氏之學。非吾徒也。然所爲伊川之學者。類非有守之士。夷攷其行。有市井所不爲者。是小人之中庸。無忌憚者也。臣僚所論。可謂切理。中外交賀。以爲聖有謨訓。使自今學者不迷所向。道術裂而復合矣。公爲人質直明白。好賢疾惡。忠言至論。未嘗不服也。于學唯求實用。于文不務空言。初除兵侍。自草謝表。有願爲志士殺身以成仁。敢效鄙夫既得而患失之句。可以見所養也。

侍郎陳先生橐

陳橐字德應。餘姚人。權刑部侍郎。時秦檜主和議。先生言不可。檜憾之。後知廣州。民夷悦服。改婺州。先生博學剛介。不事產業。既謝事歸。僑寓僧寺。王梅溪論近世會稽人物。謂杜祁公之後。有陳德應云。姓譜。

文清吕東萊先生本中詳紫微學案。

直閣林竹軒先生季仲詳見周許諸儒學案。

文忠張橫浦先生九成詳橫浦學案。

文忠胡致堂先生寅詳衡麓學案。

待制潘默成先生良貴詳見龜山學案。

尚書劉先生大中

劉大中字立道。眞州人。紹興七年。自兵部尚書知處州。在任激濁揚清。抑强扶弱。所部肅然。未幾召除吏部尚書。尋再知處州。乞祠。提舉臨安洞霄宫。姓譜。

御史魏先生矼

魏矼字邦達。歷陽人。少穎悟。時方尚王氏新説。先生獨守所學。宣和中上舍及第。高宗時爲殿中侍御史。屢進讜言。金人入寇。先生請扈從親征。及請罷講和。忤秦檜意。出奉祠。姓譜。

晏先生敦復詳見劉李諸儒學案。

待制張先生致遠

張致遠字子猷。沙縣人。宣和三年中進士第。宰相范宗尹薦其才。召對。擢爲樞密院計議官。歷除户部侍郎。進吏部。復爲户部。除給事中。尋以老母丐外。知台州。福州。廣州。尋以顯謨閣待制致仕。卒年五十八。先生鯁亮有學識。歷臺省侍從。言論風旨皆卓然可觀。趙忠簡鼎嘗謂其客曰。自鼎再相。除政府。外從官如張致遠。常同。胡寅。張九成。潘良貴。吕本中。魏矼。

皆有士望。他日所守。當不渝。識者謂忠簡爲知人云。宋史。

知州常先生同詳見范吕諸儒學案。

教官鄭先生邦彦

鄭邦彦字國材。樂清人。學綜經籍。政和初入京學。解褐授滄洲教官。再授台州教官。不赴。席參政益帥湖南。辟爲内幕。趙忠簡當國。益薦之甚力。遂與婺州教官。篤意教士講肄。期年士子皆有矜式。姓譜。

附録

入京學。月書連占五魁選。兩學生欲一識其面。不可得。

黄先生公度

黄公度字師憲。莆田人。紹興八年魁多士。初第時。趙丞相鼎延見款密。秦益公檜聞而憾之。由泉幕除祕書省正字。言者迎秦意。論其常貽書臺官。欲著私史。謗時政。罷歸。初先生任滿赴調。過分水嶺。有詩云。嗚咽流泉萬仞峯。斷腸從此各西東。誰知不作多時別。依舊相逢滄海中。及其罷歸。丞相先已謫居潮陽。讒者指是詩。謂將與趙復偕歸東都。秦愈怒。遂命之倅高要。蓋以嶺南荒地處之也。檜死。始召對。除考功員外郎。尋卒。士論惜之。有知稼翁集三卷。陳俊卿洪邁爲序。辟疆園宋文選。

附録

紹興中。通判肇慶府。復攝南恩府。尤留心學校。增學廩。擇秀民。與之登降揖讓。士風大振。邦人肖像以祀。

李先生守柔

李守柔字必强。桂林人。與兄守卓。自幼力學。相繼登第。補左迪功郎。象山武山尉。陞析城令。調海康令。知賀州臨賀縣。初。趙忠簡自潮再貶過雷。先生令用故相禮迎。仍具海舟濟之。至是有告于秦丞相者。先生緣坐十年不得調。秦死。始磨勘轉奉議郎。通判容州。徙邕州。知宜州。秩滿。求主管台州崇道觀。歸築艮軒。蓋將止也。中書舍人范成大力薦于朝。起知新州。行次蒼梧。以疾卒。年六十七。周益公集。

天授門人

補 忠獻張紫巖先生浚

附録

年十六。入郡學。講誦不閒蚤夜。同輩笑語喧譁。若弗聞者。未嘗一窺市門。教授蘇元老歎曰。張氏盛德。乃有是子。吾觀其文無虛浮語。致遠未可量也。

淵聖召涪陵處士譙定至京師。將處以諫職。定以所言不用。力辭。杜門不出。公往見。再三問所得于前輩者。定告公但當熟讀論語。公自是益潛心于聖人之微言。

銘養正書室曰。天下之動。以正而一。正本我有。養之斯吉。道通天地。萬化流出。精思力行。無忘朝夕。

爲王梅溪作不欺室銘曰。泛觀萬物。心則惟一。如何須臾。有欺暗室。君子敬義。不忘栗栗。

眞西山曰。王公與公爲一代正人。故其詩與銘大略同旨。後之有志于正心誠意之學者。當深味之。

公在連。作四德銘以示其人。曰。忠則順天。孝則生福。勤則業進。儉則心逸。連人相與鑱之于石。家傳人誦焉。

公之學一本天理。尤深于易。春秋。論。孟。嘗論易疏曰。易有太極。是生兩儀。太極一也。兩儀二之也。分爲二而七八九六之數成。五行之象于是大著。又曰。天數二十有五。地數三十。凡天地之數五十有五。此天地之中數也。何以知其然。蓋一三五七九合爲天數。而天數不過五。

二四六八十合爲地數。而地數不過五。天地奇耦合之爲十。總之爲五十有五。自然之數皆不離中。中故變。變故其道不窮。聖人神而明之。用數之中。故消息盈虛之妙。闔闢變化之機。皆在于我。而動靜莫違焉。中其至矣。每訓子及門人曰。學以禮爲本。禮以敬爲先。又曰。學者當清明其心。默存聖賢氣象。久久自有見處。

王梅溪重祭魏公文曰。嗚呼。蠻夷猾夏。以和得志。食肉者鄙。力主和議。萬口和附。爭言五利。曰國之福。何惜土地。甘心事讎。不恥稱謂。附和者用。沮和者棄。和猶未成。邊已撤備。既棄唐鄧。又棄海泗。淮北生靈。幾無噍類。國既日蹙。兵亦尋至。公之勛德。公之忠義。公之人望。羣嘲衆詈。公欲恢復。指爲生事。公欲禦戎。斬爲兒戲。公欲養兵。詆爲妄費。公欲進賢。目爲朋比。公得人心。云有異意。巧言如簧。吁其可畏。天眷雖隆。不容在位。汾陽兵柄。奪于讒甚。度無顯公。豈獨前智。怒疽范增。間走樂毅。公存虜懼。公死虜肆。虜方陸梁。國若旒贅。上心焦勞。當食而喟。彼蒼者天。胡不慭遺。九原不作。蒼生曷慰。遙望衡山。滂然墮淚。

周益公跋忠獻與胡忠簡帖曰。右帖或直廟堂。或居遷謫。或罹憂患。無不勸人以學。潛心于天。所謂造次顛沛必于是。今忠簡家集亦有與忠獻九帖。往往相應。宜併刻之。

楊誠齋跋公答胡忠簡書曰。紹興季年。紫巖謫居于永。澹庵謫居于衡。二先生皆六十矣。此書往還。無一語不相勉于天人之學。無一念不相憂以國家之患也。

朱子跋公墨帖曰。公平生心事。無一念不在君親。而其學又以虛靜誠一。求之于天爲本。故其與人言。未嘗不依于此。今觀其所與劉氏書帖詩文可見矣。

或問文公趙張優劣。曰。若論理會朝政。進退人材。趙又較縝密無疏失。若論擔當大事。竭力向前。則趙不如張。雖是竭力向前。只是他才短。慮事疏處多。他盡其才方照管得。若才有些不到處。便弄出事來。便是難。趙公也是不諳軍旅之務。所以不敢擔當。萬一金人來到面前。無以應之。不若退避耳。

魏鶴山序紫巖論語說曰。忠獻資稟醇實。既從北方學者講誦遺言。又與南渡諸賢更歷事變。自事親而事君。治己而治人。反覆參驗無不合。故其爲書也。非苟知之。凡此皆精察力踐之餘。先儒所謂篤其實而蓺之者書之也。

曾孫獻之跋紫巖易傳曰。忠獻嘗與屏山劉公書云。無他用心。惟靜默體道。卒究聖人心法。又答澹庵胡公書云。杜門亦惟聖賢之道是求。夫求而得之者。其在是矣。王伯厚曰。張某易解并雜記共十卷。其論剛柔之義曰。君道主剛。而其義也用柔。故乾動則爲坤矣。臣道主柔。而其動也用剛。故坤動則爲乾矣。

雲濠謹案。四庫書目提要于紫巖易傳云。其書立言純粹。凡說陰陽動靜。皆適于義理之正。末一卷雜說。胡一桂議其專主劉牧。今觀所論河圖信然。朱子不取牧說。而作忠獻墓誌。但稱其尤深于易。春秋。論。孟。不言其易出于牧。殆諱之歟。

又困學紀聞曰。朱文公爲張忠獻行狀。其後語門人云。向只憑欽夫寫來事實。後看光堯實錄。

其中多有不相應處。

王魯齋爲張魏公像贊曰。中原雲擾。閫外專征。東潰淮楚。西敗富平。勢裂南北。天摧大勳。千載公議。一點忠誠。

楊廷和記魏公父子祠堂碑曰。予惟賢人君子之用。于天下不患無才。而患學術之不足。不患無學。而患所學之不正。嘗觀魏公之所以告其君親。曰。人主之學。以心爲重。一心合天。何事不濟。又曰。所謂天者。天下之公理而已。必兢業自持。使清明在躬。則賞罰舉錯。無有不當。人心自歸。敵讎自服。其本原皆自聖賢學問中來。非漢唐以下。規規于功利之末者比。至南軒。每進對。必自盟于心。其言曰。此心之發。卽天理之所存。願時加省察而稽古。親賢以自輔。是卽魏公之説也。

崔後渠漫記曰。宋史濫矣。誤國之臣。亂眞之儒。後猶有稱述之者。道其不明矣。夫王安石之變法。其弟安國諫之不從。乃哭于影堂曰。吾家必滅門。蓋知其必亡宋也。張浚出師。與高宗剋日復中原。岳飛曰。相公睡語耶。遂忌岳陷之。高宗謂趙鼎曰。浚措置三年。竭民力。耗國用。何嘗復尺寸之土。朕寧亡國。不用此人。浚又上疏言兵。高宗曰。浚用兵。天下皆知之。富平淮西兩敗矣。今又生事。乃下永州之命。史氏皆咎其君之不用浚也。非也。實録曰。符離軍敗。浚鼻息如雷。果然是輕民之命。宜其敢用罔也。

梓材謹案。阮亭居易録引此云。考亭于二人多恕詞。予所未喻。特録洹詞數條正之。文敏理學大儒。其言不苟如此。又引海寧朱一是近修論魏公云。宋之不能復振。由南渡也。宋之南渡。由李綱之去也。綱之去。由浚之刻也。汪黄苗劉諸姦未必能亡宋。而浚實亡之。非誤國之首罪哉。云云。詞義嚴正。可敬也。

紫巖講友

觀使劉屏山先生子翬詳劉胡諸儒學案。

忠簡胡澹庵先生銓詳見武夷學案。

隱君蘇先生雲卿

蘇雲卿。廣漢人。紹興來豫章東湖。結廬獨居。人稱曰蘇翁。少與張魏公爲布衣交。魏公後爲相。屬豫章帥及漕帥致之。二帥密物色。獨有灌園蘇公。無雲卿也。屏騎從。易服爲遊士。入其圃。先生運鋤不顧。進揖之。延入室。叩其鄉里。曰。廣漢。客曰。張德遠。廣漢人。翁當識之。曰。然。客曰。德遠何如人。曰。賢人也。第長于知君子。短于知小人。德有餘而才不足。二客因出書幣請共載。辭不可。期以詰朝上謁。遣使迎問。則扃户闃然。竟不知所終。劉屏山集。

附録

帥漕復命。魏公拊几歎曰。求之不早。實懷竊位之羞。作箴以識之。曰。雲卿風節。高于傅霖。予期與之。共濟當今。山潛水沓。邈不可尋。弗力弗早。□[一]罪曷鍼。

眞文忠爲詩曰。魏公孤忠如孔明。赤手能支天柱傾。蘇公高節如子陵。寸膠能使黄河清。等是世間少不得。問津耦耕各其適。後人未可輕雌黄。兩翁之心秋月白。

彭先生子復

彭子復。官尚書郎。德厚如璞玉。歲寒如喬松。紹興癸酉守零陵郡。故相張忠獻公謫居在焉。竭誠盡禮。不以燥溼改其度。已而按刑交廣。總賦沔鄂。當時士大夫皆謂用未極也。周益公跋張魏公所與書云。觀忠獻帖。其賢可知。若子若孫俱守家法。雖由積善使然。亦忠獻相勉爲學。擇師友之助也。周益公集。

縣令陳先生宗謂

陳宗謂字昌言。連州人。工文章。不從時尚。家有養源堂。著述甚富。張魏公在連。獨喜與論文。魏公子南軒嚴事之。爲賦養源堂詩。以特奏名仕瀧水丞。攝端溪令。後魏公欲薦于朝。聞其卒乃止。連州志。

[一]「□」當作「予」。

王氏師承

潘先生翼

潘翼字雄飛。其先自青田徙樂清。貫穿諸子百家。凡禮樂制度。傳注。箋疏。雜説。靡不淹通。明天文。作星圖證驗。著九域賦。山川里道若親歷。括隱僻字。補注篇韻遺漏。辨爾雅本草名物訓釋舛誤。尤工古文。王梅溪自少從游。每歎不能竟其學。後將編次其書刻之泉南。會召不果。温州府志。

侍郎吴先生秉信

吴秉信字信叟。鄞縣人。宣和三年進士。初爲國學官。張忠獻浚以和國公奉母居潭州。築第稍廣。秦檜忌忠獻復出。諷中丞万俟卨論其僭擬。家有五鳳樓。命先生察其事。還言張浚所居。皆人臣制。堂曰盡心。樓實無有。檜大怒。黜之。後爲吏部侍郎。與凌景夏言。張俌不宜爲兩浙運判。出知常州。寧波府志。

梓材謹案。王梅溪集有送先生爲教授歸省序。謂其以斯道自任。未嘗屈節以阿世。主師席于東嘉。教人以正心誠意之學。每以身先之。不期年而士子皆有所矜式。又云。方獲摳衣坐隅執弟子禮。而先生行矣。則梅溪固其門人也。

主簿仰先生文蔚

仰文蔚字國華。温州人。黄公度榜登科。授政和簿。未赴而卒。梅溪有挽先生詞曰。數同子厚無如命。才似韓公合作天。愼水諸生哭相向。築場無計媿前賢。王梅溪集。

仰氏學侶

承議劉先生銓附從父祖向。從弟鎭。

劉銓字全之。樂清人。父承事。篤于教子。先生力學能文。鄉先生仰文蔚。孫仲鼇。師友也。見所業。許其遠到。叔父奉議祖向。授徒于家。先生與從弟鎭從學。以文行爲稱首。後與奉議同擢進士第。後六年。鎭亦登科。鄉人目曰三劉。先生歷官知海鹽縣。丁母憂。遂致仕。轉承議郎。卒年五十六。梅溪嘗與爲筆硯交。卒爲志其墓。梅溪後集。

梓材謹案。温州舊志。祖向字直孺。爲上舍生。罷歸授徒數百人。及中第。主錢塘簿。授處州教。母憂不赴。改知鄞縣。未赴卒。鎭字可升。任隆興府司法。移武義丞。改知長溪縣。政績尤著云。

楊氏先緒

隱君楊南溪先生芾

楊芾字文卿。廬陵人。三世業白。先生尤邃易學。自舍法行三邸。有司不逢。則隱吉水之南溪。號南溪居士云。家無田。授徒以養。暇則教子。時方搶攘。重以乙卯饑。先生歲入束脩之貲。以錢計者纔二萬。槖霽太觳。忍饑寒以市書。積十年。得數千卷。謂其子萬里。是聖賢之心具焉。汝盍懋之。嘗攜其子見無垢先生張侍郎九成。澹庵先生胡侍郎銓于贛。又見紫巖先生張丞相浚于永。皆以宿儒賞之。而丞相嘗薦其子云。胡澹庵集。

楊氏師承

少監趙先生像之

趙像之字明則。高安人。嗜學。忘寢食。紹興進士。授臨川司户。校藝廬陵。得周益公楊誠齋爲門生。仕至軍器少監。姓譜。

紫巖同調

忠肅虞先生允文

虞允文字彬父。仁壽人。七歲能屬文。紹興間第進士。累官中書舍人。直學士院。金人入寇。先生爲督府參謀。激諸將力戰。敗金人于采石。孝宗時拜相。封雍國公。卒謚忠肅。出將入相。垂二十年。孜孜忠勤。所著有詩文奏議等集數十卷。姓譜。

附録

多薦知名士。如洪适汪應辰是也。及爲相。籍人才爲三等。有所聞見卽記之。號材館録。凡所舉士。皆收用。如胡銓。周必大。王十朋。趙汝愚。晁公武。李燾。其尤章明者也。

雲濠謹案。楊誠齋爲先生神道碑云。懷袖有一小方策。目曰材館録。聞人一善必書。一再諭蜀。首薦汪應辰。趙雄。黄鈞。梁介。范仲芑。章森。前後居中及爲相。首用胡銓。張震。洪适。梁克家。留正。鄭聞。周執羔。王希。吕韓。元吉。林光朝。林撫。邱密。晁公武。吕祖謙。張珖。楊甲。王質。辛棄疾。湯邦彦。王之奇。尤袤。王佐。王公彦。又用吕原明司馬康故事。薦張栻入經筵。又薦布衣李垕。制科一時得人之盛。廩廩有慶曆元祐之風。幕府再招人士如韓曉。王元。李昌圖。韓炳。陳季習。陳損之。李舜臣。後朝廷皆賴其用云。

文定汪玉山先生應辰詳玉山學案。

忠簡張先生闡

張闡字大猷。永嘉人。博涉經史。善屬文。宣和中進士。紹興中爲祕書郎。秦檜曰。君久次。欲以臺中相處何如。先生謝曰。得老死祕書幸矣。檜默然。後官至工部尚書。卒贈端明殿學士。先生數上疏指陳時事。無不剴切。朱子曰。知和議之非者。惟胡銓張闡耳。姓譜。

梓材謹案。先生乃魏公薦備執政之一。朱子爲魏公行狀云。公既入輔。首奏當旁招仁賢。共濟國事。上令條具。公奏虞允文。陳俊卿。汪應辰。王十朋。張闡。可備執政。劉珙。王大寶。杜莘老。宜卽召還。胡銓可備風憲。張孝祥可付事任。馬時行。任盡言。馮方。皆可備近臣。朝士中林栗。王秬。莫沖。張宋卿。議論據正。可任臺諫。皆一時選也。又案。先生謚忠簡。見宋名臣言行録別集。

附録

上方鋭意恢復。而在廷議論不一。公每陳正心誠意修政攘夷之説。上亦虚懷聽納。每事咨訪。

公莊重出于天性。誠信濟以學力。在王邸讀資治通鑑。至修身治國。必反復誦説。壽皇每嘉納。

忠肅劉先生珙詳見劉胡諸儒學案。

平生行事悉筆于策。五十餘年不少廢。

顯謨杜先生莘老

杜莘老字起莘。青神人。少陵十三世孫也。累官殿中侍御史。後以直顯謨閣知遂寧府。嘗歎曰。臺諫當論天下第一事。若有所畏。姑言其次。是欺其心。不敬其君者也。及任言責。極言無隱。都人稱骨鯁者。必曰杜殿院云。姓譜。

附録

孝宗受禪。公著三議以進。曰定國是。曰修内政。曰養根本。理切而事核。殆無一語虚設。

安撫張于湖先生孝祥詳見衡麓學案。

郡守張先生宋卿

張宋卿字恭父。博羅人。以春秋魁南省。擢紹興初進士第。除祕書省正字。遷校書郎。正色立朝。權貴欲納者謝絶之。由是名重搢紳。終肇慶守。姓譜。

忠肅金先生安節

金安節字彦亨。休寧人。資穎悟。日記千言。博洽經史。尤精于易。宣和六年由太學擢進士第。調洪州新建縣主簿。紹興初。范宗尹引爲刪定官。入對。言司馬光以財用乏。請用宰相領總計使。宜以爲法。除司農丞。又遷殿中侍御史。秦檜兄梓知台州。先生劾其附麗梁師成。梓遂罷。檜銜之。未幾丁母憂去。遂不出。檜死。起知嚴州。累遷禮部侍郎。給事中龔淵曾覿以潛邸舊恩。隆興改元。並除知閤門事。宰相知先生必以爲言。使人諷之曰。若書行。卽坐政府矣。先生拒不納。封還録黄。潛以舊人李珂擢編修官。先生又奏罷之。上諭之曰。朕知卿孤立無黨。張魏公聞之。語人曰。金給事眞金石人也。拜兵部侍郎。已而請祠。得請。中書舍人胡銓繳奏。謂安節太上之舊人。而陛下之老成也。漢張蒼。唐張柬之。國朝富弼文彦博。皆年八旬。尚不聽其去。安節膂力未愆。有憂國心。豈宜從其引去。上遂留之。踰年。權吏部尚書。兼侍讀。自是力請謝事。詔以敷文閣學士致仕。乾道六年卒。年七十七。累贈開府儀同三司。少保。先生至孝。居喪有禮。與秦檜忤。不出者十八年。及再起。論事終不屈。人以此服之。有文集三十卷。奏議表疏。周易解。宋史。

梓材謹案。先生孫文剛。爲先生家傳云。謚忠肅。貫通經史。尤精于易。學者多宗之。

附録

周益公跋金尚書撰陳丞相誌銘稾曰。吏部徐侍郎度爲某言。政和宣和間。後生少讀史。一日沈狀元晦以博學至京師。東南士子翕然宗之。來者滿門。聞舉古事。莫不竦聽。惟公在下坐。數搖其首。鄉人問故。則云。某事誤矣。某事非也。退而考按。信然。蓋公于史傳皆能默記。叩之往往成誦。迄今不以史書自隨。其學可知矣。

提刑詹先生至

詹至字及甫。嚴州人。崇寧元年進士。歷官江淮招討使司隨軍轉運副使。知常州。改徽州。張忠獻公辟州督府。主管機宜文字。以幕府功。除直祕閣。遭内艱。服闋知處州。時忠獻公去國。和議興。言者希時相意。論先生與諸將善。坐是罷。起爲永興等路提刑。復丐祠以歸。先生于書無所不讀。讀輒不忘。務以躬行爲主。考論禮樂制度。往往得經意。尤喜推原歷代治亂得失之故。有瀛山集十卷。從子儀之從南軒講學。張南軒集。

奉議徐先生淮

徐淮字佑元。信之永豐人。父年八十六。以慈寧皇太后壽八十。恩授右承奉郎。致仕。母年亦稱。是封孺人。先生嘗作雙榮堂。莆田鄭厚記之。再薦春官。爲禮經第一。初任鄂州教授。鋭意簡諒。有鄒魯風。鄉人流寓者。咸加訓勵。累改宣教郎。差除諸王宮大小學教授。遷奉議郎。上起魏國張公總戎閫外。先生乃草儒將書數千言。盡古今用儒之效。上之政府。意蓋欲任魏公之專。又獻五啓八劄。皆切中時病。政府偉其才。胡澹庵集。

趙張同調

獻肅陳邦彦先生良翰 補

獻肅遺文

臣願陛下專以剛德爲主。核名實之當。示黜陟之公。則賞罰明矣。進廉靜純實之人。退浮躁衒露之士。則風俗正矣。嚴撙節之制。去宂食之員。則財用節矣。除繁密之禁。申簡易之條。則號令一矣。持之以堅。行之以久。將見朝廷之政。穆穆而迓衡。海隅之民。皥皥而擊壤。中興之業。自此可成矣。論剛德疏。

附録

知慈溪縣事。歲凶民饑。公喻富室發廩以糶。籍貧民授券以糴。上安下濟。邑人賴之。召對東華門。賜坐。從容訪以治道。公論士大夫苟且欺誕之弊及江湖荒政甚悉。上皆納之。

公質實無僞。莊毅有守。而色和氣温。不露節角。人有片善。稱歎不已。小有不善。必面規之。

自寒素至通顯。奉食如一日。内艱後。不復入私室。用度悉出禄賜。未嘗問產業。誨督子弟。接誘後進。孜孜不倦。

公嘗爲人言。先儒有論爲貧之仕者曰。俟吾之饑餓不能出門户也而後計之。此孫言也。而聽者不喻。則其弊將無所不至。夫饑餓而不能出門户則死而已矣。尚何計之爲哉。

葉水心台州學祠三老堂記曰。方靖康憂恐。黴艾已泮。豈不尚合。陳侍郎公輔發明四肢心腹之論。無過此矣。竟失指遠去。然後徬徨宗周。卒成分裂之禍。及隆興英睿。憤激大勢。宜若遽振。陳詹事良翰力守絶和不棄地之策。最專一。使堅忍持之。敵自當蕩析。豈遺種至今哉。雖紹興復用。而已與大臣異議。終不留。雖乾道再入。而既爲近習擅事。迄自退。二公立朝本末。天下誦之。豈惟不畔道而固行道。道雖難行。而亦不苟榮其身而止也。

梓材謹案。侍郎不右程子學術。終不可與詹事同日而語。

補 修撰芮國器先生煜

附録

朱子與先生書曰。竊聞學政一新。多士風動。深副區區之望。但今日學制。近出崇觀。專以月書季考爲陞黜。使學者屑屑然校計得失于毫釐間。而近歲之俗。又專務以文學新奇相高。不復根據經之本義。以故學者益騖于華靡。無復探索根原。敦勵名檢之志。大抵所以破壞其心術者。不一而足。蓋先王所以明倫善俗。成就人材之意。掃地盡矣。惟元祐間伊川程夫子。在朝與修學制。獨有意乎深革其弊。而當時咸謂之迂闊。無所施行。今其書具在。意者後之君子必有能舉而行之。區區願執事少加意焉。則學者之幸也。

陳止齋祭之曰。欲從先生游。十年于兹。蓋亦數相遭。卒幸相親也。而受教不少延。何哉。天耶。人耶。自知求師友。所得于天下纔數人耳。去年哭劉莆田。今年哭祭酒。彼壽考者何限。胡爲于我師友頻歲而忽焉亡耶。且賢者縱不得大用。獨不可留限遺吾黨耶。

周益公祭之曰。惟公之德。渾厚正直。惟公之才。恢閎俊軼。克孝且友。其秉也天。勇于蹈義。則由學然。發爲詞章。登唐及漢。著于議論。弗蹈中訕。仕有險夷。道從磷緇。從容周行。譽聞孔歸。君子所持。而亦不比。小人所畏。而亦不忌。帝庸深知。決用靡疑。云誰不然。遽殲奪之。

既殁四年。吕東萊以詩哭之曰。聞人有善己伸眉。倒廩傾困更不疑。莘莘萋萋竟何許。卷阿空老鳳皇枝。又曰。胸懷北海與南溟。卻要涓涓一勺清。相對甓然如重客。無人信道是門生。又曰。壁水經年奉宴居。天和襲物自舒徐。憑誰寄謝朱公掞。纔向春風坐月餘。又曰。先生墓木綠成圍。弟子摧頹盡掩扉。大雪繁霜心已死。有時清夢尚摳衣。

補員外陳少南先生鵬飛

附録

少南性簡重。言動有準。自幼而孤。以專志勤苦成其名。于聲利樂欲無所動。其學爲通博而多識治亂。在人主左右謀議箴切皆合大體。

中興藝文志曰。紹興時。太學始建。陳少南爲博士。發明理學。爲陳博士書解。

林少穎尚書全解曰。鄭氏以君陳爲周公之子。蘇氏陳少南倶以爲非。而陳少南爲詳明其言曰。周公命康叔。成王命蔡仲。父子之苗裔。見于告戒之詞者。如是之審。況周公叔父。有大勳勞于成王。命其子以繼父事。何無懿親之語。若言他人。然決無是理也。

王深寧困學紀聞曰。陳少南不取魯頌。然思無邪一言。亦在所去乎。

謝山箋曰。不取魯頌。亦非無義。

芮氏學侶

尚書芮先生煇

芮煇字國瑞。國器弟。官至侍讀國史尚書。嘗爲桐川簿。過倪偁。曰。與我遊者皆有歌詩。然珠玉之賜。不如藥石之贈。又曰。建平吏黠民奸。子何以處之。曰。以嚴馭吏。以恕待民。奉公以勤。律身以儉。交同僚以誠。暇日讀吾所未見書。以增其所未至。先生善之。淳熙九年卒。姓譜。

附録

周益公祭之曰。惟公才學兼優。弟兄競爽。聲□㊀膠庠。評尚鄉黨。伯也先逝。公譽日廣。偏持使節。明燭幽枉。晚踐禁塗。單竭忠讜。乃心王事。浸失頤養。方聞予告。而遽長往。遺占入奏。天語嗟惘。賻禮有加。眷知可想。

葉水心曰。每念紹興末淳熙終。若汪聖錫。芮國瑞。王龜齡。張欽夫。朱元晦。鄭景望。薛士隆。吕伯恭及劉賓之。復之兄弟。十餘公位雖屈。其道伸矣。身雖没。其言立矣。好惡同。出處偕。進退用舍。必能一其志者也。表直木于四達之逵。後生之所望而從也。

常簿倪綺川先生偁詳見横浦學案。

陳氏講友

林兑光先生松孫

林松孫字喬年。介夫孫。幼孤。力學。通詩易尚書。爲文清潔。而善通實事。與永嘉陳少南

㊀「□」當作「振」。

鵬飛友善。及少南謫死。遂絶意仕進。自號兌光居士。日與沈東美韓汝翼修其祖故事。保墳墓。厚風俗。紹興之季。後進多尚宦達。至高尚有舊典刑。惟推先生。瑞安縣志。

□□□□

黄先生中輔

黄中輔。義烏人。力學。尚氣節。秦丞相檜枋國。殺議己者。獨奮然題樂府太平樓上。有礪劍欲斬佞臣頭之語。黄文獻集附録。

知州陳休齋先生知柔

陳知柔字體仁。永春人。紹興進士。授台州判官。尋教授建州漳州。起知循州。徙賀州。先生與秦檜子熺同榜。檜當軸。先生不肯附檜。故以齟齬。終自號休齋居士。著有易本旨十六卷。大傳二卷。易圖一卷。春秋義例十二卷。詩聲譜二卷。論語後傳十卷。閩書。

仲先生并

仲并字彌性。江都人。自少潛心問學。力排王氏一偏之説。雋聲籍甚。紹興壬子擢進士第。以執政□松年薦。特改京秩。後與秦檜忤。即移疾出倅京口。自是棲遲閒退者二十年。孝宗初元擢丞光禄。知蘄州。有浮山集十六卷。周益公爲之序。益公文集。

陳氏講友

漕舉吴省齋先生獬

吴獬。龍溪人。兩領鄉舉。又領漕舉。退爲學者師。稱爲省齋先生。與陳休齋知柔相友善。休齋稱其貌古。心古。學古。文古。使其閉户著書。當不在古聖下。所著有省齋集。姓譜。

知州陳先生光

陳光字世德。永春人。與陳知柔爲友。梁克家受業焉。官封州僉判。權知贑州。嘗進六經講解。閩書。

趙氏家學

補 知州趙先生謐

附録

知永州時。朝議蠲減月樁錢。先生率先他郡。將所蠲減之數分爲等第。均與諸邑。必欲上澤下及于民。提舉陳傅良請賜擢用。詔減二年應勘。

趙氏門人

補 尚書王元龜先生大寶

梓材謹案。廣東黄志載先生所著有諫垣奏議六卷。經筵講義二卷。遺文十五卷。及易詩書解。行于世。

附録

通守方先生疇 詳見紫微學案。

尋理舊著周易證義六卷。表進于朝。上謂宰相曰。王某所進書深得經旨。

吕氏家學

朝奉吕渭川先生勝己 詳見滄洲諸儒學案。

鄭氏門人

教授曹先生逢時 附兄應時。

曹逢時字夢良。樂清人。少從鄭國材學易。工文詞。與王十朋劉鎮齊名。以太學優選知臨江。紹興丁丑中第。授嚴州司户。通練若素宦。陞福州教授。卒。初王十朋欲薦先生以自代。限于制弗果。兄應時遊太學。亦有名。温州舊志。

梓材謹案。王梅溪集有寄先生詩。稱其所居在許峯。許峯在瑞安。蓋其本籍在瑞安。因娶樂清黄氏。寓居柳市。紹興戊寅復歸許峯爾。

張氏家學

補端明張定叟先生杓

附録

南軒送定叟弟官桂幕詩曰。事業無欲速。燕逸不可求。速成適多害。求逸翻百憂。

又喜聞定叟弟歸詩曰。吾弟三年別。歸舟半月程。瘦肥應似舊。歡喜定如兄。秋日聯鴻影。涼窗聽雨聲。人間團聚樂。身外總云輕。

又壽定叟弟詩曰。堂堂自昔源流遠。滚滚方來事業長。四馬安車遵大道。正須緩轡不須忙。

縣官張先生默詳見武夷學案。

張先生子誠

張子誠。大丞相佳姪孫也。胡澹庵與方耕道書云。子誠弱冠而學識已不凡。昔政宣間。在上庠。侍中立楊先生。席下請益。一日云。須多編類。乃爲善學。諸生皆疑其淺近。雖德輝渠高弟亦怪之。後又欲申問。爲中立偶得請。至今疑之。近以語子誠。乃引中立論語脱驂于舊館。以爲此乃編類之意。僕頓悟中立之意。殆此類也。胡澹庵業。

張氏門人

補忠文王梅溪先生十朋

周禮詳說

典灋則之所施。言邦國都鄙官府。而布治不言官府者。布治卽官府之事也。八成皆文書也。比居簡稽版圖。禮命要會。文書之用于公者也。傅別質劑。文書之用于私者也。書契公私皆用之。

月令春食羊。夏食雞。季夏食牛。秋食犬。冬食彘。與此不同。蓋月令所食順時令也。庖人所行順物性也。或記所稱。非周制與。

次亦用之于諸侯。用之于尸。用之于耦。而言掌王次之灋者。以王爲主。以該其餘。以上天官。

五官中惟正貳考以職。鄉大夫亦以職稱者。鄉大夫亦卿也。所以别于六官之屬。詩爾牧來思。以薪以蒸。是牧人兼樵蘇也。周官司門養牲。是門者兼畜牧也。可見先王之世無冗官。無廢事。

五家爲比。不過防其奇衺。未必有可書之事也。五比之閭。則書其敬敏任恤。是于六行之中可書者二。四閭之族。則書其孝弟睦婣。是于六行之中可書者四。其于德行道藝有所未備也。至五族之黨。然後書之。五黨之州。又從而攷之。至三年。鄉大夫又攷之。然後賓興焉。可謂詳且愼矣。

師氏保氏大司樂樂師所謂國子者。并言王太子也。大胥小胥所謂學士者。不及王太子也。大胥言掌學士之版。以待致諸子。王太子不預可知矣。小胥言巡舞列而撻其怠慢者。以王太子之貴。非小胥所得而責之也。又可知矣。以上地官。

王馬及右僕皆屬夏官。五路獨屬春官者。車旗之物屬于禮。馬與右僕屬于兵也。

朝日以大圭鎭圭。祀日月以圭璧。是朝與禮神之玉異矣。

毛氏見無衣篇。遂謂晉武公以侯爵而衣六章。是入減也。先鄭見宗伯職六命賜官。遂謂子男五命入而爲卿。是入亦加也。然無衣詩人欲武公爲卿士。雖六命之衣亦所願爲。宗伯職謂內卿士六命賜官。非謂子男之入爲卿士者。是出則加。入則不減也。

王制春秋教以禮樂。是春未嘗不學聲也。文王世子秋冬學羽籥。是秋未嘗不學舞也。此言合舞以春。合聲以秋。蓋大合舞大合聲。與平日之學舞學聲異也。

在天有歲星。在地有太歲。歲星右行。太歲左行。在斗曰星紀。女曰玄枵。危曰娵訾。奎曰降婁。胃曰大梁。畢曰實沈。井曰鶉首。柳曰鶉火。軫曰鶉尾。氐曰壽星。心曰大火。箕曰析木。此所謂歲星右行也。在寅曰攝提格。卯曰單閼。辰曰執徐。巳曰大荒落。午曰敦牂。未曰協洽。申曰涒灘。酉曰作噩。戌曰閹茂。亥曰大淵獻。子曰困敦。丑曰赤奮若。此所謂太歲左行也。左行者自東而南而西而北。右行者自北而西而南而東。日之行右轉。月之建左旋是也。天道左旋而經星從之。日體右轉而歲星從之。以上春官。

朝士外朝之法。孤卿大夫同西面。射人司士二職。則孤東面。卿大夫西面者。三孤無常職。時乎與卿大夫同。又時乎與卿大夫異。乘夏篆服希冕。所以與之異也。位九卿爵六命。所以與之同也。夏官。

鄉士云。掌國中。遂士云。掌四郊。縣士云。掌野。是鄉之獄近于王城。遂之獄近于鄉。縣之獄近于遂。蓋所居之地以近爲主也。秋官。

天子之書言尺寸。而不言厚薄。以宗后内鎮之文。則知廣四寸。厚一寸矣。諸侯之圭言尺寸。而不言廣厚。以雜記之文。則知廣三寸。厚半寸矣。考工記。

小學講義

昔孔子以天縱之聖講道洙泗之間。羣天下英才而教育之。蓋三千人弟子記其善言善行。謂之論語。垂諸後世。與六經並傳。欲修身者不可不知是書。欲事親者不可不知是書。欲事君者不可不知是書。欲治天下國家者不可不知是書。是書者。造道入德之門户。窮理盡性之本源也。學是書當自正心誠意始。論語。

人不可以不學。故論語二十篇以學而爲首。時過而後學。則勤苦而難成。故弟子首記夫子之言曰。學而時習之。時者何。人生十年曰幼學。夫子年十有五而志于學。自十歲以上。學之時也。十五以上。尤不可不志于學也。學以時而習則積。不以時而習則荒。學而時習之則理有所明而心有所見。故說。說者自内言之也。獨學而無友則孤陋而寡聞。今有朋焉來自遠方。相與講習。有直諒多聞之益。故樂。樂者自外言之也。故學以時則心志通。朋來自遠則名譽彰。宜爲人所知也。而有不知者焉。在常人之情。知則喜。不知則愠。喜愠生于知不知。其爲人也亦少矣。君子學足乎己。而所樂在内。初不恤乎人之知不知。此人不知而不愠。所以爲君子。學而第一。子曰學而時習之章。

古之學者爲己。非止乎爲己也。學既足乎己。行其所學。斯可以爲人。故先之以學。而次之以爲政。學與政非二物。顧所學者如何爾。學帝王仁義之術。則爲德政。學霸者刑名之術。則爲刑政。幼之所學。壯之所行。一也。爲政以德。是帝王仁義之學也。非修德于爲政之時。行所學于爲政之時耳。正其身而天下自歸。故譬之北辰。北辰嘗居其所而衆星咸拱。人君以德爲政。無爲而治。而天下共尊。古之人有行之者。堯舜禹湯文武是也。爾雅曰。北極謂之北辰。郭璞釋之曰。北極天之中。以正四時。以其居天之中。故曰極。以其能正四時。故曰辰。漢書天文志曰。中宫太極星。其一明者。太一之常居也。是之謂北辰。或以北斗爲北辰。非矣。爲政第二。子曰爲政以德章。

梅溪文集

學者之患先于好言性。性非學者之所不當言。其患在于不知性。而好爲雷同之論也。今天下雷同之論在乎孟子性善之説。而以上中下三品者爲才也。一二師儒唱之。學者從而和之。唱之者主孟子。和之者雷同也。實非有所見而言焉。性非可以無見而輕言之者。必待吾心有所見焉而後言之。則吾之所言者是吾之所見也。

吾之所見者未必是。又從而質之聖人之言。吾心之所見與聖人之所言者有所合焉。庶乎言之或當也。夫子之言性者不可得而聞也。其昭然著于論語者。有一言焉。曰。性相近也。習相遠也。繼之以唯上智與下愚不移。夫子之言雖不詳。吾可以吾心而求夫子之言也。夫子性近習遠之言。蓋論天下之常性也。而上智下愚不可以常性論也。夫天之生上智也不數。其生下愚也亦然。惟所謂中人者。紛紛皆是也。故夫子舉中人而論常性。斯有相近之説焉。又懼學者執是而槩論天下之性。復爲上智下愚之説以别之。夫子之論性固已昭昭矣。烏在其他求也。夫上智之人。天命之初。固已上智矣。雖瞽鯀不能移上智而愚。下愚之人。天命之初。固已下愚矣。雖堯舜不能移下愚而智。惟不智不愚者。是爲中人。而非善非惡者。是爲相近。方其生也。無君子小人之别。及其習也。有君子小人之歸。其猶水也。方其同一源之初。可謂近矣。及其派而二之。則有東西南北之相遠也。此聖人所以因性而立教者。爲天下常人設耳。若無上智下愚之性。其猶水火乎。水之在土也。其性有自然之寒。雖善呵者不能奪而使之熱。火之在木也。其性有自然之熱。雖善噓者不能奪而使之寒。水火不能奪寒熱之性。智愚其可移上下之品乎。今之説者謂堯桀同是性也。嗟乎。其不知性也。是蓋出于孟軻性善之論。軻非不知性也。軻之論性。將以設教而已。非爲性立一定之論也。至若荀況以性爲惡。揚雄以性爲善惡混。亦所以設教。且救弊焉耳。皆非爲性立一定之論也。軻曰性善。是誘天下使其爲善之是歸。況曰性惡。是懼天下使其惟惡之務去。雄曰善惡混。是開兩端而使之自擇也。其説雖不同。其所以設教則一也。況雄又以救弊焉者。軻以善誘之而不從。況出乎軻之後。不得不以惡懼之。況以惡懼之而不畏。雄出況之後。不得不開兩端而使之自擇。亦猶伊尹伯夷柳下惠制行之不同。皆所以救弊也。爲性立一定之論者。惟吾夫子與韓愈氏。愈著原性篇。有上中下三品之説。此最合吾夫子所謂相近與上下不移者。世乃謂愈之所論者才也。非性也。至謂夫子所謂上智下愚者而亦謂之才焉。夫性之與才同出乎天。有上中下之性者。必有上中下之才。性爲之主。才爲之用也。上智之性善矣。發而爲善。則非性。是才爲之也。下愚之性惡矣。發而爲惡。而非性。是亦才爲之也。上智下愚之性。有自然之善惡。其所以爲善惡。則才也。是性主之而才應之耳。烏有性無上中下而才獨有之耶。天之所以命堯舜與吾夫子者。必不惟桀跖之同學者。宜以心求之。愼無襲乎雷同之論。而雜乎佛老之説。則夫子之言性可得而聞。而韓愈之所論者。果性也。非才也。性論。

自漢迄唐。禘祫之議。講之屢矣。牽于繁文異説。終莫得而一之。善乎歐陽子之言曰。事有出于久遠。而傳于二説。則奚從。曰。從其一之可信者。然則安知可信而從之。曰。從其人而信之可也。衆人之説。如彼君子之説。如此則舍衆人而從君子。君子之説。如彼聖人之説。如此則舍君子而從聖人。然則欲一禘祫之説。當折衷于聖人之言可也。春秋詩禮論語皆聖人之言也。釋春秋詩禮論語者皆諸儒之言也。春秋書禘者二。而不言祫。惟文二年八月丁卯大事于太廟。躋僖公。公羊穀梁釋之曰。大事者祫也。春秋有禘無祫。以大事爲祫者。公穀也。詩周頌商頌言禘者二。而不言祫。惟玄鳥祀高宗。毛氏傳曰。祀當爲祫。詩有禘無祫。以祀爲祫者。毛氏也。周禮大宗伯之禮。以肆獻祼享先王。鄭氏曰。宗廟之祭有六。享肆獻祼饋食在四時之上。則是祫也禘也。周禮無禘祫之説。以肆獻祼饋食爲禘祫者。鄭氏也。論語記禘。自既灌而往與或問禘之説。孔安國釋之曰。禘祫之禮爲序昭穆。論語言禘而不言祫。并言禘祫者。孔安國也。惟禮記王制曾子問大傳有禘祫之説。而亦未嘗言其禮之大小與年數之先後。冬夏之異時。至于祭法則言禘郊祖宗。而不言祫。仲尼燕居與祭統篇則言郊社禘嘗。而不言祫之制。祭義諸篇舉四時祭名。皆曰夏禘。而不言冬祫。以春秋詩禮論語之言如此。釋春秋詩禮論語者其言如彼。學者當舍訓釋而從經可也。從經則古者有禘無祫。非無祫也。祫者禘中之一事。不可與禘俱謂之大祭也。禘祫論。

十有一年者。非武王即位十有一年。周家受命之十有一年也。或曰。子方謬漢儒之誣文王。何爲復取受命之説乎。曰。文王非受命于天。受命于商也。文王自羑里之囚還。而紂以弓矢斧鉞賜之。使得專征伐。自是而後。文王始居方伯連帥之職。五侯九伯得以征之。于是有遏密伐崇戡黎之事。自受專征之命。至九年而卒。然則文王受命者。是商命以專征伐。而觀政于商。泰誓之作。在周家專征十有一年之日。武王未有天下之初。不曰惟武王十有一年。而曰惟十有一年。武王伐商。則其旨可見矣。是則書與史記之年皆可信。而漢儒之論歐陽子之所疑者。皆可得而決也。泰誓十有一年辨。

有言邑大夫不待士者。予曰。子何從知之。曰。有訟于庭者。箠楚之辱及焉。予曰。此士之不自待。非大夫之不待士也。爲士者服詩書。精業履。聖賢之是師。臭味之與遊。謹門户。時租税。忍焉以省訟。愼焉以免禍。俾足跡不及于公門。而官吏稀識其面目。雖使柳下惠之弟爲邑大夫。焉能辱儒冠而陷之虎口耶。彼冠焉而士。行焉而市。旁午里巷而惡少與習。爭競錐刀而獄訟以興。朝投刺以識面。暮求判以欺愚。雖使周成王之叔父爲邑大夫。詎可望其施吐握之禮耶。邑大夫非能重士也。士實自重。非能輕士也。士實自輕。顧其自待何如。邑大夫何責焉。既以答者。遂書爲吾黨之戒。待士説。

嘗謂君者天也。天之所以爲天者。以其聰明剛健。司慶賞刑威之權而不昧也。君之所以爲君者。以其能憲天聰明。體天剛健。司慶賞刑威之權而不下移也。天執天之權而爲天。君執君之權而爲君。故天與君同稱大于域中。而君言名號必以天配。以天道而王天下也。則謂之天王。以天德而子兆民也。則謂之天子。居九五正中之位。則謂之天位。享萬壽無疆之禄。則謂之天禄。五服五章者。謂之天命。五刑五用者。謂之天討。就之如日者。謂之天表。畏之如神者。謂之天威。

居曰天闕。器曰天仗。法曰天憲。詔曰天詔。天之大不可以有加。君之大亦不可以有加者。以其咸能司域中之權而已矣。御試策。

附録

入太學。名譽籍甚。凡上自奏對。下逮燕笑從容。無一言一動不軌于正。而世俗所謂利害得喪。榮辱生死之變。一無所入於其中。朱晦翁嘗稱之曰。光明正大。磊落君子人也。

梅溪守泉。會七邑宰。勉以詩云。九重天子愛民深。令尹宜懷惻隱心。今日黄堂一杯酒。使君端爲庶民斟。邑宰皆感動。

汪玉山銘其墓曰。漢廷用儒。黯獨戆樸。淮南憚之。謀不敢作。謂公孫輩。發蒙振落。儒豈不用。其效奚若。孰知其故。鼠腊非璞。公之節義。視黯無怍。屹然立朝。作世郛郭。正色凛凛。危言諤諤。招之不前。麾之不卻。猛虎在山。衛及藜藿。出守四郡。治行皆卓。問胡爲然。非智之鑿。聖有謨訓。守約施博。惟其躬行。粹美無駁。道固如是。不由外鑠。于彼汲直。如玉而琢。我爲銘詩。以表儒學。人雖云亡。尚有槼矱。

吕東萊挽王詹事詩曰。諸老收聲盡。佳城又到公。蒼天那可問。吾道竟成窮。旌卷莆田雨。簫横霅浦風。今年襟上淚。三哭萬夫雄。原注。芮祭酒。劉太史。皆以今歲下世。故云。

朱子代劉共父序梅溪集曰。蓋其所稟於天者。純乎陽德剛明之氣。是以其心光明正大。疏暢洞達。無所隱蔽。而見於事業文章者。一皆如此。

又語類曰。王龜齡學也粗疏。亦是他天資高。意思誠慤。表裏如一。所至州郡。上下皆風動。而今難得此等人。

眞西山記重建忠文祠堂曰。公之學以誠身爲主。資本剛勁。而能切劘涵浸。以卒歸之中和。其出言有章。其制行有法。以之治家。則慈順雍睦之風形于州里。以之立朝。則蹇蹇諤諤言人之所難言。其治饒與夔。以及于泉。又皆穆然如春風之解陰凌。霈然如暑雨之蘇枯濁。人見其施之異也。而不知其本之一也。

羅大經鶴林玉露曰。王龜齡年四十七魁天下。以書報其弟夢齡昌齡曰。今日唱名。蒙恩賜進士及第。惜二親不見。痛不可言。嫂及聞詩聞禮可以此示之。詩禮。其二子也。於十數字之間。上念二親而不以科名爲喜。特報二弟而不以妻子爲先。孝友之意皆在焉。與胡邦衡並爲左右史。相得最歡。奏補先弟而後子。嘗賦不欺詩云。室明室暗兩生疑。方寸常存不可欺。莫問天高鬼神惡。要須先畏自家知。

黄東發曰。晦翁與王龜齡書。謂其有節行聲名。而勉之以學。

忠簡胡澹庵先生銓詳見武夷學案。

補 文節楊誠齋先生萬里

梓材謹案。先生爲胡忠簡行狀云。萬里與公同郡。嘗從學。故得稱門人。

誠齋經説

有六經則有異説。劉歆曆法引武成咸劉商王之句。鄭氏詩註引伊訓載孚在亳之辭。荀爽易解于乾爲木果之後。復有爲龍爲直之言。桓寬鹽鐵論引其故察察之語。以爲出于春秋。按書易春秋初無是也。蓋諸儒各出臆見。以其私説簧鼓世俗之觀聽。而聖人之六經化爲諸儒之六經矣。

心學論

聖人之教不離于言。而未始不離于言。言者道之因也。非言者道之詣也。不離于言者。不廢其道之因也。離于言者。不恃其道之因也。堯之朱。舜之均。親不親而近不近。言可以教人而傳道也。則朱均久矣其堯舜也。然同室之朱均不堯舜。而異世之洙泗有堯舜焉。則夫子之心超然獨詣堯舜之詣也。言可恃耶。言不可恃耶。易曰。書不盡言。言不盡意。聖人之言非不能盡意也。能盡意而不盡也。聖人之書非不能盡言也。能盡言而不盡也。曷爲不盡也。不敢盡也。中庸曰。有餘不敢盡。此易與中庸之妙也。人之常情。近則狎。遠則疑。易之遠者。所以投天下以疑而致天下之思也。思則見。見則悦。悦則研。研則詣。故聖人之作易也。不示天下以其道之詣。而指天下以其道之因。既曰因矣。可得而盡哉。易論。

道無所倚。有所踐。有所倚。則天下莫之稽。無所踐。則天下莫之居。莫之稽。道之濆也。莫之居。道之棄也。惟經首于易。而後道不濆。繼易以禮。而後道不棄。禮也者所以示天下之可踐也。圓不以規。方不以矩。運斤而成風。惟匠石可也。易者聖人成風之斤也。禮者聖人規矩之器也。匠石不以匠石而廢規矩。故無匠石而有匠石。聖人不以聖人而廢禮法。故無聖人而有聖人。蓋道有所可踐。而後天下有所可居。有可踐。則天下得以不置其足于道之外。有可居。則天下得以置其身于道之內。使天下置其身于道之內。而不置其足于道之外。相敬相愛。相安相眷。以至于今。禮之教也。禮論。

天下之情不病其不決。然病其欣然者之不動也。欣然之心一動。則聖人之道有不動而行。不挽而進。不噓而高。不引而深者矣。欣然之心。進道之機也。聖人得是機而執焉。復執是機而觸焉。惟其不觸天下也。觸則天下之機動矣。然則天下之所以決然于道者。聖人有以動其道之機也。孟子之言道也。樂之實樂仁義。是樂則生矣。生則烏可已也。烏可已則不知手之舞之足之蹈之也。夫聖人之樂至于使人手舞足蹈于仁義之中而不自知。此化之妙也。樂論。

書也者所以立道之尸。以形道之形。以信夫易禮樂之聲也。天下之爲君臣父子者。前有慕。後有儆。慕心一生。則信道而必行。儆心一生。則不疑道而無不行。不知易禮樂之可行者。毋觀之易禮樂而觀之書。則易禮樂豈其欺。不知書之已行者。毋觀之書而觀之易禮樂。則書豈其難。

不欺故可信。不難故可至。易禮樂者聲教。書者形教。嗚呼。經至于書備矣。書論。

詩也者。矯天下之具也。而或者曰。聖人之道禮嚴而詩寬。嗟乎。孰知禮之嚴爲嚴之寬。詩之寬爲寬之嚴也歟。蓋聖人將有以矯天下。必先有鈞天下之至情。得其至情而隨以矯之。安得不從。蓋天下之至情。矯生于媿。媿生于衆。媿非議則安。議非衆則私。安則不媿其媿。私則反議其議。聖人不使天下不媿其媿。反議其議也。于是擧衆以議之。擧議以媿之。則天下之不善者不得不媿。媿斯矯。矯斯復。復斯善矣。此詩之教也。詩果寬乎。聳乎。其必譏而斷乎。其必不恕也。詩果不嚴乎。夫人之爲不善非不自知也。而自赦也。自赦而後自肆。自赦而天下不赦也。則其肆必收。聖人引天下之衆。以議天下之善不善。此詩之所以作也。故詩也者。收天下之肆者也。詩論。

五經者。夫子之所以教也。春秋者。夫子之所以政也。徒教而不政。堯舜不能以經一世。而夫子能以經萬世哉。問夫子者曰。子奚不爲政。而夫子答以是亦爲政。彼見夫子之不政于人也。而不知其政于天也。彼見夫子之不政于今也。而不知其政于後也。夫子之教行。故天下卽其善去其不善。夫子之政行。故天下畏其不善以利其善。畏其不善者。夫子有罰政也。利其善者。夫子有賞政也。以王而不天。以公而不卽位。夫子之罰政。上亦不恕于君之惡也。以臣而或字之。以裔而或國之。夫子之賞政。下猶不損乎小之善也。春秋論。

顏淵之問仁。夫子一語之間。仆藩牆。去陛級。徹堂室。而納之于甚大之地。付之以一日克己復禮。天下歸仁之事。何其大也。此君子之所驚也。及顏淵領其大。請其目。則不離于視聽言動之間。儆于非禮而已。又何其小也。此君子之所忽也。惟其大而不驚。此顏子之所以獨往。小而不忽。此顏子之所以獨來。

夫子與回言終日。而回不違其契如此。夫子之言。言不以言。回之聽也。聽不以聽。言不以言。則言者天也。聽不以聽。則聽者亦天也。以夫子之天觸回之天。以回之天感夫子之天。是惟無合。合則遇矣。夫何違之有。或者曰。回何功于後學也。日安于韶濩鐘磬之側。而弗考弗擊。使有耳者無聞焉。非過歟。嗟乎。道以言而通。亦以言而塞。非言之能塞道也。聽之者塞之也。一失而爲訓詁。再失而爲辭章。言之盛。道之衰也。不有回之學。何以使學者知有妙學哉。

顏子之不爲不善。無所不及。亦無所不繼。去思去勉。而惟照之以一知。故不善之來。迎者則敗。過者則逝。攻者則堅。彼敗且逝。故初不能欺。而不能留。吾堅故不可入。夫使天下之不善雜至乎吾前。而不能欺。而不能留。且不可入。則不善之來。曷嘗有而不知。知而復行哉。以上顏子論。

參之魯。豈其蒙然蚩。暗然昧耶。子曰。吾道一以貫之。門人相顧。莫知所依據。而參也領之以一唯。蒙然蚩。暗然昧者。能之乎。然則參非眞魯者也。非魯而曰魯。無乃言語之不給。文學之未敏歟。言語之給。文學之敏。君子非有廢也。而非所先。蓋言語者道之級。而級者非道也。文學者。道之寓。而寓者非道也。

曾子三省其身。非省其身也。省其身與道之一二也。身與道本一也。一而二者。不察之過也。二而一者。察之功也。子思曰。鳶飛戾天。魚躍于淵。上下察也。人之一心。察之之妙。上際于天。下極于淵。無一理之逃也。而況于反是而用之于吾身之道乎。孟子曰。萬物皆備于我矣。反身而誠。樂莫大焉。知備而不知反。宜學者之無所樂也。曾子三省之學。惟孟子傳之也。

天下之重者。莫重于不重之重。而泰山爲至輕。天下之力者。莫力于非力之力。而烏獲爲至羸。仁也者。不重之重也。聖人也者。非力之力也。夫惟有非力之力者。然後能舉不重之重。不然子貢之辨。子路之勇。足以屈天下。震諸子。而一登聖人之門。則寂然默。弛然廢。舉其辨與勇納之懷而無所用之。然則必有非力之力。而後能舉此不重之重者也。曾子曰。士不可以不弘毅。任重而道遠。仁以爲己任。不亦重乎。死而後已。不亦遠乎。曾子之力。庶乎聖人之力者也。然猶覺其重而慮其遠也。子曰。仁者安仁。安則重者輕。夫何覺。又曰。我欲仁。斯仁至矣。至則遠者邇。夫何慮。以上曾子論。

子思之學。不恃其性而恃其率。不恃其中而恃其致。率也者。循是而教焉者也。致也者。力而求之也。性不可見而率性者可見。中不可能而致中者可能。致則率矣。中則性矣。是則子思之意也。然則何以致夫中。曰。喜怒哀樂之未發有以處之是也。然則何以致夫喜怒哀樂之未發。曰。君子謹其獨是也。

中庸之書。夫子枕中之書也。而子思得之。中庸曰。天命之謂性。率性之謂道。又曰。能盡其性。則能盡人物之性。可以贊化育。參天地。質之以此。而後孟子之説始信也歟。性果惡耶。則曰。違性之謂道可也。烏用率。且性既惡。則盡性之所至。當逆天地而戾人物矣。奚其贊。又奚其參。人性之有善惡。善則惡不得以寄。惡則善不得以居。如冰之寒而溼。火之燠而燥也。今曰善惡混。吾將曰冰之性燥溼混。而火之性寒燠而燥也。可乎。至于裂性而三之。裂三而五之。則亦不勝其勞矣。蓋三子言性而未見性。不自盡其性也。

愚不肖之不及。固離于道矣。而賢智之過之。乃中庸之所甚憂。而道之不明與不行。乃賢智者之罪。此無它。見而不及之病也。學之功至于居上而不驕。爲下而不倍。此眞有用之學也。求其所以然者。則本于不以性廢學。不以大忽微。不以高棄中。不以新忘故。不以質去文。嗟乎。學至于此。其斯以爲子思中庸之學也歟。以上子思論。

韓子曰。博愛之謂仁。程子曰。非也。仁者覺也。吾將是韓子。則夫子之言有不然者。顏淵問仁。子曰。克己復禮爲仁。于博愛何與焉。吾將是程子。夫子之言有然者。樊遲問仁。子曰。愛人。於覺何與焉。仁之不可言也如此。孟子曰。惻隱之心。仁之端也。又曰。今人乍見孺子將入于井。皆有怵惕惻隱之心。隱也者。若有所痛也。惻也者。若有所憫也。痛則覺。覺則憫。憫則愛。覺一髮之痛。則愛心生。不覺四體之痛。則愛心息。孟子曰。不仁者。以其所不愛。此不覺于人者也。曰。人病舍其田而芸人之田。此覺于人而不覺于身者也。曰。指不若人則知惡之。心不若人則不知惡。此覺于身而不覺于心者也。以覺吾之痛覺彼之痛則愛人。以覺彼之痛覺吾之痛則自愛。自覺而自愛。則何理之不悟。覺人而愛人。則何物之不覆。是故不愛始于不憫。不憫始于不覺。不覺始于不痛。古之君子以不如舜爲憂。此一痛也。以一夫不被其澤爲責。此亦一痛也。故曰。痛則覺。覺則憫。憫則愛。然則克己復禮。仁也。愛人。仁也。博愛之謂仁。仁也。仁者覺也。仁也。何也。均惻隱之心也。故曰。程子得夫子之濳者也。韓子得夫子之彰者也。孟子得夫子之濳與彰而據其會者也。

三子者惟其聖而未智。是故任者不能清。清者不能和。和者不能清與任。夫子之聖。非能離于清任和也。而離于清任和也。不離于清任和。夫子之所以聖。離于清任和。夫子之所以智。雖然以智爲加乎聖。則曷爲曰始條理。曰始終云者。非序也。用也。荀卿曰。始乎爲士。終乎爲聖人。始言户。終言室也。此序也。非用也。孟子曰。始終云者用也。非序也。始言施。終言收也。有投乎吾前者。無以施則不集。無以收則不正。射而不集。釋老以之。集而不正。申商以之。智以施之。聖以收之。動則樂。集則正。千轉萬變而不踰乎同條一貫之天理。此夫子之神。而孟子獨見之也。

孟子不使天下之不受不義之富貴。而深折其所以有用于富貴者。使天下曉然見其有用之無用也。禮義之未亡。聖賢之不絕。誰之力哉。以上孟子論。

韓子原道之書。孟子以還一韓子而已。曰。道與德爲虛位。仁與義爲定名。又曰。吾之所謂道德云者。去仁與義言之也。而後道德之虛位可得而實矣。老子以空虛爲道德。此私吾聖人之田者也。韓子出而仁義還。則聖人之田宜誰歸。

君子之去異端。非異端不去之可憂。而異端既去之足慮。異端之不去。蓋有能去之者矣。去之矣。其患有大于未去之時。何則。有以去之。無以處之也。韓子既思所以去之。又思所以處之。三代之時。異端之不興。豈特一道德而同風俗之力歟。亦其所以處民者盡爾。韓子之意。眞先王之意也。以上韓子論。

誠齋文集

惟中爲能中天下之不中。惟正爲能正天下之不正。中正立而萬變通。此二帝三王之治。孔子顏孟之學也。易外傳自序。

六經至夫子而大備。然書非夫子作也。定之而已耳。詩非夫子作也。删之而已耳。禮樂非夫子作也。正之而已耳。惟易與春秋。所謂夫子文章者歟。昔者伏羲氏作易矣。時則有其畫無其辭。文王重易矣。時則有辭無餘辭。至吾夫子起乎兩聖之後。而超出乎兩聖之先。發天之藏。據聖之疆。挹彼三才之道。而注之于三絕之簡。于是作彖辭。又作小象之辭。又作文言之辭。又作二繫之辭。又作說卦之辭。又作序卦之辭。又作雜卦之辭。大之爲天地。纖之爲毛末。顯之爲人物。幽之爲鬼神。明之爲仁義禮樂。微之爲性命。炳然蔚然。聚此書矣。其辭精以幽。其旨淵以長。其道博以重。是書也。其蘊道之玉府。範聖之大鈞也歟。韓起聘魯。見易象而喜曰。周禮盡在魯矣。當是時。豈易之書惟魯有之歟。抑諸國皆有。而晉未有歟。宜其見之而喜也。然起之所見者。羲文之易而已。未見夫子之易也。見羲文之易。其喜已如此。使見夫子之易。其喜又當何如哉。今乃得見韓起之所未見。嗚呼。後之學者一何幸也。子貢在三千七十子之中。其科在乙。其名在六。其不在升堂入室之間乎。然嘗歎夫子之言性與天道不可得而聞。夫子之易書非性與天道之言乎。而子貢獨不得聞者。豈歎之之時此書未作歟。抑已作而未出歟。今乃得聞子貢之所不得聞。嗚呼。後之學者又何幸也。每謂聞而知不若見而知。蓋聞者疏。見者親。聞者略。見者詳也。見子貢之歎。則見而知者。反不若聞而知者歟。然則學者之羨子貢。又安知子貢之不羨學者。嗚呼。學者又何幸也。易外傳後序。

百人操兵而攻一虎者。虎勝。一夫荷鋤而遇一虎者。人勝。非百人之弱而一夫之强也。鬬而得地者勝。不得地者敗。何謂地。死是也。地有所必死。則勢有所必奮。勢有所必奮。則鬬有所必力。一夫者居必死之地。此其所以必生也。故古之善用兵者。以死求生。而不以生求死。邊地之民亦死而求生者耶。雖然。行鄉兵之法于邊地者。又不可自官行之。官行之則擾。私行之則樂。官行之則敵必疑。私行之則敵不知其所窺。兵論。

今天地之化萬物也。春而萬物欣欣焉。夏而萬物油油焉。夫欣欣油油。萬物之至願也。天地既仁夫萬物矣。則何不與萬物旦旦而春。旦旦而夏也。而必枯之以風霜。毒之以冰雪。使夫欣欣者悲。油油者瘁。何奪其所願而與其所不願也。聞之曰。冬閉之不固。則春生之不茂。使天地而與萬物旦旦春夏也。則無來歲可也。有來歲則何以繼也。仁而無止。天地不能不窮也。而聖人能乎哉。刑法論上。

簡策無祥瑞。天下有祥瑞。祥瑞之至也。治功之隆也。簡策有祥瑞。天下無祥瑞。祥瑞之衰也。治功之落也。祥瑞論。

誠齋淳熙薦士録

朱熹。學傳二程。才雄一世。雖賦性近於狷介。臨事過於果鋭。若處以儒學之官。涵養成就。必爲異才。

袁樞。議論堅正。風節峻整。今知處州。

石起宗。立朝敢言。作郡有惠。

祝檼。奇偉之節。恬退之心。士論所稱。久置閒散。

鄭僑。立朝甚勁正。持節有風采。

林枅。外温中厲。遇事敢爲。

蔡戡。器度凝重。學問該洽。

馬大同。文學政事。士林之英。至于持節。風采甚厲。官吏皆肅。

鞏相。今之儒先。世之吏師。

京鏜。性資靜慤。文詞工緻。

梓材謹案。京丞相實發僞學之名。蓋瑕瑜不揜者。

王回。俊辨而闓。敏事而裕。

劉堯夫。嘗冠釋褐。立朝敢言。

蕭德藻。文學甚古。氣節甚高。其志常欲有爲。其進未嘗苟合。老而不遇。士者屈之。今爲湖北參議官。

章穎。早冠多士。其學益峻。立朝鯁挺。公論推表。

霍篪。儒而知兵。長于論事。至于兩淮利害。尤其所諳。

周必大。工于古文。敏于吏事。臨疑應變。好謀而成。

張貴謨。上庠名士。有才有謀。可應時須。

劉清之。得名儒朱熹之學。傳乃祖原夫之業。

湯邦彦。學邃于易。得先天之數。才濟于用。有經世之心。

王公衮。儒者能斷吏事。敢爲剸繁摧姦。尤其所長。

莫漳。長于史學。達于吏治。

張默。魏公之姪。能傳胡文定春秋之學。所至作吏。皆有能聲。

孫逢吉。學邃文工。吏用明敏。沈介德和。黄鈞仲秉。以國士待之。知袁州萍鄉縣。

吴鎰。蚤以文辭受知名勝。如張安國。沈德和。黄仲秉。皆以國士待之。今知郴州郴縣。
王謙。風力振聳。勇于摧姦。立朝蹇蹇。士論歸重。
譚惟寅。文辭甚古。志操甚堅。嘗除大學博士。今知郴州。
祖中庸。有學有文。操守堅正。持節布憲。風采甚厲。
韓璧。直諒修潔。人稱其賢。
李誦。恬退難進。廉吏之表。今爲江州德安知縣。
余紹祖。德勝于才。廉而有惠。新江陵府通判。
葉元潾。和而有立。蚤有奇節。故相葉顒子昂之姪。今爲江西提舉司幹官待次。
廖德明。所學甚正。遇事能斷。前韶州教授。
趙克夫。廉明强濟。治行甚高。今知臨江軍新喻縣。
左昌時。吏能精密。所至有聲。新知眞州。
胡思成。和粹而賢。敏達于政。嘗知安豐軍。
趙像之。能文練事。淡如寒畯。今爲隨州通判。

雲濠謹案。誠齋與周益公皆其門生。

孫逢辰。儒術飾吏。廉操踰人。
劉德秀。議論古今。切于世用。今知湘潭縣。

梓材謹案。劉諫議首論留忠定公。引僞學之罪。議論殊不切用。

施淵然。工于古文。恬于仕進。前任監和劑局。今任祠禄陞朝。

祝禹圭。氣節正方。議論鯁挺。

張泌。器宇粹和。文辭工致。與其弟濤俱有令名。前輩稱吴中二陸。

李大性。四六詩句甚有律令。

李大異。嘗冠别頭。仕優進學。作文下語。凖柳儀曹。

李大理。學問博洽。吏事通明。

曾三復。以文策第。以廉褆身。作邑有聲。盡罷横斂。

曾三聘。刻意文詞。雅善論事。前西外宗學教授。

徐徹。詩句明爽。牋奏典重。作邑愛民。辨而不擾。今知臨江軍清江縣。

趙彦恂。吏能精敏。不擇劇易。前知衡州。今任宫觀。

王濆。治郡有聞。惠而能辨。前知吉州。正當茶寇之鋒。修城治兵。寇不敢近。今任宫觀。

虞公亮。力學有文。子弟之秀。雍公之子。尚淹下僚。

陳謙。學問深醇。文辭雄俊。聲冠兩學。陸沈下僚。

李沐。大臣之子。而綽有寒畯之操。甲科之儁。而益勵文辭之工。

梓材謹案。李正言論劾趙忠定留忠定。蓋有文無行者。

李耆俊。其進雖非科給。其文尤工四六。今知郴州。
嚴昌裔。學甚正。守甚堅。蓋嘗師張魏公而友欽夫。
陳字。事母至孝。作郡甚辨。臨事應變。事集而民不擾。
盧宜之。作文有古人關鍵。日進未已。至于吏能。乃其餘事。
蘇渭。通敏吏事。最善四六。任子之流。所不易得。
鄭郥。持身甚廉。愛民甚力。嘗知南雄州保昌縣。殊有治行。太守虐政一切罷之。民情翕然去思。
趙善佐。爲政和而有威。治賦緩而有辨。章貢吏民無不安之。
胡澥。名臣之子。修潔博習。州里有聞。能世其家。今爲撫州宜黄丞。

附録

誠齋爲零陵丞。以弟子禮謁張魏公。南軒爲之介紹。數月乃得見。因跪請教。公曰。元符貴人。腰金紆紫者何限。惟鄒志完。陳瑩中。姓名與日月爭光。誠齋得此語。終身厲清直之操。鶴林玉露。

爲祕書監對言。天下有無形之禍。僭非權臣而僭于權臣。擾非盜賊而擾于盜賊。其惟朋黨之論乎。蓋欲激人主之怒。莫如朋黨。空天下人才。莫如朋黨。黨論一興。其端發于士大夫。其禍及于天下。前事已然。願建皇極于聖心。公聽並觀。瓌植散羣。曰君子從而用之。曰小人從而廢之。皆勿問其某黨某黨也。

高宗嘗曰。楊萬里直不中律。孝宗亦曰。楊萬里有性氣。故其自贊云。禹曰也有性氣。舜云直不中律。自有二聖。玉音不用。千秋史筆。

誠齋初欲習宏詞科。南軒曰。此何足習。盍相與趨聖門德行科乎。誠齋大悟。不復習作千慮策。謂詞科可罷。曰。孟獻子有友五人。孟子已忘其三。周室去爵之籍。孟子已不能道其詳。孟子亦安能中今之詞科哉。

嘗與胡澹庵書曰。士大夫見一邑而畏之。則大于一邑者何如也。畏事生于不更事。更事則不畏事矣。

先生自序荆溪集曰。予之詩始學江西諸君子。旣又學后山五字律。旣又學半山七字絶句。晚乃學絶句于唐人。

胡澹庵爲誠齋記曰。廬陵楊侯。庭秀清白。世其家學。問操履。有角立傑出之譽。戰其藝。場屋中丙科。則喟曰。時方味諂言。吾乃得志。得毋以諂求合乎。則羞前之爲。更隸宏博之學。以息劓補黥。于是呻其佔嗶。上窺姚姒。下逮羽陵羣玉之府。至于周廚魯壁。汲冢泰山。漢渠唐館之藏。奥篇隱袠。抉摘殆盡。沈浸醲郁。擷葩咀英。詞藻粲發。往往鉤章棘句。怪怪奇奇。可喜可愕。業既成。則又喟曰。是得毋類韓子所謂俳優之辭耶。又盡棄其學。而爲子思中庸之學。

紹興戊寅。丞零陵。乞言于大丞相和國公。以鍵其志。公報以正心誠意之説。則又喟曰。夫與天地相似者。非誠矣乎。公以是期吾。吾其敢不力。乃揭其藏。修之齋。而屬予記之。

張南軒送之詩曰。昔人忘言處。可到不可會。還須心眼親。未許一理蓋。詞章抑爲餘。子已得其最。當如鄒魯傳。有在文字外。

其二曰。平生風雨夕。每念名節難。窮冬百草歇。手自種琅玕。吾子三十策。字字起三歎。豈願求人知。正自一心丹。

趙章泉寄誠齋先生詩曰。邇日使嶺表。歷論無此賢。誰歟記南海。久矣賦貪泉。已上蓬山直。還居吏部銓。省郎遲豈恨。宣室夜重前。掌制宜鴻筆。談經合細旃。玆爲重儒術。何止用詩仙。四海推鳴鳳。孤生悵跕鳶。長安近抵日。蜀地遠如天。短褐春風倚。歸心夜雨懸。十年期撰履。斗食政窮邊。

周益公題先生浩齋記曰。友人楊廷秀。學問文章獨步斯世。至於立朝諤諤。知無不言。言無不盡。要當求之古人。眞所謂浩然之氣。至剛至大。以直養而無害。塞于天地之間者。師友淵源。決有自來。今讀浩然記。乃知嘗受教于劉公。公之賢可知矣。

李道傳覆謚議曰。昔人論蘇文忠公在元豐不容于元豐。在元祐不容于元祐。以爲非隨時上下人。公其有焉。

又曰。他人之文以詞勝。公之文以氣勝。惟其有是節。故能有是氣。惟其有是氣。故能有是文也。

陳定宇答吳仲文曰。誠齋本文士。因學文而求道于經學。性理終非本色。其作易傳用二十餘年之工。力亦勤矣。嘗發家人以下數卦質之晦翁。晦翁答之無一字可否。不過曰。蒙示易傳之祕。蓋見其立説之巧。自喜之深。非筆舌所能辨。于易經本義雖無所得。而亦不至于陸象山惑人誤人之深。故略之而不答也。

吳草廬跋誠齋易傳曰。易之道廣大悉備。無所不包。程子被之于人事。所謂一天下之動者。由王輔嗣。胡翼之。王介甫。至此極矣。朱子直謂可與三古聖人並而爲四。非過許也。楊先生又因程子而發之以精妙之文。間有與程不同者。亦足以補其不足。然皆推行易道之用。而經之本旨未必如是。人以國語爲春秋外傳。非正釋經而實相發明。今先生于易亦然。故名曰外傳宜。

雲濠謹案。四庫書提要于誠齋易傳云。是書大旨本程氏。而多引史傳以證之。又云。宋代書肆曾與程傳並刊以行。謂之程楊易傳。新安陳櫟極非之。以爲足以聳文士之觀瞻。而不足以服窮經士之心。吳澄作跋。亦有微辭。然聖人作易。本以吉凶悔吝示人事之所從。箕子之貞。鬼方之伐。帝乙之歸妹。周公明著其文。則三百八十四爻可以例舉矣。舍人事而談天道。正後儒説易之病。未可以引史證經病萬里也。又案。四庫存目本永樂大典録先生庸言一卷。提要云。大致規摹揚雄法言。頗極修飾之力。較其詩文。又自爲一體。而詞工意淺。亦略近于雄。

李敬齋古今黈曰。楊誠齋詩。句句入理。予尤愛其送子一聯云。好官難得忙不得。好人難做須著力。著力處正是聖賢階級。若夫淺丈夫。少有異于人。必責十年之效于外。一不我應。悻悻然以舉世爲不知己。方扼腕之不暇。安肯著力于仁矣乎。故終身不能爲好人。

柳待制題文節手書學箴後曰。文節與文公。並召學術詞章。要有同者。然以廬陵之光雋亮潔。新安之博碩粹精。俱足以上當阜陵特達之知矣。此學箴遺墨。新淦曾貫之攜以示予。予謂敬齋箴實此箴之目。而此箴又敬齋箴之凡也。

直閣劉先生穎

劉穎字公實。西安人。紹興末進士。調溧陽主簿。張魏公知其賢。遣子敬夫與游。講明理學。先生嘗言。士以不辱身爲重。在從班日。韓侂胄舊與歡好。及侂胄用事。先生謝絶之。累遷刑部侍郎。以寶謨閣直學士致仕。姓譜。

梓材謹案。先生贈少師。爲湖南運判强學之父。眞西山銘運判墓云。嗚呼。少師事紫巖而友納湖。是先生紫巖弟子也。

附録

教授全州。勤苦自力。率諸生同夜旦。湖湘化之。士人增倍。

光宗時。論人主難克而易流者四。曰。逸豫無節。賜予無度。儒臣易疏。近倖易昵。慶元初疏言。修德莫先於務學。學之道存在己不息之誠。極取人爲善之益者也。夫易貴朋友之講習。禮戒獨學之孤陋。今勸講久廢矣。以上墓志。

嚴先生昌裔

嚴昌裔字慶曾。零陵人。張紫巖謫永州。先生登其門而受學焉。南軒實與之爲友云。姓譜。

張先生子紆

張子紆字公飭。零陵人。太學樞之從子。性高尚。遊紫巖之門。與南軒爲友。同上。

通守方困齋先生疇詳見紫微學案。

梓材謹案。廣信府志言。先生貶零陵。先是張魏公亦謫是郡。先生因從其父子遊。

尚書李先生良臣

李良臣。德陽人。嘗出張魏公門下。爲所論薦。子流謙。四庫書目提要。

梓材謹案。先生官至尚書。見張南軒集。

知州吳先生松年詳見周許諸儒學案。

太中吳先生康年

吳康年。醴陵人。文定公獵之父也。累贈太中大夫。張忠獻公寓長沙。先生以易受知焉。魏鶴山集。

侍郎王復齋先生秬別見景迂學案補遺。

朝散宋梅谷先生翔

宋翔字子飛。崇安人。幼穎敏。七歲時。劉屏山子翬命賦燈詩。援筆立成。大爲所稱賞。紹興中第進士。累知國子監簿。受知於張魏公。爲十客之一。尋差湖南帥司參議官。以朝散致仕。有梅谷集。姓譜。

梓材謹案。南軒先生爲作仰止記。告之以學莫强于立志。莫進于善思。而莫害于自畫。莫病于自足。莫罪于自棄云。

總領吴先生芾

吴芾字子通。其先自武夷徙家湘潭。祖父皆業儒。先生少而孝友。既孤。事母訓弟有聞于其鄉。自布衣補官。既入督府。復就版曹。辟爲諸路回易總領。司主管文字。已而從路允迪往南京。陷于敵。得脱歸。請祠。返故居。遂不復仕。卒年七十有五。南軒志其墓云。自予先公與丞相趙公當國。開督府。嘗辟君莅軍士之食。及有疾病者。逮予家居湘中。君還自北。即復來登門。先君貶陽山。屏居闔關。不與人相聞。雖向來故吏亦有莫敢以書至前者。君獨屢入嶺求見。見必留久而後去。君又與樞密折公善。折公貶郴。君亦每道郴問勞款曲。其激義蓋如此。南軒文集。

梅溪學侶

從政萬先生庚

萬庚字先之。樂清人。善詞賦。太學興。首中優選。紹興甲戌上會擢第。授全州教授。清湘士子稀少。先生至郡。乞增廩餼以養士。郡將異其才。俾兼攝幕職。爲文雄深雅健。湖南諸郡碑碣必屬先生撰述。改洪州録參。虞允文入相。王十朋自南京貽書薦之。虞擬除學官。名未上卒。終從政郎。溫州舊志。

梓材謹案。梅溪題名賦註。稱其曾來會課。亦與題名。嘗官縉雲尉。

許先生武子

管先生叔奇合傳。

許武子。横陽人。管叔奇。龍泉人。來客梅溪。以篆字題名。溫州舊志。

梓材謹案。梅溪題名賦引云。吾徒宋孝先。李大鼎。作梅溪庚午多士賦。敘一堂八齋六十人名字。而鋪陳條例三百六十字之中。言簡意夸。有足觀者。陳元佐。萬孝傑。童侃。又作梅溪多士賦。通前後八年間凡一百二十人。而併列之。文工而事益詳。予于是採二賦之餘意。變聲律而古之。先美後規。效古人勸諷之旨。非敢以文戲也。目曰梅溪題名云。

梅溪同調

孝廉錢先生堯卿

錢堯卿字熙載。樂清人。吴越王裔孫。幼居父喪如成人。廬墓終制。崇寧三舍法行。將貢京師。以母老不復仕。及居母喪。哀毁過禮。水漿三日不入口。茹蔬三年。奉寡嫂如兄。撫幼姪如子。闔族同居三十載無間言。歲歉。損穀價以濟飢民。不能償者焚其劵。紹興間。詔訪孝廉。郡以名上。未幾卒。王梅溪製詩輓之。紹熙中。郡守孫懋表其閭。溫州舊志。

陳石士師東甌文存序曰。樂清之錢熙載。賈元範。與王梅溪同邑。其質行足以型方訓俗。賴水心有樂清縣學三賢祠記。而至今尚得知其人。

司理賈先生如規

賈如規字元範。樂清人。宣和中補太學生。靖康之難。諸生欲逃去。先生曰。吾輩久被教養。國家阽危。乃求苟免乎。後以特奏名調廣昌尉。再調興國軍司理。不赴。讀書鹿巖下。重義好施。族里賴之。時稱尚義篤行者。必曰賈司理。溫州舊志。

附録

葉水心樂清縣學三賢祠堂記曰。錢公堯卿。賈公如規。與王公十朋。親友而年輩稍前于公。錢公孝悌醇行。爲善如嗜欲。賈公惻怛長者。惠貧恤孤。皆不及仕。然邑人高此二公。固亦其地之所有也。

孝子連先生世瑜附子士表。士則。

連世瑜。樂清人。同妻方氏。事母孝。母死。刻像以奉。郡守張横浦九成移文咨訪。王梅溪詣其家。詢得實跡。白之郡。具酒禮之。先生卒。方氏率其子士表士則供奉益至。郡繼上其事。

詔旌其閭。溫州舊志。

梓材謹案。士表字少華。見梅溪題名賦自注。

承奉楊先生朴

楊朴字文之。黄巖人。淳熙八年特科。在太學以春秋與王梅溪齊名。時號王楊。紹興中。申嚴挾書之禁。先生爲公試榜首。高宗書其姓名于御屏。終承奉郎。台州府志。

誠齋學侶

縣令楊達齋先生輔世

楊輔世字昌英。吉水人。誠齋之叔父也。自號達齋。與誠齋同年策第。終官左宣教郎。知麻陽縣。卒年五十。著有達齋文集。誠齋序之。謂其賦似謝莊。詩似高適。文似列禦寇云。楊誠齋集。

誠齋講友

縣令楊先生汝南別見伊川學案補遺。

高先生登詳見衡麓學案。

羅先生惟一

羅惟一字允中。與誠齋友。著有尚書集説。誠齋序之云。集説者。集諸家之説也。自孔氏疏義而下。八九家與焉。大抵存其大槩。而通其精微。去其牴牾。而合其通達。至于文義自相矛盾者。則又出己見以補其缺。易其說以達其意。自序謂去古雖遠。前聖賢雖不可作。而受中秉彝根于心者不可泯也。惟一豈敢多遜哉。士友皆謂其言信而非矜云。楊誠齋集。

尚書集說

賦之有九等者。以九州相推比言也。賦之有錯者。以四州相推比言也。天下之物皆五行也。五行一陰陽也。陰陽散于五行。五行散于萬物。其本一也。其本既一。其末豈有不合哉。

伊尹初嘗放其君。曰放者。使君居憂于外。古無是禮。以明天下之大法也。蓋太甲之縱欲敗度。女子小人之道也。居憂于桐。女子小人不得以熒惑之矣。三年喪畢。則奉之以歸。故夫子序書不曰思庸復歸于亳。而曰復歸于亳思庸。

有一于此。未或不亡。譬之一身。五臟六腑。其一受病。則五六相傳。五六皆傳則死。一心之病亦猶是焉。愛身者不可以一臟之病爲未必死而不懼。愛國者不可以一事之失爲未必亡而不憂。楊誠齋曰。此說可以爲有國者之上藥。

誠齋同調

文公朱晦庵先生熹詳晦翁學案。

修撰袁先生樞

袁樞字機仲。建安人。試禮部詞賦第一。調温州判官。淳熙中爲編修官。分修國史。故相章惇家求爲潤飾其傳。先生曰。吾爲史官。法不隱惡。寧負鄉人。不可負天下後世公議。時相趙雄歎曰。無愧古良史矣。後以右文殿修撰知江陵府。所著有易傳解義等書。姓譜。

附録

黄東發讀晦庵先生文集曰。答袁機仲諸書。袁謂河圖洛書不足信。先生謂。無奈顧命。繫辭。論語皆有是言。袁謂邵子先天之説不足信。先生謂。自初未有畫。説六畫滿處爲先天。伏羲所畫。及卦成後各因一義推説。則後天之學。而文王所演。其餘答卦位納甲等説。纖悉具備。且寄以詩曰。忽然半夜一聲雷。萬户千門次第開。若識無心涵有象。許君親見伏羲來。殆有不知手舞足蹈者。袁終不從。先生歎曰。信乎其道之窮矣。

王魯齋續國語序曰。袁公本末之書。歷舉幾兩倍于國語。而不過二百三十八章。或者疑其太簡。且病其無所發明。然時益近而事益多。此勢之所必至。事益多而詞益少。此可見其筆力之精也。

石先生起宗

石起宗字似之。晉江人。乾道中鄭僑榜第二。福建通志。

祝先生褱別見晦翁學案補遺。

忠惠鄭先生僑詳見玉山學案。

運判林先生枅

林枅字子方。莆田人。提舉孝擇之子。紹興中登第。孝宗時知信州。陛辭。論清議者忠臣節士之所慕。而權倖讒諂之所憚也。奈何惡之。又言監司郡邑用武臣。非祖宗故事。再調江西運判。姓譜。

文肅章先生穎詳見玉山學案。

文忠周平園先生必大詳見陳鄒諸儒學案。

知州劉靜春先生清之詳清江學案。

吴先生鎰

吴鎰字□□。臨川人。淳熙中。知宜章縣。解除煩苛。同民好惡。爲條教以諭民。又建學修城。陸象山爲之記。一統志。

憲司譚先生惟寅

譚惟寅字子欽。高要人。紹興中登進士第。官至江西憲。讀書一覽終身不忘。姓譜。

趙先生充夫

趙充夫字可大。宋宗室魏悼王之七世孫也。始名達夫。字廉善。孝宗爲更其名。遂併字易焉。寓居信之鉛山。以蔭補官。歷福建轉運判官。提點刑獄。林光朝咨以禦寇之策。守吳興時。忤時宰之親。遄歸故里。放懷巖壑。若將終身。楊誠齋知之最眞。有樓曰一經。有館曰東塾。子孫滿前。課以學業。嘗著論言人而能仁。道足以生。生則安。安則久。魯論一書求之可也。審處其方。以藥己病。病去則仁。仁則日新。日新則樂。袁絜齋見其處事若不經意。而皆當于人心。叩其故。則曰。吾無他長。昔從事于伊洛之學。得其旨。從此胸中無復凝滯云。卒年八十五。著有進策奏稿及東山詩集。袁絜齋集。

知州左先生昌時

左昌時字□□。番陽人。淳熙中。以朝散郎知眞州。奉法循理。節用愛人。至于建府庾。繕溝壘。習兵戎。夙夜殫力。如開大横河。以便江舟艤泊。以其餘力重建壯觀扃秀諸亭。可以見其能矣。姓譜。

獻簡孫先生逢吉詳見慶元黨案。

朝奉孫先生逢辰別見高平學案補遺。

縣令孫定齋先生逢年

孫逢年字正之。從之之弟。而會之之兄也。年四十五。終官從政郎。上猶縣令。自號定齋居士。有定齋文集。楊誠齋爲之序。誠齋文集。

施先生淵然

施淵然字少才。蜀人也。其文曰蓬户甲藁。楊誠齋爲之後序。稱之爲友生云。楊誠齋集。

縣令祝先生禹圭別見滄洲諸儒學案補遺。

文惠李先生大性

諫議李先生大異合傳。

朝奉李先生大理合傳。

李大性字伯和。其先端州人。祖御史積中徙家豫章。先生力學。習典故。仕至端明殿學士。知平江府。卒封豫章郡公。謚文惠。弟大異。中博學宏詞科。官至諫議大夫。大理。第進士。官至朝奉郎。姓譜。

侍郎曾先生三復

曾三復字無玷。新淦人。乾道進士。性耿介。恥奔競。紹熙初。歷知池常州。召拜監察御史。持論正平。不隨不激。累官至起居郎。兼權刑部侍郎致仕。姓譜。

忠節曾先生三聘詳見滄洲諸儒學案。

副使陳易庵先生謙詳見止齋學案。

知州趙先生善佐詳見嶽麓諸儒學案。

奉議胡先生澥別見武夷學案補遺。

博士劉先生文郁

劉文郁字從周。南昌人。著周易宏綱。楊誠齋序之云。易之八卦。其畫各三者。曰。此卦也。予曰。卦者其名。而畫者非卦也。此伏羲氏初製之字也。聞者愕焉。從周示予以其所著。亦曰。八卦者。古之文字也。初任雷之郡博士。雷之士。嶺海以南。無遠近奔走而學易云。楊誠齋集。

李謙齋先生杞

李杞字子材。號謙齋。眉山人。著有謙齋周易詳解。或以爲朱子門人。非也。經義考。

梓材謹案。周易詳解四庫書目著録十六卷。提要云。考杞自序稱。經必以史證。後世歧而爲二。尊經太過。反入于虚無之域。無以見經爲萬世有用之學。故取文中子之言。以用易名編。其述稱名之意甚詳。又云。書中之例。于每爻解其辭義。復引歷代史事以實之。如乾初九。稱舜在側微。乾九二。稱四岳薦舜之類。案易文有帝乙高宗之象。傳有文王箕子之詞。是聖人原非空言以立訓。故鄭康成論乾之用九。則及舜與禹。稷。契。皋陶在朝之事。論隨之初九。則取舜賓于四門之義。明易之切于人事也。宋時李光楊萬里等。更博採史籍。以相證明。雖不無稍涉泛濫。而其推闡精確者。要于立象無我之旨。實多所發明。杞之説易。猶此志矣。又言。其中不可訓者。惟在于多引老泉之文云。又案。虞道園跋濟寧李璋所刻九經四書。述其言曰。先大父謙齋翁始就外傳。出游孔林而學焉云云。蓋别一李謙齋也。

謙齋書解

成湯放桀于南巢。巢人納之。意者終商之世。義不朝商乎。誠如是。亦足以見巢之忠。商之盛德矣。商亡周興。于是巢始來朝。

王伯厚曰。其説美矣。然無所據。

袁先生采

袁采字君載。信安人。登進士第三。宰劇邑。以廉明剛直稱。仕至監登聞鼓院。衢州府志。

袁氏世範

人之至親莫過于父子兄弟。而父子兄弟有不和者。父子或因責善。兄弟或因爭財。有不因責善爭財而不和者。世人見其不和。或就其中分別是非。而莫明其由。蓋人之性或寬緩。或褊急。或剛强。或柔懦。或喜閒靜。或喜紛拏。或所見者小。或所見者大。所稟自是不同。父必欲子之性合于己。子之性未必然。兄必欲弟之性合于己。弟之性未必然。其性不可得而合。則其言行亦不可得而合。此父子兄弟不和之根源也。況臨事之際。一以爲是。一以爲非。一以爲當先。一以爲當後。一以爲宜急。一以爲宜緩。其不齊如此。若互欲同己。必爭論。爭論不勝。至于再三。至于十數。則不和之情自兹而啓。或至于終身失歡。若悉悟此理。爲父兄者通情于子弟。而不責子弟之同于己。爲子弟者仰承于父兄。而不望父兄惟己之聽。則處事之際。必相和協。無乖爭之患。孔子曰。事父母幾諫。見志不從。又敬不違。勞而不怨。此聖人教人和家之要術。宜熟思之。原注。語云。識性可以同居。正謂此也。

自古人倫不齊。或父子不能皆賢。或兄弟不能皆全。或夫流蕩。或妻悍暴。少有一家之中無此患者。雖聖賢亦無如之何。譬如身有瘡痍疣贅。雖甚可惡。不可決去。惟當寬懷處之。能知此理。則胸中泰然矣。古人所以謂父子兄弟夫婦之間。人所難言者如此。原注。寬懷而外。還當循理以化之。積誠以感之。最忌者忿恨激烈也。

人言居家之道莫善于忍。然知忍而不知處。忍之道其失尤多。蓋忍或有藏蓄之意。人之犯我。藏畜而不發。不過一再而已。積之既多。其發也如洪流之決。不可遏矣。不若隨而解之。曰。此其不思爾。曰。此其無知爾。曰。此其失誤爾。曰。此其所見者小爾。曰。此其利害。寧幾何不使人于吾心。雖日犯我者十數。亦不知形于言色。然後見忍之功效甚大。此所謂善處忍者。

骨肉之失歡。有本于至微而終至于不可解者。止由失歡之後。各自負氣。不肯先下氣爾。朝夕羣居。不能無相失。相失之後。有一人能先下氣與之話言。則彼此酬復。遂如平時矣。

父母見諸子中有獨貧者。往往念之。常加憐恤。飲食衣服之分。或有所偏私。子之富者。或有所獻。則轉以與之。此乃父母均一之心。而子之富者。或以爲怨。此殆未之思也。若使我貧。父母亦移此心於我矣。

凡兄弟子姪同居。長者或恃長淩幼。專用其財。自取温飽。簿書出入不令幼者知。幼者至不免饑寒。必啓爭端。或長者處事至公。幼者不能承順。盜取其財。以爲不肖之資。尤不能和。若長者總提大綱。幼者分幹細務。長必幼謀。幼必長聽。各盡公心。自然無事。

朝廷立法。于分析一事。非不委曲詳悉。然有果是竊衆營私。卻于典賣契中稱係妻財置到。或詭名置產。又有果是起于貧寒。不因父祖資產。自能奮立營置財業。或雖有祖父財產。而其實不因于衆。別自植立私財。其同宗之人。必求分析。至于經縣經州。累十數年。各至破蕩而後已。若富者能反思。果是因衆成私。不分與貧者。於心豈無所歉。果是自置財產。分與貧者。明則爲高義。幽則爲陰德。又豈不勝如連年爭訟。妨廢家務及資糧囑託賄賂之費耶。貧者亦宜自思。彼雖竊衆。亦由辛苦營運以至增置。豈可悉分有之。況實彼之私財。而吾欲受之。寧不自愧。苟能知此。則所分雖微。必無爭訟。

兄弟同居。世之美事。其間有一人早亡。諸父與子姪其愛稍疏。其心未必均齊。爲長而欺瞞其幼者有之。爲幼而悖慢其長者有之。同居交爭。其相疾甚于路人。前日美事。至甚不美。豈不可惜。故兄弟當分。宜早有所定。兄弟相愛。雖異居異財。亦不害爲孝義。一有交爭。則孝義何在。

兄弟子姪有同門異户而居者。於衆事宜各盡心。不可令小兒婢僕有擾于衆。雖是細微。皆起爭之漸。且衆之庭宇。一人勤于灑掃。一人全不之顧。勤掃灑者已不能平。況不之顧者又縱其小兒婢僕常常狼籍。且不容他人禁止。則怒詈失歡。多起于此。

人有數子。無所不愛。而於兄弟。則相視如仇讐。往往其子因父之意。遂不禮于伯父叔父者。殊不知己之兄弟。卽父之諸子。己之諸子。卽他日之兄弟。我與兄弟不和。則我之諸子更相視傚。能禁其不乖戾否。子不禮于伯叔父。則不孝于父。亦其漸也。故欲吾之諸子和同。須以吾之處兄弟者示之。欲吾子之孝于己。須以其善事伯叔父者先之。

凡人之家有子弟及婦女好傳遞言語。則雖聖賢同居。亦不能不爭。且人之作事。不能皆是。不能皆合他人之意。寧免其背後評議。背後之言人不傳遞。則彼不聞知。寧有忿爭。惟此言彼聞則積成怨恨。況兩遞其言。又從而增易之。兩家之怨。至于牢不可解。惟高明之人。有言不聽。則此輩自不能離間其所親。

同居之人。或相往來。須揚聲曳履。使人知之。慮其適議及我。則彼此愧慚。進退不可也。

又有好伏于幽暗之處以伺人之言語。此生事興爭之人也。然人之居處。不可謂僻地無人。而輒譏議人。慮或有聞之者。俗謂牆壁有耳。又曰。日不可説人。夜不可説鬼。

人家不和。多因婦女以言激怒其夫及同輩。蓋婦女所見。不廣不遠。不公不平。又其所謂舅姑伯叔妯娌皆假合强爲之稱呼。非自然天屬。故輕于割恩。易于修怨。非丈夫有遠識。則爲其役而不自覺。一家之中乖戾生矣。于是有親兄弟子姪隔屋連牆。至死不相往來者。有無子而不肯以猶子爲後。有多子而不以與其兄弟者。有不恤兄弟之貧。養親必欲如一。寧棄親而不顧者。有不恤兄弟之貧。葬親必欲均費。寧留喪而不葬者。其事多端。不可概述。亦嘗見遠識之人。知婦女之不可諫誨。而外與兄弟相愛。常不失歡。私救其所急。私賙其所乏。不使婦女知之。彼兄弟之貧者。雖深怨其婦女。而重愛其兄弟。分析之際。不敢以貧故而貪愛其兄弟之財産者。蓋由見識高遠。不聽婦人之言。而先施之厚。因以得兄弟之心也。

婦女之易生言語者。又多出於婢妾之搆鬭。婢妾愚賤。尤無見識。以言他人短失爲忠於主母。若婦女有見識。能一切勿聽。則虚佞之言不敢復進。若聽之信之。則必再言之。使主母與人遂成深讐。爲婢妾者方洋洋得志。僕隸亦多如此。若主翁聽信。則房族親戚故舊皆大失歡矣。

寡婦再嫁。或有孤女年未及嫁。如内外親姻有高義者。寧若與之議親。使鞠養于舅姑之家。俟其長而成親。若隨母而歸義父之家。則嫌疑之間多不能明。

有男雖欲擇婦。有女雖欲擇壻。又須自量我家子女如何。如我子愚癡庸下。若娶美婦。豈特不和。或有他事。如我女醜拙狠妒。若嫁美壻。萬一不和。卒爲其棄出者有之。凡嫁娶因非偶而不和。父母不審之罪也。

嫁女須隨家力。不可勉强。然或財產寬餘。亦不可視爲他人不分給。今世固有生男不得力而依託女家。及身後葬祭皆由女子者。豈可謂生女之不如男也。大抵女子之心最爲可憐。母家富而夫家貧。則欲得母家之財以與夫家。夫家富而母家貧。則欲得夫家之財以與母家。爲父母及夫者。宜憐而稍從之。及其有男女嫁娶之後。男家富而女家貧。則欲得男家之財以與女家。女家富而男家貧。則欲得女家之財以與男家。爲男女者亦宜憐而稍從之。若或割貧益富。此爲非宜。不從可也。

親戚中有婦人年老無子。或子孫不肖。不能供養者。當爲收養。然又須關防。恐其身故之後。其不肖子孫稱其人因饑寒而死。或稱其人有遺下囊篋之物。妄經官司。不免有擾。須于生前令白之于衆。質之于官。則免他患。大抵爲高義之事。須令無後患。以上睦親。

凡人謀事。雖日用至微者。亦齟齬而難成。或幾成而敗。既敗而復成。然後其成也。永久平寧。無有後患。若偶然易成。後必有不如意者。靜思此理。可以寬懷。

凡人行己公平正直。可用此以事神。而不可恃此以慢神。可用此以事人。而不可恃此以傲人。老成之人。言近迂闊。而更事已多。情理自透。後生雖天質聰明。而見識終有不及。後生類以老成爲迂闊。及至年齒漸長。歷事漸多。方悟老成之言可以佩服。然已在險阻備嘗之後矣。

人有過失。非其父兄。孰肯誨責。非其契交。孰肯諫諭。泛然相識。不過背後竊議之耳。君子惟恐有過。密訪人之有言。求謝而思改。小人聞人之有言。則好爲强辨。至絶往來。或起爭訟者有矣。

人有善誦我之美。使我喜聞而不覺其諛者。小人之最黠者也。彼其面諛我而我喜。及其退與他人語。未必不竊笑我爲他所愚也。人有善揣人意之所向。先發其端。導而迎之。使人喜其與己暗合者。亦小人之最黠者也。彼其揣我意而果合。及其退與他人語。又未必不竊笑我爲他所料也。原注。君子與人爲善。能者所見畧同。又當别論。

大抵忿怒之際。最不可指人隱諱之事。而暴其父祖之惡。吾之一時怒氣所激。必欲指其切實而言之。不知彼之怨恨深入骨髓。古人謂傷人之言深于矛戟是也。俗亦謂打人莫打膝。道人莫道實。

言語簡寡。在我可以少悔。在人可以少怨。

親戚故舊因言語而失歡者。多是顔色辭氣暴厲。能激人之怒。且如諫人之短。語雖切直。而能温顔下氣。縱不見聽。亦未必怒。若平常言語無傷人處。而詞色俱厲。縱不見怒。亦須懷疑。古人謂怒于室者色于市。方其有怒。與他人言。必不卑遜。他人不知所自。安得不怪。故盛怒之際。與人言語。尤當自警。前輩有言。誡酒後語。忌食時嗔。忍難耐事。順自强人。常能持此。最得便宜。

人有困苦無所訴。貧乏不自存。而樸訥懷媿。不能自言于人者。吾雖無餘。當可隨力周助。居鄉及在旅。不可輕受人之恩。方吾未達時。受人之恩。每見其人。常懷敬畏。而其人亦以有恩在我。常有德色。及吾榮達之後。徧報則有所不及。不報則爲虧義。前輩見人仕宦而廣求知己。戒之曰。受恩多則難以立朝。宜詳味此。

居鄉不得已而後與人爭。又大不得已而後與人訟。彼稍服其不然則已之。不必費用財物交結胥吏。求以快意。窮治其讐。至于爭訟財產。本無理而强求得理。官吏貪繆或可如志。寧不有愧于神明。讐者不服。更相訴訟。所費財物十數倍于其所直。況遇賢明有司。安得以無理爲有理耶。大抵人之所訟。互有短長。各言其長而掩其短。有司不明。則牽連不決。或決而不盡其情。胥吏得以受贓而弄法。蔽者之反以破家也。原注。有理而訟。尚至破家無益。況無理耶。此平情之論。保家之策。宜三復此言。以上處己。

居家在山村僻靜之地。須于周圍要害之處。置立莊屋。以樸實之人居之。火燭竊盜可以即相救應。

凡夜犬吠。盜未必至。亦是盜來探試。不可以爲他而不警。夜間遇物有聲。亦不可以爲鼠而不警。

刦盜雖小人之雄。亦自有識見。如富家平時不刻剝。又能樂施。又能種種方便。當兵火擾攘之際。猶得保全。至不忍焚燬其屋。凡盜所快竟于焚掠汙辱者。多是積惡之人。富家各宜自省。

居家或有失物。不可妄猜疑人。猜疑之當。則人或憂疑。恐生他虞。猜疑不當。則眞竊者反自得意。況疑心一生。則所疑之人揣其行坐辭色皆若竊物。而實未嘗有所竊也。或已形于言。或妄有所執治。而所失之物偶見。或正竊者方獲。則悔將若何。

人之家居。井必有幹。池必有欄。深溪急流之處。峭險高危之地。機關觸動之物。必有禁防。不可令小兒狎而臨之。脱有疏虞。歸怨于人何及。

奴僕小人。就役于人者。天資多愚。作事乖舛背違。不能有便當省力之處。如頓放什物。必以斜爲正。如裁截物色。必以長爲短。若此之類。殆非一端。又性多忘。囑之以事。全不記憶。又性多執。自以爲是。又性多很。輕以應對。不識守分。所以顧主於使令之際。常多叱咄。其爲不改。其言愈辨。家長愈不能耐。于是箠楚加之。或失手而至于死亡者有矣。凡爲家長者。于使令之際。有不如意。當云小人天資之愚如此。宜寬以處之。多其教誨。省其嗔怒可也。如此則僕可免罪。主者胸中亦安樂省事多矣。至于婢妾。其愚尤甚。婦人旣多褊急很愎。暴忍殘刻。又不知古今道理。其所以責備婢妾者。又非丈夫之比。爲家長者。宜於平昔常以待奴僕之理諭之。其間必自有曉然者。

壽昌胡倅彦特之家。子弟不得自打僕隸。婦女不得自打僕妾。有過則告之家長。家長爲之行遣。婦女擅打婢妾。則撻子弟。此賢者之家法也。

婢不厭多。教之紡績。則足以衣其身。僕不厭多。教之耕種。則足以飽其腹。大抵小民有力足以辦衣食。而力無所施。不能自活。故求就役于人。爲富家者能推惻隱之心。蓄養奴僕。乃以其力還養其身。其德大矣。而此輩既得温飽。雖苦役之。彼亦甘心焉。

婢僕宿臥去處。皆爲檢點。令冬時無風寒之患。以至牛馬豬羊貓狗雞鴨之屬。遇冬寒時各爲區處牢圈棲息之處。此仁人之用心。視物我爲一體也。

飛禽走獸之與人。形性雖殊。而喜聚惡散。貪生畏死。其情則與人同。故離羣則向人悲鳴。臨庖則向人哀號。爲人者既忍而不之顧。反怒其鳴號者有矣。胡不反己以思之。物之有望于人。猶人之有望于天也。物之鳴號有訴于人。而人不之恤。則人之處患難困苦之際。乃欲仰首叫號求天之恤耶。大抵人居病患。不能支持之時。及處囹圄。不能脱去之時。未嘗不反覆究省平日所爲。某者爲惡。某者爲不是。其所以改悔自新者。指天誓日可表。至病患平寧。及脱去罪戾。則不復記省。造罪作惡。無異往日。余前所言。若言于經歷患難之人。必以爲然。猶恐痛定之後。不復記省。彼不知患難者。安知不以吾言爲迂。

國家以農爲重。蓋以衣食之源在此。然人家耕種出于佃人之力。可不以佃人爲重。遇其有生育婚嫁營造死亡。當厚賙之。耕耘之際有所假貸。少收其息。水旱之年察其所虧。早爲除減。不可有非理之需。不可有非時之役。不可令子弟及幹人私有所擾。不可因其讐者告語增其歲入之租。不可强其稱貸使厚供息。不可見其自有田園輒起貪圖之意。親之愛之。不啻如骨肉。則我衣食之源。悉藉其力矣。

凡田産有交關違條者。雖其價廉不可與之交易。他時事發到官。則所費或十倍。然富人多要買此産。自謂將來拌錢與人打官司。此其癖不可救。自遺患與患及子孫者甚多。

凡交易必須項項合條。卽無後患。不可憑恃人情契密。不爲之防。或有失歡。則皆成爭端。如交易取錢未盡。及贖産不曾取契之類。

貧富無定勢。田宅無定主。有錢則買。無錢則賣。買産之家。當知此理。不可苦害賣産之人。蓋人之賣産。或以闕食。或以負債。或以疾病死亡婚嫁爭訟。已有百千之費。則鬻百千之産。若買産之家。卽還其值。雖轉手無留。且可以了其出産欲用之一事。而爲富不仁之人。知其欲用之急。則陽距而陰鉤之。以重阨其價。既成契則姑還其直之什一二。約以數日而盡償。至數日而問焉。則辭以未辦。又屢問之。或以數緡授之。或以米穀及他物高估而補償之。出産之家必大窘乏。所得零微。隨卽耗散。向之所擬以辦某事者不復辦矣。而往還取索。夫力之費又居其中。彼富家方自喜以爲善謀。不知天道好還。有及其身而獲報者。有不在其身而在其子孫者。富家多不之悟。豈不迷哉。兼并之家。見有産之家子弟昏愚不肖。及有緩急。多是將錢强以借與。或始借之。時設酒食以媚悦其意。或既借之後。歷數年不索取。待其息多。又設酒食招誘。使之結轉併息爲本。別更生息。又誘勒其將田産抵還。法禁雖嚴。多是幸免。惟天網不漏。諺云。富兒更替做。蓋謂迭相酬報也。

有輕于舉債者。不可借與。必是無藉之人。已懷負賴之意。凡借人錢穀。少則易償。多則易負。故借穀至百石。借錢至百貫。雖力可還。亦不肯還。寧以所還之資爲爭訟之費者多矣。原注。可爲貪取重利。盤剥窮人者戒。

凡人之敢于舉債者。必謂他日之寬餘可以償矣。不知今日之無寬餘。他日何爲而有寬餘。凡無遠識之人。求目前寬餘。而那債在後者。無不破家也。

鄉人有糾率錢物以造橋修路及造渡船者。宜隨力助之。不可謂捨財不見獲福而不爲。且如道路既成。吾之晨出暮歸。僕馬無疏虞。及乘輿馬過橋渡而不至惴惴者。皆所獲之福也。以上治家。

雲濠謹案。四庫書目本永樂大典著録袁氏世範三卷。提要云。陳振孫書録解題稱其嘗宰樂清。修樂清志十卷。王圻續文獻通考又稱其令政和時。著有政和雜志。縣令小録。今皆不傳。是編卽其在樂清時所作。分睦親處己治家三門。題曰訓俗。府判劉鎭爲之序。始更名世範。其書于立身處世之道。反覆詳盡。所以砥礪末俗者。極爲篤摯。雖家塾訓蒙之書。意求通俗。詞句不免于鄙淺。然大要明白切要。使覽者易知易從。固不失爲顔氏家訓之亞也。

附録

先生爲楊誠齋所薦。其薦狀云。奉議郎知徽州婺源縣袁采。三衢儒先。州里稱賢。勵操堅正。砥行清苦。三作壯縣。皆騰最聲。及來婺源。察見徽之諸邑。其敝之尤者。專以糾法爲理財之源流。廣開告訐之門。每興羅織之獄。大者誣曾參以殺人。次者謗陳平之帷簿。至其小者不可殫舉。采首摘其弊。白之監司太守。請痛禁止。自是諸邑之民。皆得安堵。

虞氏家學

庶官虞先生公亮

梓材謹案。先生爲雍公之子。誠齋薦士録稱其力學有文。子弟之秀。尙淹下僚云。

提刑虞滄江先生剛簡詳見二江諸儒學案。

虞氏門人

編修王雪山先生質別見玉山學案補遺。

詹氏家學

侍郎詹先生儀之詳見麗澤諸儒學案。

陳氏門人

知軍石克齋先生塾詳見晦翁學案。

梓材謹案。朱子誌先生墓云。父某贈朝奉郎。又云。其爲學自聘君朝奉時已傳其業。更從舅氏詹事陳公良翰受書。是先生陳氏弟子也。

芮氏門人

教授陳先生志同

陳志同字聖嘉。永康人。太學芮公爲祭酒。以士之有文行者職掌九學之事。而先生爲選首。後取上第。調處州教授。陳止齋集。

少南門人

縣尉黄吾軒先生補 補

附録

其學用心于内視。富貴利達蔑如也。

潘先生朝卿

潘先生傑合傳。

潘朝卿字春卿。□□人。與兄傑並出陳少南之門。止齋諸父亦從少南學。學者授經數百人。每稱同舍生。必曰永嘉二潘。先生與其子雷煥同爲乾道壬辰進士。以雷煥累官。封承事郎。陳止齋集。

林氏家學

林先生仲損

林仲損字炳之。瑞安人。喬年子。恂恂有守。能世其家。喬年以事出。每空窮不恤。先生與婦沈服勤米鹽。以盡歲晚之歡。陳止齋集。

休齋門人

知軍陳先生一新

陳一新字又之。永春人。紹興進士。少受學于陳休齋。志行迥出流輩。爲汀州教授。慶元四年校藝漕闈。時韓侂胄用事。發策以谷永攻君而黨王氏。劉賁言直而有司不取。爲問同列。請易之。先生不聽。果激侂胄怒。將罪之。侍臣力救得免。累遷國子博士。通判婺州。知邵武軍。以廉平稱。初索考官不習僞學狀。先生曰。吾寧不爲考官。決不書也。其守如此。閩大記。

知州門人

文靖梁先生克家

梁克家字叔之。晉江人。幼聰敏絶人。書過目成誦。紹興三十年廷試第一。授平江簽判。累遷著作佐郎。時災異數見。令侍從臺諫卿監郎官館職疏闕失。先生條六事。一正心術。二立紀綱。

三救風俗。四謹威柄。五定廟算。六結人心。遷中書舍人。郊祀有雷震之變。復條六事。遷給事中。凡三年。遇事不可必。執奏無隱。乾道五年拜端明殿學士。簽書樞密院事。明年參知政事。又明年兼知院事。在政府與虞允文可否相濟。不苟同。皇太子初立。請選置官屬。增講讀員。遂以王十朋陳良翰爲詹事。中外稱得人。八年。詔更定僕射爲左右丞相。拜先生爲右丞相。兼樞密使。允文既罷相。先生獨秉政。雖近戚權倖。不少假借。而外濟以和議。金使朝見。授書儀時。欲移文對境。以正其禮。先生議不合。遂求去。以觀文殿大學士知建康府。淳熙八年起知福州。在鎮有治績。九年拜右丞相。封儀國公。十四年卒。年六十。贈少師。謚文靖。先生爲文渾厚明白。自成一家。辭命尤温雅。多行于世。宋史。

王氏家學

王先生壽朋

王壽朋字夢齡。梅溪弟。

王先生百朋

王百朋字昌齡。梅溪季弟。

附録

梅溪題名賦曰。余闢館于梅溪兮。歲甫及乎夢齡。自淵獻而逮乎敦牂兮。頃十朋而今百朋。

補提刑王先生聞詩

附録

始從詹事游太學。詹事于法當任公。公曰。二父老矣。請先。及詹事卒。而公爲士人如故。召審察比再爲郎。皆趙丞相所進。毁趙公者不以爲黨。歷事三世。未獲論建。然正學盡言。未嘗相時容悦。矢義勇發。不以怵利動搖。

補運判王先生聞禮

附録

惠安丞。時禁私庵。寮有壯屋。號彌陀庵主。僧倚郡將爲姦。公捕立毁撤。守怒詰之。徐疏以實。守因敬公。薦其賢。公果敢激烈。當官與事。遇法理不順者。直前疏治。雖雷霆獨立。面折無諱。

王氏門人

趙先生彥眞

趙彥眞一名彥能。胄出宣祖之後。少純篤。從王侍御學。侍御嘗得舍人張孝祥書不欺室榜。持以遺之。益自奮。爲進士。調撫州録事參軍。歷知興化軍。未赴卒。年五十有四。篤學工文辭。有集五卷。易集解五卷。陸渭南文集。

葉先生士寧

葉士寧字宗儒。樂清人。寬中少忌。及從王詹事游。詹事云。此吾暮子。立朝行事。多以告之。卒年六十六。葉水心志其墓。謂其不吝其力之所及。德施于人而身忘其憂。足以稱善人矣。水心文集。

周先生世則

周世則。嵊縣人。梅溪門人也。梅溪作會稽風俗賦。先生爲之注。梅溪後集。

茹先生履

茹履。梅溪門人。嘗送以詩。梅溪前集。

周先生仲翔

梓材謹案。梅溪前集。己巳。梅溪同舍三十人。其九人者游從之舊也。酌别之夕。獨五人在焉。謝子與能猶在予館。而四人者且去矣。四人謂先生及李大鼎。許輝先。謝鵬也。又案。梅溪題名賦有周次鳳。疑卽先生之改名。姑並存之。

謝先生與賢

謝先生與能合傳。

謝與賢字簡之。與能字任之。

余先生宗旦

余宗旦字仲阜。

賈先生稱

賈稱字一德。

陳先生元佐

陳元佐字希仲。

張先生祖說

張祖說字文孺。

鄭先生遜志

鄭遜志字時敏。黄巖人。

陳先生恪

林先生次淵合傳。

陳恪字叔慕。林次淵字希顏。

附録

梅溪題名賦曰。齋敞八而堂虛一兮。咸與賢而與能。余宗旦而罔有一德兮。敢不希仲舒之明經。幸諸友能祖説之遜志兮。又恪希顏回之服膺。

連先生士表附見梅溪同調。

羅先生士能

謝先生士奇合傳。

謝先生士龍合傳。

季先生士宏合傳。

羅士能字少陸。謝士奇字文美。士龍字漢臣。季士宏字宏老。

張先生次房

孫先生元齡合傳。

李先生杞合傳。

張次房字漢英。孫元齡字唐英。李杞亦字唐英。

梓材謹案。宋有三李杞。一爲北宋人。一字良仲。一字子才。并此而四矣。

張先生仲遠

張仲遠字子敦。

周先生孝友

周先生孝顯合傳。

周先生孝思合傳。

周先生濬合傳。

周孝友字子施。孝顯字子揚。孝思字子則。濬字子深。

梓材謹案。題名諸先生多未詳何許人。有爲梅溪註會稽風俗賦者。嵊縣周世則也。世則疑卽子則。姑並存之。

王先生淳

張先生載合傳。

王淳。張載。並字子厚。

梓材謹案。張先生名字與横渠並同。

劉先生元德

萬先生序合傳。

劉元德字明夫。萬序字明之。

梓材謹案。明之與申之庠。泰之康。皆樂清尉元之兄弟行也。則亦樂清人矣。

余先生如晦

余如晦字明叔。黄巖人。

李先生大鼎

郜先生鼎合傳。

萬先生鼎合傳。

李大鼎字鎮夫。郜鼎字叔鎮。萬鼎字鎮遠。

萬先生澄

童先生偉合傳。

童先生侃合傳。

萬澄字清卿。童偉字俊卿。侃字文卿。

林先生湯臣

陳先生朝揆合傳。

施先生良臣合傳。

陳先生光朝合傳。

林先生叔舉合傳。

林湯臣字商卿。陳朝揆字正卿。施良臣字名卿。黄巖人。陳光朝字臺卿。林叔舉字虞卿。

賈先生修

賈修字一瑞。

劉先生鶚

劉鶚字沖遠。

周先生千里

周千里字百駒。

謝先生鵬

謝鵬字圖南。

附録

梅溪題名賦曰。乃有汾晉五士。漢唐羣英。鄭國七子。涼州三明。器成三足之鼎。才宜九佐之卿。有一瑞兮沖遠之鶚。有千里兮圖南之鵬。

蔡先生端武

蔡端武字威仲。

劉先生敦詩

劉敦詩字温夫。

余先生璧父䈹。

余璧字全之。梅溪表叔叔成䈹之子也。從梅溪游。梅溪謂其有家學。梅溪前集。

王先生芷

王芷字茂之。

葉先生窠

葉窠字茂正。

萬先生椿

楊先生椿合傳。

萬椿。楊椿。並字大年。

萬先生梗

萬先生楠合傳。

楊先生楠合傳。

萬梗字永年。楠字億年。楊楠字元幹。

萬先生松

萬松字喬年。

林先生梓

林梓字材叔。

劉先生載

劉載字通達。

梓材謹案。先生名一作鉞。俟再考訂。

周先生震

周震字景東。

蔣先生嶠

蔣嶠字景山。

李先生庚

李庚字少白。

萬先生孝傑

萬孝傑字季梁。

陳先生昂

陳昂字仲昂。

潘先生孜

潘孜字元善。

劉先生□

劉□字伯玉。

附録

梅溪題名賦曰。莫不端武升堂。敦詩趨庭。如璧之瑩。如芷之馨。如窠之茂。如椿之靈。如楩楠之美。如松梓之青。森乎如鉞之可畏。轟乎如震之可驚。皎乎如海嶠之吐明月。耿乎如長庚之輝衆星。昂昂乎如季梁之梗概。孜孜乎衛伯玉之老成。

趙先生公倚

趙公倚字天任。

楊先生寓

楊寓字澤遠。

王先生佐

王佐字才仲。

陳先生獻可

陳獻可字揚庭。

劉先生傅

劉傅字巖叟。

謝先生皋朋

謝皋朋字舜佐。

連先生憲

連憲字民式。

周先生次鳳

周次鳳字一夔。

賈先生炳

賈炳字作德。

夏先生伯虎

夏伯虎字用之。

陳先生肇

陳肇字德遠。

許先生輝先

許輝先字光甫。

余先生諧

余諧字□仲。

姚先生紹宗

姚紹宗字興祖。

何先生鐸

何鐸字汝文。

季先生詮

季詮字仲言。

梓材謹案。梅溪詩集有答季仲宣名誼。蓋先生兄弟行也。

陳先生舜咨

陳舜咨字叔弼。

方先生升

方升字中高。

附録

梅溪題名賦曰。可居天任而澤遠。可爲王佐而揚庭。可起傅巖之築。可同舜佐之登。憲一夔而樂作。炳伯虎而文興。肇輝先之德業。諧興祖之家聲。汝文兮宜月選而季詮。汝弼兮必類進而方升。

王先生遜

王遜字正夫。

選士吴先生翼

吴翼字季南。紹興甲子中同文館選。梅溪前集。

王先生璘

王璘字德夫。

朱先生少雲

朱少雲字吉作。

陳先生少虞

陳少虞字祖舜。

附録

梅溪題名賦曰。逖矣乎。眷來二客。業彼管城。名列甲乙。字篆丙丁。如翼斯飛。如璘斯熒。燦銀鈎與玉筋。儼壁上之題名。吾徒之秀。乃有詞賦兮。少雲之作。太原之老。乃變聲律兮。祖舜之賡。

李先生大猷

李大猷字定夫。

孫先生溥

林先生溥合傳。

孫溥字德廣。林溥字叔廣。

繆先生克己

繆克己字□夫。

蔣先生中行

蔣中行字謙仲。

宋先生孝忱

宋孝忱字伯恂。

梓材謹案。先生蓋朝散孝先兄弟行。則亦樂清人也。

鄉舉萬先生庠

萬庠字申之。紹興甲子中鄉選。與兄庚以儒學名家。梅溪前集。

劉先生敦信

劉敦信字信叟。

梓材謹案。前有劉敦詩。蓋先生兄弟行也。

林先生安上

林安上字世治。

林先生取仁

林取仁字及遠。

黄先生萬頃

黄萬頃字伯厚。

葉先生頃

葉頃字澄叟。

鄔先生一唯

鄔一唯字仁叟。

許先生祖伊

許祖伊字次尹。

陳先生之紀

陳之紀字振仲。

李先生蒙亨

李蒙亨字彦通。

萬先生康

萬康字泰之。

夏先生伯文

夏伯文字世華。

劉先生文通

劉文通字叔達。

張先生必達

張必達字邦彦。

劉先生祖漢

劉祖漢字季孫。

吴先生隱若

吴隱若字靖甫。

選士徐先生大亨

徐大亨字顯仲。紹興甲子中國學選。梅溪前集。

梓材謹案。以上諸先生與梅溪先生二弟。並見梅溪題名賦。而萬先之與許管二子。皆其學侶也。

附録

梅溪題名賦曰。于是傳大猷而溥告之曰。學必剖藩籬而克己。道必舍蹊徑而中行。先之以孝忱之意。申之以惇信之誠。禮欲安上兮必先自治。仁欲及遠兮愼毋自矜。湛萬頃以窺憲。妙一唯之悟曾。祖伊尹畎畝之樂。振仲尼文教之鳴。玩蒙亨之爻象。俟泰來而彙征。勿務世華而起文通之附。勿求必達而貪季孫之榮。窮則隱居。達斯大亨。凡百君子。毋渝此盟。

楊氏家學

補 文惠楊東山先生長孺

梓材謹案。廣東黄志載先生字子伯。別號東山潛夫。然世多稱之爲伯子。子伯恐因伯子而譌。亦與伯大互異。

附録

東山迺誠齋之冢嗣。平日耳濡目染其先君子之嘉言善行。取法不暇一日。特書大書于木簡。曰。不學誠齋者。非誠齋子孫。以垂爲家訓。

嶺南羣吏。獨有先生清白著于時。有詔獎諭。謂其清似隱之。故先生賦詩。有詔謂臣清似隱之。臣清原不畏人知之句。

林鷹齋上楊安撫詩曰。先生舊把釣魚竿。弄月雲濤手本閒。只爲春風藏不得。卻來搖筆對三山。又曰。千載斯文關洛翁。祠堂新闢煥儒宮。司南又是楊夫子。管取閩中勝洛中。又曰。篇篇渾不費安排。霽月光風自滿懷。嶺海聲名誰得似。一家句法老誠齋。

羅大經鶴林玉露曰。士大夫若愛一文。不直一文。楊伯子嘗爲予言。士大夫清廉。便是七分人了。蓋公忠仁明皆自此生。其帥三山。不請供給錢。以忤豪貴劾去。陳鷹仲作玉壺冰朱絲弦二詩送之。

東山同調

奉議楊先生汪中

楊汪中字季子。番禺人。幼孤。篤志好學。弱冠鄉評推重。廣帥楊長孺見其文。敬之。言于郡博士。請爲州學録。登進士第。知廬陵縣。既而改知歸善縣。官至奉議郎。廣州黄志。

楊氏門人

鈐轄周先生雲

周雲字從龍。吉水人。以詩古文受知于益國周必大。開禧間。眞西山德秀奉使辟掌箋。奏受行在同知。主管樞密機宜文字。領兵北歸。調荆襄。累有功。擢廣西兵馬鈐轄。二親喪。卽以所居立院。守其墓。吉水縣志。

梓材謹案。解學士表周處士墓言。先生與益國周文忠公誠齋楊文節公相師友。其子從東山。則以先生爲誠齋門人可也。

王先生子俊

王子俊字材臣。吉水人。嘗從楊誠齋周益公游。乃延譽于晦庵。朱子勉以博取約守之功。又書格齋二大字遺之。所著有史論。師友緒言。三松類稾。行于世。人物志。

附録

誠齋稱其文有遷固之風。韓柳之則。淳熙間嘗游京師。上史館書。述内禪頌之意。以杜篤自況。階薦得官。初任爲成都帥幕。鬱鬱不得志。遂歸老衡泌云。

周先生尚忠附子壽伯。孫琦。

周尚忠。號了了老人。從游楊文節之門。子壽伯。字椿年。號清澗。博學耆德。清澗子琦。字廷玉。號雪堂。其卒也。歐陽文公銘其墓。以道學稱之。解春雨集。

羅就齋先生椿

羅椿字永年。廬陵人。楊誠齋高第。累舉進士不第。自號就齋。作詩有少陵意態。江西通志。

陳先生叔聲

陳叔聲。清江人。誠齋學徒也。誠齋爲作學箴曰。匪仁弗泉。匪敬弗源。心爲之淵。以妥其天。是心未熟。求躬之淑。譬彼藝麥。而欲獲菽。聖有六籍。道之國都。立師求友。往問之涂。有充于中。必形于外。行與聖契。言與聖會。其或載筆。以葩厥辭。大半斯拔。何葉弗萎。咨爾後學。於斯盍覺。惟其篤之。是以告之。楊誠齋集。

張先生敬之

張敬之。誠齋門人。嘗校刻誠齋易傳。經義考。

劉先生涣

劉涣。□□人。誠齋門生也。嘗跋誠齋朝天集後。誠齋集附録。

羅先生茂良

梓材謹案。先生及楊誠齋之門。端平元年校正誠齋全集。

歐陽先生清卿

雲濠謹案。誠齋集有答歐陽清卿秀才書。謂學進而身退。與身進而學退。宜何惜云。

彭求志先生惟孝別見兼山學案補遺。

架閣侯先生世昭別見陳鄒諸儒學案補遺。

縣令歐先生海

歐海。茶陵人。師事楊誠齋。淳熙五年登第。授零陵令。作勸農十詩。眞西山稱爲循良之遺。姓譜。

劉先生光祖

劉先生述祖合傳。

劉光祖字炳先。長沙人。淳熙初。楊誠齋寓長沙。先生與弟述祖來見。誠齋稱其兄弟旣好學。而又雍穆怡怡。書其楣曰怡齋。楊誠齋集。

知軍曾先生槐別見陳鄒諸儒學案補遺。

文節趙章泉先生蕃詳見清江學案。

許先生介之別見范許諸儒學案補遺。

劉氏家學

運判劉退庵先生强學詳見嶽麓諸儒學案。

李氏家學

通判李濬齋先生流謙

李流謙字無變。良臣子。以文學知名。少以父廕補將仕郎。授成都府靈泉縣尉。調雅州教授。虞允文宣撫全蜀。置之幕下。多有贊畫。尋以薦除諸王宮大小學教授。力匄補外。改奉議郎。通判潼州府事。著有濬齋集八十一卷。今就永樂大典釐爲十八卷。四庫書目提要。

李氏門人

知州宇文先生師獻

宇文師獻字德濟。成都人。少師粹中之子。而樞密虛中之從子也。季父直龍圖閣時中器之。懋以問學。先用樞密恩。補承務郎。知德陽縣丞。改綿竹。暇則慕崔斯立之爲。痛掃溉。以種學績文爲事。且從其鄉老李尚書良臣及其秀士黃鈞李流謙游。聞見益廣。聲稱益著。歷知綿州。整科條。察蠹弊。節用度。事益省。葺理緝學校。舍其士者。行鄉飲酒禮。使敎長幼之節。改知閬州以卒。張南軒集。

吴氏家學

文定吴先生獵詳見嶽麓諸儒學案。

錢氏門人

承事錢先生朝彦

錢朝彦字用明。初忠懿王納土于宋。後裔散之四方。至樂清白石家焉。先生爲人謙和。少從孝廉錢堯卿學周官。業成而隱。每出未嘗乘車。曰吾不仕。不可坐人上。遇樵夫野叟。咸與均禮。鄉人莫不愛敬之。晚好道術。自號沖虚居士。善與人交。所厚章少房。死過其墓。必爵酒酹之。作詩不求工。而有塵外之趣。王忠文嘗稱其不羨不矜。有沖虚集二十卷。卒後以子宏貴。贈承事郎。温州舊志。

達齋門人

鄉舉羅先生椿見上誠齋門人。

金氏續傳

龍圖金先生文剛

詳見西山眞氏學案。

趙氏續傳

趙先生琳

趙琳字君善。忠簡公鼎曾孫也。父知興國軍監。娶范之柔女兄。遂家崑山。先生自進士爲常州教授。作亭表鄒浩墓。歷宗正丞都官郎。理宗欲用爲諫官。有沮之者。出知吉州。不赴。匄祠而歸。後以朝散大夫直寶章閣。致仕。清修寡欲。藏書萬卷。卒年七十八。姑蘇志。

進士趙先生賀翁

趙賀翁。忠簡六世孫。延祐二年進士。卓然有志先正。至順二年。請卽解之聞喜縣學。爲忠簡祠。歐陽圭齋集。

夢齡門人

施先生□

梓材謹案。梅溪前集。張施二生。自黃巖挐舟送別于台城。又云。施生將過梅溪。從吾弟夢齡游。或卽名卿良臣也。

梅溪私淑

征官趙先生崇端

趙崇端。溫州人。爲南安征官。紹定間。泉守重建忠文祠堂。先生董之。眞西山謂其生忠文之鄉。而學其學者也。眞西山集。

東山門人

曾先生原一

山長曾先生原郕合傳。

曾原一字子實。寧都人。興宗孫。紹定四年領鄉薦。嘗與從弟東湖書院山長原郕。師盧陵楊伯子。俱博學工詩。紹定庚寅避亂鍾陵。從戴石屏諸賢結江湖吟社。姓譜。

儒林龍先生崇別見西山眞氏學案補遺。

機宜周先生商英

周商英字□□。吉水人。路鈐雲之子也。官制置機宜。路鈐諸子皆受業于楊東山。解春雨集。

漕賓解生春先生谷

縣尉解寶章先生龍翔並見清江學案補遺。

周氏家學

機宜周先生商英見上東山門人。

州同周先生堯章附子夢瀧。新民。孫庭秀。

周堯章。商英子。同知循州。子夢瀧新民漕曹士。孫庭秀。並承家學。解春雨集。

張氏續傳

朝奉張先生唐詳見南軒學案。

獻肅續傳

幕官陳先生應潤

陳應潤字澤雲。天台人。獻肅公邦彦先生之後。易有家傳。延祐間。由黄巖文學起爲郡曹掾。議論雄偉。剖決如流。凜凜然有骨鯁風。嘗曰。余欲著爻變義蘊。此潔靜精微之學也。數年。調明幕。又調桐江賓幕。時宰急于聚斂。議論落落不合。時登釣臺。坐羊裘軒。臥山高水長閣。汲泉煮茗。洗胸中之不平。爻變義蘊成。而黄晉卿爲之序。黄文獻集。

雲濠謹案。周易爻變義藴四卷。四庫全書提要稱。其書大旨謂義理玄妙之談墮于老莊。先天諸圖雜以參同契煙火之説。皆非易之本旨。故其論八卦。惟據説卦傳帝出乎震一節爲八卦之正卦。而以天地定位一節邵氏指爲先天方位者定爲八卦相錯之用。謂文王演易必不顛倒伏羲之言。致相矛盾。其論太極兩儀四象。以天地爲兩儀。以四方爲四象。謂未分八卦。不應先有揲蓍之法。分陰陽太少。周子無極太極二氣五行之説。自是一家議論。不可釋易。蓋自宋以來。毅然破陳摶之學者。自應潤始云。

宋元學案補遺卷四十五目録

宋元學案補遺卷四十五

後學 鄞 王梓材 慈谿馮雲濠 同輯

范許諸儒學案補遺

默成講友

補 賢良范香溪先生浚

香溪語要

士生叔世。去聖人數千百歲。雖不復見聖人之儀形。而卽遺經所傳。以求所不傳之妙。尚可以見聖人之心也。

香溪文集

他耳則耳。他目則目。世儒之學。因人碌碌。聾盲于心。聞見淺俗。我目吾目。我耳吾耳。中人之學。聞見由己。緣于視聽。徵之燭理。不目而見。不耳而聞。上智之學。德性是尊。無視無聽。昭然者存。耳目箴。

過不知悔。命之曰愚。悔不能改。命之曰愎。改而憚焉。命之曰吝。愎與吝。悔之賊也。過益過者也。日月之食。或既或不既。食之所止。明即復焉。悔而改。改而不吝。天之道也。改過而吝者。違天而徇慾者也。孟子曰。大而化之之謂聖。使成湯改過而吝。非聖也。是故欲寡其過者。蘧伯玉之學。至于行年六十。而六十化。亦由悔而化耳。悔而改。改而不吝。化之道也。悔其可已乎。悔説。

周公作六典。謂之周禮。至于六官之屬。瑣細悉備。疑其不盡爲古書也。周公驅猛獸。謂蟲蛇惡物爲民物害者。蟈氏之掌去鼃黽。焚牡鞠。以灰灑之則死。鼃黽不過鳴聒人。初不爲民物害也。乃毒死之。似非君子所以愛物者。又牡鞠焚灰。大類狡獪戲術。豈所以爲經乎。司關云。凡貨不出於關者。舉其貨。罰其人。説者謂不出于關。從私道出。避稅者。則没其財而撻其人。此決非周公法也。文王治岐。關市譏而不征。周公相成王。去文王未遠。縱不能不征。使凡貨之出于關者征之足矣。何至如叔末世設爲避稅法。没其貨。撻其人。劫天下之商。必使從關出哉。此必漢世聚斂之臣如桑弘羊輩欲興利。故附益是説于周禮。託周公以要説其君耳。不然。亦何異賤丈夫登龍斷而罔市利。其爲周公何如哉。讀周禮。

夫人之道不可以無畏。子無畏則忘孝。父無畏則廢慈。臣無畏則勳不立。君無畏則亂不治。書曰。惟懷永圖。孔子曰。人無遠慮。必有近憂。夫天下之事。固有患在數十年之後。必豫應天。

圖之目前。乃克有濟者。譬猶越人適秦。度塗計遠。必三月乃至。苟惟不先時而卽路。遽欲一旦求至于三月之後。則雖鹿奔鳥舉。有所不能。遠圖。

孔子純取周詩。上摭商。下著魯。凡三百十一篇。又總其義。而一言以蔽之曰。思無邪。至若遺章逸句。素以爲絢。偏其反而之類。苟有取焉。必掇拾誦說。不忍棄去。孔子于詩可謂篤矣。然其爲詩之說。則不過以明大義。初未嘗深求曲取。爲穿鑿遷就之論。故其說曰。吾于柏舟。見匹夫執志之不可易。于淇澳。見學之可以爲君子。于考槃。見遁世之士不悶。于緇衣。見好賢之心。至于雞鳴。見古之君子不忘敬。于伐檀。見賢者之先事後食。高山仰止。景行行止。夫子曰。詩之好仁如此。天生烝民。有物有則。夫子曰。爲此詩者。其知道乎。凡夫子爲詩之説。率不過以明大義。故當時從夫子學。如卜商。如端木賜。其于爲詩。皆能因告往而知來。亦務通乎大義。後世無及者。嗚呼。深求曲取。遷就之論興。而詩之義斯不明矣。今世之説詩者。必欲于是詩求是事。故不得不爲穿鑿遷就之論。是安知詩人固有婉其辭而義自見者哉。葛生刺晉獻公好攻戰。詩不言攻戰事。而曰。予美亡此。誰與獨處。又四章皆言國人喪亡意。獨言國人多喪亡。是以知其君好攻戰也。大田刺幽王時矜寡不能自存。詩不言矜寡困窮事。而曰。彼有不穫穉。此有不斂穧。彼有遺秉。此有滯穗。伊寡婦之利。獨言成王時寡婦有遺秉之利。是以知當時矜寡困窮也。若必于是詩求是事。豈知詩者哉。嗚呼。固于詩則必爲穿鑿遷就之論。詩之義始不明矣。抑嘗複熟三百篇而求其大義。知詩之志與春秋不殊旨也。讀長發。而知桀之亡。商之所以興也。讀大明。

而知周之興。紂之所以亡也。讀黍離。而知天下之無王也。讀下泉。而知天下之無賢方伯也。讀兔爰。而知王師之敗績也。讀苕之華。而知夷狄之凌中國也。讀角弓。而知中國之爲夷狄也。讀揚之水。而知僭臣之漸其變爲簒也。讀出其東門。而知公子爭立之禍也。讀丰。而知婚姻之道缺也。讀著。而知親迎之禮絶也。讀白華。而知嫡庶之亂也。讀正月。而知女禍之可以滅國也。讀十月之交。而知災異之並見也。讀文武成王之詩。而知太平之盛。德之修也。讀幽厲陳靈之詩。而知放逆之禍。惡之由也。孟子曰。詩亡然後春秋作。然則詩之志與春秋豈殊旨哉。此則詩之大義。無事乎穿鑿遷就而自明者也。詩論。

或者過周東遷爲失計。是知周自東遷而衰。不知東遷非所以致衰也。周居豐鎬。謂洛邑爲東都。蓋自武王之遷九鼎。固已眷地中有意乎經營矣。周公相武王。成武王之志。卜洛建邑。凡郊丘社壝宗廟市里無一不修。是豈無意乎遷哉。藉令當時無意乎遷。豈無意乎後世子孫計哉。使成王周公無意乎遷。又不爲後世子孫計。何利而爲此紛紛也。以書考之。周公告王使居新邑爲治。王因遂東。故曰。戊辰王在新邑。烝。祭歲。雖不留都。亦既有事于烝祭矣。則東遷何尤而以爲失計哉。周論。

蓋皇極者大中也。天下之道至中。而極無餘理矣。宜乎九疇之敘。皇極居中。總包上下。爲其至極而無餘。可以盡天下之理故也。今夫易有太極。是生兩儀。是天地之道本乎皇極也。中庸之道與鬼神之道相似。是神亦本乎皇極也。人受天地之中以生。是人亦本乎皇極也。凡所立事無得過與不及。當用大中之道。是事亦本乎皇極也。春爲陽中。萬物以生。秋爲陰中。萬物以成。是物亦本乎皇極也。天地人神事物萬殊。一皆本乎皇極。則九疇之義。非皇極則㊀于其閒。可乎。

蓋五行五紀庶徵之類。言天地萬物之中也。五事八政三德五福六極之類。言人與事之中也。八政之祀。五紀之曆數。與夫稽疑命卜筮之類。言人與神之中也。天地人神事物莫不有中。而九疇之皇極一以貫之。可不謂大法耶。以上洪範論。

附録

陳巖肖曰。予嘗過香溪之上。見先生神宇泰然。其言經術。如親得聖人而授其旨。其爲文辨博而峻整。非志于道而全其氣者。能若是乎。

柳待制跋先生帖曰。賢良心箴九十六字。發心德之淵奥。示鄉學之範圍。而的然系濂洛之統緒。不可誣也。

吴禮部香溪文集後序曰。其學多本于經。貫穿精覈。諸文皆嶄絶矯健。鑿鑿明整。卓然名家。鄉先正有集。蓋自先生始也。

㊀「則」當為「主」。

范氏學侶

文學胡先生公武別見武夷學案補遺。

梁溪講友

補右丞許崧老先生翰

襄陵春秋集傳

堂堂之讎國弗圖。而伐于餘邱。莊二年夏。公子慶父帥師伐于餘丘。禮防一弛。復起越竟之恣。而遂成如莒之姦。莊十五年夏。夫人姜氏如齊。中國諸侯宋爲大。既爲之服郳。又爲之報鄭。宋自是與齊爲一。宋親而中國諸侯定矣。莊十六年夏。宋人齊人衛人伐鄭。公之事齊。後于諸侯。又受鄭詹未討。齊宋在鄄。將以陳人伐我而結知之。故權國重而與之盟。示我下之以禮。齊宋以公子之盟未足以結成也。故卒來伐而取服焉。莊十九年冬。齊人宋人陳人伐我西鄙。

戎自春秋之初卽見。荆乃後起。故攘中國之患。宜莫先戎。齊桓既霸七年。諸侯略定。自是始伐戎。莊二十年冬。齊人伐戎。

隱桓以來。世有戎盟。至于莊公。戎始變渝。是以有濟西之役。于此伐戎。義已勝矣。莊二十六年春。公伐戎。

許以近楚。自齊之霸。未會諸侯。故鄭侵之。蓋自是後。許從中國矣。莊二十九年夏。鄭人侵許。

齊桓伐郳。伐鄭。伐徐。皆以宋主兵。先與公會城濮。而後伐衛。又與公遇于魯濟。而後伐山戎。其用兵資武于宋武。而取策于魯莊。其治國一則仲父。二則仲父。遂能力正天下。澤濟生民。莊三十年冬。公及齊侯遇于魯濟。齊人伐山戎。

春秋戎先見。荆次之。狄又次之。而荆暴于戎。狄又暴于荆。當惠王世。戎狄荆楚交伐諸夏。使無齊桓攘服定之。豈復有中國哉。莊三十二年冬。狄伐邢。

晉恃强不與齊合見。以狄得侮之。僖八年夏。狄伐晉。

桓政始衰。自楚伐黃不救。則敵有以量中國矣。僖十三年春。狄侵衛。

恆星不見。星隕如雨。齊桓之祥也。沙鹿崩。晉文之祥也。桓將興。而天文隳。文欲作。而地理決。王道之革也。僖十四年秋八月辛卯。沙鹿崩。

謝山困學紀聞三箋曰。果爾。則天固不以爲祥也。

中國無霸。則諸侯力攻。四夷衡決。民被其災。此書伐衛。伐邢。入滑。伐隨。侵衛者。著無霸之患也。僖二十一年春。狄侵衛。

齊桓既没。諸侯思之。如周人之思召伯也。孝公不能藉之以興。觀其閒。楚人之勝。以圍宋襄。又侵伐魯僖不已。與桓公下宋桓魯莊之意正相反。霸業所以隳矣。僖二十七年夏六月庚寅。齊侯昭卒。

狄自箕之敗。至是始復侵齊。閒晉有秦楚之難也。文四年。狄侵齊。

諸侯何以不序。大夫何以不名。大夫而主諸侯盟。自扈之盟始也。文七年秋八月。公會諸侯晉大夫盟于扈。

楚侵其南。狄侵其北。此中國大過棟橈之時。宣三年秋。赤狄侵齊。

當景之世。楚莊入陳。圍鄭。圍宋。敗晉于邲。中國大絀。徒從事赤狄潞氏。迨楚莊没。始得爲搴之役以服齊。僅不失霸。成十年。晉侯獳卒。

楚人侵宋。攻晉所救。而諸侯之師卒不爲動。則有以量楚力之所至矣。襄元年秋。楚公子壬夫帥師侵宋。

晉楚爭衡。權之在吴。故晉急吴如此。襄五年。仲孫蔑。衛孫林父。會吴于善道。

涉楚會吴。而因道以滅人之國。中國之禮義盡矣。何以昭格荒服。襄十年春。會吴于柤。夏五月甲午。遂滅偪陽。

晉始息民。是以楚侵宋不報。魯取邿不討。取無大亂而已矣。襄十三年夏。取邿。

不盟于國。而盟于劉。崇向戌也。公弱甚矣。襄十五年春。宋公使向戌來聘。二月己亥。及向戌盟于劉。

比年食。今又比月食。蓋自是八年之閒而日七食。禍變重矣。襄二十一年九月庚戌朔。日有食之。冬十月庚辰朔。日有食之。

夷儀之會。以水不克伐齊。則知水之所被者廣。非特魯之災也。襄二十四年秋。大水。自宣十九年。仲孫蔑如京師。其後五十餘年。始有叔孫豹如京師。以罕書也。自是不復聘王矣。冬。叔孫豹如京師。

亂世逐爭。奇變滋起。兵車重遲。寢廢兆此。昭元年夏。晉荀吴帥師敗狄于大鹵。

楚旣滅陳。威震諸夏。故無所號召。而諸國之大夫自往會之。昭九年春。叔弓會楚子于陳。

遣使請命。示之不能。使楚益驕。此韓起之罪也。昭十一年秋。季孫意如會晉韓起齊國弱宋華亥衛北宫佗鄭罕虎曹人杞人于厥憖。

凡書蒐。刺大夫强而公失其政。昭二十二年春。大蒐于昌間。

東夏諸侯惟魯事晉。故齊伐之。然則齊不自量。欲諸侯前日之事晉者皆事齊。以繼霸業也。定八年夏。齊國夏帥師伐我西鄙。

齊宋魯衛崇獎亂逆。大義去矣。定十四年夏。公會齊侯衛侯于牽。公至自會。秋。齊侯宋公會于洮。

晉受衆伐。霸統止矣。春秋之變。至是而窮。哀元年秋。齊侯衛侯伐晉。

必奔國高。而後陳乞弑君之謀得肆。哀六年夏。齊國夏及高張來奔。

以魯政之不修。而與吴親。君子知魯之將有吴患矣。叔還會吴于柤。

先王之法。九夫爲井。四井爲邑。井邑未有賦也。四邑爲邱。邱十六井。乃有牛馬之賦。今以邱賦爲不足。于是更用田賦。籍井而取之。不待及邱。此非禮也。蓋古者田有税。邱有賦。税以足民。賦以足兵。哀十二年春。用田賦。

師雖數出。能侵而已。益玩而頓矣。此王霸道盡之時。哀十三年秋。晉魏曼多帥師侵衛。

襄陵遺文

齊桓晉文之事。及夫孔子之經。皆天子之政也。天將以是承周而贊之。山崩地震。所以咎周。昔士文伯言日食之災而從。晉侯曰。可常乎。對曰。不可。六物不同。民心不一。事序不類。官職不明。同始異終。胡可常也。今以山崩地震。而必春秋之應于人事。是猶日食降婁。而必魯衛之喪也。是故桑穀生朝而中宗興邦。鼎雉雊廟而高宗永命。至于後世麒麟鳳皇。王者嘉瑞。來萃其國。而亂亡隨之者有矣。蓋所謂同始異終如此。學者浮觀乎六物之變。而參稽民心。考引事序。明昭官職。而災異之説庶乎其可言矣。是以君子難之。答李丞相書。

附録

李梁溪序襄陵春秋集傳後曰。崧老取三家之説不悖于聖人者著之篇。刪去其所不然。又斷以自得之意。有發于三傳之所不能言者。得而讀之。豁然如披雲霧而覩天日之清明。燦然如汰沙石而見金玉之精粹。然後知三傳果有功于春秋。而集傳又有功于三傳也。

陳直齋書録解題曰。崧老玄解十一篇。通温公註爲十卷。倣韓康伯註繫辭會王弼爲全書之例也。

襄陵同調

修撰陳先生東附李猷。

修撰歐陽先生澈合傳。

陳東字少陽。丹陽人。蚤有雋聲。俶儻負氣。不戚戚于貧賤。蔡京王黼方用事。人莫敢指言。獨先生無所隱諱。以貢入太學。欽宗卽位。率其徒伏闕上書。請誅六賊以謝天下。金人近京師。李邦彦議與金和。李忠定綱及种宗憲師道主戰。邦彦因小失利。罷忠定而割三鎭。先生復率諸生伏宣德門下上書。軍民從者數萬。書聞。傳旨慰諭者旁午。衆莫肯去。亟詔忠定入。復領行營。乃稍引去。金人既解去。學官觀望。時宰議屏伏闕之士。先自先生始。京尹王時雍欲盡致諸生于獄。人人惴恐。朝廷用楊龜山爲祭酒。復先生職。遣龜山詣學撫諭。然後定。吴樞密敏欲弭謗議。奏補先生官。賜第。除太學録。先生又請誅蔡氏。且力辭官以歸。既歸。復預鄉薦。高宗卽位。五日相忠定。又五日召先生至。未得對。會忠定去。乃上書乞留忠定而罷黄潛善汪伯彦。不報。請親征以還二聖。治諸將不進兵之罪。以作士氣。車駕歸京師。勿幸金陵。又不報。潛善輩方揭示忠定幸金陵舊奏。先生言綱在中途不知事體。宜以後説爲正。必速罷潛善輩。會布衣歐陽澈亦上書言事。潛善遽以激怒高宗。言不亟誅。將復鼓衆伏闕。書獨下潛善所。乃與澈同斬于市。四明李猷贖其尸瘞之。先生初未識忠定。特以國故。至爲之死。識與不識皆爲流涕。時年四十有三。

越三年。高宗感悟。追贈二人承事郎。及駕過鎭江。遣守臣祭先生墓。紹興四年。並加朝奉郎。祕閣修撰。澈字德明。崇仁人。年少美須眉。善談世事。尚氣大言。慷慨不少屈。而憂國閔時。出于天性。靖康初。應制條敝政。陳安邊禦敵十策。州未許發。退而復爲書上聞。已而復論列十事。爲三巨軸。廄置卒辭不能舉。州將爲選力士荷之以行。高宗卽位南京。伏闕上封事。遂詆用事大臣。遂見殺。時年三十七。許襄陵翰在政府。罷朝。問潛善處分何人。曰。斬陳東歐陽澈耳。襄陵驚失色。因究其書何以不下政府。曰。獨下潛善。故不得以相視。遂力求罷。爲著哀詞。德明所著飄然集六卷。會稽胡衍旣刻之。豐城范應鈐爲立祠學中。宋史。

附録

少陽與趙子崧書曰。東今四十二年矣。自四五歲。先君教之讀書。略通大義。不甚解也。于時事一無所長。惟愛君愛國之心。憤世嫉邪之念。出于天性。不可强而奪。年十七八。先君命事科舉。游學校。欲今以官學起家。自初至今二十五六年矣。東謹守嚴訓。蹉跎潦倒不悔也。

張待制哭少陽先生詩曰。治國幾無術。興王獨有臣。賊期探虎穴。公乃犯龍鱗。義死哀憐汝。余愚若愛身。飄蕭重白髮。愁殺倚門人。

樓攻媿跋少陽奏議曰。鑰于國史。拜公之名。慕公之義。恨不得悉睹公書。一識公後。一旦禮部侍郎良能達之。引公之後旦正于賓位。因得識公後。而悉睹公書。則公之忠心義氣可一閱而知矣。嗚呼。疾風知勁草。板蕩識忠臣。諸公于時爲公媿云。

任霆跋少陽遺稿曰。大抵板蕩棟橈之世。自有節義慷慨之士。不忍宗周之顛覆。奸邪之用事。言路之壅塞。寧冒死而爭之者。斯天地閒固有可已而不已。用猖狂妄行以陷于罪者。今陳公明知其必死。而不敢愛其死。昔以有一死有關于天地離合正統存亡之大者。非天乎。是亦天使之扶持。使可辱可殺而不可泯没者也。

歐陽學侶

隱君李藏修先生彥華附師嚴拙翁。子琥。孫劉。

李彥華字仲實。崇仁人。受書于嚴拙翁。與歐陽澈吴澥吴沆爲友。年三十。築室山中。以藏修名。嘗隱居樂道。凡五十有餘年。鄉人號曰藏修先生。紹熙三年卒。有巴谷集。家故藏書至萬餘軸。矻矻晨夜。天文地理。禮樂律曆。兵謀方技。毫分縷析。體習既精。晚而述經傳辨疑禮樂遺録三十六卷。二吴著書亦與有力。季子琥。字次琮。幼通大義。不以章句爲能。自道德性命之奥。名物度數之詳。象緯山河之廣。靡不究極。惟深疾釋老氏書。何尚書異引爲上客。嘗從容爲尚書言。近世諸老講明義理。過漢唐諸儒遠甚。顧曆象鍾律氏族軍法之學。有講焉而未盡者。吾欲從公借麻姑山房讀書二年。證其所見。以備闕文。尚書忻然諾之。將卒。語子劉以正學直道。無負吾教。劉明春秋。中嘉定元年進士第。嘗通判武岡軍。魏鶴山集。

梓材謹案。一本作李彥章。然宋別有李彥章字元達。與李端行聖與。李舜由彥安。李大𡌴方章。合成一書。凡十卷。號四李先生周易全解。董季眞云爾。見經義考。

文學吴先生濈

吴濈。撫州人。布衣。紹興十六年進宇内辨歷代疆域志。詔永免文解。宋鑑。

吴先生沆

吴沆字德遠　崇仁人。幼孤。事母孝。政和閒。雲濠案。政和當作紹興。獻書于朝。不用。歸隱環溪。後舉不求聞達。郡以先生應詔。所著有易。論語發微。老子解。環溪集。姓譜。

梓材謹案。經義考引胡一桂云。號環溪先生。環溪其所居也。有易璇璣三卷。每卷九篇。雜論易義。又有易禮圖説。前有或問六條。圖説十二軸。四庫提要云。易璇璣自序謂上卷明天理之自然。中卷講人事之修。下卷修傳疏之失。其大旨主於觀象。因象而求之卦。求之象。求之爻。其曰璇璣者。取王弼易略例明象篇處璇璣以觀天運語也。

附録

紹興十六年。進羣經正論四卷。玉海。

樓攻媿曰。環溪深于易。三十而著璇璣圖論。深于禮。故又二年而著周禮本制圖論。六官析微論。皆行于世。

歐陽同調

朝請黄先生子游

黄子游字叔言。宛邱人。金紫宰之子。少從伯父待制。實蔭爲假承務郎。金紫之就逮也。兄弟訟冤于朝。乞納告身贖罪。權臣滋怒。先生號訴益力。父得不死。由是知名。調相州儀曹。建炎初。客南京。歐陽澈以上書忤宰相棄市。先生適同邸。收而葬之。其子飛英年十四。先生傾囊輟所乘馬賙其歸。未幾版授汝陰令。入監左藏西庫。權度支郎官。累知台州。徙池州。求浙東安撫司參謀官以歸。積官右朝請大夫。卒年八十有八。靖康之亂。挈内外族姻數百指。展轉兵間。以身任其飢寒。晚卜居明州奉化縣。築聽雨堂橋隱齋。兄弟四人。華顛相從。歲時燕樂。尤善與人交。丞相張忠獻公每對客誦言賙歐陽事。以謂今無此人矣。周益公集。

紫微講友

補吏部許子禮先生忻

知邵州。祀前守周元公于學。講明聖學。湖湘之士翕然向風。

附録

吕紫微奉懷吏部賢友詩曰。寒松壓庭院。老馬倦維縶。倏然出塵去。羸糲朝夕急。我友隔江湖。尚作一日葺。平生學道心。擇善有固執。豈不在行路。自遠霜雪滛。百川灌河來。砥柱乃中立。何時一尊酒。更與交舊集。

梓材謹案。此詩一稱之曰我友。再稱之曰交舊。蓋先生爲紫微舊從之徒也。

曾茶山長句奉寄提宮吏部曰。草堂竹塢閉門中。吏部持身有古風。老去一麾還作病。歸來四壁又成空。今朝札翰知亡恙。舊日詩書卻未窮。拭目看君進明德。乃兄事業付天公。

朱子跋曾吕二公寄吏部詩曰。先君子之執友吏部許公。熹不及見也。然而竊聞其學。蓋以修己治人爲一致。要之事實而不爲空言者。今頌二公之詩。可見當日衆賢注心高仰之意矣。至于前輩交游之際。所以觀考德業。相期于無窮者。與夫中興一時人物之盛覽者。亦當慨然有感于斯焉。

張南軒跋右丞吏部奏議曰。觀二許公先後立朝。當事會之際。皆力言和議之非。嗚呼善哉。自金入中國。專以和之一字誤我大機。非惟利害甚明。實乃義理先失。義理之所在。乃國家之元氣。謀國者不可以不知也。

吏部同調

主簿陳先生煥

陳煥字少微。博羅人。安貧守道。敝衣蔬食。處之晏如也。接物甚謹。雖遇童稚。無異成人。以禮遜化閭里之横逆者。鄉人稱之曰陳先生。提刑芮煜嘗屏道從造其廬。見四壁蕭然。贈以詩云。

原思非病貧何患。回也雖貧樂有加。歲晚與誰同此味。梅花深處是君家。其詩清勁。傳于世者幾百篇。以特科調高要簿。秩滿不仕。廣東通志。

伊川門人

補清節蕭三顧先生楚

梓材謹案。胡澹庵誌先生墓。稱其父死。以甥從羅公括學。攻苦二十年。不汲汲仕意。又言。留太學時。方校聲律。已獨窮經。於春秋尤深。淮海孫氏。伊川程氏。皆以三傳聞。授業者常千人。先生往質疑。歸歎曰。政未免著文字。相作經辨云云。是先生亦嘗質疑於莘老。不獨爲程氏門人也。

雲濠謹案。江西通志載。先生元符鄉舉。其學以窮經爲本。又深於春秋。又言。隱居三顧山下。築讀書臺。門人私謚曰曰㊀清節先生。

春秋辨疑

春秋初書諸國用兵。見征伐不自天子出也。書諸侯僭謚。見禮不自天子出也。書初獻六羽。見樂不自天子出也。

㊀「曰曰」衍一「曰」。

附録

異時有友生誣繫大庾獄。先生冒盛暑往救。終得不冤。人皆道其義。

先生性嫉惡。至抗聲縷數不少恤。及見善。則談不釋口。胡澹庵祭先生文曰。漢罹莽禍。鮑宣死忠。蔡將君圖。先生道窮。火不玉侵。陰無日濛。元祐以還。新學没溺。媿花儷葉。聖道以熄。天未喪文。繄啓先生。如唐得韓。正論以興。莊騷班馬。郊島籍湜。採掇無餘。芻狗篇籍。百六十年。剥華就質。粵若崇觀。衆恬以嬉。覺微孤騫。秦鎰宋龜。軒組儻來。屣脱如遺。城下之盟。中原蹀血。彼婉孌者。腰頸決裂。落落高標。歲寒見節。彼爲不清。廩作玉屑。顧惟馬走。昔依朱牆。北面遺經。箴膏刮肓。食實溉根。報賜敢忘。天不憖遺。麟獲鉏商。有藁茂陵。雷電取將。其誰與歸。屑涕黄腸。

又序春秋辨疑曰。先生歿已數年。其學始大行于世。時宰相張忠獻公浚。參知政事張公守。陳公與義。聞先生名。皆願見其書而不可得。後忠獻公得先生所著戰辨。喟然歎謂某是可謂切中時病矣。

梓材謹案。宋史藝文志載先生春秋經辨十卷。四庫全書本永樂大典著録春秋辨疑四卷。提要稱書之大旨。主於以統制歸天王。而深戒威福之移於下。又言。與胡氏之牽合時事動乖經義者有殊。與孫氏之名爲尊王而務爲深文巧詆者。用心亦别云。

蕭氏同調

鄧先生洵美

鄧洵美字子充。廬陵人。爲鄉先生。與蕭子荊絳帳雲集。胡澹庵與弟嘗學焉。胡澹庵集。

梓材謹案。宋鄧洵美二人。其一見萬姓統譜。遼州人。乾祐中與李昉同年及第。澹庵集又有鄧子充疏語云。子充有泉亭之役。幾困於無資。正賴長厚者一引手援之。自罷所舉。不可謂今無古人云云。疏語不爲己語。然可見先生之大略矣。

鄧氏學侶

鄧先生洵俟附子溥。

鄧洵俟字元直。洵美季弟也。預宣和上舍貢。靖康改元。同其兄洵美。邦彥。涅舟與計偕。涅舟遂中第。先生既篤學。且練習世故。樂善喜爲人師。監司守令爭延教子弟。特補將仕郎。吴興芮煒漕嶺表辟爲清遠令。不果行。卒年六十七。子溥。孝而勤于學。周益公集。

馮氏先緒

補 郎中馮先生山

馮山字允南。安岳人。熙寧末爲祕書丞。通判梓州。鄧綰薦爲臺官。先生以不諳新法辭不就。退居二十年。范醇夫薦于朝。官至祠部郎中致仕。卒。姓譜。

梓材謹案。文獻通考載先生春秋通解十二卷。又案。先生嘗銘馮信道之墓。信道亦爲春秋之學者。見泰山學案。阮亭居易録載其集三十卷。詩文各十五卷。又言其爲蜀人。生當北宋全盛時。與文湖州鮮于子駿遊。而無一語及眉山父子兄弟云。

馮氏春秋説

昭公至是始得從祀于太廟。蓋季氏逐昭公薨于乾侯。及歸葬。又絶其兆域。不得同于先君。而在墓道之南。則其主雖久未得從昭穆。祔祭宜矣。及季孫意如卒。陽虎專季氏。將殺季孫斯。始以昭公之主從祀太廟。蓋欲著季氏之罪。以取媚于國人。定八年。從祀先公。

雲濠謹案。方桐江跋馮抱甕詩云。五世祖鴻碩先生獻能。嘉祐二年章衡榜。與眉山二蘇公同年。後改名山屢。持麾節。以祠部郎中卒於朝。又云。有春秋通解文集十卷行於世。安定胡先生春秋解多取之。先生以嘉祐二年登第。後二年而安定卒。豈其書早行而安定取之耶。

羅氏先緒

孝逸羅遯翁先生無競

羅無競字謙中。其先長沙人。遘馬氏亂。家于廬陵。先生幼穎悟。年十六。游學南昌。三舍法行。歲時鉤校行藝。出諸生上。疾士風日薄。歸杜門。會有熙河之役。上書條利害。授迪功郎。交親强之仕。始爲建寧主簿。愛民如恐傷。去官。百姓遮道留。歸踰年。丁父憂。毁甚。母不勝悲。不得已强食。免喪。不復仕。號遯翁。蓄書萬卷。大蒐其間故人。清風觴詠竟日。卒年五十三。門下客私謚曰孝逸先生。子姓皆興于學。紹興初。取士復詩賦。子良弼爲舉首。著清襟集三卷。清節先生蕭子荆其友也。胡澹庵爲之傳。爲評其大概曰。爲親而仕。近毛義。詠達以詭。近東方朔。遯以求志。近淵明云。胡澹庵集。

□□□□

忠襄楊先生邦乂

楊邦乂字晞稷。吉水人。博通古今。以舍選登進士第。遭時多艱。每以節義自許。歷知溧陽縣。建炎三年。金人濟江。鼓行逼城。時李棁陳邦光皆具降狀。逆之十里亭。金帥完顔宗弼既入城。棁邦光率官屬迎拜。惟先生不屈膝。以血大書衣裾曰。寧作趙氏鬼。不爲他邦臣。宗弼不能屈。翌日遣人説先生。許以舊官。先生以首觸柱礎流血曰。世豈有不畏死而可以利動者。速殺我。翌日殺之。年四十四。事聞。贈直祕閣。賜田三頃。官爲斂葬。即其地賜廟褒忠。謚忠襄。官其四子。紹興七年。加贈徽猷閣待制。增賜田三頃。宋史。

附録

方杜充之遁也。或告公盍去諸。公曰。我通守也。苟去城。誰與守。我尚愛生也哉。雖然。吾仲氏惟一子。不可無炊火。乃命其姪孺文御其母以奔溧陽而屬其子。明日城陷。

公神色明秀。長身山立。見者畏愛。居無事時。温良惠和。與物無忤。及遇事。勇決彊毅。萬夫不能奪也。其德行修于家。稱于鄉。信于友。至于以身徇國。立天下萬世臣節之端。凌霜貫日。非一時適然也。

先生少處郡學。目不視非禮。同舍欲隳其守。拉之出。託言故舊家。實娼館也。先生初不疑。酒數行。娼女出。先生愕然。疾趨還舍。解其衣冠焚之。流涕自責。

雲濠謹案。言行録續集載松溪先生李天麟言此事云。其後果能立節奇偉。又引楊誠齋曰。正是如此。大凡立身行己。須是立腳之初便確乎不可拔。到後來習得定。生死禍福都不能奪。

楊東山贊公畫像曰。面若嚴霜。目如電光。身作長江。乾坤翳翳。衣冠毅毅。鈇鉞易易。棟橈鼎皷。無虎無貔。有軾有泥。垂天貫日。惟忠惟一。青竹鴻筆。犬羊雖贏。知大丈夫。此可革乎。人誰無死。國爾斯偉。何千億祀。

文文山懷忠襄詩曰。平生王佐心。世運蹈衰末。齊虜誰復封。楚囚詎當脱。金陵雖懷古。尚友在風烈。襄忠何遺廟。夫子我先達。

太師程九龍先生逵

程逵字彦通。浮梁人。克俊之父也。登政和二年進士。不樂仕進。授徒里中。遠近來者不能容。乃建鄉校。立宣聖祠。朔望春秋奠謁。習爲禮容。相師成俗。有易解十卷。論孟解十卷。五經解題二十卷。學者號九龍先生。贈太師。新安文獻志。

待制周蓮峯先生綰

周綰字彦紉。遂昌人。舉進士。典五郡。入爲國子祭酒。吏部侍郎。敷文閣待制。自號蓮峯先生。出入中外六十餘年。始終以廉節著名。姓譜。

迪功師義學先生古

師古字彦立。眉山人。官迪功郎。時號義學先生。宋中興。初講授于閩之長溪縣西十里曰赤岸。一方士習爲之丕變。魏鶴山集。

楊先生愿

楊愿字謹仲。臨江人。紹興閒舉進士。累官車輅院。先生于書無所不讀。邑有考德問禮之事。必求是正。里人稱壽岡先生。姓譜。

附録

周益公序其詩曰。謹仲自少爲先進所推。未第時。鄉之英俊爭受業于門。名聞四方。願交者衆至。二千石至皆尊禮之。蓋其行藝俱優。而尤喜爲詩。大要學杜少陵蘇文忠云。

忠襄學侶

羅先生鍔

羅鍔字士廉。楊忠襄之友也。嘗與詩帖各二。周益公跋云。予聞楊可業告諸生曰。學者所以學爲忠與孝也。方政和中。二公同游太學。每以是相勉。不幸士廉年方三十一。死親之喪。鄉人推爲孝子。名士胡份兼美實爲之銘。厥後忠襄遂死于忠。國史書之。萬世仰之。平生取友如此。賢矣哉。周益公集。

范氏家學

舍人范蒙齋先生端臣 補

梓材謹案。金華徵獻略載。先生乾淳中館閣以文翰知名。與潘良貴遊。清介之操。亦無忝焉。

附録

吴禮部跋先生書帖曰。元卿問學該洽。詞翰奇逸。豈惟負才過人。蓋内而父兄之漸摩。出而與紹興乾淳諸賢遊。亦一時之盛也。

蕭氏門人

趙先生暘

趙暘。□□人。從蕭三顧學春秋。三顧弟子百餘人。受春秋大義者纔三四。先生與胡忠簡銓馮樞密澥而已。姓譜。

梓材謹案。胡忠簡誌三顧墓稱。先生爲賢良方正。

胡蓬山先生鑄

胡鑄字□□。廬陵人。忠簡之兄也。自號蓬山居士。忠簡與之築精舍于里之洞巖。從名儒蕭三顧讀書力學。楊誠齋集。

司户胡先生昌齡

胡昌齡字長彥。銓從子。同事蕭三顧學春秋。乾道閒以特奏名。對策萬餘言。官靜江司户。廉潔平恕。滿一歲去。帥守張敬夫留之不可。乃賦詩餞之。人物志。

雲濠謹案。周益公跋胡忠簡公論和議稿云。時長子方生。未歲南遷。公知禍叵測。惟從姪昌齡字長彥。賢而可託。故以稿屬之。今五十餘矣。是先生之於澹庵氣誼可知。

附録

公尚弱冠。侍其父赴大比試。父升而公黜。公喜曰。吾固不欲父子同薦。妨他人。自幼至老。學日益富。每著書。援證古今。是是非非。下筆不休。喜藏異書。手自讐校。

縣尉羅先生良弼

羅良弼字長卿。廬陵人。博學强記。上下數千載閒成敗利鈍。灼見如縷。少與胡澹庵肄舉業。澹庵賦詩云。笑春燭底影。湔淚風前杯。吟未畢。先生曰。出某書某卷。澹庵服其博洽。官會昌尉。廉潔自持。服食器用悉取于家。

雲濠謹案。楊誠齋朝奉劉先生行狀云。嘗見張魏公爲張子韶侍郎服友之服。又見澹庵先生胡公及羅長卿爲清節先生服師之服。是先生蕭氏門人也。

梓材謹案。胡澹庵爲先生墓志稱。其有文集三十卷。歐陽三蘇年譜一卷。著欣會録十卷。論話二十卷。聞書七卷。皆未卒業。而仕逕亦蹇蹇。與時左。嘗喟然曰。吾隱乎。人以吾爲矯。吾仕乎。芋魁豆饜我豈無哉。吾其漫浪於人閒。作鵩鶡游乎。因自謂漫叟云。

項先生充附兄洵美。

項充字德英。龍泉人。幼未知學。兄洵美訓篤甚至。後與胡忠簡俱以春秋學馳聲。終父母喪。兄弟當析產。先生盡以遜兄。以報其教育之恩。詔旌表門閭。姓譜。

文行彭先生悋附師易蟠。

彭悋字邦憲。廬陵人。天姿穎悟。自幼軼羣。日誦數千言。過眼不復覽。年且長。師大庾尉易蟠時甫。屬文輒數千字。時甫曰。子駸駸逼人。老夫不逮。其別擇師。乃從鄉先生鄧子充學。遭家多難。館于鄰陳氏。清節先生蕭子荆亦客焉。遂獲請益。由是經史百氏。無不該洽。而獨以詩書名家。建炎初。罷三舍法。復詩賦科。一試輒中優等。清節書曰。吾友豈易量耶。紹興甲子復行兼一經法。預鄉薦。至癸酉復以詩賦舉。于是講學于鄉。弟子受業者益衆。丙戌廷試。授右迪功郎。主永明簿。卒年六十有八。先生未受命時。以經訓諭爲職。既筮仕。講書郡庠。遍舉先儒異同。出新意以折衷。聽者忘疲。平日議論有集三十卷。日録十卷。藏于家。既没。門人私謚曰文行先生。胡澹庵集。

鄧氏門人

忠簡胡先生銓詳見武夷學案。

文行彭先生悋見上蕭氏門人。

程氏家學

章靖程先生克俊

程克俊字元籲。其先自歙徙浮梁。宣和六年策進士。擢甲科。官至參知政事。中奉大夫。贈官至銀青光祿大夫。職名至資政殿學士。爵至鄱陽郡開國侯。食邑至一千七百户。謚章靖。有易通解十卷。新安文獻志。

周氏家學

府簿周聖予先生元卿

周元卿字景仁。别字聖予。原名冬卿。字成甫。待制綰之季子也。官至太府寺主簿。待制爲當世儒宗。教子甚篤。先生博貫經史。雅有父風。尤精班左二書。臨事能斷。有志于當世之務。張魏公當國。上書論十事。皆國家大計。魏公聳然異之。又著要鑑三十篇獻于朝。先生性至孝。待制晚益清苦。奉承左右。常時誦書以娱悦之。父子兄弟自爲知己。談經論文。侃侃如也。樓攻媿集。

梓材謹案。儒林宗派列先生於朱子之門。然先生於魏公當國時已上書論事。魏公於朱子爲父行。則先生與朱子蓋年相若矣。

周氏門人

侍御王先生伯庠別見景迂學案補遺。

師氏門人

中奉林先生師中附詳滄洲諸儒學案。

僉判孫先生鈞附子壎。堪。

孫鈞字□□。汝陵人。官奉議郎。江淮都督府準備差遣。以疾請主管崇道觀以歸。尋僉書忠州判官。未上而卒。胡忠簡公稱其博學篤行。嘗以靖康之變避地松滋。不事產業。率爲旁近侵冒。先生繼娶師古之女。生壎及堪。堪字仲卿。十一歲而孤。師夫人誨之勤學厲行。毋墜先訓。兄弟稟稟承命。復城西遺址。田廬皆復其舊。辟塾延師以教諸子。塾之南建書室曰竹齋。兄弟從容其間。講求古者修身齊家之學。項平甫銘師夫人之墓。謂夫人與其子不動聲色。盡復故業。可以媿天下士大夫之忘祖宗中原而不復者。士論偉之。魏鶴山集。

薛先生□

薛□。長溪人。廉村薛氏。舉進士。爲閩越首。赤峯尤盛。嘗迎蜀人師先生于金臺寺。事之如古游夏之儔。其言論風指。皆世守之。先生歿。即寺建祠。正歲若諱日必奠謁成禮。冠者童子皆在云。葉水心集。

壽岡家學

楊先生光祖

楊光祖。清江名儒。謹仲之孫。兄弟終身嗜學。力守家法。周益公集。

壽岡門人

韋先生楫

韋楫官宜州。楊謹仲門人高第。周益公集。

文節趙章泉先生蕃詳見清江學案。

□□□□

文學項先生利用

項利用。婺源人。紹興中鄉先生。以文學顯。三上名禮部。不仕。而其甥月湖許錫用所受學。去爲名師。戴剡源集。

進士張坎翁先生翰

張翰字雲卿。號坎翁。寧德人。以學行爲鄉先生。高頤余復皆其高第也。乾道間。舉進士。

居官莅民。所至有聲。年七十。致仕歸。所著有觀過録三十四章。姓譜。

蒙齋門人

侍御范逸齋先生處義補

梓材謹案。先生紹興中登張孝祥榜進士。又案。宋史藝文志載先生有詩學一卷。解頤新語十四卷。詩補傳三十卷。四庫書目著録詩補傳。提要云。舊本題曰逸齋撰。逸齋蓋其自號也。大旨病諸儒説詩。好廢序以就己説。故自序稱以序爲據。兼取諸家之長。揆之性情。參之物理。以平易求古詩人之意。又稱文義有闕。補以六經。史傳訓詁有闕。補以説文廣韻。蓋南宋之初。最攻序者鄭樵。最尊序者則逸齋矣。

雲濠謹案。方桐江黄堂記云。蘭溪之范。其先有大宣義者隱深山中。其没也。無它親。一鄰翁爲舉葬事。而養其襁褓子。長遂爲儒。曰四少保。四子。伯。推官。仲。承信郎。贈少傅。叔曰處仁。紹興二十一年進士。仕至樞密院檢詳。季曰處義。紹興二十四年進士。嘗爲殿中侍御史。仕至祕書監右文殿修撰。少傅生嘉則。贈太師。蜀國公。四子。鎔至大理少卿。而鍾至丞相。謚文肅。檢詳祕監之後。内班行外。帥守無數。據此。則文肅丞相乃先生之從孫也。如以香溪爲先生從子。則爲先生從曾孫。而先生乃其從曾祖。以從曾祖而受學於從曾孫之從子。恐無是理。疑香溪别爲一派。並非宣義之後也。

逸齋詩説

關雎詠太姒之德。爲文王風化之始。而韓齊魯三家皆以爲康王政衰之詩。故司馬遷。劉向。揚雄。范蔚宗。並祖其説。近世説詩者以關雎爲畢公作。或謂得之張超。或謂得之蔡邕。畢公爲康王大臣。盡規固其職也。而張超蔡邕皆漢儒。多見古書。必有所據。然則關雎雖作于康王之時。乃畢公追詠文王太姒之事。以爲規諫。故孔子定爲一經之首。

文王之風。終于騶虞。序以爲王道成。則近于雅矣。文武之雅。終于魚麗。序以爲可告神明。則近于頌矣。

梓材謹案。是説與晁景迂詩序論略同。

正君之位。以統率于上。立大宗之法。以相維于下。蓋古者建國必立宗。疑始于此。立大軍之制以治兵。爲徹田十一之法以儲糧。凡周家軍制徹法。皆始于此也。

毛詩明序説

詩有小序。有大序。一言國史。記作詩者之本義也。小序之下皆大序也。亦國史之所述。間有聖人之遺言。可考而知。惟關雎爲一經之首。併論三百篇之大旨。猶易乾坤之文言。故特詳焉。世固以文言爲聖人之贊易。而于詩序乃惑于傳記而疑之。先儒有知其説者。謂繫辭爲易大傳。詩序爲詩大傳。又謂學詩而不求序。猶欲入室而不由户也。異哉。唐人之疑詩序也。曰。子夏不序詩。有三焉。知不及。一也。暴揚中冓之私。春秋所不道。二也。諸侯猶世。不敢以云。三也。又曰。漢之學者。欲顯其傳。因藉之子夏。且子夏猶知不及。漢去詩益遠。何自而知之。謂春秋所不道。是不知聖人授經于丘明。經所不欲言。傳則明著其述。至謂諸侯猶世不敢以云。此正爲史官懼天禍人刑者之見也。至子夏猶云不敢。則古之國史。其賢矣乎。昔者齊太史書崔氏之大惡。兄弟幾盡。而南史氏猶執簡以往。是豈計死生禍福而廢棄其官守哉。序雖不作于子夏。議則疏矣。文中子曰。聖人述史有三焉。述帝王之制備。述詩興衰之由顯。述春秋邪正之迹明。信如其說。聖人于春秋則修之。既因魯史之舊。而明其邪正之迹。于書則安之。又各冠序于篇首。而備帝王之制。于詩則删之。苟不據序之所存。亦何自而見其興衰之由。而知其美刺之當否哉。今觀春秋之褒貶。與詩序相應者蓋多有之。如陳佗。如衛州吁。如鄭忽。皆以爲君。春秋書曰。蔡人殺陳佗。曰。衛人殺州吁。曰。鄭忽出奔。此書名之例。而詩序亦曰。陳佗不義。曰。衛州吁暴亂。曰。鄭人刺忽。春秋或書爵。詩序亦曰凡伯。曰芮伯。春秋或書字。詩序亦曰仍叔。曰行父。春秋或書人。詩序亦曰周人。曰國人。春秋或書其君。詩序亦曰。刺其君。春秋或書夫人。詩序亦曰。刺衛夫人。春秋或書大夫。詩序亦曰。刺周大夫。此其大略也。至如詩序書請命于周。豈非春秋尊王命之意歟。書天子之使。豈非春秋重王人之意歟。書王道。書有德。書以禮。書守義。書美。書嘉。書言。書陳。書喜。書樂。書予。書褒賞。豈非春秋與善之意歟。書失道。書無德。書不義。書無禮。書刺。書怨。書惡。書疾。書傷。書憂。書懼。書去之。豈非春秋貶惡之意歟。書思。書閔。書止。書悔。書絶。書責。書誓。書救亂。此春秋反正之意也。書風。書勸。書戒。書勉。書誘。書箴。書規。書誨。書自警。此春秋責備之意也。如書周之君臣。惟文王周公加以聖之一字。餘皆不與焉。如書賢者。書君子。書忠臣。書孝子。書仁人。書善人。書小人。書讒賊。書播惡。書荒淫。書大亂。書大壞之類。皆無曲筆。宜爲聖人之所取也。大抵春秋雖嚴。而其辭深而婉。詩序雖通。而其辭直以著。如春秋止書狄入衛。不言滅也。詩序則曰。衛爲狄所滅。春秋止書城楚邱。不言封也。詩序則曰。齊桓公救而封之。春秋不書曲沃伯爲晉侯。詩序則曰。美武公始并國。春秋不書魯僖公修泮宮。詩序則曰。頌僖公能修泮宮。蓋春秋不與夷狄之滅國。不許諸侯之專封。以武公不納寶賂。而兼宗國。雖請王命。實以非義而要君。以僖公因其舊而修學校。雖爲美事。亦爲國者所當然。是以不書于經。詩序則並紀其實。聖人以春秋之嚴。而立一王之法。以詩之通。而不忘人之善。道並行而不相悖。其斯之謂歟。沈重謂鄭氏譜詩之意。以大序爲子夏作。以小序爲卜商意有未盡。毛公足成之。蓋其說以關雎一序爲大序。餘皆爲小序。既已考之不審矣。梁昭明遂信之。取關雎一序編之文選。題以卜子夏。後漢書乃曰。衛宏從謝曼卿學。因作毛詩序。善得風雅之旨。隋經籍志亦曰。先儒相承謂毛詩序子夏所創。毛公及衛敬仲更加潤色。所謂相承。卽鄭氏譜詩之意耳。他非有根據。今博考經籍。惟孔子家語言子夏習于詩。能通其義。未嘗言作序也。王肅序家語。乃以爲今之詩序。則所謂子夏者。未可信矣。子夏尚未必爲詩序。則謂毛衛潤色者。何足信也。孰若求諸夫子之言以爲信。論語曰。周有大賚。善人是富。此夫子記周家之政也。而與賚之序同。緇衣曰。長民者衣服不貳。從容有常。以齊其民。則民德歸壹。記禮者稱子曰以實之。蓋以爲夫子之言也。而與都人士之序同。孔叢子記夫子之讀詩曰。于周南召南見周道之所以盛也。于柏舟見匹夫執志之不可易也。于淇澳見學之可爲君子也。

于考槃見遁世之士而不悶也。于木瓜見苞苴之禮行也。于緇衣見好賢之心至也。于雞鳴見君子之不忘其敬也。于伐檀見賢者先事後食也。于蟋蟀見陶唐儉德之大也。于下泉見亂世之思明君也。于七月見豳公所以造周也。于東山見周公先公而後私也。于狼跋見周公之遠志所以爲聖也。于鹿鳴見君臣之有禮也。于彤弓見有功之必報也。于羔羊見善政之有應也。于節南山見忠臣之憂世也。于蓼莪見孝子之思養也。于楚茨見孝子之思祭也。于裳裳者華見賢者世保其禄也。于采菽見明王所以敬諸侯也。其言皆與今序同其義。又左氏傳載高克帥師。與清人之序同。國語載正考甫得商頌。與那之序同。至如大序言情動于中。與治世亂世亡國之音同。于樂記曰風。曰賦。曰比。曰興。曰雅。曰頌。同于周官。公乃爲詩以遺王。名之曰鴟鴞。同于金縢。由是言之。使詩序作于夫子之前。則是爲夫子之所録。作于夫子之後。則是取諸夫子之遺言也。庸可廢耶。復有一説。可明詩序其來也遠。假樂之序曰。嘉成王也。經文初無嘉之一字。而子思中庸。左氏傳。皆以假樂爲嘉樂。豈嘗見今之詩序耶。六月之序。由庚之後繼以南有嘉魚。崇邱之後繼以南山有臺。皆古詩之次第也。今亡詩之篇次。乃合由庚崇邱由儀爲一。此秦火之後。經生爲之也。使六月之序果作于毛衛之徒。則二人者皆生于秦火之後。當如亡詩之次第矣。且其詩脱亡。其次既亂。毛衛之徒何由知古詩之次第。爲六月之序哉。學者捨經籍明據而不知信。乃欲以無根相承之説爲六經之疵。亦惑矣。

許氏續傳

許先生介之

許介之。右丞之後也。歲甲申。攜其詩訪眞西山于星沙。曰。某之少也。獲登平園誠齋之門。二先生不予鄙也。皆相期于詞章之域。今齒日長矣。懼無以副二先生之望。奈何。西山曰。二先生知子厚矣。然予觀子。豈直詩人也哉。二先生期子于詞章之域。予將竢子以功名之會。雖然功名外物爾。君子之所性有不與存焉。士苟自重其身。則凡在外者舉不足計也。然則予將進子于道德之場。可乎。蓋道德者君子成身之本。功名則因乎時。而詞章又其末也。介之勉乎哉。眞西山集。

陳氏續傳

殿前華先生岳

華岳字子西。□□人。爲武學生。輕財好俠。韓侂胄當國。先生上書。侂胄大怒。下大理。貶建寧圜土中。郡守傅伯成憐之。命獄使出入無縶。伯成去。又迕守李大異。復寘獄。侂胄誅。放還。後入學登第。爲殿前司官屬。鬱不得志。謀去丞相史彌遠。事覺。下臨安獄。獄具。坐議大臣當死。寧宗知其名。欲生之。彌遠曰。是欲殺臣者。竟杖死東市。宋史。

雲濠謹案。王阮亭居易録載宋華岳集十一卷。名翠微南征録。第一卷開禧元年上皇帝書。請誅韓侂胄。蘇師旦語最伉直。其上侂胄詩云。十廟英靈儼如在。漫于宗社作穿窬。及誅侂胄。議函首請和。又有詩云。反漢須知爲鼂錯。成秦恐不在於期。皆不肯附和浮議。蓋陳東一流人也。然曹瞞不殺禰衡而黄祖殺之。侂胄不殺岳而史彌遠殺之。彌遠又出侂胄下矣。

羅氏家學

羅歸愚先生泌附子苹。

羅泌字長源。廬陵人。學博才宏。侈遊墳典。迺搜集百家。成路史。自邃古有夏之後弗傳。前紀九卷。後紀卷十有少㊀。國名紀八卷。發揮六卷。餘論卷十。通計四十七卷。集成于乾道間。西蜀費煇序。行于世。男苹。能世其學。嘗爲路史註。吉州人物紀略。

梓材謹案。先生有歸愚子大衍説一卷。載路史。丁氏大衍索隱所引。即其説也。又有春秋周正論。即位書元非春秋始立法論。恆星不見論。各一篇。獲麟解二篇。並載路史。

雲濠謹案。胡澹庵爲先生字序。謂羅長卿名子而字曰必大。未知其所以命子。願以希李爲請。乃其字爲長源。則必大希李俱未字矣。

路史國名紀

經曰。在上不驕。高而不危。制節謹度。滿而不溢。高而不危。所以長守富也。滿而不溢。所以長守貴也。富貴不離其身。然後能保其社稷。而和其民人。蓋諸侯之學也。夫不驕則敬事矣。

㊀「少」當為「四」。

謹度則信行矣。制節則謹用而不溢。則愛民矣。和其民人則又時使之矣。固諸侯之事也。

附録

費煇路史別序曰。公之立言。遠過賈誼。而敘述則在莊馬之閒。班范而下不論也。讀封建之論。則知先王之制治。觀封禪之論。則悟聖人之遺意。稽小弁之説。而父子兄弟之情親。知詩之不主于文。讀甘誓之説。而君臣上下之義明。知書之不主于事。稽微子三仁之論。而隱顯出處之方立。知義理之不浮虛。稽吴楚書人之説。而尊卑内外之分申。知春秋之不褒貶。至于祝融論樂之作。則直與樂記齊上下。所謂西漢文章。能以文敘事者。優爲之矣。嗟乎。不觀論語聖賢之進退。無以識三皇五帝之道高。不觀路史變故之紛沓。無以見三皇五帝之道大。使遂行之。不惟使管窺甌舉之徒不敢妄述。而裘褐談祥之士亦不敢以誕矣。向使漢儒有知伊周非攝之論。則無莽卓之禍。知大麓非職之説。則無曹馬之禍。若齊梁有此書。則佛老不張。唐室有此書。則藩鎮不强。五代而有此書。則十國不狂。靖康而有此書。則廟社不墟。習而讀之。固足使亂臣賊子之知懼。而可以國家長久。禍亂不作。實五經之鼓吹。而諸子之權衡也。

羅先生泳

羅泳。廬陵人。與弟泌。胡澹庵稱之曰。博學君子也。蕭子荆春秋辨疑。先生兄弟鐫板以傳。

春秋辨疑序。

梓材謹案。長源爲長卿子。胡澹庵誌長卿墓數其男四人。曰泌。曰濤。次仲。孫鼎生。皆夭而不及先生。又誌長卿母墓云。孫男三人。泳泌濤皆典學則。先生乃長卿兄子。長源其從弟矣。

項氏家學

項先生汝弼

項汝弼字唐卿。龍泉人。嘗築盧溪書院。周益公題之云。往聞澹庵評鄉賢。有朋曰項如篪塤。是非褒貶乃枝葉。孝友忠信爲本根。姓名不願唱上第。詔旨特許旌高門。化行同邑得模楷。經授猶子留淵源。輕財重義續前烈。築屋貯書貽後昆。誰□漸摩㊀入我室。毋但涉獵游其藩。泉江況乃多侍從。遠親二郭近則孫。學成衮衮上臺省。健翮萬里看騰騫。周益公集。

項先生聖與

項聖與。龍泉人。楊誠齋寄題盧溪書院詩云。三顧先生得麟筆。付屬遺金得第一。獨將麟髓飲澹翁。項家阿英亦其匹。澹翁孤忠貫兩儀。阿英卓行徹九扉。旌門一日插天半。卻把此筆傳阿宜。阿宜阿囝續弓冶。盧溪書院聲無價。不論當家與外人。不日天池看渾化。楊誠齋集。

梓材謹案。誠齋詩原註云。忠簡胡先生與項德英同師蕭子荆先生。是阿英卽德英也。觀阿宜句。則先生蓋卽其子而克傳

㊀「□漸摩」當為「歟漸磨」。

家學者。周益公題項唐卿盧溪書院詩原註云。子名夢授。夢授疑卽先生。而聖與其字也。

項氏門人

郎中許月湖先生錫

許錫字晉之。樂平人。淳熙登第。令建昌。守興國。以眞西山薦。除夔路運判。所在多可紀。入爲刑部郎中。投劄論政弊。言訐切忤時。竟得請老歸。所著有家帚集。姓譜。

張氏門人

進士高先生頤

高頤。寧德人。舉進士。嘗語學者曰。吾身任大責重。無天地生物之功。而有天地生物之心。無經國子民之位。而有經國子民之志。姓譜。

檢討余先生復

余復。寧德人。初策仕大廷。上覽先生所對曰。余復直而不訐。擢第一。後入史館兼實録檢討。所著有禮經類説。藏于家。姓譜。

高余講友

林先生偉附子仕夔。孫祖恭。

林偉字文之。寧德人。學問該博。與高頤余復爲友。義方甚嚴。子仕夔。學行俱粹。孫祖恭。俱登第。人稱詩禮傳家。福寧府志。

馮氏續傳

寺丞馮先生棻

馮棻。安固人。樞密澥曾孫。嘉熙二年以知眉州。權夔漕。一日罷。僑寓錢塘之北關喻家橋。淳祐四年。歲在甲辰九月。右丞相嵩之起復。卽上書叩閽。謂宣和六年有靖康之禍。今嵩之又以甲辰九月初五日起復。于厄運恐未便。書上。降一官。池州居住。其年十二月改相范鍾杜範。太學生張疆蔡德潤四百餘人。伏闕爲訟其冤。卽日放便逍差知賀州。以母老丐祠。除諸司科院。六年丙午十月孟饗除司農寺丞。報至而丁母憂。尋亦以時事拂膺。相繼卒。徑畈先生徐霖銘其墓。方桐江集。

月湖門人

提幹項先生維寅

項維寅。婺源人。浙西提刑司幹辦公事。父童仕尚書省屬。于許月湖爲妹壻。故先生從外家學。以詩鳴。戴剡源集。

忠襄續傳

忠烈文文山先生天祥詳見巽齋學案。

宋元學案補遺卷四十六目録

宋元學案補遺卷四十六

後學 鄞 王梓材 慈谿 馮雲濠 同輯

玉山學案補遺

趙氏先緒

補 都監趙幸菴先生善應

趙善應字彦遠。忠定公汝愚之父也。建炎初。補承信郎。八遷至修武郎。歷監秀州崇德。饒州餘干。安仁縣景德鎮之酒税。潭州南嶽廟。江南西路兵馬都監。主管台州崇道觀。卒年六十。先生少時。父病。訪醫行禱。暑不解帶。居喪盡禮。遭母喪。時年五十有五矣。終日俯首柩旁。三年之外。生朝必哭于廟。其後累年。言每及親。未嘗不揮涕。晉陵尤延之見而歎曰。古君子也。及卒。少傅陳公書其碣之首曰。篤行趙君之墓。好讀書。所藏至三萬卷。所著有唐書録遺三十卷。幸菴見聞録二卷。台州勸諭婚葬文一卷。子四人。忠定其長子也。餘亦斤斤謹質。能守其家法。朱子文集。

附録

先生母畏雷。聞雷則披衣走其所。嘗寒夜遠歸。從者將扣門。遽止之曰。無恐吾母。露坐達明。門啓而後入。家貧。諸弟未製衣。不敢製。已製未服。不敢服。一瓜果之微。必相待共嘗之。趙章泉挽趙路分詩曰。世俗紛爲僞。躬行率以誠。拳拳將母念。侃侃友于情。齊物豈求報。得仁非近名。誰爲太史傳。獨行有宗英。其二曰。公就專城養。我安陶令廬。幾因州府入。得侍笑談餘。課誦列童穉。戚休詢里閭。高堂朝夕望。寧復象平居。

趙氏講友

縣令趙先生彥端

趙彥端字德莊。故餘干令。因家焉。與忠定父兄游。忠定初登第。謁先生。先生語之曰。謹毋以一魁寘胸中。又曰。士大夫多爲富貴誘壞。又曰。今日于上前得一二語獎諭。明日于宰相處得一二語褒拂。往往喪其所守者多矣。忠定拱手曰。謹受教。學圃餘力。

呂張門人

補　文定汪玉山先生應辰

雲濠謹案。先生少名師閔。故字孝伯。既得賜名。趙丞相鼎字之以聖錫。見攻媿集高宗宸翰題跋。

玉山文集

學無大小之分。小學蓋所以爲大學也。孔子曰。温故而知新。可以爲師矣。又曰。下學上達。知我者其天乎。使局于一技。而無知新上達之功。則不免于藝成而下。致遠而泥矣。後世學者高談微妙。而闊略名數。度越繩墨。蕩然無所執守。枵然不適于用。若此者。非特不知小學。亦非所以爲大學也。以刑名法術名其家。以章句訓詁傳其徒。陋而無法。博而寡要。若此者。非特不知大學。亦非所以爲小學也。以此論之。學無大小之分。知其一則萬事畢。否則兩失之矣。答張定夫書。

東漢之君子。節義凜然。視死如歸。固非後世所能及。然更當思聖人過猶不及之訓。復于中道可也。又與吕逢吉書。

汪玉山説

六經典籍。政事之本也。

廷試策

臣竊以爲。爲治之要。在于反求諸己而已。蓋天下之事。未有不本于一人之躬行也。天下皆不仁。宜不可爲也。然人君一爲仁。則天下相率而趨于仁矣。天下皆不義。宜不可爲也。然人君一爲義。則天下相率而趨于義矣。故愛人而人不親。則是仁有所未至也。能反吾之仁。則人自親矣。治人而人不治。則是智有所未至也。能反吾之智。則人自治矣。凡行有不得。皆反求諸己。吾之一身既正。則天下心悦而誠服。若風草之必偃。自然之理也。故曰。治道之要。莫先于此也。以修己安百姓爲病。此堯舜之所以反求諸己也。以百姓有過爲在予一人。此湯武之所以反求諸己也。小人怨詈則皇自敬德。此高宗中宗祖甲文王之所以反求諸己也。古之欲明明德于天下者。先治其國。欲治其國者。先齊其家。欲齊其家者。先修其身。孔子之言治。未嘗不反求諸己也。天下之本在國。國之本在家。家之本在身。孟子之言治。又未嘗不反求諸己也。是道也。堯以是傳之舜。舜以是傳之禹。禹以是傳之湯。湯以是傳之文武周公。文武周公以是傳之孔子。孔子以是傳之孟軻。數聖人者。達而在上。則力行此道。以澤天下。窮而在下。則力行此道。以詒萬世。自孟軻之死。始不得其傳。此微臣所以有望于陛下也。

陋室銘

顏子居陋巷。巷則陋。而顏子則王佐才也。陋巷非所以處之。柳子居愚溪。溪非愚也。因柳子得名。則愚溪亦非所名之。余也無行誼之儲。不見比數于時輩。世所謂愚陋之士。而是室也。僅足以容膝。其陋矣哉。余之處是室也固宜。而名之以陋也亦宜。雖然。擴其所性。尊其所知。

而以希顏爲志。不在我乎。顏何人哉。希之則是。

附録

呂伯恭挽端明詩曰。異時憂世士。太息恨才難。每見公身健。猶令我意寬。彫零竟何極。回復豈無端。此理終難解。天風大隧寒。

又曰。四海膺門峻。躬承二紀中。論交從祖父。受教自兒童。山嶽千尋上。江河萬折東。微言藏肺腑。欲吐與誰同。

周益公祭之曰。人之治經。攻傳注者違意義。公則越衆説之拘攣。人之觀史。究成敗者略同異。公則異二者而摩研。在朝廷則居今而行古。臨征鎮則中經而與權。暨食于家。益全其天。舉嗜好以咸无。惟羣書之貫穿。凡本朝人物。議論之邪正。暨歷代禮樂刑政之革沿。紛紛如百氏之異學。叢脞如故家之遺篇。無一事之不考。無一書之不傳。

朱子玉山講義曰。昔日曾參見端明汪公。見其自少卽以文章冠多士。致通顯。而未嘗少有自滿之色。日以師友前輩多識前言往行爲事。及其晚年。德成行尊。則自近世名卿。鮮有能及之者。乃是此邦之人。其遺風餘烈尚未遠也。

蘇滋溪端明書院記曰。方其少也。遇事則正色危言。數忤權姦而毋悔忌。其中年多識前言往行。藴之爲德而見之行事。歷官外郡。專務安靖息民而不擾。入侍朝著。惟欲引君當道而不阿。

是以民懷其惠。士宗其學。中外賴其用。眞可謂一代之碩儒。天下後世皆當景仰也。

玉山學侶

舍人汪先生涓

汪涓字養源。玉山人。聖錫之兄也。踐履篤實。有古君子風。登進士第。爲中書舍人。與聖錫同處禁塗。時稱二汪。人物志。

補　忠定趙先生汝愚

皇朝名臣奏議自序

伏覩建隆以來諸臣。莫盛于慶曆元祐之際。莫弊于熙寧紹聖之時。方其盛也。朝廷庶事微有過差。上自公卿大夫。下及郡縣小吏。皆得盡言極諫。無所諱忌。其論議不已。至于舉國之士咸出死力以爭之。然而聖君賢相卒善遇而優容之。故其治效卓然。士以增氣。及其弊也。朝廷有大黜陟。大政令。至無一人敢論議者。縱或有之。其言委曲畏避。終無以感悟人主之意。而獻諛者遂以爲内外安靜。若無一事可言。殊不知禍亂之機。發于所伏。萬機餘閒。幸賜紬繹。推觀慶曆元祐諸臣。其詞直。其計從。而見效如此。熙寧紹聖諸臣。其言切。其人放逐。而致禍如彼。則言路之通塞。國家之治亂。可以鑒矣。

梓材謹案。阮亭居易録載。忠定撰名臣奏議數百卷。有淳祐庚戌王孫希瀞眉山史季温二序。忠定乞進奏議劄子一通。序一通。時淳熙十三年。其言深切著明。蓋進書在孝宗時也。及慶元紹熙間。何澹劉珏輩僞學之説起。入黨籍者五十有九人。而忠定爲之首。遂貶永州。紹聖之事不幸再見。可勝歎哉。

附録

先生聚族而居。門内三千指。所得廪給悉分與之。菜羹疏食恩均洽。人無間言。自奉養甚薄。爲夕郎時大冬衣布裘。至爲相亦然。

趙章泉挽趙丞相詩曰。五王不解去三思。石顯端能殺望之。未到浯溪讀唐頌。已留衡麓伴湘纍。生前免見焚書禍。死後重刊黨籍碑。滿地蒺藜誰敢哭。漫留楚些作哀辭。

葉紹翁四朝聞見録曰。忠定季子崇實間與予商榷駢儷。以爲此最不可忽。先公居政地。間以此觀人。至尺牘小簡亦然。蓋不特駢儷。或謂先公曰。或出于他人之手。則難于知人矣。先公曰。不然。彼能倩人作好文字。其人亦不碌碌矣。此先公掄才報國之一端也。

王臞軒跋陳君保藏忠定帖曰。右趙忠定與興國判官林井伯君帖。凡二十七紙。如爲其先君子求墓表于陳正獻公。則以泉壤不朽之榮。爲無物可論之感。至孝也。如帥蜀日。謂三邊幸無事。然心念所及。不敢不竭。是非毁譽。色色有之。獨念上恩至厚。當思補報。不復敢爲身謀。至忠也。如帥福州日。遇旱則曰。寧以一身受此荼毒。遇火則曰。誠無顔面可見百姓。至仁也。至于崇儒重道之盛心。班班見于行玉字金間。尤可以敬仰抬致晦翁。累書及之。必欲得正獻一諾而後屈晦翁一來。其拳拳于晦翁若此。艾軒卒。以書弔興國。則以情如骨肉。義兼師友。至有邦國殄瘁之歎。其拳拳于艾軒又如此。興國時尚韋布。公與之交如敵己。速其至三山。則有何惜不見過之訝。有一好文字。欲得同觀之約。前輩所謂公之求士急于士之求公者。蓋于此見之。

玉山同調

程先生大昌別見泰山學案補遺。

趙氏家學

忠定趙先生汝愚詳上玉山學侶。

趙先生汝靚詳見晦翁學案。

忠定同調

李南谿先生簡

李簡字□□。番陽人。號南谿先生。丞相趙公當國。天下所謂君子者。皆聚本朝。其游于門。延于塾者。亦極一時之選。先生其人也。忠定諸子師焉。家事咨焉。先生當趙公盛時。絕口無自媒之言。及趙公去。時事變。先生慷慨怨憤。往往發于詩文。同其憂患而不同其富貴。可謂特立獨行之士矣。林井伯每言其雖終身隱約。然刻意教子。手鈔慶曆四諫奏議授之。劉後村集。

敖臞庵先生陶孫

敖陶孫字器之。福清人。號臞庵。懷才挾氣。嘗有詩云。蟠胸三萬卷。落筆五千言。寧宗朝進士及第。慶元中。韓侂胄用事。貶趙忠定于永。先生時處上庠。以詩哭之曰。狼胡無地歸姬旦。魚腹終天痛屈原。侂胄惡之。編管嶺南。作詩評一章。自魏晉至唐詩人皆有品題。姓譜。

梓材謹案。先生官至簽事平海軍節度判官廳公事。轉奉議郎。卒年七十四。劉後村誌其墓云。少貧。以學自奮。嘗遊于潮。潮人爭執弟子禮。淳熙下第。客吳中。吳士從者雲集。鉅家名族率虛講席競邀致。

鄭氏先緒

補 鄭湘鄉先生厚

鄭厚字景韋。興化人。學問該博。與從弟樵講學。從者甚衆。紹興五年再舉禮部。奏賦第一。廷對六千言。指陳無隱。高宗問其姓名。有詔授左從事郎。泉州觀察推官。著有湘鄉文集。藝圃折衷。詩雜説各若干卷。福建通志。

雲濠謹案。姓譜。先生工文詞。自成一家。尤長于易學者。稱爲湘鄉先生。

鄭湘鄉説

易從日從月。天下之理。一奇一耦盡矣。天文地理人事物類。以至性命之微。變化之妙。否泰損益。剛柔失得。出處語默。皆有對敵。故易設一長畫一短畫以總括之。所謂一陰一陽之謂道者。此也。

王道備而帝德銷。史法盡而經意輕。

王溥南曰。王道不殊乎帝德。史法無害于經意。

堯舜性之而人不知。湯武身之而人不疑。五伯假之而天下賀。帝王伯。

藝圃折衷

孟子謂沈同曰。子噲不得與人燕。子之不得受燕于子噲。有仕于此。而子悅之。不告于王而私與之。吾子之禄爵夫士也。亦無王命而私受之。于子則可乎。大夫爵禄制于諸侯。是誠古之道也。孟軻既教齊梁滕之君。使自爲湯武。則是諸侯未嘗受命于天子也。沈同不敢以爵禄私人。齊制之也。子噲不敢以燕私人。將復誰制之哉。何孟軻獨能約燕以王制。而不能約齊梁滕于古道也。

余隱之辨曰。孟子告沈同曰。子噲不得與人燕。子之不得受燕于子噲。有仕于此。而子悅之。不告于王而私與之。吾子之禄爵夫士也。亦無王命而私受之。于子則可乎者。是約燕于王制也。其意曷嘗不存周哉。勸齊梁滕之爲湯武者。正欲其行仁義而知有王制云爾。豈可謂夏商在上而湯武不得行仁義歟。湯武行仁義無一言及之。唯罪湯武之征伐。掩善揚惡。豈得爲公論。亦可謂處變事而不知其權者也。勸其君行仁義以爲不道者。余知之矣。彼非以仁義爲不美也。但急于近功。謂仁義爲迂闊不切時務。不若進富國强兵之術也。若其誠然。商鞅之徒爲之。孟子不爲也。

朱子曰。諸侯受國于天子。故子噲之讓爲無王。天子受命于天。故文王受命作周。不受于紂而無罪。辨謂鄭氏以仁義爲迂闊。則未然。第恐若商鞅之談帝道爾。

秦始皇漢武帝唐太宗欲無夷狄。韓愈欲無釋老。孟子欲無楊墨。甚哉未之思也。天不唯慶雲瑞雲景風時雨。而霜雹降焉。地不唯五穀桑麻。而稊稗鉤吻生焉。山林河海不唯龜龍麟鳳。而鴟鴞豺狼蛟鼉出焉。古今豈有無小人之國哉。作易者其知道乎。

余隱之辨曰。秦始皇漢武帝唐太宗欲無夷狄。是皆好大喜功。窮兵黷武之過。孟子欲無楊墨。韓子欲無釋老。豈愛摩頂放踵利天下爲之。一則爲義之偏。其過至于無君。一則爲仁之偏。其過至于無父。先王大道。由是榛塞。孟子辭而闢之。然後廓如也。釋氏生西竺。漢明帝始求事之。老氏生周末。西漢竇太后始好尚之。自晉梁以及于唐。其教顯行。韓公力排斥之。然後大道得不泯絶。有識之士謂洪水之害害于人身。邪説之害害于人心。身之害爲易見。尚可避者。心之害爲難知。溺其説者。形存而生亡矣。自非智識高明。孰知其害而務去之乎。韓公謂孟子距楊墨而其功不在禹下。唐之史臣謂韓公排釋老而其功與孟子齊。而力倍之。詎不信夫。且夫唐虞三代之盛。時未嘗有所謂釋老楊墨者。苟欲其無亦不爲過。而謂地不唯五穀桑麻。而荑稗鉤吻生焉。世豈有種五穀桑麻而不去荑稗鉤吻者歟。若孟子者。正務去蕢稗鉤吻之害。而欲五穀桑麻之有成也。今乃立異論以攻之。是誠何心哉。予懼聖道之不明。故不得不與之辨。

朱子曰。知堯舜孔孟所傳之正。然後知異端之爲害也深。而息邪距詖之功大矣。彼曰。景風時雨與戾氣旱蝗均出于天。五穀桑麻與蕢稗鉤吻均出于地。此固然矣。人生其間。混然中處。盡其燮理之功。則有景風時雨而無戾氣旱蝗。有五穀桑麻而無蕢稗鉤吻。此人所以參天地。贊化育。而天地所以待人。而爲三才也。孟子之闢異端。如宣王之攘夷狄。其志亦若此而已。豈秦始皇漢武帝之比哉。聖人作易以立人極。其義以君子爲主。故爲君子謀而不爲小人謀。觀泰否剝復名卦之意。則可見矣。而曰。古今豈有無小人之國哉。嗚呼。作易者其知道乎。其不知易者甚哉。

附録

自太學歸。講學薌林。

以趙鼎薦。改左承事郎。著論多奇。往往與古聖賢相悖。坐是爲臺臣所劾。十年不調云。

鄭夾漈與兄景韋投宇文樞密書曰。今既蝸吝蠡淺。不逃鑒察。當展盡底裏。以俟採擇。厚逸邁而痴。樵幽邃而愚。厚痴絕。樵愚絕。厚于世俗有領袖。樵于人物有林藪。厚見理如破竹。迎刃而解。初無留手。樵見理如攻堅木。終自擘折。稍遲耳。厚于文如狂瀾怒濤。滾滾不絕。樵于文如懸崖絶壁。向之瑟然。寒人毛骨。厚仰視韓愈如不及。樵下視李白如常人。厚下筆如迅馬歷隴阪。終日馳騁而足不頓。且無蹶失。樵下筆如大匠掄材。胸中暗有繩墨。每作文。文成自不曉其義。必厚爲之解説。然後胸中曉然者。厚常曰。吾弟文章合有神助。不然何得乃爾。厚得之易。得樵而後峻。樵得之紛。得厚而後理。厚得樵而城壁固。樵得厚而朱紫分。厚貞粹之地。可容樵千萬輩。而峯岠孤峭。樵自出厚之右。厚應辨多方略。樵遲鈍有隱思。厚臨倉卒若素成。綽有餘波。樵臨倉卒若暴疾昏黄。徐而圖之。了無一塵相累。使厚司臺諫。則世無豺虎跡。使樵直史苑。則地下無冤人。智解文鋒。氣挫虓虎。使于四方。不辱君命。則厚優于樵。正固幹事。不避鏌鋣。能辛苦其身。爲紀綱先。樵亦優于厚。當官正色。不畏强禦。則厚優于樵。小心事君。繾綣朝夕。樵亦優于厚。至當廟廊。擁幼君當大節而不可奪。則厚能之。樵亦能之。臨財廉取。與義出入。無私交之行。可爲百僚。則厚能之。樵亦能之。斟酌治體。如扁鵲治疾。盡見五臟。凝結解紛。排難如庖丁鼓刀。無少留刃。厚能之。樵亦能之。厚也。樵也。平昔囊櫝中短長不出此耳。

朱子語類曰。鄭厚藝圃折衷。當時以爲邪説。然尚自占取地步。但不知權其説之行。猶使人知君臣之義。如陳同甫議論卻乖乃不知正。曹丕既篡。乃曰。舜禹之事。吾知之矣。此乃以己而窺聖人。謂舜禹亦只是篡而文之以揖遜爾。同父亦是于漢唐事迹上尋討簡仁義出來。便以爲此卽王者事。何異于此。

王湻南議論辨惑曰。鄭厚以歐陽子作史。辨太深而法太盡。予謂辨無太深。法無太盡。論其當否則可矣。

周公權曰。李泰伯晁說之著論非孟子。鄭叔友亦非孟子。曰。軻忍人也。辨士也。儀秦之流也。戰國縱横捭闔之士。皆發冢之人。而軻能以詩書著也。

梓材謹案。陳振孫書録解題言。余隱之以司馬公有疑孟。及李覯泰伯常語。鄭厚叔友折衷。皆有非孟之言。故辨之。是先生一字叔友也。

補 編修鄭夾漈先生樵

鄭樵字漁仲。莆田人。好著書。不爲文章。自負不下劉向揚雄。居夾漈山。謝絶人事。久之。乃游名山大川。搜奇訪古。遇藏書家。必借留讀盡乃去。趙豐公張魏公而下皆器之。初爲經旨禮樂文字天文地理蟲魚草木方書之學。皆有論辨。紹興十九年上之。詔藏祕府。先生歸。益厲所學。從者二百餘人。以侍講王綸賀允中薦。得召對。因言班固以來歷代爲史之非。帝曰。聞卿名久矣。敷陳古學。自成一家。何相見之晚耶。授右迪功郎。禮兵部架閣。改監潭州南嶽廟。給札歸。鈔所著通志。書成。入爲樞密院編修官。兼攝檢詳諸房文字。高宗幸建康。命以通志進。會病卒。年五十九。學者稱夾漈先生。蓋先生好爲考證倫類之學。成書雖多。大抵博學而寡要云。宋史。

雲濠謹案。直齋書録解題于夾漈春秋亦言其學大抵工于考究。而義理多迂僻。又案。先生有溪西集五十卷。

夾漈詩説

六義之序。後先次第。聖人初無加損也。風者出于風土。大概小夫賤隸婦人女子之言。其意雖遠。其言淺近重複。故謂之風。雅出于朝廷士大夫。其言純厚典則。其體抑揚頓挫。非復小夫賤隸婦人女子能道者。故曰雅。頌者初無諷誦。惟以鋪張勳德而已。其辭嚴。其聲有節。以示有所尊。故曰頌。

風有正變。仲尼未嘗言而他經不載焉。獨出于詩序。皆以美者爲正。刺者爲變。則邶鄘衛之詩謂之變風可也。緇衣之美武公。駟驖小戎之美襄公。亦可謂之變風乎。必不得已。從先儒正變之説。則當如穀梁春秋。書築王姬之館于外。書秋盟于首戴。皆曰變之正也。蓋言事雖變常而終合乎正也。河廣之詩。欲往而不往。大車之詩。畏之而不敢。氓之詩。反之而自悔。此所謂變之正也。序謂變風出乎情性。止乎禮義。此言得之。然詩之必存變風何也。見夫王澤雖衰。人猶能以禮義自防也。見中人之性能以禮義自閑。雖有時而不善。終蹈乎善也。見其用心之謬。行己之乖。倘反而爲善。則聖人亦録之而不棄也。

善觀詩者當推詩外之意。如孔子子思善論詩者。當達詩中之理。如子貢子夏善學詩者。當取一二言爲立身之本。如南容子路善引詩者。不必分别所作之人。所采之詩。如諸經所舉之詩可也。緜蠻黄鳥止于邱隅。不過喻小臣之擇卿大夫有仁者。依之夫子。推而至于爲人君止于仁。與國人交止于信。鳶飛戾天。魚躍于淵。不過喻惡人遠去。而民之喜得其所。子思推之。上察乎天。下察乎地。觀詩如此。尚何疑乎。如切如磋。如琢如磨。而子貢能達于貧富之間。巧笑倩兮。美目盼兮。而子夏能悟于禮後之說。論詩若此。尚何疑乎。南容三復不過白圭。子路終身所誦不過不忮不求。學詩至此。奚以多爲。維嶽降神。生甫及申。宣王詩也。夫子以爲文武之德。夙夜匪懈。以事一人。仲山甫詩也。左氏以爲孟明之功。引詩若此。奚必分別所作之人。所采之詩乎。達是。然後可以言詩也。

夾漈春秋說

以春秋爲褒貶者。亂春秋者也。總論。

諸侯舊用天子之年。至平王失政。諸侯並稱元年。隱元年。

古曰螽。今曰蝗。桓五年。螽。

眚。災也。大眚者。大災也。凶荒札瘥之謂。乃釋繫囚。存長幼。恤貧窮。使之復其居。不常令也。春秋肆大眚者。一而已。奈何欲治之君而屢赦。莊二十二年春正月。肆大眚。

黄東發曰。夾漈之說是也。肆大眚也。非大肆眚也。凡謂公大奸巨惡俱赦之。而廢天討者誤矣。

北燕之不通于上國。山戎蔽之也。桓公爲之伐。而燕始達。莊三十年。齊人伐山戎。

禘者三年喪畢。初見新廟之主于太祖之廟。今喪未畢而禘。又禘不于祖廟而于莊公。皆非禮也。閔二年夏五月。吉禘于莊公。

沙鹿不盡晉地也。通衛狄。僖十四年秋八月辛卯。沙鹿崩。

襄公不替伯。自殽之役始。晉之終于霸。亦自殽之役始。僖三十三年夏四月辛巳。晉人及姜戎敗秦師于殽。

文公于襄王猶周公于成王也。成王弱。有管蔡之變。襄王微。有叔帶之難。輯諸侯。寧王室。文公之略也。文三年夏五月。王子虎卒。

雨不克葬。雨已乃葬。葬必以禮。雨不成禮。且以孝子之心。雨且葬。是欲葬其親也。宣八年冬十月己丑。葬我小君敬嬴。雨不克葬。庚寅日中而克葬。

邾魯之間繹山多矣。邾文公遷于繹。是邾都也。非此繹也。宣十年。公孫歸父伐邾取繹。

公子遂雖卒。而魯國之政猶在其子。故歸父今年會齊侯。明年會楚子。宣十四年冬。公孫歸父會齊侯于穀。

武宮講武之宮。自鞌之役。四卿出而大得志。立武宮。備戎事也。是不以爲廟也。成六年二月辛巳。立武宮。

鼷鼠。草鼠而微黃。成七年。鼷鼠食郊牛角。

宣成以來。魯有五卿。卿專一軍。及季氏逐東門氏而立嬰齊。又將逐臧孫紇而立臧爲。東門與臧氏二家弱。而不能軍其民。故三家分爲三軍而專之。襄十年春王正月。作三軍。

宋之會大成也。未有合晉楚之成而大夫專之者也。然自宋之盟。四十年九國不仇兵。襄二十七年秋七月辛巳。豹及諸侯之大夫盟于宋。

爲朱之盟。故從楚之諸侯皆朝于晉。從晉之諸侯皆朝于楚。謂之交好。魯君之如晉屢矣。自周公以來。于今始朝楚。襄二十八年十有一月。公如楚。

晉既盡赤狄之餘。復有事乎羣狄。大鹵。卽大原也。華曰太原。夷曰大鹵。昭元年。晉荀吳敗狄于大鹵。

晉以城杞之役。于今十六年不得。齊自雞澤之盟。于今四十二年不勤王。是盟也。晉昭公欲修文襄之業。帥諸侯以承天。且服齊也。昭十三年秋。公會劉子晉侯齊侯宋公衛侯鄭伯曹伯莒子邾子滕子薛伯杞伯小邾子于平邱。八月甲戌。同盟于平邱。

陸渾本惠公自西裔遷之周。世世事晉。今貳于楚。故滅之。昭十七年八月。晉荀吳帥師滅陸渾之戎。

魯羣公之墓在闞。公將見先君。取之。昭三十二年。取闞。

麟。獸之異者。麕身。犍尾。狼題。馬蹄。五采黃腹。一角。肉腮。春秋何以終獲麟。適終也。仲尼哀公十一年卒。自衛反魯而後述成舊章。猶有詩書禮樂之事。春秋其後及者也。于是魯史之記。適至獲麟爾。仲尼取而述之。踰一年而卒。故于獲麟之後。不及他事焉。哀十四年春。西狩獲麟。

梓材謹案。宋志載夾漈春秋傳十二卷。又春秋考十二卷。春秋地名譜十卷。經義考並云未見。

夾漈遺稿

陳君舉曰。春秋之衰以禮廢。秦之亡以詩廢。嘗觀之詩。刑政之苛。賦役之重。天子諸侯朝廷之嚴。而后妃夫婦衽席之祕。聖人爲詩。使天下匹夫匹婦之微。皆得以言其上。宜若啓天下輕君之心。然亟諫而不悟。顯戮而不戾。相與攜持去之而不忍。是故湯武之興。其民急而不敢去。周之衰。其民哀而不敢離。蓋其抑鬱之氣紓。而無聊之意不蓄也。嗚呼。詩不敢作。天下怨極矣。卒不能勝。其起而亡秦。秦亡而後快。于是始有匹夫匹婦存亡天下之權。嗚呼。春秋之衰以禮廢。秦之亡以詩廢。吾固知公卿大夫之禍速而小。民之禍遲而大。而詩者正所以維持君臣之道。其功用深矣。論秦以詩廢而亡。

太抵禮有本有文。情者其本也。享食之文。揖遜拜跪。其本則敬而已。喪記之文。擗踊哭泣。其本則哀而已。祭禮之文。裸獻酬酢。其本則誠而已。卽其本而觀之。日用三牲可以爲養。啜菽飲水亦可以爲養。襲冒綾紟可以爲葬。斂手足形亦可以爲葬。庭實旅百可以爲享。匏葉兔首亦可以爲享。區區之文。不患其不該也。有其本而無其文。尚可以義起。有其文而無其本。則併與文俱廢矣。何謂禮本。情而已。禮以人情爲本論。

惟是詩人之意也。太師之職也。聖人之志也。經師之業也。今之學詩也。不出于此四者。而罕有得焉者。何哉。勞其心而不知其要。逐其末而忘其本也。何謂本末。作此詩。述此事。善則美。惡則刺。所謂詩人之意者。本也。正其名。别其類。或繫于此。或繫于彼。所謂太師之職者。末也。察其美刺。知其善惡。以爲勸戒。所謂聖人之志者。本也。求詩人之意。達聖人之志者。經師之本也。講太師之職。因其失傳而妄自爲之説者。經師之末也。今夫學者得其本而通其末。闕盡善矣。得其本而不通其末。闕其所疑可也。雖其本有所不能達者。猶將闕之。況其末乎。詩本末論。

或者求春秋之旨過高。則謂夫子以匹夫專天子之事。其言爲不徵。故當時高第以文學稱。如子游子夏不能措一辭。經書閏月不告朔。猶朝于廟。此聖人愛禮之意也。如子貢欲去告朔之餼羊。是子貢之智。未可以言春秋也。經書趙鞅帥師納衛世子蒯聵于戚。此聖人正名之意也。如子路曰。子之迂也。奚其正。是子路之語。未可以言春秋也。或以爲聖人之言晦而難知。婉而莫測。不知述而不作。乃聖人之本心。事魯史也。文亦魯史也。夫子特因事約文。加之筆削而已。豈以私意增損其間哉。舊史之文可則修之。疑則闕之。如斯而已。因舊史以修春秋論。

大抵三家之學。各有所長。亦各有所短。如論其短。以王正月爲王魯。是公羊之害教。以獲麟爲成經文所致。是穀梁之附會。以尹氏爲君氏。是左氏之誤文也。所短者若此之類是也。若論其長。則三子之長非一端。經日蝕不書朔者。左氏曰。官失之也。公羊曰。二日也。穀梁曰。晦也。唐人以曆追之。俱得朔日。則日蝕之義。左氏爲長。公如齊觀社。左氏曰。非禮也。公羊曰。

蓋以觀齊女也。穀梁曰。非常曰觀。有懼焉耳。按墨子曰。燕之社。齊之社稷。宋之桑林。男女之所聚而觀之也。則觀社之義。公羊爲長。經書盟于葵邱。左氏曰。齊侯不務德而勤遠略。公羊曰。震而矜之。叛者九國。穀梁曰。陳牲而不殺。蓋明天子之禁。按孟子曰。束牲載書。而不歃血。則葵邱之義。穀梁爲長。三子之長如此者衆也。至于三家背經以作傳。三子之失。不可不知。經于魯隱公之事書曰。公及邾儀父盟于蔑。其卒也。書曰公。孔子始終謂之公。三子者曰。非公也。是攝也。于晉靈公之事。書趙盾弑其君夷皐。三子者曰。非趙盾也。是趙穿也。于悼公之事。孔子書許世子止弑其君買。三子者曰。非弑也。買病死。而止不嘗藥也。其所以異乎經者。蓋經之意各有所主。孔子魯人也。因魯史以成經。固不必論也。然官爲正卿。反不討賊。位居冢嗣。藥不親嘗。非二子之罪而誰歟。三家之傳。各有所長。亦各有所短。取其長而舍其短。學者之事也。三傳各有得失論。

陸賈。秦之巨儒也。酈食其。秦之儒生也。叔孫通。秦時以文學召待詔博士。數歲。陳勝起。二世召博士諸儒生三千餘人。問其故。皆引春秋之義以對。是則秦時未嘗不用儒生與經學也。況叔孫通降漢時自有弟子百餘人。齊魯之風亦未嘗替。故項羽既亡。而魯爲守節禮義之國。則知秦時未嘗廢儒。始皇所坑者。蓋一時議論不合者耳。蕭何入咸陽。收秦律令圖書。則秦亦未嘗無書籍也。後世不明經者。皆歸之秦火。使學者不覩全書。未免乎疑以傳疑。然則易固爲全書矣。何嘗見後世有明全易之人哉。向謂秦人焚書而書存。諸儒窮經而經絶。蓋爲此發也。詩有六亡篇。

乃六笙詩。本無辭。書有逸篇。仲尼之時已無矣。皆不因秦火。自漢已來。書籍于今日百不存一二。非秦人亡之也。學者自亡之耳。秦不絶儒學論。

三代之前學術如彼。三代之後學術如此。漢微有遺風。魏晉以降。日以陵夷。非後人之用心不及前人之用心。實後人之學術不及前人之學術也。後人學術難及。大槩有二。一者義理之學。二者辭章之學。義理之學尚攻擊。辭章之學務雕搜。耽義理者則以辭章之士爲不達淵源。玩辭章者則以義理之士爲不尚文彩。要之辭章雖富。如朝霞晚照。徒焜耀人耳目。義理雖深。如空谷尋聲。靡所底止。二者殊塗而同歸。是皆從事于語言之末。而非爲實學也。所以學術不及三代。又不及漢者。抑有由也。以圖譜之學不傳。則實學盡化爲虚文矣。其間有屹然特立。風雨不移者。一代得一二人。實一代典章文物法度紀綱之所主也。然物希則價難平。人希則人罕識。世無圖譜。人亦不識圖譜之學。張華。晉人也。漢之宮室千門萬户。其應如響。時人服其博物。張華固博物矣。此非博物之效也。見漢宮室圖焉。武平一。唐人也。問以魯三桓。鄭七穆。春秋族系。無有遺者。時人服其明春秋。平一固熟于春秋矣。此非明春秋之效也。見春秋世族譜焉。使華不見圖。雖讀盡漢人之書。亦莫知前代宮室之出處。使平一不見譜。雖誦春秋似建瓴水。亦莫知古人氏族之始終。當時作者。後世史臣。皆不知其學之所自。況他人乎。圖譜論。

詩在于聲。不在于義。猶今都邑有新聲。巷陌競歌之。豈爲其辭義之美哉。直爲其聲新耳。禮失則求諸野。正爲此也。孔子曰。吾自衛反魯。然後樂正。雅頌各得其所。亦謂雅頌之聲有别。

然後可以正樂。又曰。關雎樂而不淫。哀而不傷。亦謂關雎之聲和平。聞之者能令人感發而不失其度者。若誦其文。習其理。能有哀樂之事乎。二體之作。失其詩矣。縱者謂之古。拘者謂之律。一言一句。窮極物情。工則工矣。將如樂何。正聲論。

先天始于復姤。終于剥夬。此伏羲之易也。後天始于乾坤。終于未濟。此文王之易也。先天之易取乾坤離坎居四正位者。取其純乎乾。純乎坤。純乎中虛。純乎中滿也。反對純乎一卦也。後天之易以坎離震兌居四正位者。取其金木水火之正氣。生民日用一之不可無也。嘗謂先天者易之道。後天者易之書。繫辭首篇便説。天尊地卑。乾坤定矣。至變化見矣。此言先天自然之易。次言聖人設卦觀象。繫辭焉而明吉凶。至剛柔者晝夜之象。此言後天已然之易。先天後天易辨。

嘗觀夫子之論詩。曰。吾自衛反魯。然後樂正。雅頌各得其所。夫謂雅頌各得其所。可也。而謂樂正者何哉。蓋樂者鄉樂也。鄉樂卽風詩也。十五國風之中。惟邶鄘衛其國相近。其聲相似。不比周召王豳猶有隔絶。夫子平時見魯太師所傳三國之聲。時有異同。及其環轍之時。見衛人所歌之聲。從而正之。故鄉樂曰正。而雅頌但曰得所。其意如此。所以詩有十五。此國風之別也。國風辨。

三禮之學。其所以訛異者。其端有四。有出于前人之所行。而後人更之者。有出于聖門。而傳之各異者。有後世諸儒損益前代。自爲一朝之典者。有專門之學。各自名家。而以臆見爲先代之訓者。此四者不可不知也。三禮同異辨。

禮樂相須以爲用。禮非樂不行。樂非禮不舉。自后夔而來。樂以詩爲本。詩以聲爲用。八音六律爲之羽翼耳。

三代之詩絶矣。繼三代之作者樂府也。樂府之作。宛同風雅。但其聲散佚無所統系。所以不得嗣續風雅而爲流通也。

昔唐人修官制之書不成。乃準周官爲六典。而後成書。以樵觀之。何必準周官也。若源流出于周官。自與周官合節。今之所纂樂府。非敢準古詩也。及乎成篇。自與詩同條。亦源流之所出也。規成員。矩成方者。自然之形也。鼓宫宫動。鼓角角動者。自然之應也。以上系聲樂府總序。

學者所以不識詩者。以大小序與毛鄭爲之蔽障也。不識春秋者。以三傳爲之蔽障也。詩主在樂章。而不在文義。春秋主在法制。而不在褒貶。豈孤寒小子欲斥先賢。而爲此輕薄之行哉。蓋無彼二書以傳其妄。則此説無由明。學者亦無由信也。自古立書垂訓家亦不諱其如此也。凡書所言者。人情事理可卽己意而求。董遇所謂讀書百遍理自見也。乃若天文地理車輿器服草木蟲魚鳥獸之名。不學問。雖讀千迴萬復。亦無由識也。奈何後之淺鮮家只務悦人情物理。至于學之所不識者。反没其眞。寄方禮部書。

賦物不同形。然後爲造化之妙。修書不同體。然後爲自得之工。仲尼取虞夏商周秦晉之書爲一書。每書之篇語言既殊。體制亦異。及乎春秋。則又異于書矣。襲書春秋之作者。司馬遷也。又與二書不同體。以其自成一家言。始爲自得之書。後之史家。初無所得。自同于馬遷。馬遷之書。遷之面也。假遷之面而爲己之面。可乎。使遷不作。則班范以來皆無作矣。

生爲天地間一窮民。而無所恨者。以一介之士。見盡天下之圖書。識盡先儒之閫奥。山林三十年。著書一千卷。以彼易此。所得良多。以上上宰相書。

通志略總序

百川異趣。必會于海。然後九州無浸淫之患。萬國殊途。必通諸夏。然後八荒無壅滯之憂。通會之義大矣哉。自書契以來。立言者雖多。惟仲尼以天縱之聖。故總詩書禮樂而會于一手。然後能同天下之文。貫二帝三王而通爲一家。然後能極古今之變。是以其道光明。百世之上。百世之下。不能及。

仲尼既没。百家諸子興焉。各效論語以空言著書。至于歷代實蹟無所紀繫。迨漢建元。元封之後。司馬氏父子出焉。司馬氏世司典籍。工于著作。故能上稽仲尼之意。會詩。書。左傳。國語。世本。戰國策。楚漢春秋之言。通黄帝。堯。舜至于秦漢之世。勒成一書。分爲五體。本紀紀年。世家傳代。表以正曆。書以類事。傳以著人。使百代而下。史官不能易其法。學者不能舍其書。六經之後。惟有此作。故謂周公五百歲而有孔子。孔子五百歲而在斯乎。是其所以自待者已不淺。

然大著述者。必深于博雅而盡見天下之書。然後無遺恨。當遷之時。挾書之律初除。得書之路未廣。亘三千年之史籍。而跼蹐于七八種書。所可爲遷恨者。博不足也。凡著書者。雖採前人之書。必自成一家言。左氏楚人也。所見多矣。而其書盡楚人之辭。公羊齊人也。所聞多矣。而其書皆齊人之語。今遷書全用舊文。間以俚語。良由採摭未備。筆削不遑。故曰。予不敢墮先人之言。乃述故事。整齊其傳。非所謂作也。劉知幾亦譏其多聚舊記。時插雜言。所可爲遷恨者。雅不足也。

大抵開基之人不免草創。全屬繼志之士爲之彌縫。晉之乘。楚之檮杌。魯之春秋。其實一也。乘。檮杌無善後之人。故其書不行。春秋得仲尼挽之于前。左氏推之于後。故其書與日月並傳。不然。則一卷事目安能行于世。自春秋之後。惟史記擅制作之規模。不幸班固非其人。遂失會通之旨。司馬之門户自此衰矣。班固者浮華之士也。全無學術。專事剽竊。肅宗問以制禮作樂之事。固對以在京諸儒必能知之。倘臣鄰皆如此。則顧問何取焉。及諸儒各有所陳。固惟竊叔孫通十二篇之儀以塞白而已。倘臣鄰皆如此。則奏議何取焉。肅宗知其淺陋。故語竇憲曰。公愛班固而忽崔駰。此葉公之好龍也。固于當時已有定價。如此人材。將何著述。史記一書。功在十表。猶衣裳之有冠冕。木水之有本原。班固不通。旁行邪上。以古今人物强立差等。且謂漢紹堯運。自當繼堯。非遷作史記。廁于秦項。此則無稽之談也。由其斷漢爲書。是致周秦不相因。古今成間隔。自高祖至武帝凡六世之前。盡竊遷書。不以爲慚。自昭帝至平帝凡六世。資于賈逵劉歆。復不以爲耻。況又有曹大家終篇。則固之自爲書也幾希。往往出固之胸中者。古今人表耳。

他人無此謬也。後世衆手修書。道傍築室。掠人之文。竊鐘掩耳。皆固之作俑也。

固之事業如此。後來史家奔走班固之不暇。何能測其淺深。遷之于固如龍之與豬。奈何諸史棄遷而用固。劉知幾之徒尊班而抑馬。且善學司馬遷者莫如班彪。彪續遷書自孝武至于後漢。欲令後人之續己如己之續遷。既無衍文。又無絶緒。世世相承。如出一手。善乎其繼志也。其書不可得而見。所可見者。元成二帝贊耳。皆于本紀之外。别記所聞。可謂深入太史公之閫奥矣。凡左氏之有君子曰者。皆經之新意。史記之有太史公曰者。皆史之外事。不爲褒貶也。間有及褒貶者。褚先生之徒雜之耳。且記傳之中。既載善惡。足爲鑒戒。何必于記傳之後。更加褒貶。此乃諸生決科之文。安可施于著述。殆非遷彪之意。況謂爲贊。豈有貶辭。後之史家。或謂之論。或謂之序。或謂之詮。或謂之評。皆效班固。臣不得不劇論固也。司馬談有其書。而司馬遷能成其父志。班彪有其業。而班固不能讀㊀父之書。固爲彪之子。既不能保其身。又不能傳其業。又不能教其子。爲人如此。安在乎言爲天下法。范曄陳壽之徒繼踵。率皆輕薄無行。以速罪辜。安在乎筆削而爲信史也。孔子曰。殷因于夏禮。所損益可知也。周因于殷禮。所損益可知也。此言相因也。自班固以斷代爲史。無復相因之義。雖有仲尼之聖。亦莫知其損益。會通之道。自此失矣。語其同也。則紀而復紀。一帝而有數紀。傳而復傳。一人而有數傳。天文者千古不易之象。

㊀「讀」當為「續」。

而世世作天文志。洪範五行者。二家之書。而世世序五行傳。如此之類。豈勝繁文。語其異也。則前王不列于後王。後事不接于前事。郡縣各爲區域。而昧遷革之源。禮樂自爲更張。遂成殊俗之政。如此之類。豈勝斷綆。曹魏指吳蜀爲寇。北朝指東晉爲僭。南謂北爲索虜。北謂南爲島夷。齊史稱梁軍爲義軍。謀人之國。可以爲義乎。隋書稱唐兵爲義兵。伐人之君。可以爲義乎。房玄齡董史册。故房彦謙擅美名。虞世南預修書。故虞荔虞寄有嘉傳。甚者桀犬吠堯。吠非其主。晉史黨晉而不有魏。凡忠于魏者。目爲叛臣。王陵諸葛誕毌邱儉之徒抱屈黄壤。齊史黨齊而不有宋。凡忠于宋者。目爲逆黨。袁粲劉秉沈攸之之徒含冤九原。似此之類。歷世有之。傷風敗義。莫大乎此。

遷法既失。固弊日深。自東都至江左。無一人能覺其非。惟梁武帝爲此慨然。乃命吳均作通史。上自太初。下終齊室。書未成而均卒。隋楊素又奏令陸從典續史記。訖于隋書。未成而免官。豈天之靳斯文而不傳歟。抑非其人而不祐之歟。自唐之後。又莫覺其非。凡秉史筆者皆準春秋。專事褒貶。夫春秋以約文見義。若無傳釋。則善惡難明。史册以詳文該事。善惡已彰。無待美刺。讀蕭曹之行事。豈不知其忠良。見莽卓之所爲。豈不知其凶逆。夫史者國之大典也。而當職之人不知留意于憲章。徒相尚于言語。正猶當家之婦不事饔飧。專鼓脣舌。縱然得勝。豈能肥家。此臣之所深恥也。

江淹有言。修史之難。無出于志。誠以志者憲章之所繫。非老于典故者不能爲也。不比紀傳。

紀則以年包事。傳則以事繫人。儒學之士皆能爲之。惟有志難。其次莫如表。所以范曄陳壽之徒。能爲紀傳而不敢作表志。志之大原起于爾雅。司馬遷曰書。班固曰志。蔡邕曰章。華嶠曰典。張勃曰録。何法盛曰說。餘史並承班固謂之志。皆詳于浮言。略于事實。不足以盡爾雅之義。臣今總天下之大學術。而條其綱目。名之曰略。凡二十略。百代之憲章。學者之能事。盡于此矣。其五略。漢唐諸儒所得而聞。其十五略。漢唐諸儒所不得而聞也。

生民之本在于姓氏。帝王之制各有區分。男子稱氏。所以別貴賤。女子稱姓。所以別婚姻。不相紊濫。秦并六國。姓氏混而爲一。自漢至唐。歷世有其書而皆不能明姓氏。原此一家之學。倡于左氏。因生賜姓。胙土命氏。又以字。以謚。以官。以邑命氏。邑亦土也。左氏所言。惟兹五者。臣今所推有三十二類。左氏不得而聞。故作氏族略。

書契之本見于文字。獨體爲文。合體爲字。文有子母。主類爲母。從類爲子。凡爲字書者。皆不識子母。文字之本出于六書。象形指事。文也。會意諧聲轉注。字也。假借者。文與字也。原此一家之學。亦倡于左氏。然止戈爲武。不識諧聲。反正爲乏。又昧象形。左傳既不別其源。後人何從別其流。是致小學一家皆成鹵莽。經旨不明。穿鑿蠭起。盡由于此。臣于是驅天下文字。盡歸六書。軍律既明。士乃用命。故作六書略。

天籟之本。自成經緯。縱有四聲以成經。横有七音以成緯。皇頡制字。深達此機。江左四聲。反没其旨。凡爲韻書者。皆有經無緯。字書眼學。韻書耳學。眼學以母爲主。耳學以子爲主。母主形。子主聲。二家俱失所主。今欲明七音之本。擴六合之情。然後能宣仲尼之教。以及人面之俗。使裔夷之俘。皆知禮義。故作七音略。

天文之家。在于圖象。民事必本于時。時序必本于天。爲天文志者有義無象。莫能知天。臣今取隋丹元子步天歌。句中有圖。言下成象。靈臺所用。可以仰觀。不取甘石本經。惑人以妖妄。速人于罪累。故作天文略。

地理之家在于封圻。而封圻之要在于山川。禹貢九州皆以山川定其經略。九州有時而移。山川千古不易。是故禹貢之圖至今可別。班固地里主于郡國。無所底止。雖有其書。不如無也。後之史氏正以方隅郡國併遷。方隅顛錯。皆因司馬遷無地理書。班固爲之創始。致此一家。俱成謬學。臣今準禹貢之書而理山川。源本開元十道圖以續今古。故作地理略。

都邑之本。金湯之業。史氏不書。黄圖難考。臣上稽三皇五帝之形勢。遠探四夷八蠻之巢穴。仍以梁汴者四朝舊都。爲痛定之戒。南陽者疑若可爲中原之新宅。故作都邑略。

謚法一家。國之大典。史氏無其書。奉常失其旨。周人以諱事神。謚法之所由起也。古之帝王存亡皆用名。自堯舜禹湯至于桀紂皆名也。周公制禮。不忍稱其先君。武王受命之後。乃追謚太王王季文王。此謚法所由立也。本無其書。後世僞作周公謚法。以生前之善惡爲死後之勸懲。且周公之意既不忍稱其名。豈忍稱其惡。如是則春秋爲尊者諱。爲親者諱。不可行乎周公矣。此不道之言也。幽厲桓靈之字本無凶義。謚法欲名其惡。則引辭以遷就其意。何爲皇頡制字。使字與義合。而周公作法。使字與義離。臣今所纂。並以一字見義。削去引辭。而除其曲說。故作諡略。

祭器者。古人飲食之器也。今之祭器出于禮圖。徒務說義。不思適用。形制既華。豈便歆享。夫祭器尚象者。古之道也。器之大者莫如罍。故取諸雲山。其次莫如尊。故取諸牛象。其次莫如彝。故取諸雞鳳。最小者莫如爵。故取諸雀。其制皆象其形。鑿項及背以出內酒。惟劉杳能知此義。故引魯郡地中所得齊子尾送女器有犧尊。及齊景公冢中所得牛尊象尊以爲證。其義甚明。世莫能用。故作器服略。

樂以詩爲本。詩以聲爲用。風土之音曰風。朝廷之音曰雅。宗廟之音曰頌。仲尼編詩爲正樂也。以風雅頌之歌爲燕享祭祀之樂。工歌鹿鳴之三。笙吹南陔之三。歌間魚麗之三。笙間崇邱之三。此大合樂之道也。古者絲竹有譜無辭。所以六笙但存其名。序詩之人不知此理。謂之有其義而亡其辭。良由漢立齊魯韓毛四家博士。各以義言詩。遂使聲歌之道日微。至後漢之末。詩三百僅能鹿鳴騶虞伐檀文王四篇之聲而已。太和末。又失其三。至于晉室。鹿鳴一篇又無傳。自鹿鳴不傳。後世不復聞詩。然詩者人心之樂也。不以世之興衰而存亡。繼風雅之作者。樂府也。史家不明仲尼之意。棄樂府不收。乃取工伎之作。以爲志臣舊作。系聲樂府。以集漢魏之辭。正爲此也。今取篇目以爲次。曰樂府正聲者。所以明風雅。曰祀享正聲者。所以明頌。又以琴操明絲竹。以遺聲準逸詩。語曰。韶盡美矣。又盡善也。武盡美矣。未盡善也。此仲尼所以正舞也。韶即文舞。武卽武舞。古樂甚希。而文武二舞猶傳于後世。良有節而無辭。不爲異説家所惑。故得全仲尼之意。五聲八音十二律者。樂之制也。故作樂略。

學術之苟且。由源流之不分。書籍之散亡。由編次之無紀。易雖一書。而有十六種學。有傳學。有注學。有章句學。有圖學。有數學。有讖緯學。安得總言易類乎。詩雖一書。而有十二種學。有訓詁學。有傳學。有注學。有圖學。有譜學。有名物學。安得總言詩類乎。道家則有道書。有道經。有科儀　有符籙。有吐納内丹。有爐火外丹。凡二十五種皆道家。而混爲一家可乎。醫方則有脈經。有灸經。有本草。有方書。有炮炙。有病源。有婦人。有小兒。凡二十六種皆醫家。而混爲一家可乎。故作藝文略。

册府之藏。不患無書。校讐之司。未聞其法。欲三館無素餐之人。四庫無蠹魚之簡。千章萬卷。日見流通。故作校讐略。

河出圖。天地有自然之象。圖譜之學。由此而興。洛出書。天地有自然之文。書籍之學。由此而出。圖成經。書成緯。一經一緯。錯綜而成文。古之學者。左圖右書。不可偏廢。劉氏作七略。收書不收圖。班固卽其書爲藝文志。自此以還。圖譜日亡。書籍日冗。所以困後學而隳良材者。皆由于此。何哉。卽圖而求易。卽書而求難。舍易從難。成功者少。臣乃立爲二記。一曰記有。記今之所有者。不可不聚。二曰記無。記今之所無者。不可不求。故作圖譜略。

方册者古人之言語。款識者古人之面貌。方册所載經數千萬傳。款識所勒猶存其舊。蓋金石之功。寒暑不變。以兹稽古。庶不失眞。今藝文有志而金石無紀。臣于是採三皇五帝之泉幣。三王之鼎彝。秦人石鼓。漢魏豐碑。上自蒼頡石室之文。下逮唐人之書。各列其人而名其地。故作金石略。

洪範五行傳者。巫瞽之學也。歷代史官皆本之以作五行志。天地之間。災祥萬種。人間禍福。冥不可知。若之何一蟲之妖。一物之戾。皆繩之以五行。又若之何晉厲公一視之遠。周單公一言之徐。而能關于五行之沴乎。晉申生一衣之偏。鄭子臧一冠之異。而能關于五行之沴乎。董仲舒以陰陽之學倡爲此説。本于春秋。牽合附會。歷世史官自愚其心目。俛首以受籠罩而欺天下。臣故削去五行而作災祥略。

語言之理易推。名物之狀難識。農圃之人識田野之物。而不達詩書之旨。儒生達詩書之旨。而不識田野之物。五方之名本殊。萬物之形不一。必廣覽動植。洞見幽潛。通鳥獸之情狀。察草木之精神。然後參之載籍。明其品彙。故作昆蟲草木略。

凡十五略出臣胸臆。不涉漢唐諸儒議論。禮略所以敘五禮。職官略所以秩百官。選舉略言掄材之方。刑法略言用刑之術。食貨略言財貨之源流。凡兹五略。雖本前人之典。亦非諸史之文也。古者記事之史謂之志。書大傳曰。天子有問無以對。責之疑。有志而不志。責之丞。是以宋鄭之史。皆謂之志。太史公更志爲記。今謂之志。本其舊也。

桓君山曰。太史公三代世表。旁行邪上。並效周譜。古者紀年別繫之書。謂之譜。太史公改而爲表。今復表爲譜。率從舊也。然西周經幽王之亂。紀載無傳。故春秋編年以東周爲始。自皇甫謐作帝王世紀及年曆。上極三皇。譙周陶宏景之徒皆有其書。學者疑之。而以太史公編年爲正。故其年始于共和。然共和之名已不可據。況其年乎。仲尼著書斷自唐虞。而紀年始于魯隱。以西周之年無所考也。今之所譜自春秋之前稱世。謂之世譜。春秋之後稱年。謂之年譜。太史公紀年以六甲。後之紀年者以六十甲。或不用六十甲。而用歲陽歲陰之名。今之所譜卽太史公法。既簡且明。循環無滯。禮言。臨文不諱。謂私諱不可施之于公也。若廟諱則無所不避。自漢至唐。史官皆避諱。惟新唐書無所避。臣今所修準舊史例。間有不得而避者。如謚法之類。改易本字。則其義不行。故亦準唐書。夫學術超詣本乎心識。如人入海。一入一深。臣之二十略。皆臣自有所得。不用舊史之文。紀傳者編年紀事之實蹟。自有成規。不爲智而增。不爲愚而減。故于紀傳卽其舊文。從而損益。若紀有制詔之辭。傳有書疏之章。入之正書。則據實事實之別録。則見類例。唐書五代史皆本朝大臣所修。微臣所不敢議。故紀傳訖隋。若禮樂政刑務存因革。故引而至唐云。

嗚呼。酒醴之末。自然澆漓。學術之末。自然淺近。九流設教。至末皆弊。然他教之弊。微有典刑。惟儒家一家去本太遠。此理何由。班固有言。自武帝立五經博士。開弟子員。設科射策。勸以官禄。訖于元始。百有餘年。傳業者寖盛。枝葉繁滋。一經説至百餘萬言。大師衆至千餘人。蓋禄利之路然也。且百年之間。其患至此。千載之後。弊將若何。況禄利之路。必由科目。科目之設。必由乎文辭。三百篇之詩。盡在聲歌。自置詩博士以來。學者不聞一篇之詩。六十四卦之易。該于象數。自置易博士以來。學者不見一卦之易。皇頡制字。盡由六書。漢立小學。凡文學之家不明一字之宗。伶倫制律。盡本七音。江左置聲韻。凡音律之家不達一音之旨。經既苟且。史又荒唐。如此流離。何時反本。道之污隆存乎時。時之通塞存乎數。儒學之弊。至此而極。寒極則暑至。否極則泰來。此自然之道也。臣蒲柳之質。無復餘齡。葵藿之心。惟期盛世。

雲濠謹案。王阮亭居易録云。鄭夾漈。閩人。于西北地里水道多不能詳。康對山武功志嘗辨其漆漳二水。自富平入渭之非。予未暇他引。即就予鄉之水考之。淄水。杜云。出泰山梁父縣。西入汶。班云。出萊蕪縣原山。東至博昌。入濟。桑欽云。出萊蕪原山。東北入海。漁仲云。考其形勢。當以杜言爲正。按。淄水出益都縣顔神鎮東南岳錫山。東麓卽原山也。北逕馬陵。俗名長辰道。東北逕牛山。折而北漸臨淄東城。又東北逕安平故城。北又東北逕樂安城東。又北至馬車瀆。合時水入海。今淄水流經臨淄城南十里。沙石迅急。東北至樂安境。與時水同入海。與汶水判若秦越。安得有西入汶之理。以此推之。通志之舛訛多矣。此議鄭氏最核。

附録

其上皇帝書曰。念臣窮困之極。而寸陰未嘗虚度。風晨霜夜。執筆不休。厨無煙火而誦聲不絶。積日積月。一簣不虧。十年爲經旨之學。以其所得者。作書考。作書辨訛。作詩傳。作詩辨妄。作春秋考。作諸經序。作刊繆正俗跋。三年爲禮樂之學。以其所得者。作謚法。作運祀議。作鄉飲禮。作鄉飲駁議。作系聲樂府。三年爲文字之學。以其所得者。作象類書。作字始連環。作續汗簡。作石鼓文。作梵書論。作分音之韻。五六年爲天文地理之學。爲魚蟲草木之學。爲方書之學。以天文地理之所得者。作春秋地名。作百川源委圖。作春秋列國圖。作分野紀。作天象略。以蟲魚草木之所得者。作爾雅志。作詩名物志。作本草成書。作本草外類。以方書之所得者。作鶴頂方。作食鑑。作採治録。作畏惡録。八九年爲討論之學。爲圖譜之學。爲亡書之學。以討論之所得者。作羣書會紀。作校讐備論。作書目正譌。以圖譜之所得者。作圖書志。作圖譜有無記。作氏族源流。以亡書之所得者。作求書闕記。作求書外記。作集古系録。作集古系地録。此皆已成之書也。其未成之書。在禮樂則有器服圖。在文字則有字書。有音讀之書。在天文則有天文志。在地理則有郡縣遷革志。在魚蟲草木則有動植志。在圖譜則有氏族志。在亡書則有亡書備載。二三年間。可以就緒。如詞章之文。論説之集。雖多不得而與焉。

紹興間應召。明年上殿奏言。臣處山林三十餘年。修書五十種。皆已成之。書其未成者。臣取歷代之籍。始自三王。終于五季。通修爲一書。名曰通志。參用馬遷之體。而異馬遷之法。謹摭其要覽十二篇。名曰修史大例。

陳直齋書録解題曰。鄭漁仲爾雅註。其言爾雅出自漢代箋注未行之前。蓋憑詩書以作爾雅。爾雅明則百家箋注皆可廢。爾雅應釋者也。箋註不應釋者也。言語稱謂宫室器服草木蟲魚鳥獸之所命不同。人所不能識者。故爲之訓釋。義理人之所本有。無待注釋。有註釋則人必生疑。反舍經之言。而疑注解之言。或者舍注解之意。而泥己之意以爲經意。此其爲説雖偏。而論注釋之害。則名言也。

又曰。詩辨妄者。專指毛鄭之妄。謂小序非子夏所作。可也。盡削去之而以己意爲之序。可乎。漁仲之學。雖自成一家。而其師心自是。殆孔子所謂不知而作者也。

林竹溪鬳齋學記曰。溪西有詩云。昨夜西風到漢軍。塞鴻不敢傳慇懃。幾山衰草連天見。何處悲笳異地聞。犬馬有心雖許國。草茅無路可酬君。微臣一縷申胥淚。不落秦庭落暮雲。其題曰建炎初秋。不得北狩消息作。公時爲士人。而忠憤如此。後來虞丞相以此詩薦公。遂召對。

劉後村題跋曰。夾漈薦邱鐸于某人云。尚書之門。可以遺鄭樵。不可以遺邱鐸。噫。其先人後己有如是耶。艾軒與夾漈書云。兄去聖人千餘歲。得不傳之學。又云。前數年聞夾漈説。便心開目明。其推賢服善有如是耶。今人仕同時則躁。惟恐人之先己也。名軋己則忌。惟恐人之勝己也。此前輩之所以爲前輩歟。

王氏困學紀聞曰。朱子詩序辨説多取鄭漁仲詩辨妄。艾軒謂歐陽公詩本義不當謂之本義。古人旨意精粹。何嘗如此費解。

謝山箋曰。厚齋蓋亦有取鄭漁仲之學。愚按漁仲最多武斷。

又曰。夾漈謂。説文定五百四十類爲字之母。然母能生而子不能生。誤以子爲母者二百十類。

朱德潤序夾漈詩傳訓詁曰。德潤于朱鄭之學有得焉。蓋朱氏之學淳。故其理暢。鄭氏之學博。故其理詳。學者不可不兼該而並進也。

虞道園序鄭氏毛詩曰。蓋竊感鄭氏去朱子之鄉若是其近。以年計之不甚相遠。門人學者里閈相錯。而不通見于一時。何哉。雖各自爲説。而多同者。豈閩多賢人學者。老于山林。嘗有説未達于外。而兩各有所采乎。將二氏之卓識。皆有以度越前人。不待于相謀而有合乎。世遠地廣。未之有考也。

夾漈講友

删定林先生霆

林霆字時隱。興化軍人。政和進士第。博學深象數。與鄭夾漈爲金石交。林艾軒光朝嘗師事之。聚書數千卷。皆自校讐。謂子孫曰。吾爲汝曹獲良産矣。紹興中。爲敕令所删定官。力詆秦檜和議之非。卽掛冠去。當世高之。宋史。

夾漈同調

文公朱晦庵先生熹詳晦翁學案。

編修王雪山先生質

王質字景文。興國人。博學能文。著書五十篇。言歷代君臣治亂。謂之朴論。紹興末舉進士。孝宗時言和戰守之計。改爲樞密院編修官。虞允文薦其鯁亮不回。可爲正言。時中貴用事。陰沮之。遂奉祠居。絶意禄仕。姓譜。

梓材謹案。先生爲樞密宣撫相公樂府序。樞密謂仁壽虞公。自署門人汶陽王質。則先生嘗及虞氏之門。其雪山集則敷淺原王南卿序之。

雪山詩説

詩人偶見鵲有空巢。而鳩來居。後人必以爲常。此談詩之病也。媒妁之來。尚欲使舒徐無諠動貞女。可知當是在野而貧者。取獸于野。包物以茅。護門有犬。皆鄉落氣象。

籧篨。今龜胸。戚施。今駝背。

今細民草屨不間寒雪。安有葛屨不可履霜。又安得廟見三月。方可執婦功。女子亦有下衣。安得女子不可縫下裳。此詩言婚姻太速。使夫力婦功以濟其家而不虛度。所以爲褊而可刺也。

稂蕭蓍皆陸草。陸草畏水。田禾喜水。必是當時水漲。因思感時。上有明王。下有郇伯。氣候皆正。雨澤皆調。蓋君臣皆良。故天人相應也。

一詩如何分爲三籥章。所謂豳詩以鼓鐘琴瑟四器之聲合籥也。禮。笙師。龡竽。笙。塤。籥。簫。篪。篴。管。舂。牘。應。雅。凡十二器。以雅器之聲合籥也。禮。眂瞭。播鼗。擊頌聲㊀。

㊀「聲」當爲「磬」。

笙磬。凡四器。以頌器之聲合籥也。凡爲樂器。以十有二律爲之數度。以十有二聲爲之齊量。凡和樂亦如是。故逆暑迎寒。祈年祭蜡。皆全用七月之詩。特以器和聲有不同爾。

後有魚麗之陣。陣凡五。每陣又各有五。敵入其中者。無有不著。然則罶者曲簿也。雖不盡與陣法相似。而曲簿周匝。魚之入其中者。亦無得而脱也。爲魚麗之陣。其殆取魚麗之詩之義乎。

爾公爾侯。逸豫無期。此必舊爲公侯。而今遁山林者也。度斯人浪適。其來無期。少致丁寧頌禱之辭。愛賢之深也。

陶。今之土墼也。以陶爲蓋于其上謂之復。以陶爲基于其下謂之穴。此言以土墼爲居也。

王舅非獨申伯一人。故云往迎王舅。當是諸舅。先有在謝者。今與相近。

靖夷。寂寞也。以爲佳語者非。

遵養時晦。謂文王也。我寵受之。謂武王也。載用有嗣。謂成王也。

雪山文集

李牧之在雁門。法主于守。守乃所以爲戰。祖逖之在河南。法主于戰。戰乃所以爲和。羊祜之在襄陽。法主于和。和乃所以爲守。是和戰守本殊塗而同歸者也。論和戰守疏。

臣謂今日有事于中原。以十分爲率而計之。六分用中原攻金人。一分用諸戎攻金人。三分用東南攻金人。若十分盡仰東南。此晉宋所以多無成也。上皇帝書。

世之風俗與天地之氣俱爲消息盈虚。而吾之心未嘗有所虧盈也。自三代而降。中庸大學之旨不傳。而危微精一之學遂廢。世徒以智力精神與萬物相抗。而奪其情狀爲吾之文章。不知吾之智力精神與氣運風俗同流。而我勿能制也。若是何怪道愈降。文益衰。夫惟至誠不息之功全。而克己復禮之力厚。自爲主宰。不爲氣運風俗所遷。吾之智力精神返而與泰定之光相合。不隨古今之變而常新無窮。則三代之文章居然可致也。林間之夫。漢上之女。與今之學士大夫。其賢愚工拙宜至相絶矣。而兔罝漢廣之聲。非後世可以比。唯其有莫不好德之心。故其音純。有無思犯禮之念。故其音正。世溺于勢利聲名。而方寸之地爲萬物往來馳騁之塗。蹂躪吾之精靈。其力至淺鮮矣。敘事而有大禹皋陶之謨。論諫而有説命旅獒立政之書。諭衆而有梓材多方之訓。析理而有洪範之文。此非可以取必于其辭。而其存諸中者。如玉在石。珠在淵。温純明湛之輝。因物顯容而自莫知。此天下之至文也。于湖集序。

附録

嘗曰。文章根本在六經。

自序退書曰。嗚呼。生于憂患。死于安樂。孟子決生死于憂患安樂之機而弗疑。吾乃今知之。得此變而後生。此變也。不至固不可。緩亦不可。不至蹈于死。緩則瀕于死。及是得之。能弗死而生。此天地之心。他人弗知。而吾于悔悟之際窺之審也。今將何以持之使堅。曰畏。何以養之使熟。曰緩。作六悔。著其昔之非。作六變。著其今之是。總而謂之退書。未悔則務進。既悔則務退。其相反蓋理勢然也。

又自贊曰。一百年前。蜀山之下。有蘇子瞻。煒煒煌煌。若鳳若鸞。一百年後。楚江之濱。有王景文。波波擊擊。半癡半昏。横笻踞石。風標則一。英氣蹴天。嗟哉難及。贊者子由。畫者伯時。今則渺然。我皆無之。吁。

陳直齋書録解題曰。詩總聞自序云。研精覃思于此幾三十年。其書有聞音。謂音韻。聞訓。謂字義。聞章。謂分段。聞句。謂句讀。聞字。謂字畫。聞物。謂鳥獸草木。聞用。謂凡器物。聞跡。謂凡在處山川土壤州縣鄉落之類。聞事。謂凡事類。聞人。謂凡人姓號。共十聞。每篇爲總聞。又有聞風。聞雅。聞頌等。其説多出新意。不循舊傳。

雲濠謹案。四庫全書著録先生總聞二十卷。提要謂。南宋之初。廢詩序者三家。鄭樵朱子及王氏也。鄭朱之説最著。亦最與當代相辨難。王説不字字詆小序。故攻之者亦稀。然其毅然自用。别出新裁。堅鋭之氣。乃視二家爲加倍云。

雲濠又案。王阮亭居易録載是書。其例曰。聞南。聞風。聞雅。聞頌。又聞音。聞訓。聞跡。聞事。聞物。聞用。聞章。聞句。聞字。而終以總聞。其書援據亦博。而好與毛鄭異。亦絶與朱子不合。如衛詩柏舟。燕燕。鶉之奔奔。二子乘舟。鄭詩狡童。將仲子。有女同車。青青子衿之類甚多。如云。鄭忽言行蓋多近賢。不可以成敗論人。所謂狡童。非忽也。又云。文姜。鄭忽所辭者也。以爲賢而不娶。識者更詳之。此言最允。然于齊詩南山。猗嗟。皆無異詞。後有宋人跋云。其删除詩序。實與文公朱先生合。至以意逆志。自成一家。眞能寤寐詩人之意于千載之上。斯可謂之窮經矣。此跋謂與晦翁合。亦非也。

黄東發日鈔曰。卷耳。王雪山去序言詩。至以爲后妃勞媵妾之歸寧。晦庵詩傳以爲后妃憶文王。皆以婦人不預外事也。然詩人特詠其情如此耳。豈預外事哉。合從衆説。以爲后妃之志。

玉山家學

汪先生□

梓材謹案。胡澹庵與汪聖錫書云。難弟廣文。綽有家範。歎仰德門之盛。

玉山門人

補 文肅章先生穎

文肅文集

朝夕之安。不能銷百年必至之患。斯須之快。不能償他日無窮之憂。昧者安之。智者懼焉。斐然集序。

補 司直趙先生焯

梓材謹案。先生弟臨川守景明。嘗邀先生及劉子澄與朱陸鵝湖之會。互見象山學案補遺。

文懿陳菊坡先生居仁詳見龜山學案。

吏部蘇先生玭別見滄洲諸儒學案補遺。

忠定家學

補安撫趙先生崇憲

附録

公之學得于家庭。而成于師友。以不欺爲立心之本。思過爲進德之方。其所居常揭以自警。其在郡國。以勸學毓材爲首務。于九江。則新濂溪祠。又爲書堂以處學者。求周氏後之幼慧者三人。廩而教之。豫章東湖昉立書院。公至增葺其未備。又爲選堂長。益生員。置書史。豐廩給。如所以經紀濂溪者。

補朝請趙節齋先生崇度

附録

忠定嘗書公廉勤恕四説遺所親。公在郡爲堂。扁以四説。書其後曰。公則無偏見。廉則無利心。勤則無遺事。恕則無過舉。吏道盡于此矣。

平生尊慕正學。在昭武則建濂溪河南横渠晦庵五先生祠。在邵陽則别濂溪于堂。而徙其不可並祠者。

補直閣趙先生必愿

附録

遷起居舍人。大水。上封事言。海潮毀溢。侵迫禁城。災異之來。理不虚發。今日之事。動無良策。必上畏天戒。下修人事。易沴召和。轉移于陛下方寸間耳。

趙氏門人

韓先生仲龍附子如璋。孫思恭。

韓仲龍。樂平人。丞相趙忠定之壻。以詩五中待補。子如璋。遭宋革。隱居讀書于里之北山。號萊山先生。萊山子思恭。字德用。學者尊之。曰用軒先生。幼不習羣弄。早悟書數學。長負器備。好善惡惡。或爲非義。惟恐先生聞之。若畏王彦方者。事親至孝。東維子集。

南谿門人

安撫趙先生崇憲

朝散趙節齋先生崇度

機幕趙先生崇模

京幕趙先生崇實並詳忠定家學。

夾漈門人

提舉楊先生興宗別見艾軒學案補遺。

林氏門人

文節林艾軒先生光朝詳艾軒學案。

忠惠家學

（補）直閣鄭先生寅

雲濠謹案。先生爲眞西山所薦賢能才識之士三人之一。西山言其名家之子。刻意問學。富于見聞。而恬靜自守。不汲汲于進取。曩自太府丞出守廬陵。實有善政。以風聞論罷。退安閒散。泊然無營。惟日沈酣于簡册。涵養益粹。殊未易量云。

附録

劉後村祭鄭左司文曰。嗚呼。史氏之季。我閒八年。公更倍之。閉關蕭然。我已惰荒。公方精專。聚書如山。手自校研。魯壁汲冢。删後訂前。上考洙泗關洛之傳左馬。下接巽巖續編。義理精微。事物本原。治亂消長。典章革沿。鉤索鈔纂。網羅貫穿。胸有五車。手無寸權。卷而懷之。北陌東阡。

王臞軒輓鄭承敬(一)詩曰。壼山閥閲例多賢。玉雪(二)風標憶眼前。正獻風猷復齋繼。蜀公素業肯亭傳。人于故國悲諸老。我爲吾州惜二仙。在昔靖康人物盡。却教老蔡雪垂肩。

宣教鄭先生壚

鄭壚字純甫。邠公僑之孫。左司寅之子。治周官。旁通他經傳。叩之亹亹不竭。如窮書生。自國初至南渡。中間政事沿革。世道消長。數大節目皆默識。叩之纚纚可聽。如耄老人。先生既佩服義方。而大母爲玉山汪端明之女。母又小端明之女也。耳目濡染。皆兩家之舊事。諸老之雅言。終其身無珠玉象犀僮奴狗馬之好。初補承務郎。參轉宣教郎。卒。劉後村集。

(一)「鄭承敬」當為「鄭都承子敬」。

(二)「玉雪」當為「雪玉」。

林氏家學

少卿林水村先生光世

林光世字逢聖。莆田人。景定二年賜進士出身。初。淮東漕臣黄漢章上其所著易鏡。由布衣召爲史館檢閲。遷校勘。改京秩。自將作丞知潮州。開慶元年。召爲都官郎中。後入爲司農少卿。兼史館。閩書。

水村易鏡自序

古之君子。天地日月。星辰陰陽。造化鳥獸。無所不知。不必讀繫辭爻辭。眼前皆自然之易也。後世諸儒釋易。凡天地變化。陰陽消長。君子小人進退之道。言之詳矣。不可復加矣。獨仰觀俯察之學。則置而不言。臣拘拘塵世。磨蟻醯雞。何能透徹。家有藏書萬卷。少年父師律舉子業。不許讀。晚始窺先大父删定臣霆手校靈憲圖。時秦師垣爲同年。屢詆和戎之非。掛冠歸莆。愴然語鄭夾漈曰。吾向在汴。送季父主客郎中臣沖之使敵也。至孟津。夜見天牀星動。未幾。國事忍言。今約子夜觀星。問何年當太平。臣讀靈憲圖。雖知天。然未知星與易合。歲在丙午。朝賢喧易九之戒。天子恐懼修省。星之逆者皆軌道。臣時居海上。自幸此身不死。可以觀星。可以讀易。從事心目。不顧寒暑。忽一夕。觀天有所感。縱觀天澤火雷風水山地八宫之星。皆自然六十四卦也。遂頓悟聖人畫卦初意。臣何修得此。于天隱而不言。咈天也。敢先以繫辭。自離至夬十三卦。凡十二象。筆之書。願與通天地人之君子演而伸之。亦以補諸儒之所未言焉。

雲濠謹案。四庫全書存目水村易鏡一卷。提要云。所列星圖穿鑿附會。夫庖犧仰觀天文。亦揆其盈虚消息之運耳。何嘗準列宿畫卦哉。後永豐陳圖作周易起元。又以名山大川分配六十四卦。謂之察于地理。充乎其類。殆不至以鳥獸配卦不止矣。

直閣門人

劉習靜先生彌邵詳見艾軒學案。

用軒學侶

縣令史先生夢龍

史夢龍。爲樂邑邑大夫。豪傑士也。事用軒韓先生如師。用軒嘗語之曰。土瘠草木不繁。水煩者魚不育。守令者民之土水也。又曰。廉而不諒。直而不決。糊塗皁白以從事。其瘠甚跖。書其言于座右。訟有不決者。馳狀質之。東維子集。

汪氏續傳

汪先生愨

汪愨。

夾漈私淑

顧先生文英別見滄洲諸儒學案補遺。

夾漈續傳

□先生□□

六經奥論

天不生堯舜。百世無治功。天不生夫子。萬世如長夜。堯舜治功顯設一時。夫子六經照耀萬古。是以六經未作之前。一世生一聖人而不足。六經既作之後。千萬世生一聖人而有餘。使天不生夫子。則申韓之徒以刑名之法進。秦儀之徒以縱横之學售。諸子百家各出其術。以投時好。縱有非之者。何所據而爲之辭。嗚呼。夫子一身在萬世如見。其學術見于六經。其言語見于論語。其粹然與人相接之聲音笑貌動作進退見于鄉黨之一篇。使天下後世之人。日與聖人相周旋于數千載之上者。皆夫子修六經之功也。夫子修六經。

許愼説文用隸書爲正。皆不合孔氏古文。至有以李斯蒼頡篇爲蒼頡之書者。有以秦之時蟲書爲科斗之書者。況責之以六經之文乎。許愼氏亦不識古文。晉太康中盜發魏襄王冢。得策書十萬餘言。古文亦有數種。其一篇論楚事最爲工妙。時人多好之。六經古文辨。

六經之文字雖不同。音各有異。而義歸于一。故曰。古人制字非直紀事而已。亦以齊天下不齊之音也。六經字音辨。

鄭康成用功于六經深矣。而後世獨取周禮禮記毛詩何也。鄭嘗註書矣。而爲僞泰誓作註。此所以見廢。鄭嘗註易矣。以重卦出于神農而學者不之信也。大抵鄭氏學長于禮。而深于經制。故先註禮而後箋詩。至于訓詁。又欲以一一求合于周禮。此其所以失也。六經註疏辨。

唐貞觀中。孔穎達奉詔撰五經正義。與馬嘉運等參議。于禮記毛詩取鄭。于尚書取孔傳。于易取王弼。于左氏取杜預。自正義作而諸家之學始廢。獨疑周禮儀禮非周公書。不爲義疏。其後永徽中。賈公彥始作儀禮周禮義疏。本朝眞宗又詔邢昺校定周禮儀禮公羊穀梁正義。於是九經之義疏始備。仁宗朝。歐陽文忠公上言欲乞特賜。詔諸臣儒學官悉取九經之疏。删去讖緯之文。使經義純一無所駁雜。其用功至多。爲益最大。使歐陽删定正義。必大有可觀者。惜乎其不果行也。同上。

林少穎曰。知之爲知之。堯典舜典之所以可言也。不知爲不知。九共槀飫略之可也。予亦曰。知之爲知之。三百篇之所以爲可言也。不知爲不知。由庚華黍略之可也。必欲强説。則如序詩者曰。白華。孝子之潔白也。華黍。時和歲豐宜黍稷也。由庚。萬物各由其道也。崇丘。萬物得極其高大也。三百篇之詩。未嘗以命篇一字取義序詩者。何以知其然乎。詩書逸篇。

三易者。一曰連山。二曰歸藏。三曰周易。其經卦皆八。其別皆六十有四。杜子春曰。連山伏羲。歸藏黄帝。鄭康成又以爲夏商周之易。或者又釋以夏建寅用人正。其書以重艮爲首。故曰連山。商建丑用地正。其書以重坤爲首。故曰歸藏。周建子用天正。其書以重乾爲首。故以代名。如周禮是也。鄭氏釋三易。既無所據。孔穎達又祖杜子春之言。引世譜等書。以爲三易並以代號。余嘗求易之坤卦。乃易之歸藏之意也。所謂坤以藏之是也。全卦皆言地道。易之艮卦。乃連山之遺意也。所謂兼山艮是也。六爻皆列人象。其書雖不存。其意可得而推也。三易。

天不授宓犧以河圖。則八卦不可畫乎。不錫禹以洛書。則九疇不可叙乎。曰。取豫取夬已具于文王未作卦辭之前。而司徒司馬司空亦已見于舜命九官之際。是知圖書皆上世所有。但使羲則而畫之。禹法而陳之耳。河洛又辨。

唐蘇州司馬郭京曰。有周易舉正三卷。曾得王輔嗣韓康伯手寫註定傳授眞本。比校今世流行本顛倒錯繆者凡一百有三節。今舉其要云。坤初六象曰。履霜陰始凝也。無堅冰二字。屯六三象曰。卽鹿无虞。何以從禽也。增一何字。師六五曰。田有禽。利執之。无咎。今本之作言字。蹇九三。往蹇來正。今本正作反字。鼎象曰。聖人亨。以享上帝。以養聖賢。今本多而大亨三字。漸象曰。君子以居賢德。善風俗。今本無風字。豐九四象曰。遇其夷主。吉志行也。今本脱志字。雜卦曰。蒙雜㊀而著。今本稚作雜字。福州道藏中有此本。後見晁公武所進易解多引用之。世罕

㊀「雜」當為「稚」。

見其書也。易舉正。

禹貢一書所以不可及者何邪。得道之言與材智之言異。禹貢之言。其深于道乎。書出于道。非後世地理家比也。故州不係于方域而係之山川。至後世則四至八到之説矣。山川小者係其州。大者條而出之。至後世爲一山跨數州。一水而見數郡矣。冀州不言四方所距。至後世則京兆扶風與郡縣同體矣。禹跡所及。東至萊牧。西至和夷。以至皮卉之服。無不爲之績敘。至後世則羈縻州郡。皆入中國圖籍矣。四者之意既已周知。而復于終篇不過百言。遂能盡九州之田賦。土地之所宜。道路山川之遠近。非深於道能之乎。禹貢地理辨。

洪範之序九疇。正如堯典之記四時禹貢之記九州。後世則不然。月令記四時。職方氏記九州。混爲一體。都無區别。豈惟月令之記四時不如堯典。至記日夜分亦不及堯典。堯典以日中宵中四字記之。自有春秋之别。月令則兩言日夜分。而不知孰爲春。孰爲秋。豈惟職方氏之記不如禹貢。至記里數亦不如禹貢。禹貢以一面記之。職方以四面記之。則知古人之志不可及。古人之文亦不可及。洪範禹貢堯典相類。

上古之世風俗淳厚。初未有奇傑可録之事。故史官所存。不過君臣之間忠言嘉謨。與夫國家興亡大致而已。其他世次年月官秩名氏。以爲無益于治。皆所不取焉。使後世之君讀其書。想其人。堯舜禹湯文武以至太康桀紂。其所示勸諭告戒之言。與三百篇之美刺。二百四十二年之褒貶者。無以異也。讀書當觀其意。

二南之詩。後世取于樂章。用之爲燕樂。爲鄉樂。爲射樂。爲房中之樂。所以彰文王之德美也。故曰。夫武始而北出。再成而滅商。三成而南。南之爲義。蓋如是也。五成而分周公左召公右。周召南之爲義。蓋如是也。周世未有樂名南者。惟鼓鐘之詩曰。以雅以南。以籥不僭。左氏載季札觀樂。見舞象箾南籥者。詳而考之。南籥。二南之籥也。雅也。象舞。頌之維清也。箾之舞象。籥之奏南。其在當時。見古樂如此。而文王世子又有所謂胥鼓南。則南之爲樂古矣。二南辨。

吴季札觀周樂。歌大雅小雅。是雅有小大。已見于夫子未删之前。無可疑者。然無所謂正變者。正變之言出于序。未可信也。小雅節南山之刺。大雅民勞之刺。謂之變雅可也。鴻雁庭燎崧高烝民之美宣王也。亦可謂之變乎。雅非有正變辨。

胡文定公曰。邶鄘以下多春秋詩。而謂詩亡然後春秋作何也。黍離降而爲國風。天子無復有雅。而王者之詩亡矣。春秋始隱公。適當詩亡之後。謂詩亡者。雅詩亡也。予謂不然。春秋作于獲麟之時。乃哀公十四年矣。詩亡于陳靈公。乃孔子未生之前。故曰詩亡然後春秋作。謂美刺之詩亡而褒貶之書作矣。非有定義也。詩亡然後春秋作。

横渠先生曰。置心平易始知詩。余謂讀六經之書皆然。如書曰。刑故無小。宥過無大。諸家用十數句解不盡。曾見作者説曰。刑故無刑小。宥過無宥大。只添二字。而辭意明白。孟子謂民之秉彝句亦如此。解經不可牽强。

周禮。或謂文王治岐之制。或謂成周理財之書。或謂戰國陰謀之書。或謂漢儒附會之説。或謂末世瀆亂不驗之書。紛紜之說。無所折衷。予謂非聖人之智不及此。惟見其所傳不一。故武帝視爲末世瀆亂不驗之書。而不知好也。自成帝時雖著七略。終漢迄唐。竟不置學官博士。文中子居家未嘗廢周禮。太宗讀周禮謂眞聖作。其深知周禮者歟。若夫後世用周禮。王莽敗于前。荊公敗于後。此非周禮不可行。而不善用周禮之過也。周禮辨。

梓材謹案。四庫全書著録六經奥論六卷。提要云。舊本題宋鄭樵撰。朱氏曝書亭集有是書。跋曰。觀其議論。與通志略不合。樵所上書自述其著作。臚列名目甚悉。而是書曾未之及。非樵所著審矣。今檢書中論詩。皆主毛鄭。已與所著詩辨妄相反。又天文辨一條。引及樵說。稱夾漈先生。足證不出樵手。又論詩一條。引晦庵説詩。論書一條。併引朱子語録。且稱朱子之謚。則爲宋末人所作。具有明驗。第相傳既久。所論亦頗有可采。故仍録存之。又案。四庫存目禮經奥旨一卷。提要亦言。舊本題宋鄭樵撰。考其文。即六經奥論之一卷也。六經奥論本危邦輔託之鄭氏。此更僞中作僞。摘其一卷。別立書名。以炫世云。謂六經奥論爲宋末人所託。良是。抑觀其稱夾漈爲先生。則亦私淑鄭氏者矣。

湘鄉同調

李屏山先生純甫詳屏山鳴道集説略。

宋元學案補遺卷四十七目録

宋元學案補遺卷四十七

後學 鄞 王梓材 慈谿馮雲濠 同輯

艾軒學案補遺

艾軒師承

方先生富文

方富文翁。艾軒嘗受學焉。狀其行累千二百六十言。時方三十餘。猶未脱白。自稱門人。其賢可知。劉後村集。

附録

林竹溪跋方富文公行狀曰。艾軒先生于人一字豈輕與。又言公識拔溪東休齋于未知名時。而溪西亦以奇書奥義求質于公。然則富文之于莆。又爲知名人所敬畏者。是爲何等人物。惜其文未及見。而遺言卓行僅于誌狀中得之。使此數紙不傳。後來誰復知者。

陸氏門人

補 文節林艾軒先生光朝

梓材謹案。鄭氏福清儒林傳言。閩自龜山載道而南。傳羅李朱。其宗爲盛。而私淑信伯傳莆侍郎林光朝。又言。光朝聞陸子正得程門尹氏之學。而又與之遊。及呂張朱並鳴。爲先輩。而號南夫子。歸莆。以講于東井紅泉間。閩之洛學。又其宗也。

林艾軒語

易不畫。詩不歌。無悟入處。

梓材謹案。此語王氏困學紀聞引之。蓋本林希逸艾軒集序。

文王演周易。而爲卜筮之書。箕子作洪範。流而爲災異五行之説。聖人之經何其不幸也。

黺黻絺繡當各爲一物。璪當爲玉璪之璪。璪。圜物也。意其爲璪之狀。而以火旁飾之。火因物而後見耳。考工記謂火以圜。得非指璪火爲一物乎。鄭司農謂爲圜形似火。此爲近之。希冕謂黺黻絺繡皆從黹。同謂之希冕。陸德明希與黹同。蓋有由來也。

王伯厚曰。古文尚書及説文璪火黺黻絺繡。

鄭康成以三禮之學牋傳古詩。難與論言外之旨矣。

梓材謹案。此語林希逸作嚴華谷詩緝序引之。

五音十二律。古也。舜彈五弦之琴。以歌南風。是琴之全體具五音也。琴之有少宮少商。則不復有琴。樂之有少宮少徵。則不復有樂。以繁脆噍殺之調。皆生于二變也。

謝山困學紀聞三箋曰。古旋宮法不用二變。詳見棃洲黃氏律呂精義。

聶崇義三禮圖全無來歷。穀璧卽畫穀。蒲璧卽畫蒲。皆以意爲之。不知穀璧只如今腰帶夸上粟文耳。

祼玉有三。爲龍首。一等玉也。以㊀次于全玉。爲瓚。一等玉也。又次于龍首。瓚盛酒也。爲祼將。又一等玉也。又次于瓚。上文言圭。此一節乃論爲圭之玉。謂天子之圭則用純全之美玉。上公之圭則用爲祼瓚龍之玉。諸侯之圭則用爲瓚之玉。伯之圭則用爲祼將之玉。其文正在言圭之下。

林鬳齋曰。此説極正而易通。

父母存。不許友以死。戰國間傳習之語。不可以爲訓。

內則。子生七年。則男女不同席。不共食。于童稚之時而教之遠嫌也。婦人十五而許嫁則繫纓。笄。成人之飾。纓。許嫁則繫之。不入其門。謂許嫁則異宮而處也。

爾雅。六籍之户牖。學者之要津也。古人之學。必先通爾雅。則六籍百家之言皆可以類求矣。

㊀「以」一爲「必」。

及散裂爾雅而投諸箋註。説隨意遷。文從義變。説或拘泥。則文亦牽合。學者始以訓詁之學爲不足學也。不知釋詁釋言釋訓亦猶詩之有六義。小學之有六書也。

自堯舜以來。宇宙之間始曉然知有帝王之學。

體乾坤二字之義。惟天惟地可以盡之。不當説乾便指天。坤便指地。

退省其私。亦足以發。此是初學無疑。鑽堅仰高。以至欲罷不能。則是中間一節。

張南軒曰。回終日如愚。當時問學中間一節。

艾軒文集

九德九夏。雅頌之流也。貍首。風也。豳之雅頌。猶魯頌也。策問。

讀風詩不解芣苢。讀雅詩不解鶴鳴。此爲無得于詩者。與陳體仁書。

詩本義初得之如洗滌腸胃。讀之三載覺有未穩處。古人旨意精粹。何嘗如此費辭。大率歐陽二蘇及劉貢父談經多如此。

文中子以爲詩者民之情性。人之情性不應亡。使孟子復出。必從斯言。以上與趙子直書。

古人之所言。皆求之日用。日用是根株。文字是注腳。須見得日用處。注腳自可曉。與楊次山書。

王伯厚曰。此卽象山六經註我之意。蓋欲學者于踐履實地用功。不但尋行數墨也。

讀書如飲啖。一日不得食。便如此空餒。三朝五日。或不近書卷。虧耗不少。與王宣子舍人書。

梓材謹案。居易録引此云。是眞讀書人語。其書又曰。海中有一山。名眉洲。隔岸視之。約五七里許。一水可到。有千家無一人讀書。亦有田數十頃。可耕可食。魚米極易辦。可以卜室讀書。隔絶人世。無賓客書尺之擾。令人髣髴想像其處如桃花源也。阮亭又云。艾軒與朱子同時。講學有重名。稱南夫子。官至國子祭酒。集賢殿修撰。嘗論曾覿龍大淵不賀張説封還謝廓然内批。其立朝大節本末如此。網山其高第弟子。樂軒又網山高第也。又云。艾軒文鈔一卷。其族孫兆珂所刻。後村稱其文高迫檀弓。平亦驅韓。固過情之論。要是南宋一作手。又言内閣藏書目録載林艾軒集三十三卷。闕第三第四第二十一第二十三卷。

臣聞中和之極。自古以固存。帝王之興。以是而相授。若黄帝堯舜之盛。逮夏后商周以來。雖無傳道之名。已有執中之説。堯嘗以是傳之舜。舜謂是道也。吾將與天下共之。是以有虞氏之上庠下庠。蓋欲推是道而達之天下也。禹湯文武皆以其所傳者達之天下。故夏后氏有東序西序。商人有右學左學。周人則兼四代之學而用之。人倫以明。典禮以行。好惡以平。習俗以成。夫是數者。皆由太學來也。幸學詔書紀事。

附録

黄公度寄林謙之詩曰。冰壺玉麈逼人寒。忽漫過逢豁肺肝。千載有人扶古道。一時傾蓋盡儒冠。不妨我輩詩腸在。要取他年酒量寬。萬卷白頭成底事。販屠之輩任艱難。

周益公銘其墓曰。南賢好修。志誰不勤。汲古纂言。業誰不精。孰如林公。好學而醇。所持者正。所勉者誠。身猶布衣。人曰公卿。年未强仕。人曰老成。時雨之教。其化也深。水上之風。

渙然有文。瞻彼莆中。冠蓋如雲。祭公于社。過者必欽。

朱子語類曰。林艾軒在行在。一日。訪南軒曰。程先生語録某卻看得。易傳看不得。南軒曰。何故。林曰。易有象數。伊川皆不言。何也。南軒曰。孔子説易不然。易曰。公用射隼于高墉之上。獲之無不利。如以象言。則公是甚。射是甚。隼是甚。高墉是甚。聖人止曰。隼者禽也。弓矢者器也。射之者人也。君子藏器于身。待時而動。何不利之有。

陳樂軒喜艾軒文集刊傳詩曰。蚤歲過玉融。晤逢陳叔盥。曾侍艾翁來。國風話長短。忽讀誦采蘋。玉川茶八椀。因入網山門。多舍莆陽館。今喜文集行。源流心事滿。頭顱七十六。見此抑何緩。百爲信有待。立志如君罕。良晤向三山。夤緣非偶款。

劉後村序艾軒集曰。先生乾淳間大儒。國人師之。朱文公于當世之學。間有異同。惟于先生加敬。于時朝野語先生不以姓氏。皆曰艾軒。初先生爲布衣。已負重名。後貴顯于朝。愛先生者皆以晚節爲憂。及逢掖去國。然後吕成公喜曰。過江以來未有也。嗚呼。修行至于先生。而前輩責備之嚴如此。則凡修而未至于先生者。其可以無日新之德乎。其可不畏晚繆之譏乎。

又記城南二先生祠曰。自南渡後。周程中歇。朱張未起。以經行倡東南。使諸生涵泳體踐。知聖賢之心不在于訓詁者。自艾軒始。

林竹溪鬳齋學記曰。艾軒道桐廬有詩示成季云。此是灘頭處士家。我從何日離天涯。木棉高張雲成絮。瞿麥平鋪雪作花。其曰此者。言我自廣東被召而來。今忽到桐廬矣。木棉則離廣時所見。瞿麥則今所見也。蓋有感歎行李跋涉之意。初與處士無預。其曰處士家。但謂桐廬縣也。

王深寧困學紀聞曰。艾軒謂三家説詩各有師承。今齊韓之説字與義多不同。毛公爲趙人。未必不出于韓詩。太史公所引乃一家之説。古文尚書與子長並出。今所引非古文。如祖飢惟刑之謐。當有來處。非口傳之失也。

謝山箋曰。毛公詩出荀子。荀子趙人。毛公魯人。而韓嬰乃燕人也。毛公何藉韓詩哉。艾軒説謬。

又曰。艾軒謂詩之萌芽自楚人發之。故云。江漢之域。詩一變而爲楚辭。屈原爲之唱。是文章鼓吹多出于楚也。

謝山箋曰。附會。不謂艾軒亦作此囈語。

艾軒講友

補縣令陳西軒先生昭度

梓材謹案。仙遊縣志載先生擢紹興進士。

西軒遺文

白白黑黑。人弗汝親。以黑爲白。不可語人。孰知其白。而守其黑。烏巢于叢。人寄于公。有友有朋。有兵有戎。市井同文。安危同仁。三禽一角。是爲立德。王審權昆齋銘。

於何疑于稽古。於何畔道于征利。於何相畏于朋友。學古齋銘。

不汲富貴似介。不矜才智似怠。不畏强禦似矯。不容俗子似隘。竹庵贊。

附録

少穎異不羣。學宗濂洛。爲文理致深遠。

爲尤溪主簿。部使者令据摭屬吏細過。先生憮然曰。吾其忍爲是耶。乃拂衣去。以讀書著文爲樂。

林竹溪序西軒集曰。西軒陳先生。有道有文者也。生游洋萬山中。而學得聖賢之心。文接神明之奥。趣詣幽眇。出吻芬葩。率皆蟬蛻于塵濁之表。其在當時。與次雲。老艾。溪東。溪西爲同出。是蓋孟子所謂豪傑之士。老艾一字不輕許人。獨謂公之學不緣師授。其視横渠爲同時獨曉者。集中諸銘。獨次雲曰子方子。公曰子陳子而已。

朝散方草堂先生秉白附從弟秉俟。

方秉白字直甫。號草堂。□□㊀人。與其羣從秉俟同時隱居。教授林艾軒。方次雲。劉夙及其弟朔諸名士。皆其友也。以孝廉薦。不起。傳家惟書數厨而已。後以子贈朝散大夫。有草堂文集。姓譜。

艾軒學侶

承奉陳先生定詳見滄洲諸儒學案。

艾軒同調

承議林先生國鈞

林國鈞字公秉。莆田人。高宗朝版授迪功郎。加承議郎。嘗建紅泉義學。延族子艾軒爲師。以淑俊秀。置義田。以贍四方從學之士。姓譜。

知州蔣先生雝

蔣雝字元肅。莆田人。少博學强記。于書無所不覽。鄉先輩宋藻每以南方夫子稱之。與林艾軒同時十人。俱知名。號莆陽十先生。登進士。教授泉州。時王梅溪十朋爲守。見其時政十議。

㊀「□□」當作「莆田」。

歎曰。經世之文也。知通州。秩滿。入覲。將除贛州。爲執政所沮。遂退居樸鄉十餘年。姓譜。

朝散丁先生琺成

丁琺成。莆田人。以博士贈朝散大夫。又增奉直大夫。是生八子。先生刻意誨子。以詩禮名堂。艾軒爲篆其扁。劉後村集。

艾軒家學

僉判林井伯先生成季

林成季字井伯。艾軒猶子。爲艾軒作家傳。周益公稱其力學而賢。周益公集。

梓材謹案。朱子别集與趙子欽彦肅書云。友人林井伯。艾軒之從子也。今往赴省。因過餘干勞苦故人之在難者。其義甚高。到都下不欲參學。以避時論。欲得一僧舍安泊云云。又朱子與先生書十二。係其外孫方之泰所藏。

附録

劉後村跋趙忠定公朱文公與林井伯帖曰。當乾淳間。艾軒先生與忠定相君同館。井伯丈以艾軒猶子爲忠定上客。所交皆當世名人。而于朱張吕三君子尤厚。忠定帖雖家事瑣屑亦謀焉。文公帖如黨論之興。大愚之貶。衡陽之薨。皆當時大變故。士大夫掩耳不敢聞者。文公獨諄諄然赴告于井伯丈。一太學生。未脱韋布。而隱然任世道之降替。受諸老之付囑。可不謂賢矣哉。

雲濠謹案。是跋首云。某爲童子時。受教先友井伯林丈。初筮主靖安簿。辱授印焉。是先生爲後村師。嘗官主簿。後至僉判。號東巒。林竹溪嘗跋諸賢與東巒書云。此卷乃忠定。晦翁。益公。兩游公。李鴈湖諸賢手帖。時東巒或未解褐也。前一跋云□□㈠書一事有如後村所記。東巒信偉人矣。

艾軒門人

補 文介林網山先生亦之

梓材謹案。經義考引林希逸言。先生受業于艾軒。自號網山山人。月魚氏。生高宗丙辰。終孝宗乙巳。又案。阮亭居易録引内閣藏書目録。載網山集八卷。

網山文集

舜爲聖人矣。舜無一日而不學。此舜之所以爲舜也。舜之所學無書傳可見。孟子論謂如深山野人。吾嘗卽是而知舜之所學。夫人小富貴則容色更改。非如曩時。意氣揚揚。不可拘束。又況朝而茅檐。暮而黄屋。夜而藜羹。晝而玉食。而氣象常如深山野人。非其所學有至于是。豈無所動其心。此而不足以動吾之心。則凡一切皆不能動吾之心。非其所見有大于堯之天下。烏能如是乎。舜論。

㈠「□□」當作「又礬」。

民飢則死。民渴亦死。民飢而必食之。民渴而必飲之。湯武之心也。民飢而不敢食之。民渴而不敢飲之。文王之心也。湯武之心如四時。必至于變焉而後已。文王之心如夏暑冬寒。無時而可變也。文王論。

人心一也。有所謂限量之心。有所謂天地之心。限量之心大小雖不同。而終歸于有所極。天地之心無大無小。茫乎不如其所極也。世有終歲饑寒。容貌可悲。一日遽然而飽。則率爾高言。輕侮閭巷。此固愚甚不足道者。有終身檢束不出乎繩墨。不違乎六經。亦似有所識者。及夫禄盈位崇。則隄防愈密。憂懼愈多。患得患失。無所不至。是人也。謂之非君子固不可也。惜夫限量之心極于是矣。安得不爲爵禄累乎。安可以語周公之事乎。周公論。

以一世爲事業者。堯舜禹湯文武是也。以萬世爲事業者。孔子是也。堯舜事業。夫子優爲之。夫子之事業。雖堯舜不能自必也。孔子論。

堯舜禹湯文武周公仲尼之道。吾于程子不敢有毫釐異同之論。然伊川之門謂學文爲害道。似其說未必然也。以六經言之。六經之道。窮情性。極天地。無一毫可恨者。六經之文。則春容蔚媚。簡古險怪。何者。爲耳目易到之語。是古之知道者。未嘗不精于文也。伊川程子論。

附録

林竹溪序網山月魚先生文集曰。儒者之學難成矣。學成而窮不售。則以空言傳。此不能于人。

能于天者也。然巖谷之藏。草木俱化。非附青雲之士。則姓氏且就堙滅。其言豈盡傳哉。是區區者可必乎。或曰。芒芒之生宇宙一律。其間傑然以人物名者。千百年幾見哉。于人物之中。卓然有見于斯道者。又幾見哉。雖不幸擯棄于人以死。意其言語文字之遺鬼神。必且珍惜之。決不至委擲于他日。今夫泮沍禪仍。衰榮霍忽。其摧敗朽落。鼓萬物者何嘗少靳之。至若劍埋鼎沈。一混泥滓。則精芒夜出。妖怪見焉。必使華赫震耀而後已。豈非以其不輕得。故亦不輕委歟。見伏遲速。特以時爾。然以予觀之。月魚氏竊惑焉。據槁枯。吟空山。生無一事如其意。年纔五十死。死未五十年。而子孫餅盎不守。松楸且幾禿身。前後之窮。有不可道説者。遺文僅數卷。獨吾徒猶有知之。至示之他人。莫不揜鼻嚇去。是豈能必傳者哉。果傳也。不應擲棄至是。倘所謂鬼神。是耶。非耶。雖然。未可以耳目懸斷也。千載而下。烏知不有月魚者乎。人心俱存。太虛無恙。然而無有乎爾。孰曰無有乎爾。或者之説。尚庶幾焉。吾黨寶而竢之可也。

劉後村序網山集曰。隆乾間。南方學者皆師艾軒先生。席下生常數百人。去而貴顯者相望。然自先生在時。言高第必曰網山。後先生卒六年。學者論次先生嫡傳。亦必曰網山。夫未遇一布衣。死則死矣。而能留其名與當世大儒並行。非孟氏所謂豪傑之士乎。艾軒文高處逼檀弓穀梁。平處猶與韓文並驅。網山論著。句句字字足以明周公之意。得少林之髓矣。

雲濠謹案。先生一號月魚先生。所著又有考工記解一卷。

又跋三處士贈告曰。堂帖采網山贊書語。號文介先生。初。網山接艾軒嫡傳。聞晦庵緒言。

其詩文古雅。節行高潔。帥趙忠定公舉遺逸。不就。謂之文介。實副其名矣。

補 著作劉先生夙

附録

葉水心志二劉墓曰。二公治春秋。于三家凡例外。自出新義。爾雅獨至。無能及者。

眞西山題著作史記考異曰。觀劉公此編。見前輩讀書考古。其不苟也如此。可以爲學者法矣。

劉後村跋放翁與曾原伯帖曰。余大父著作爲京教。考浙漕試。明年考省試。吕成公卷子皆出本房。放翁與曾原伯帖云。主司劉某。天下偉人也。故足以得之。家藏大父與成公往還眞蹟。大父則云。上覆伯恭兄。成公則云。拜覆著作丈。時猶未呼座主爲先生也。

補 正字劉先生朔

梓材謹案。薛艮齋爲先生哀詞序曰。試郡之户曹掾。一郡四城惠濟如一。民有知者。字司户曰劉父。其蚩蚩者。但謂官之生我而不知司户之德。某心大服。介鄉先生鄭景望吏部一見。于是始定交云。

雲濠謹案。春秋比事二十卷。舊名春秋總論。陳龍山謂湖州沈樂文伯撰。爲更其名曰比事。序而刻之。都氏穆聽雨紀談謂。嘉定辛未。廬陵譚卿月序。以爲著于先生。併稱譚親見劉氏家本。故云爾。

補侍講陳先生士楚

附録

其解稼穡艱難曰。百穀麗于土。荄萌既敷方有實。三農力于田。莠草既除方有秩。以諷小人妨君子之意。壽皇稱其議論精詳。理致深奥。得師儒之道。

提舉楊先生興宗

楊興宗字似之。長溪人。少師事鄭夾漈。後執經艾軒之門。登紹興進士。調鉛山簿。孝宗登極。上封事。末陳以守爲攻之策。時相主和議。使人要曰。若登對無立異。當以美職相處。卻之。累書抵東府力爭。孝宗嘉其志。除武學博士。召充館職。條對切中時弊。歷遷校書郎。與艾軒校文省。殿擢鄭僑。蔡幼學。陳傅良。時稱得人。修四朝會要。歷遷司勳郎。論張説不當與趙汝愚同拜。不報。駁楊和王存中封爵太優。忤時相虞允文。出守處州。大有政聲。除知温州。改嚴州。終湖廣提舉。著有自觀文集。道南源委。

布衣林先生田附子子恭。

林田字叔疇。莆田人。艾軒高第。艾軒卒。嗣爲鄉先生。席下常數十百人。而老死布衣。子子恭。字安父。學先生之學。志先生之志。亦久幽。不改其操以卒。劉後村集。

推官卓先生先

卓先字進之。其先自扶風遷閩。居于莆。艾軒高第甚衆。先生最幼。諸老生往往避席。紹熙進士。歷官建寧軍節度推官。劉後村集。

傅先生蒙

傅蒙字景初。仙遊人。艾軒弟子。儒林宗派。

朱先生賡

朱賡字師言。一字少裴。莆田人。弱歲即與里選。官至光澤尉。艾軒講學于紅泉。先生從之游。長于艾軒者數歲。執經怡怡。無惰容。子四人。林網山集。

教授林先生肅

林肅字恭之。淳熙三年進士。少有文名。從遊艾軒之門。試教官科。中首選。調臨安府學教授。卒。姓譜。

曹先生不占

曹不占。莆田人。與林網山同學于艾軒之門。年裁四十而卒。林網山集。

林先生用中別見滄洲諸儒學案補遺。

林先生浦

林浦字東之。莆田人。艾軒族子也。事艾軒。能盡其情。林網山集。

曹先生方賢

曹方賢。居福清海口。從艾軒而早卒。福清儒林傳。

林先生恂如

林恂如。莆田人。艾軒弟子。儒林宗派。

林先生大鼎

林大鼎。删定冲之之孫。受學艾軒。竟不成名。劉後村集。

林先生方

林方。□□人。受學于艾軒。給事王晞亮器之。以孫女女焉。劉後村集。

文遠陳樂軒先生藻詳下網山門人。

草堂家學

方先生阜鳴

方阜鳴字子默。莆田人。贈朝散大夫。草堂先生子。淳熙庚戌主司選補太學生。以禮義廉恥謂四維命題。先生賦第一。嘉定戊辰始用。甲子鄉舉。恩奉大對。擢冠三等。歷僉書平海軍。鎮南軍節度使判官廳公事。在泉。眞西山爲守。李公晦爲僚。泉人賢西山。又賢二幕。先生常言。滅門刺史。破家縣令。此衰世事。古人惟曰。愷悌君子。民之父母而已。西山擊節。其賓主間議論方㊀旨如此。劉後村之父退翁。與先生同研席。先生于衆人中顧後村獨賢。後村爲建陽令。先生自江左歸。爲留錢十萬。市坊書云。劉後村集。

雲濠謹案。後村又爲先生子汀州通判景樺墓志云。初草堂公余王父友也。朝議公余先君子友也。是方劉之交非一世矣。

丁氏家學

丁元有先生伯杞

丁伯杞字元有。莆田人。瑃成第二子。慶元丙辰入太學。紹定己丑試上舍。暴得疾卒。在太學三十年。行藝絶出。屢挫益鋭。爲人于倫紀最篤。子南一。克世其學。劉後村集。

給事丁元暉先生伯桂

丁伯桂字元暉。莆田人。嘉泰中第進士。紹定初史彌遠擅國。留提轄雜費場。六歲遷宗學博士。論事戇直。無所附麗。端平中。與李宗勉同除監察御史。居言路三年。鯁論剴切。遷中書舍

㊀「方」當為「風」。

人。韓休除節鉞。先生封還詞頭。嘉熙中。拜給事中。方論駁余天錫。召命而卒。贈通議大夫。姓譜。

雲濠謹案。劉後村爲丁給事神道碑云。上有六兄。皆負俊聲。則先生爲朝散第七子也。

附録

林竹溪跋給事丁先生奏議曰。公爲憲諫。今孔范也。公司封駁。古袁李也。穆陵知公最深。垂大用矣。天竟奪之。事業既未究。而生平著述寥落乃爾。雖塗歸直前諸疏亦失之。是豈可以六丁爲誘。豈不惜哉。雖然此集之存固少。其間乃有蓍蔡于眇綿者。有藥石于沈痼者。有逆鱗而輸忠者。有捋鬚而犯難者。諷之味之。可喜可愕。而且春明玉潔。波折瀾回。斡之毫端。曲盡其妙。卽此而傳。亦不朽矣。

又曰。後村爲公銘墓。頗得其心。論甚正而辭甚悲。死者而可作也。公必以後村爲知己。而人亦以後村爲知言。

井伯門人

文定劉後村先生克莊詳下退翁家學。

陳先生作哲附子叔謙。

陳作哲字君保。歷山人。東巒之第三倩也。東巒夫人田氏既嫠而嫁諸女皆名家。竹溪跋忠定晦庵與井伯僉判諸帖云。陳君得璋田夫人。以錦囊送此諸帖以代犀。錢玉果曰。可抵千緡。今叔謙因平父山長寄以示余。叔謙平父皆艾軒諸孫也。故家人物遺風尚存。好尚如許。艾軒之書其有傳矣。虞齋續集。

梓材謹案。平父徐氏。竹溪跋艾軒讀離騷遺蹟云。平父徐山長。其外大父井伯僉判也。于老艾爲外諸孫。擢第來歸。極意訪求先生遺蹟。外諸孫蓋外曾孫也。

方先生彥惠附子性仲。

方彥惠。東巒之壻。竹溪跋諸賢與東巒書云。東巒爲艾軒猶子。獲交諸老間。此卷方君得之其子性仲。出以示予。又在歷山陳氏所藏趙朱四十帖之外。陳亦東巒之倩。與方爲襟友。東巒四女。蒙仲乃翁亦倩也。虞齋續集。

梓材謹案。竹溪嘗跋老艾遺稿云。此卷是爲艾軒先生遺稿。曾孫白杜方君之性所藏也。之性蓋卽性仲。艾軒之外曾孫爾。竹溪又跋老艾遺文云。嘉定壬辰。巖仲初解褐。予方補上庠。與巖仲飲別稾征曰。兄老艾外諸孫也。先生遺文散落殆盡。兄之責也。巖仲之泰。殆卽性仲兄弟行也。

網山家學

林先生簡

林簡字綺伯。福清人。網山亦之之子。客死。而網山遂絶。莆中劉克莊少師之。福清儒林傳。

綗山門人

補 文遠陳樂軒先生藻

梓材謹案。阮亭居易録引内閣藏書目録。陳樂軒集十六卷。闕第八卷。又案。郭氏福清儒林傳言。先生初從亦之于綗山。又從于紅泉。時陳叔盥授詩于艾軒。與之讀國風至采蘋。掩卷而泣。頓得中庸之旨。叔盥喜告亦之。而遂以見艾軒。艾軒曰。吾常語若詩不歌。易不畫。無悟入處。而今于是尤信。吾詩不亡矣。乃受其拜而接之如孫。是先生卒爲艾軒弟子也。

附録

林竹溪鬳齋學記曰。春秋用周正。始于左氏。先師樂軒嘗云。古人作長曆。自晉以來推算閏餘。皆與諸曆合。不知何處過了兩月。止齋又有夏冠周月之説。尤爲鶻突。不知周以建子爲正。即周禮所謂正歲也。十有一月。初未嘗改。即尚書太甲元祀十有二月之文可證。正月始和則建寅月也。正歲者以十一月爲歲首也。商亦然。漢初仍秦以十月爲歲首。此尤明白。先師三傳正已言之。特人未見爾。

劉後村跋三處士贈答曰。竹溪之于樂軒也。以其無後。則祀之家廟焉。歲時則祭于墓焉。入白尚書。下郡邑。禁二墓之樵採焉。師死而事之如生。有前輩所難者。上既可竹溪回貤之請。堂帖采樂軒贊書中趣尚高遠之語。號曰文遠先生。讀其書。尚論其人。無愧于此名矣。

又題城南三先生祠曰。疑洛學不好文辭。漢儒未達性命。使諸生融液通貫。知科舉之外。有理義之學者。自綱山始。蓋綱山論著酷似南軒。雖精識不能辨。樂軒加雄放焉。其衛吾道。闢異端甚嚴。嘗銘某人云。佛入中原祭禮荒。胡僧奏樂孤子忙。里人化之。使綱山樂軒而用于世。所立豈在艾軒下哉。

林先生詢附子舒直。舒長。

林詢。莆田人。齒長于綱山。攜二子舒直舒長哦吟于綱山之廬。綱山集。

縣尉章先生闢之

章闢之。莆田人。綱山外弟也。從綱山遊。隆興三年進士。爲海陽尉。綱山集。

朱先生伯樞

朱先生仲柜合傳。

朱先生叔穗合傳。

朱先生季牟合傳。

朱伯樞。仲柜。叔穗。季牟。光澤尉賡之子。兄弟四人。從綱山于小孤之下。綱山集。

朱先生準

朱準。小孤山人。從綱山學。綱山集。

余先生東卿

余先生南卿合傳。

余東卿。南卿。莆田人。並從綱山學。父卒。綱山志其墓。綱山集。

余先生驤

余驤。莆田人。從綱山遊。綱山集。

曹先生象

曹象。莆田人。從綱山遊。綱山集。

陳先生雲庚

陳先生雲卣合傳。

陳先生雲鼎合傳。

陳雲庚。雲卣。雲鼎。莆田人。並從綱山遊。綱山集。

吴先生叔達

吴叔達。黄石人。艾軒之文視乾淳諸老爲絶出。一再傳之間。如大著。正字。二劉。季治。黄懷安。網山樂軒二先生與先生。皆筆斡造化者。盧齋續集。

梓材謹案。竹溪所敘前云。一再傳後。次黄石于網山樂軒之後。當亦網山門人。爲艾軒再傳弟子。

樂軒講友

文隱林寒齋先生公遇

林公遇字養正。福清人。自號寒齋。兼朱陸。著求心等録。語在石塘書傳。而又善言詩。陳樂軒藻之友也。先生幼承父澤。奉親不仕。景定四年。林盧齋希逸爲司農少卿。請褒崇之。詔謚文隱。進贈原官一官。而林網山亦謚文介。樂軒謚文遠。福清儒林傳。

附録

劉後村誌其墓曰。君本慈孝。晚尤温恭。然教行于家。子弟孫姪皆力于善。肅然若恐其檢責也。自修而已。未嘗律人。然行著于鄉比里族黨。達于郡國。一有不善。惕然若恐其聞知也。親友仕而貴。倦而未歸者。必相儆曰。得毋爲寒齋之愧否。有位者下一令。行一事。必卻顧曰。寒齋不以爲厲民否。君子立無同儕。野處無寸柄。而遠近翕然宗之。方山之南。蒜嶺之北。隱然有元夫鉅人在焉。李公韶佐春官。薦君榻前。方公大琮除次。對上君自代。趙公以夫召對。以遺逸舉。杜丞相範議召君。會薨。不果。俄李公召再薦。朝廷亦知君。遂有前詔。是數君子者。雖力相推挽。猶自謂不足以重君。而惟恐君之以爲浼己也。

又跋三先生贈告曰。三先生褒論既下。余曰。竹溪事樂軒如父。事網山如王父。師弟子情義得矣。寒齋纔長竹溪四歲。于網山樂軒若爲班乎。余曰。韓子不云乎。其聞道先乎吾。吾從而師之。昔陳了翁早貴。楊龜山年六十猶爲比校務。然了翁接龜山。必曰中立先生。竹溪之于寒齋亦然。上以寒齋嘗力辭。改秩給札。特賜陞朝。或又問曰。寒齋何以謂之文隱也。余曰。六記百詩。至文也。不隱山林而隱市廛。大隱也。故蒙齋袁尚書見其書驚喜。謂得慈湖絜齋心傳之妙旨。杜游兩丞相聞其風致。擬待以章泉漫塘起隱之故事。蓋曰隱者。乃公朝之紀實。曰文者。非寒齋之求顯。

林先生萬頃

林萬頃字叔度。福清人也。其解同聲相應曰。蠶絲吐而商絃絶。銅山崩而洛鐘應。其聲同也。磁石可以引針。琥珀可以拾芥。其氣同也。氣同聲異。天壤咫尺。聲同氣異。咫尺天壤。平地而水濕者先濡。水上而下也。抱薪而火燥者先燃。火下而上也。龍興而雲從。雲自下而上應者也。虎嘯而風號。風自上而下應者也。水火燥濕無情而應有情。雲龍風虎有情而應無情。始陳樂軒藻聞其解春秋易意。内鄙之。及見此章曰。當北面矣。福清儒林傳。

著作家學

補 侍郎劉退翁先生彌正

雲濠謹案。先生號退齋。後村集有退齋遺稿跋語。

補 劉習靜先生彌邵

雲濠謹案。萬姓統譜言。先生嘗質經于陳宓。又問易于蔡淵。後村誌其墓則云。先生終歲杜門。罕與人接。惟質經于陳公師復。評史于鄭公子敬。問易于蔡公伯靜。又言。其屬纊。猶爲諸孫講南軒孟子一章云。

附録

眞西山跋先生讀書小記曰。予屏居八年。呻吟蠹簡。未有云獲。獨嘗竊謂士之于學。窮理致用而已。理必達于用。用必原于理。又非二事也。朝思夜索。惟此是求。間以語諸人。鮮不憮然者。蓋後世之學。言理或遺用。其病爲空虛。言用或遺理。其弊爲粗淺。不知理卽用。用卽理。非混融貫通。不足以語學之成。今觀劉君之書。内不遺理。外不遺物。乃深有契于予心。雖然道無窮。學無止。以劉君之靜且篤。懋懋而弗舍。庸知不詣其極乎。

劉後村序先生易稿曰。初。余爲建陽令。季父訪余縣齋。因質易疑于蔡隱君伯靜。後二十餘年而書成。大抵由程朱以求周孔。由周孔以求羲文。其篤守師説。雖譙天授袁道潔無以加。視世之高談先天徑造微妙者。彼虚而此實矣。

著作門人

文節陳止齋先生傅良詳止齋學案。

忠定葉水心先生適詳水心學案。

副使陳易庵先生謙詳見止齋學案。

後村師承

方先生澤儒

方澤儒。莆田人。爲鄉先生。劉後村嘗從受業。其卒也。後村以詩哭之云。弟子成名衆。先生獨命窮。廣場雙鬢禿。陋巷一瓢空。雞饌爲親設。牛衣與婦同。嗟乎猶啬壽。神理竟難通。其二云。方訝書來少。殊鄉訃忽聞。素幃無祭主。破笥散遺文。已閉三間屋。誰封四尺墳。舊曾傳業者。南北各離羣。後村文集。

文肅劉求齋先生㮚

劉㮚字仲則。□□人。自號求齋。官至詹事尚書。謚文肅。有集三十卷。自奉大對。歷館殿給諫方面。凡所建白。多者萬言。少者數語。皆條達懇切。素有至性。敬伯父如父。愛二季如子。築第西郭。即廬山絶頂。爲友于堂。劉後村幼嘗受教于先生。後村文集。

正字家學

補　正字劉先生起晦

雲濠謹案。象山年譜。慶元二年。貴溪宰劉啓晦建翁立祠于象山方丈之址。宰。朱文公門人也。

梓材謹案。楊誠齋薦狀云。承直郎監建康榷貨務劉起晦。名父之後。能以儒科自奮。其人氣質端凝。識度宏遠。外若柔巽。内則剛方。初爲福州福清縣主簿。帥臣趙汝愚深器重之。今爲務場。責重事繁。從容而辦。知建康府。章森亦嘗露章薦之。若置之館學。必能上裨國論。

劉先生起世

劉起世。起晦弟。儒林宗派。

正字門人

葉先生適詳水心學案。

朱氏家學

朱先生伯樞

朱先生仲柜

朱先生叔穗

朱先生季牟並見網山門人。

元有家學

丁斗軒先生南一

丁南一字宋傑。莆田人。元有子。幼機警。誦前漢書日萬字。從父給事奇之曰。吾家白眉也。十三有聲鄉校。寶慶乙酉漕解。丙午胄薦。逮癸丑始奏名别院廷試。以累舉恩陞丙科。調福州懷安尉。以憲劾去。貧不能出嶺。嶠南士人率子弟行束脩師事焉。漕南谷鄭協手書以濂泉山長延致陽巖。洪天錫繼至。檄攝海陽丞州學教授兼文公元公兩書院山長。潮士方喜得師。以悼亡歸于所居。闢一室方僅如斗。扁曰斗軒。劉後村集。

元暉門人

舍人林竹溪先生希逸詳下樂軒門人。

練伯門人

文定劉後村先生克莊詳下劉氏家學。

樂軒門人

補舍人林竹溪先生希逸

雲濠謹案。林洵仁爲先生傳云。好學。師事陳藻。登進士。爲平海軍推官。以清白稱。又案。王阮亭居易録云。庸齋爲林艾軒理學嫡派。而詩多宗門語。又云。庸齋有全集。又云。莆田林禮部麟焻石來寄林艾軒。林網山。陳樂軒。林庸齋四先生詩鈔。庸齋與後村同時。予曾見所著三子口義。此鈔甚略。然艾軒以下皆以道學相授受。風雅非所窮心也。

梓材謹案。先生庸齋續集卷三。偶懷丙午丁未同朝諸公。悵然有感。壬戌再預經帳。先帝猶記小臣爲安晚門人。是先生爲鄭氏弟子。又爲翁給事先生奏議跋云。甲子公督監闈。僕以詞賦爲公所許。開院。僕以門生見。則給事實爲先生受知師矣。

庸齋學記

孟子曰。父子不責善。所以有父不教子之説。然今人看此語。更須究竟到盡頭處方可。父非其人。固不足問。若父有可學之善。必其子知學而有請。則可以告之。若其識性未明。未可語此。而强以責之。則父爲失矣。

壽鏞謹案。臞齋解釋頗有語病。吾友夏同甫校至此曰。應删。壽鏞曰。臞齋所謂若其識性未明。未可語此。而强以責之者。蓋事前當下一番使識性明融工夫。然後再責以善。未可亟亟遽期其善也。然則爲父者不幸而遇此等子。宜先融其識性。欣欣向善。乃可告之以學也。臞齋之説當作如此解。

周禮六官缺其一。河間獻王以考工記足之。考工之文自與五官不同。余嘗以此爲造物之巧。畢竟五官文字俱同一律。考工之文又奇。足以此書。似造物有意也。或者又曰。輪人。輿人。弓人。廬人。匠人。車人。梓人。此攻木之工七也。築氏。冶氏。鳧氏。栗氏。段氏。桃氏。此攻金之工六也。函人。鮑人。韗人。韋氏。裘氏。此攻皮之工五也。畫人。繢人。鐘氏。筐氏。㡛氏。此設色之工五也。玉人。楖人。雕人。矢人。磬氏。此刮摩之工五也。陶人。旊人。此摶埴之工二也。以上共三十一人。又五官之中天官則有掌皮。司裘。地官則有鼓人。壂人。掌節。𠂆人。角人。羽人。掌染草。春官則有典瑞。典同。磬師。鍾師。鎛師。巾車。車僕。司常。夏官則有射人。司甲。司兵。司戈盾。司弓矢。繕人。槀人。服不氏。射鳥氏。秋官則有職金氏。柞氏。庭氏。以上共三十人。則是冬官之屬六十未嘗亡也。此説亦佳。但以文論。則考工自是考工。周禮自是周禮。

臞齋考工記解

此記原無冬官二字。乃漢人所增。匠人並舉世室重屋明堂。則所記不獨周制。但不全耳。

此書續出。闕略不全。不止韋氏。磬氏。段氏等官而已。其先後次序亦自參錯不齊。如攻木之工輪輿弓廬匠車梓。若以序言。當在上篇。今梓廬匠車弓皆在下篇。而其序亦自不同。又畫繢二官而止曰畫繢之事。玉人亦然。意其全書凡曰之事者。皆總言之。其列官自別。卽車人之事。又有車人爲某爲某。可知也。況一官非止爲一事。如輪人梓人匠人車人皆一官之名。而分主數事。惜乎其不全見也。

春秋義

禮有不同。意亦隨異。甚矣。禮之不可苟制也。知其禮而不知其意。非知禮也。夫備物有儀謂之享。燕樂相歡謂之宴。儀必有節。歡必相親。此之訓示。所以不同也。知燕享之異名。又知燕宴之異意。始可與言禮矣。左氏于成王十二年之傳著郤至曰。享以訓恭儉。宴以示慈惠。其義如此。夫禮作于唐虞三代。而著于六經。愚嘗于六經求禮矣。虞氏養老以燕。周享公侯。有三再享。昌歜白黑形鹽。備物之享也。厭厭夜飲。不醉無歸。湛樂之燕也。嘉賓之交際一也。而禮有不同。古人豈無意哉。夫享以儀觀。而燕以情親。備物而陳。登殺有數。使之視而知共。盈而不飲。乾而不食。使之視而知儉。此享之所訓也。獻酬之交錯。尊卑之忘分。非慈而何。俎豆之所交。珍羞之所逮。非惠而何。此宴之所示也。享不徒享而必有訓焉。宴不徒宴而必有示焉。則唐虞三代之聖人所以制禮者。莫不有深意也。春秋之世禮已亡矣。荆楚何邦。禮不及焉。郤至聘楚而陳之。左氏作傳而著之。使禮意不忘于後世者。二子之功也。愚嘗因是而求春秋之士。其所以知禮者。非一甯子之于衛。知享食之觀威儀。叔孫穆子之于晉。知飲嘗之親和同。是皆講求禮意。不徒言者也。雖然。朋酒斯享。曰殺羔羊。享亦有示也。鹿鳴賓燕。講道修政。宴亦有訓也。是不可以不備論。

竹溪文集

嘗謂聲與天地俱生。有聲則有樂。且天地之始。有風則有木。風號于萬竅。則小和大和能言之類卽具五音。豈非律之所由興乎。嶰谷之管。雌雄鳳之鳴。特其機至是不能以自祕爾。蓋聲樂之事。非獨中國有之。蠻徼之間。雖其分寸尺度與中國固殊。而亦自有樂。是皆冥默機契之地。安得以胡戎爲俱非也。且夫羌人之笛。得于龍吟。伐竹而吹。其聲相似。此非一機之所寓乎。伶倫之聽鳳。其有異于是否也。由是而觀。則樂律不可無分寸尺度。而非分寸尺度之所能爲。有其法。無其人。亦徒爾。此議律之事。所以啓後人之紛紛也。以上律論。

附録

遷祕書省正字。入乞信任給諫。又乞早決大計。以慰人望。理宗皆開納之。

歷興化軍。首詔學者云。自南渡後。洛學中微。朱張未起。以經行倡東南。使知聖賢心不在訓詁。皆自莆南夫子始。疑漢儒不達性命。洛學不好文辭。使知性與天道不在文章外者。自福清兩夫子始。因立三先生祠。并録其文以傳。莆南夫子者。艾軒謙之也。兩夫子者。網山亦之。樂軒藻也。

劉後村跋三處士贈告曰。古之學者必尊師。子夏以不稱師。受曾子之責。陳相以背師。爲孟氏所貶。竹溪之學受于樂軒。樂軒受于網山。二師皆老死布衣。竹溪在三之念愈篤。其再入爲詞臣也。年老當選元士。乞以此一階回授師友。師。網山樂軒也。友。寒齋也。詔下其事。議者以爲旌異遺逸。朝廷盛舉也。宜報可。回貤之請。宜勿聽。竹溪頓首言。弊例易啓。眞情難察。他日源源而來者。將以某爲口實矣。大臣以聞。上忻然如竹溪初奏。贈二師祠品官。昔荆公患士風不美。坡公有今之君子爭半年磨勘之戲。竹溪此舉。彼爭磨勘者聞之。可以愧矣。

文文山回林學士書曰。某夙有幸獲與介弟爲寅恭。因之有以詢居處著作之萬一。不戚戚得喪。而言語文章足以詔今傳後。竹溪先生何憾哉。一日之赫赫者多矣。千載而赫赫者幾人。爲一日計者無千載也。決矣。

林兆珂曰。林氏考工記有圖。蓋宗三禮圖。而祖漢儒鄭康成輩。非無據也。

梓材謹案。四庫全書著録鬳齋考工記解二卷。提要云。宋儒務攻漢儒。故其書多與鄭康成註相剌謬。特以經文古奥。猝不易明。鬳齋注明白淺顯。初學易以尋求。且諸工之事非圖不顯。鬳齋以三禮圖之有關于記者。采摭附入。亦頗便省覽。故讀周禮者至今猶傳其書焉。

補 劉先生翼

雲濠謹案。先生號心如。心如蓋其樓名。竹溪生日回啓有云。我歌庵小徒。參水觀之禪。君好樓居。獨有天游之樂。又一啓云。老不相忘。獨名家之翁季。少嘗共學。實異姓之弟兄。又劉躔甫七十詩云。早歲耽詩學樂軒。如今霜鬢作吟仙。回思同學二三子。幾見生朝七十筵。

林先生鶚翁附子胄。浚。

林鶚翁字朝叔。三山人。早事樂軒于西軒。年三十。杜門如處女。動守繩度。不苟言笑。延師教子。尤盡禮。課督甚嚴。卒年五十六。補將仕郎。子二。俱登仕郎。長子胄。字甲父。從竹溪學易春秋。卒後先生一年。次子浚。漕貢進士。好學。性孝友。執喪治家舍尤謹。先是竹溪乞以元士一階貤秩網山樂軒。既特贈迪功郎。仍許以文介文遠易名。又以二師嗣皆絕。松楸僅存。歸謀諸人。無肯卽者。先生慨然曰。胄守三文之學。介吾宗也。願以在籍田分其半爲文介户。俾胄承祀焉。于是甲父爲文介直下孫。而文遠亦得嗣云。虙齋續集。

陳先生介附子巖石。

陳介字方叟。福清人。初從學尚右鄭公。有能賦聲。長事樂軒于網山之里。不以場屋爲意。年三十不應舉。終母之喪。始就舉。與其子巖石同補上庠。兩拔解。擢開慶己未乙科。調三衢户曹。外移潮州判官。廁門課諸孫。寄情歌詠。卒年六十六。巖石修職郎。建寧府教授。虙齋續集。

黄先生自信

黄先生□合傳。

黄自信字華叟。永陽人。遯齋糾曹之子。與其兄某同事樂軒。以見趣稱。嘗之江湖。交游甚衆。中年喜學詩。築室以適軒名。日夕吟咏其間。生平守師學。鄙夷流俗緇黄占卜之事。至死不變。潛心經典。大抵以詩發之。故有適軒吟稿。紀行。游湘。游岳諸集。虜齋續集。

邱退齋先生□

邱□。號退齋。林竹溪與之同事樂軒。筆硯之交甚密。中間南北睽離近二紀。始同爲乙未進士。其未第也。客于龍學信庵二趙之門。三京之役。傳檄中原。帛書露布。皆其筆也。疾且革。手爲别書。區别秦張毁譽。字字切至而輝采爛然。死生之際如此。虜齋續集。

雲濠謹案。竹溪有送邱進道入京詩云。孝慕三霜不脱衰。月評甚美況清才。爲貧遮日投竿去。得趣吟風講學來。未知即退齋否。

王先生日起

王日起。□□人。謀請樂軒先生主席其鄉隱山堂。竹溪喜以詩贈之云。場屋時文百態新。六經門户冷如冰。江湖有客奔馳倦。來問詩書最上層。又云。論文款款細留心。一點塵埃也不禁。爲語隱山同社友。讀書根本是胸襟。又云。相逢到眼試金篦。直下承當是嫡兒。長恨馬駒天下少。

汝今分骨我分皮。慮齋續集。

鄭先生子誠

鄭子誠。嘗與竹溪同學。竹溪與詩云。執經師席下。于我是庚兄。袖手塵中老。灰心世上名。杖藜行竟日。杯酒度平生。終始交情在。無人解索銘。慮齋續集。

文隱家學

林先生同

林先生合合傳。

林同字子真。號空齋。福清人。公遇子。著有孝詩一卷。先生與弟合俱有隱操。後元兵至福州。抗節死。宋史忠義傳稱林空齋。失其名。已爲失考。又誤以空齋爲同之子。合字子常。林慮齋續集中。與其兄弟贈答詩文甚多。四庫書目提要。

梓材謹案。空齋爲慮齋續稿序。稱後村爲先師。而于慮齋惟稱先生。則先生固後村之徒也。

附録

空齋家居。益王立。張世傑圍泉州。乃率鄉人黃必大。劉仝祖。即其家開忠義局。起兵復永福縣。時王積翁以福安送款世傑。然實密約北兵至。屠永福。必大仝祖等走它邑。空齋盛服坐堂上。嚙指血書壁云。生爲忠義臣。死爲忠義鬼。草間雖可活。吾不忍生爾。諸軍何爲者。自古皆有死。俄見執。不屈而死。

劉後村序空齋孝詩曰。余嘗恨世儒率華過其實。惟同華實相副。其操行蓋漢孝廉之盛舉也。詞藝亦唐進士之高選也。

又序空齋詩曰。或問子眞可方何人。余曰。先朝魏野與其子閑俱入隱逸傳。俱有詩名。甚矣哉。寒齋之似野。子眞之似閑也。

退翁家學

補 文定劉後村先生克莊

梓材謹案。先生爲楊監稅墓誌云。余少爲靖安主簿。及事江西計使吏部楊公。時幕中有二李。國録石名誠之。司直巖名燔。賢聞一時。公不以余齒幼名微。羅而致之二李之間。余後稍自植立。皆公發之。公諱楫。字通老。所謂悅堂先生者也。是先生可稱悅堂門人。又于廟祀爲劉文簡祝文云。某昔以童子拜父執于朝。今與士友拜鄉先生于學。又云。某自稚齒嘗聞緒言。亦得稱雲莊門人。其爲楊彦侯集序云。追念少小受學于故諫議忠簡傅公。則又爲竹隱門人。其跋魏鶴山南平江使君墓碑云。江君行始見于西山之序。鶴山之誌。又述其子通守之言曰。子厚余先君而學于二先生者。則先生未嘗不及鶴山之門矣。先生又爲泉山書院記云。惟西橋之趙爲宋間平。某嘗受舉于淮漕。受印于閩臬。受廛于莆守。皆宗正諸父兄。而又受教遠庵。納交象賢。知其濡染于家庭者久矣。遠庵爲文公高第。是先生固趙氏弟子也。

劉潛夫語

自義理之學興。士大夫研深尋微之功。不媿先儒。然施之政事。其合者寡矣。夫理精事粗。能其精者而不能其粗者。何歟。是殆以雅流自居。而不屑俗事耳。

雲濠謹案。周密癸辛雜志引此云。此語大中今世士大夫之病。

尚書講義

臣按。商之都邑。世有河患。湯以前勿論。自湯至盤庚凡五遷。夫思患預防。君之遠慮。安土懷居。民之淺見。臨以君令。孰敢不從。而盤庚于弗率者登之進之。而不鄙棄。話之告之。而無忿疾。曰天時。曰降大虐。謂天時當遷。非人所能違也。曰古我前后。曰古后之聞。謂先王嘗遷。而非自我作古也。曰先王不懷。雖先王不思此土矣。曰視民利用遷。曰俾汝惟喜康共。蓋欲利汝。非以害汝。欲汝安且樂。非欲汝勞且怨也。曰惟民之承。曰承汝。曰亦惟汝故。曰丕從厥志。皆屈己以順民。非强民以從己也。古者行利民之政。尚恐人情之疑。必耳提面命。使之洞曉。後世爲咈民之事。不計人情之違順。但勢驅威迫。刦以必從。嗚呼。此盤庚之所爲賢王歟。盤庚中。

臣聞窮則變。變則通。先王初遷。謂光大于前人矣。自河適山。謂凶去而績立矣。然蕩析離居之患。率見于繼世之後。蓋陵谷有時而移。市朝亦隨而改。不遷何所止乎。言今茲之遷。非欲震動爾民。殆天將復我先王之德。治于我家耳。言天及祖宗以爲當遷也。朕及篤敬。言朕與篤厚莊敬之臣。亦以爲當遷之也。恭承民命。言遷敬順民志。全民命也。自盤庚遷都以後。終商之世。不復再遷。則永地玆邑之言信矣。謀至于善而止。不遷。非善謀也。烏得不廢。遷。善謀也。烏得不用。疑至于卜而止。不遷。非吉兆也。烏得從之。遷。吉兆也。烏得違之。古者大事皆卜。邾文公卜遷。違卜而有禍。是其驗也。三篇大綱言遷非己意。一曰天。二曰祖宗。三曰民。古之賢王畏天尊祖敬民。不敢自用如此。彼爲天不足畏。祖宗不足法。人言不足恤之説者。眞萬世之罪人乎。盤庚下。

論語講義

臣于此章見周衰。爲政者稍已趨于功利。夫子厭之。故一聞弦歌之聲。莞爾而笑。按武城之政初無赫赫可紀。然能使弦誦之聲達于四境。氣象如此。可謂賢矣。夫子以其用大道治小邑。故有牛刀割雞之喻。子游聞聖人之言。不敢自以爲能。故有昔者偃也聞諸夫子之對。明其得于師授也。君子小人雖異。皆不可以不學道。治小邑與治天下雖異。皆不可以不尚禮樂教化。君子而學道。子賤子游是也。小人而學道。單父武城之民是也。無計功謀利之心。則愛人矣。無犯令違教之俗。則易使矣。當時洙泗之上。所講明者如此。猶恐門人未喻。又曰。二三子。偃之言是也。謂治小邑當以大道。牛刀之喻戲爾。冉有亦高第。無他過。徒以爲季氏聚斂之故。至有非吾徒之語。受鳴鼓之攻。由後世觀之。偃。迂儒也。求。能吏也。繩以孔門論人之法。偃賢于求遠矣。自武城單父之後。漢有卓茂。唐有元德秀。庶幾其遺風。近時南面百里者。但聞笞朴。寂無弦歌。徒知催科。烏識撫字。聖明在上。倘味孔門之言。採漢唐之事。推其能學道撫字者。嘉奬而尊寵之。則子賤子游之徒出矣。子之武城章。

臣謂好仁不好學。其蔽也愚。以士言之。宰我所問入井求仁之類是也。以君言之。徐偃王以仁失國是也。好知不好學。其蔽也蕩。以士言之。惠施公孫龍之徒是也。以君言之。周穆王知足以知車轍馬跡之所至。而不足以知祈招之詩是也。好信不好學。其蔽也賊。以士言之。尾生是也。以君言之。宋襄公不重傷。不禽二毛。以至于敗是也。好直不好學。其蔽也絞。以士言之。證父攘羊是也。以君言之。自狀其好貨好色好世俗之樂是也。好勇不好學。其蔽也亂。以士言之。荆軻聶政是也。以君言之。靈王能問鼎而不能捄乾谿之敗是也。好剛不好學。其蔽也狂。以士言之。灌夫罵坐寬饒酒狂是也。以君言之。夷吾以愎諫敗。主父以胡服死是也。夫曰仁。曰智。曰信。曰直。曰勇。曰剛。皆美德。上而人君。下而士君子之所當好。然不學以明其理。則各有所蔽。學所以去其蔽也。此章雖爲子路發。其義甚廣。子曰由也章。

劉後村集

夫諉事于不可爲。庸人也。有待于資與助。中人也。無待于資與助。豪傑之士也。邵武軍新建譙樓記。

雨之爲聲至矣。而聞者鮮焉。兄弟羣居之樂至矣。而知者鮮焉。昔之人有以絲竹陶寫爲樂者。有以朋友切偲爲樂者。絲竹託于物之聲也。人也。雨。自然之聲也。天也。朋友取諸人之樂也。外也。兄弟修于家之樂也。内也。聽雨堂記。

語曰。勇者不懼。充之以道義而無餒。臨之以威武而不屈。夫是之謂勇。否則。魏勃股弁。舞陽色變。有時而怯矣。學者當以聖賢爲師。存養于平時。奮發于一旦。叱齊侯。尸少正卯。卽恂恂鄉黨之孔子。千萬人吾往。亦兢兢臨履之曾子也。獨不懼齋記。

夫作詩難。序詩尤難。小序最古。最受攻。至朱文公始盡掃而去之。而詩之義自見。詩之顯晦。不在乎序之有無也決矣。嗟乎。作詩者何人歟。鴟鴞七月周公也。常棣召穆公也。頌史克也。祈招祭公謀父也。黍離周大夫也。皆古之聖賢也。謂小序不足以知古聖賢之意。則有之矣。至于寺人傷讒。女子自警。蟋蟀譏儉。碩鼠況貪。與其它比興風刺。往往出于小夫賤隸之口。途之人猶知之。而況子夏孔門之高第。衛宏漢世之名儒乎。以高第名儒之學問。而不能通匹夫匹婦之情性。若余者其敢自謂知朋友之意乎。雖然交游三十年。一死一生。問其人則曰未詳也。問其詩則曰未達也。其又可乎。翁應叟瓜圃集序。

古詩皆切于世教。訏謨定命。遠猶辰告。大臣之言也。敬之敬之。命不易哉。諫臣之言也。常棣之華。鄂不韡韡。宗臣之言也。載馳載驅。周爰咨諏。使臣之言也。之子于征。有聞無聲。

將帥之言也。豈弟君子。民之父母。君國子民之言也。禹之訓。皋陶之歌。周公之詩。大率達而在上者之作也。謂窮乃工詩。自唐始。而李杜爲尤窮而工者。然甫舊諫官。白亦詞臣。豈必皆窶主人飢餓而鳴者哉。王子文詩序。

書有坦明易通者。有微妙難通者。孔氏語門人曰。吾無隱乎爾。然當時高第有性與天道不可得聞之歎。雖伯魚親受于家庭者。不過詩禮而已。跋薛澤先天太極論。

附録

公生有異質。少小日誦萬言。爲文不屬稿。援筆立就。初名灼。以聲律冠胄子。入上庠。嘉定己巳遇郊恩。奏補將仕郎。更今名。

知建陽縣。新考亭之祠。祀朱范劉魏四君子于學。侍郎定謚。朱子曰文。天下稱當。忠簡傅公。聞議狀出公手。寄聲願交。諸老多折輩行。

西山在朝。以公學貫古今。文追騷雅薦。西山還里。公以師事。自此學問益深矣。

嘗與高樞密書曰。伏念某莆之鄙人。二大父知名隆乾間。先君諸父皆擢世科。惟某幼而失學。門蔭入仕。當世耆舊。猶以其故家遺俗多所奬進。絜齋侍郎袁公。竹隱諫議傅公。屢薦于朝不報。西山眞公帥閩以議幕招。内史洪舍人初除以自代舉。蓋諸公假借之私。而非天下議論之公也。立朝之初。衆以爲喜。獨以爲憂。未久果逐。起廢。守袁數月。又逐。後除廣監茶官。以麟史之筆。

當鳳閣之制。推本其家世師友。次及其奏對議論。五言一出。多士盛傳。衆以爲榮。獨以爲懼。未幾。召則逐。除郎。則又逐。攷其所逐。别無過犯。亦非贓私。專云欲作文字官而已。魚鳥至微。猶懲弓餌。某亦人耳。端平之劾。此罪也。嘉熙之劾。此罪也。淳祐之劾。亦此罪也。一何冥頑不靈。久而未知悔悟哉。

其跋周從龍長語曰。余生晚。不及見晦庵先生。識其高第楊吏部焉。李宏齋焉。黄勉齋焉。不及見象山先生。識其高第楊慈湖焉。袁絜齋焉。周君之生又晚于余。去前一輩人益遠矣。余自童至耄。于諸老之書不敢添一字注脚。乃能會粹洙泗關洛精微之言。融液鵝湖異同之論。往往闡新義而助師説。昔孟氏有豪傑凡民之辨。余早從諸老。始鋭終惰。遂爲塗人之歸凡民也。君坐進此道。後發先至。豪傑之士也。

葉水心曰。著作正字及退翁兄弟。道誼文學皆賢卿大夫。天下高譽之。不以詩名也。克莊始創爲詩。克遜繼出。與克莊相上下。

梓材謹案。阮亭居易録載後村大全集六十卷云。後村論揚雄劇秦美新。及作元后誄。言天之所廢。人不敢支。歷世運移。屬在新聖云云。蔡邕作羣臣上表。言卓黜廢頑凶。援立聖哲云云。又論阮籍跌宕棄禮法。晚爲勸進表。志行掃地。詞嚴義正。然其賀賈相啓。賀賈太師復相。再賀平章。諛詞諂語連章累牘。豈眞以似道爲伊周武鄉之比哉。抑蹈雄邕之覆轍而不自覺耶。又云。按後村作此時年已八十。惜哉。

林竹溪狀其行曰。公見地旣高。而學有定力。窮達得喪。是非毁譽。寄之歌詠。一付嬉笑。梅花數篇。以詩得謗也。而略不以爲悔。巴陵一疏。以言獲譴也。而不自以爲高。前後四立朝。共不盈五考。非無蚍蜉之撼。含沙之射。而未嘗恨其人。

補 知州劉先生克遜

雲濠謹案。先生著有西墅集。見後村所作墓誌。

知州劉先生克剛

劉克剛字處和。克遜弟。爲泉州録參。眞西山薦知沙縣。後知惠州。清儉治辦。修弊起廢。卒于官。姓譜。

附録

知惠州。創惠民局。病者始知有醫藥。以謁學例卷助學。釋菜始有祭器。作豐湖書院。列四齋。前爲夫子殿。後先賢祠。以丁鈔例卷買田養士。

梓材謹案。廣東黄志載。先生云。建豐湖書院祀豫章先生。闢四齋以居生徒。簡州學博一人。兼山長事以領之。于是惠人始知伊洛之學。則先生私淑豫章者矣。

劉先生克永

劉克永字子修。退翁之暮子。生七歲而孤。母魏國自教之。既入小學。誦書能了其義。歸爲母兄誦説。若素習者。長益勤苦。卽所居西偏闢小齋。室無他物。擁書如山。卧起枕藉之間。發其毫芒于文。皆有光怪。然郡試輒不利。因慨然罷舉。退而求志。同胞叔仲皆宦達。獨後村與娱。侍魏國之日最長。上世手澤數厨。共燈開卷。聞鐘聲未已。性孤潔。而尤厚倫紀。不以避兄離母爲高。卒年五十六。後村文集。

退翁門人

吴恕齋先生□

吴□。廬山人。爲閩宰。少受教于後村。先大君子以恕齋名。後得紫陽夫子所書恕齋兩大字。揭之楣間。蔡久軒楊平舟陳可齋爲作二記一跋。以發明孔曾言外之意。著有恕齋詩存稿。先生深于理學。其書皆關係倫紀教化。又有恕齋讀易講義。平心録。劉後村集。

雲濠謹案。此本後村題跋吴帥卿雜記。後村集又有寄吴恕齋侍郎詩。則其仕不止帥卿。林膚齋續集有賀吴恕齋除兵侍啓。則兵部侍郎也。

附録

林竹溪和吴帥古靈祠堂韻曰。學問功深筆硯靈。南來題詠徧吾閩。詩書禮樂宗元帥。俎豆衣冠友昔人。夜色如存滿梁月。襟懷長想浴沂春。新成彙棘添新句。傳入圖經字字珍。

後村講友

忠惠方鐵庵先生大琮

方大琮字德潤。莆田人。開禧初進士。爲御史。嘗上疏謂必先明綱常。則天道好還。可以永天命。定國勢。先生色夷氣温。平居言不出口。至立殿廷。爭是非。論可否。雖賁育不能奪。卒謚忠惠。姓譜。

雲濠謹案。先生自號鐵庵。劉後村誌其墓。後村又跋梅谷集云。余昔爲建陽令。友人方德潤以書稱崇安范君之賢。余爲賦梅谷詞。又跋宋自達梅谷序云。范有游勉之方德潤諸名人爲著語。是先生固後村同岑也。

附録

授南劍州州學教授。以郡先賢學術名節勵後進。飭宮廟。新器服。上官送某士。拒不納。知將樂縣。公在郡泮已封崇羅先生墓。至是式龜山廬。偕其孫曾款謁松椒。祀八賢于學。務以禮遜迪民。剽悍革心。

知永福縣。適值兵饑。守隘立柵。禁港發廩。日不暇給。然延致友士講論文義亦不輟。

帥廣凡六年。以儒飾吏。以政美俗。鄉飲酒禮久廢。命賓佐與領袖士討論之。禮樂器服悉還古制。歲一行之。拜七十有奇。膝席以宴。漏過三十刻。時齒已邁。而終禮無倦色。丁祭儀文未稱。自冕服弁以至簠簋籩豆鐘磬琴瑟柷敔之屬。悉攷古訂禮改作。

朝講王曜軒先生邁詳見西山眞氏學案。

侍郎林囿山先生彬之

林彬之字元質。莆田人。端平中第進士。遷監察御史。首疏言天命人才民心。又乞援仁宗故事。早立皇儲。拜左司諫。史嵩之經營復出。力乞扶公道。凝定力。嵩之卒不用。遂爲殿中侍御史。劾京尹。罷之。權工部侍郎。景定中以先朝耆舊。即家除寶章閣待制。姓譜。

雲濠謹案。先生號囿山。後村爲神道碑云。所居老屋數丈。晚始增葺數椽。家故有樓。名囿山。因以自號。又言。初。余與方公德潤。王公實之。及公。少同里。晚同朝。方公長二公一歲。二公長余三歲。四人者仕之日少。止之日多。有把臂入林。尊酒論文之樂云云。

附録

林竹溪狀其行曰。其綸言曰。殿前作賦。膾炙一時。袖中彈文。芬芳千載。持橐方隆于主眷。請麾力避于相嗔。人曰盡公始終之美。此後村所草也。

黄先生縝

黄縝字伯玉。莆田人。及弟績德遠。與後村遊。後村常語人。德玉。吾愛友也。德遠。吾畏友也。先生高科早卒。劉後村集。

山長黄德遠先生績詳見滄洲諸儒學案。

鐵庵學侶

鄭先生濟甫父度。

鄭濟甫字逢原。莆田人。累世業儒。父度。博學高年。侍郎林元質受學焉。先生尤刻苦講學。貫通倫類。屬文根極體要。鄉先達方鐵庵王臞軒皆推重。鐵庵所至與同載。晚客于塾。俾姻族雋秀師之。淳祐庚戌擢第。授惠州歸善主簿。豐湖書院請充山長。先生巽與郡博士而自居堂長。卒年五十。所著有經史考。其自述曰。鄭玄述六經箋傳。而談經之失無出于玄。馬遷爲史筆巨擘。而記事之失莫甚于遷。我朝諸儒接乎朱吕氏。理義之學大明。而經史百家衆説淆亂。未能盡訂而歸一。三禮經傳于古人均田建國之制。多闕未講。綱目大事記于前史記録加筆削。而尤多舛訛。後村誌其墓云。使天假之年。而究其學。豈不可以繼君家夾漈湘鄉乎。劉後村集。

習靜家學

縣令劉先生宬

劉宬字孟容。習靜彌卲子。由科第知古田縣。遇禋霈。例授習靜京秩。誥已下。憚不敢白。

蓋習靜性狷介也。姓譜。

附録

王臞軒别劉孟容提幹詩。孟容吾畏友。春日去朝京。蔗境詩多好。蓮時宦最清。坐誣緣舉將。取忌爲時名。諸老端平歲。同辭爲辨明。

建翁家學

劉先生希醇

劉希醇。建翁子。儒林宗派。

雲濠謹案。葉水心爲二劉墓誌云。正字則希醇。希道。希謙。希深所謂祖也。

劉先生希深附子吉甫。矩甫。南甫。

劉希深字審淵。建翁子。素修潔。又習見家世舊事。故自重而寡諧。隱約以課子。吉甫。矩甫。南甫。俱力于學。矩甫一名得吉。警悟而勤苦。卒年三十八。其婦窶而能勤。慈而能教云。後村文集。

迪功家學

中大劉先生希仁

劉希仁字居厚。莆田人。建翁從子。嘉定四年進士。通判臨安府。提轄文思院。引對獻言。皆涉貴近。時論壯之。以司封郎中知泉州。改淮東運判。除直祕閣令。起引奏事。以臺疏罷。奉祠。除將作監。先生屢以謗退。官至中大夫。生平每遇遷擢。必有論建。雖屏居猶上箴缺失焉。姓譜。

方氏門人

文定劉後村先生克莊詳上退翁家學。

户録林先生旹

林先生㫚合傳。

林旹字德言。□□人。與弟㫚齊名。爲方澤儒高第。號二林。先生三薦擢寶慶二年第。銓注廉州户録。劉後村集。

陳先生伯有

陳先生燡合傳。

太常陳先生煒合傳。

陳伯有。□□人。與弟燡。煒。同學于鄉先生方澤儒。先生尤英妙。爲澤儒器重。燡終于韋布。煒字光仲。中嘉定庚辰丙科。官至太常卿。朝散大夫。劉後村集。

竹溪家學

林方寮先生泳

林泳字太淵。别號方寮。竹溪之冢子。從後村游。寶祐癸丑進士。將赴安溪宰。後村作序送之。後村文集。

附録

竹溪送宰安溪詩曰。好爲君王去字人。乃翁知汝耐清貧。求民疾痛當如子。有道絃歌是悦親。月解前期須趣辦。日生公事怕因循。掃除詩癖祇勤政。最急無如賦役均。

竹溪門人

方樾翁先生儀詳見南湖學案。

林先生式之

林式之。宣教郎公永子。官通直郎。通判潮州軍州事。有廉吏之目。劉後村集。

梓材謹案。先生字子敬。竹溪鬳齋十一稿續集。門人石塘林式之編。林同序云。後村第一集六十卷之行也。亦子敬效程督其間。先生蓋同之再從兄云。

林先生胄附見樂軒門人。

後村門人

補 文毅洪陽巖先生天錫

陽巖文集

蓋學不可以徒博。亦不可以徑約。徒博則雜。徑約則孤。此約禮必先之以博文。而詳說乃所以反約也。趙氏四書纂疏序。

林方寮先生泳見上竹溪家學。

迪功吳先生龍翰別見滄洲諸儒學案補遺。

方懋翁先生儀詳見南湖學案。

林先生同見上文隱家學。

處和家學

劉先生質甫

劉質甫字去華。處和長子。小名埜。性沖淡。于紛華盛麗閉目不睹。咸淳丙寅銓中。調晉江主簿。需次九年。處之夷然。公議翕然。稱之以爲鄉國之善士。後村文集。

洪氏家學

知州洪東巖先生天驥

洪天驥字逸仲。晉江人。淳祐進士。任建寧尉。發奸摘伏。當官無所回撓。每以文章課邑士人。皆知所向方。累官知潮州。姓譜。

梓材謹案。先生自號東巖。文文山爲行狀云。東巖先生蓋陽巖先生文毅公族諸弟也。文毅公以孤忠遺直著聞當世。其平生言論風旨。講切上下。公未嘗不在其間。文毅公屢召不赴。公浸嚮用。輒落落不合去。時論稱爲二洪云。

附録

以紹定改元薦于鄉。名聲振一時。學子躋門。願求模楷者日衆。公坦明夷粹。專以宿于道爲教。

差監都進奏院輪對。宿齋豫戒取虞廷君臣時幾之說寓規焉。其一曰。君心勤怠之幾。二曰。人心離合之幾。三曰。君子小人消長之幾。四曰。中國外夷强弱之幾。及朱文公天理人欲之辨。首尾二千餘言。

寶祐四年較藝南宫。得文天祥卷。置之上第。人服其明。知香山縣。至之日。以教養人材爲首務。修復大成殿。明倫有堂。主敬善身。賓賢登俊有齋。皆捐俸爲之。斂不及民。其爲政一裁于義。

東巖門人

尚書王深寧先生應麟詳深寧學案。

陳氏師承

盧先生琦

盧琦字希韓。惠安人。至正初進士。尹永春。民視如父母。安溪寇亂。率邑民大破之。斬獲千餘人。時兵興。列郡洶洶。獨永春晏然。所著有圭峯集。姓譜。

附録

稍遷至永春縣尹。訟息民安。乃新學宫。延師儒課子弟。月書季考。文風翕然。仙遊盜發。先生適在邑境。盜遙見之。迎拜曰。此永春大夫也。爲大夫。百姓者何幸之大乎。吾邑長乃以暴毒驅我。故至此耳。先生因立馬喻以禍福。衆皆投刀槊請縛其酋以自新。酋至。械送帥府。自是威惠行于境外。

艾軒私淑

校師方先生槐生附師方德至。鄭稑。

方槐生字時舉。莆田人。少資稟過人。受業于進士方遂初德至。及鄉貢進士鄭獻可稑。通春秋書詩三經。年二十輒爲人師。善講説爲文辭。元至正中。方岳大臣交章以學行隱逸薦之。不起。擢爲漳州路北溪書院山長。不赴。授泉州路儒學教授。卒不從。及明初。以校師辟。辭不獲。乃就職。爲師七年。惟以推所學淑耄士爲務。恬不以禄薄勢卑動其心。先生嗜義如飢渴。蔡忠惠公之祠。林文節公劉文定公之墓。皆圮壞。先生請于有力者葺完之。卒年四十五。宋文憲集。

隱君陳先生中立父高。

陳中立字誠中。莆田人。父高。有學行。學徒私謚曰靖逸。先生以祖命後季父。少受經于温陵盧琦。琦以文學著稱。先生聞其指授。色承心解。日騫月邁。莆士皆歎服之。隱居不仕。晚乃結廬壺山。年五十三卒。初先生祖與父欲營義塾以教里中子弟。規制未備而歿。先生繼其志。創廟建學。學後爲祠。祀艾軒。晦庵。夾漈三先生。復爲祠廟。右奉其師盧琦之主。講說有堂。燕居有室。先生日持經傳爲學者剖析聖賢大旨。鄉人賴之。宋文憲集。

林氏續傳

薦辟林先生靜

別見北山四先生學案補遺。

盧氏門人

蔡先生復初

附師林梅所。余大車。

蔡復初。福清人。至正間舉明經。爲書院訓導。少從龍江林梅所余大車學易受書。又從惠安盧琦學詩。孝友力義。琦卒。心喪三年。所著有詩銘訓集。閩書。

宋元學案補遺卷四十八目録

宋元學案補遺卷四十八

後學　鄞王梓材　慈谿馮雲濠　同輯

晦翁學案補遺上

延平門人

補文公朱晦菴先生熹

雲濠謹案。朱子紹定三年改封徽國公。元至元二十二年改封齊國公。國朝康熙五十一年以朱子發明聖道。軌于至正。特升祔十哲之次。改稱先賢。

梓材謹案。先生嘗自稱雲谷老人。見祭黄子厚文。又案。陳貿膙重修仙居學記述丞劉君垕之言曰。吾之學文公之學也。文公之學卽古靈之學也。昔公奉使浙東。嘗訪其祠而行拜謁之禮焉。今祠古靈。且以公配。蓋將以公之教我者教人。而又以古靈之望昔人者望今人也。據此。則先生亦私淑于古靈者矣。

晦翁語要

古之聖人。作爲六經以教後世。易以通幽明之故。書以記政事之實。詩以導性情之正。春秋以示法戒之嚴。禮以正行。樂以和心。其于義理之精微。古今之得失。所以該貫發揮。究竟窮極。可謂盛矣。而總其書不過數十卷。蓋其簡易精約又如此。

諸家説有異同。如甲説如此。且撏扯住甲。窮盡其辭。乙説如此。且撏扯住乙。窮盡其辭。兩家之説既盡。又參考而窮究之。必有一眞是者出矣。

讀書必先讀大學。以定其規模。次讀論語。以立其根本。次讀孟子。以觀其發越。次讀中庸。以求古人之微妙處。看講解不可專徇他説。不求是非。便道前賢言語皆的當。

治經者必因先儒已成之説而推之。借曰未必盡是。亦當究其所以得失之故。而後可以反求諸心而正其謬。此漢之諸儒所以專門名家。各守師説而不敢輕有變焉者也。但其守之太拘。而不能精思明辨。以求其是。則爲病耳。

聖人作經以詔後世。將使學者誦其文。思其義。有以知其事理之當然。見道義之全體。而身力行之。以入聖賢之域也。其言雖約。而天下之故幽明巨細靡不該焉。欲求道以入德者。舍此爲無所用心矣。

易。書。詩。禮。樂。春秋。孔孟氏之籍。本末相須。人言相發。皆不可以一日而廢焉者也。秦漢以來。學問不博。儒者惟知章句訓詁之爲事。而不復知求聖人之意。以明夫性命道德之歸。至于近世。先知先覺之士始發明之。則學者既又以知夫前日之爲陋矣。然或乃徒誦其言以爲高。而又初不知深求其意。甚者遂至於脱略章句。陵籍訓詁。坐談空妙。展轉相迷。而其爲患反有甚于前日之爲陋者。嗚呼。是豈古昔聖賢相傳之本意。與夫近世先生君子之所望于後人者哉。

學者觀書法。且當玩味大意。就自己分上着實體驗。不須細碎計較一兩字異同。學問之道無他。求之于心而已。此是前聖緊切爲人處。就日用中下工夫。其餘小小辨論。俟他日亦未晚。

近日學者病在好高。論語未問學而時習便説一貫。孟子未言梁惠王問利便説盡心。易未看六十四卦便讀繫辭。

學者常以志士不忘在溝壑爲念。則道義重而計較死生之心輕矣。

古人刀鋸在前。鼎鑊在後。視之若無物者。蓋緣只見得道理。不見那刀鋸鼎鑊。

須是在我者。仰不愧。俯不怍。別人道好道惡。管他。凡學須先明得一箇心。然後方可言學。辟如燒火相似。必先吹發了火。然後加薪。則火明矣。若先加薪。而後吹火。則火滅矣。

朱子語類

人自□㊀不得。要將聖賢道理扶持。

今之學者全不曾發憤。

如居燒屋之下。如坐漏船之中。

不帶性氣底人。爲僧不成。爲道不了。

陽氣發處。金石亦透。精神一到。何事不成。

㊀「自□」當爲「白睚」。

須磨礪精神去理會天下事。非燕安暇豫之可得。

學者須養教氣宇開闊宏毅。

常使截斷嚴整之時多。膠膠擾擾之時少。方好。

虛心順理。學者當守此四字。

開闊中又著細密。寬緩中又著謹嚴。

因論爲學曰。愈細密愈廣大。愈謹確愈高明。

刮落枝葉。栽培根本。

大根本流爲小根本。舉前説。因先説欽夫學大本如此。則發處不能不受病。

未有耳目狹而心廣者。其説甚好。

小立課程。大作工夫。

咬得破時正好咀味。

今人只略依稀説過。不曾心曉。以上爲學之方。

自古聖賢皆以心地爲本。

古人言志帥心。君須心有主張始得。

心若不存。一身便無所主宰。

心在。羣妄自然退聽。

人精神飛揚。心不在殼子裏面。便害事。

未有心不定而能進學者。人心萬事之主。走東走西。如何了得。

人昏時便是不明。纔知那昏時。便是明也。

心存時少。亡時多。存養得熟後。臨事省察不費力。

人之一心。當應事時常如無事時便好。

平居須是儼然若思。

學者工夫。且去翦截那浮汎底思慮。

根本須是先培壅。涵養持敬便是栽培。

白浮沈了二十年。只是說取去。今乃知當涵養。

人惟有一心是主。要常常喚醒。以上存養。

主一之謂敬。無適之謂一。敬主于一。做這件事。更不做別事。無適是不走作。持敬。

靜便定。熟便透。

靜爲主。動爲客。靜如家舍。動如道路。

靜時不思動。動時不思靜。

要得坐忘。便是坐馳。

與好諧戲者處。卽自覺言語多。爲所引也。

主靜看夜氣一章可見。以上靜。

存得此心。便是要在這裏常常照管。若不照管。存養要做甚麼用。

人須將那不錯底心去驗他那錯底心。不錯底是本心。錯底是失其本心。

人有一正念。自是分曉。又從旁別生一小念。漸漸放闊去。不可不察。

人不自知其病者。是未嘗去體察警省也。

思可以勝慾。亦是。曰。莫是要喚醒否。曰。然。以上省察。

知行常相須。如目無足不行。足無目不見。論先後。知爲先。論輕重。行爲重。

只有兩件事。理會。踐行。以上知行。

爲學。先要知得分曉。

不可去名上理會。須求其所以然。以上致知。

學之之博。未若知之之要。知之之要。未若行之之實。

人之所以易得流轉立不定者。只是腳跟不點地。

大抵人能于天理人欲界分上立得腳住。則儘長進在。以上力行。

克己亦別無巧法。譬如孤軍猝遇強敵。只得盡力舍死向前而已。尚何問哉。克己。

作事若顧利害。其終未有不陷于害者。

周旋回護底議論最害事。

會做事底人。必先度事勢。有必可做之理。方去做。

審微于未形。御變于將來。非知道者孰能。

事豫吾內。事未至而先知。其理之謂豫。

論世事曰。須是心度大方。包裹得過。運動得行。

恥有當忍者。有不當忍者。

先生愛説恰好二字。云。凡事自有恰好處。

這一邊道理熟。那一邊俗見之類自破。以上立心處事。

才有欲順適底意思。卽是利。

人只有一箇公私。天下只有一箇邪正。

天理人欲。幾微之閒。以上理欲義利。

伊尹孔明必待三聘三顧而起者。踐坤順也。

當官勿避事。亦勿侵事。以上出處。

孟子教人多言理義大體。孔子則就切實做工夫處教人。

克己復禮雖止是教顏子如此説。然所以教他人。亦未嘗不是克己復禮的道理。以上教人。

聖人之于天地。猶子之于父母。

朋友之于人倫。所關至重。以上人倫。

學問就自家身己上切要處理會方是。

大抵學者讀書。務要窮究。道問學是大事。要識得道理去做人。

讀書以觀聖賢之意。因聖賢之意以觀自然之理。

開卷便有與聖賢不相似處。豈可不自鞭策。

寬著期限。緊著課程。

讀書之法先要熟讀。須是背看正看左看右看。看得是了。未可便説道是。更須反覆玩味。

汎觀博取。不若孰讀而精思。

做好將聖人書讀。見得他意思。如當面説話相似。

聖賢之言。須常將來眼頭過。口頭轉。心頭運。

讀書須看他文勢語脈。

讀書不可以兼看未讀書。卻當兼看已讀書。

某最不要人摘撮。看文字須是逐一段一句理會。以上讀書法。

讀六經時只如未有六經。只就自家身上討道理。其理便易曉。

看經傳有不可曉處。且要旁通。待其浹洽。則當觸類而可通矣。以上讀經。

解經謂之解者。只要解釋出來。將聖賢之語解開了。庶易讀。

經書有不可解處。只得闕。若一向去解。便有不通而謬處。

五經中周禮疏最好。詩與禮記次之。書易疏亂道。易疏只是將王輔嗣註來虛説一片。以上論解經。

凡觀書史只有箇是與不是。觀其是。求其不是。觀不是。求其是。便見得義理。讀史。

太史公書疏爽。班固書密塞。

劉昭補志于冠幘車服尤詳。前史所無。以上史學。

理者天之體。命者理之用。性是人之所受。情是性之用。命猶誥敕。性猶職事。情猶施設。心則其人也。以上性命。

道卽性。性卽道。固是一物。然須看因甚喚做性。因甚喚做道。

性卽理也。在心喚做性。在事喚做理。

生之理謂性。

性是天生成許多道理。

性是實理。仁義禮智皆具。

諸儒論性不同。非是于善惡上不明。乃性字安頓不著。以上性。

人物之生。其賦性偏正。固自高下不同。然隨其偏正之中。又自有清濁昏明之異。

天地閒非特人爲至靈。自家心便是鳥獸草木之心。但人受天地之中而生耳。以上人物之性。

人性如一團火。煨在灰裏。撥開便明。氣質之性。

命之一字。如天命。謂性之命。是言所稟之理也。性也有命焉之命。是言所以稟之分有多寡厚薄之不同也。

横渠云。所不可變者惟壽夭耳。要之。此亦可變。但大概如此。以上命。

心之理是太極。心之動静是陰陽。

惟心無對。

心者氣之精爽。

心字只一箇字母。故性情字皆從心。

心妙性情之德。妙是主宰運用之意。以上心。

性雖虚。都是實理。心雖是一物。都虚。故能包含萬理。這箇要人自體察始得。

性本是無。卻是實理。心似乎有影象。然其體卻虚。

性便是心之所有之理。心便是理之所會之地。

性是理。心是包含該載敷施發用底。以上心性情。

明道云。不能以有爲爲應迹。應迹謂應事物之迹。若心則未嘗動也。定性。

志乾氣坤。

氣若併在一處。自然引動著志。古人所以動息有養也。以上志氣。

學原于思。思所以啓發其聰明。思慮。

道者。兼體用該隱費而言也。道。

徹上徹下。無精粗本末。只是一理。理。

德是得于天者。講學而得之得。自家本分底事。德。

耳之德聰。目之德明。心之德仁。且將適意去思量體認。將愛之理在自家心上自體認思量。便見得仁。

試自看一箇物。堅硬如頑石。成甚物事。此便是不仁。

才仁便生出禮。所以仁配春。禮配夏。義是裁制。到得智便了。所以配秋配冬。

前輩教人求仁。只說是淵深温粹。義理飽足。

仁是愛底道理。公是了㊀底道理。故公則仁。仁則愛。

仁字說得廣處。是全體惻隱慈愛底。是說他本相。

仁是根。惻隱是萌芽。親親仁民愛物。便是推廣到枝葉處。

仁之包四德。猶冢宰之統六官。

仁之名不從公來。乃是從人來。故曰公而以人體之。則爲仁。

問。敦篤虚靜者仁之本。曰。敦篤虚靜是爲仁之本。以上仁。

㊀「了」當為「仁」。

義與利刀相似。都割斷了許多牽絆。

仁言心之德。便見得可包四者。義言心之制。卻只是說義而已。曰。然。以上仁義。

仁與禮自是有箇發生底意思。義與智自是有箇收斂底意思。仁義禮智。

誠只是一箇實。敬只是一箇畏。誠。

忠自裏而發出。信是就事上說。忠是要盡自家這箇心。信是要盡自家這箇道理。

問。盡物之謂行。盡物是只循物無違意否。曰。是。以上忠信。

忠只是一箇忠。做出百千萬箇恕來。

忠㊀心爲忠。如心爲恕。此語見周禮疏。以上忠恕。

初學則不如敬之切。成德則不如恭之安。敬是主事。然專言則又如脩己以敬。敬以直内。只偏言是主事。恭是容貌上說。恭敬。

天下未有無理之氣。亦未有無氣之理。

有是理後生是氣。自一陰一陽之謂道。推來此性。自有仁義。

先有箇天理了。卻有氣。氣積爲質。而性具焉。

理搭于氣而行。

㊀「忠」當為「中」。

人之所以爲人。其理則天地之理。其氣則天地之氣。理無迹不可見。故于氣觀之。以上理氣總論。

太極只是一箇理字。

若無太極。便不翻了天地。

太極分開。只是兩箇陰陽。括盡了天下物事。

極是道理之極至。總天地萬物之理。便是太極。

所論太極者。不離于陰陽而爲言。亦不雜乎陰陽而爲言。

問。萬物各具一太極。此是以理言。以氣言。曰。以理言。以上太極。

天包乎地。天之氣又行于地之中。故横渠云。地對天不過。

天地但陰陽之一物。依舊是陰陽之氣所生也。

問。天依形。地附氣。曰。恐人道下面有物。天行急。地閣在中。

天轉也。非自東而西也。非旋環磨轉。卻是側轉。

萬物生長。是天地無心時。枯槁欲生。是天地有心時。

帝是理爲主。

天地不恕。謂肅殺之類。以上天地。

天地統是一箇大陰陽。一年又有一年之陰陽。一月又有一月之陰陽。一日一時皆然。

陰陽五行之理須常常看得在目前。則自然牢固矣。

五行相爲陰陽。又各自爲陰陽。以上陰陽。

水火清。金木濁。土又濁。

清明内影。濁明外影。清明金水。濁明火日。以上五行。

日食是爲月所掩。月食是與日爭敵。月饒日些子方好無食。

問。星受日光否。曰。星恐自有光。

莫要説水星。蓋水星貼著日行。故半月日見。

星有墮地。其光燭天。而散者有變爲石者。以上天文。

天有三百六十度。只是天行得過處爲度。天之過處便是日之退處。日月會爲辰。

辰。天壤也。每一辰各有幾度。謂如日月宿于角幾度。卽所宿處爲辰。

天文有半邊在上面。須有半邊在下面。以上天度。

中氣只在本月。若趲得中氣在月盡後。月便當置閏。

曆數微妙。如今下漏一般。漏管稍澀。則必後天。稍闊。則必先天。

未子而子。未午而午。以上曆法。

江西山皆是五嶺贛上來。自南而北。故皆逆。閩中卻是自北而南。故皆順。

閩中之山多自北來。水皆東南流。江浙之山多自南來。水多北流。故江浙冬寒夏熱。以上地理。

雷如今之爆杖。蓋鬱積之極而迸散者也。雷。
虹非能止雨也。而雨氣至是已薄。亦是日色射散雨氣了。虹。
神。伸也。鬼。屈也。如風雨雷電。初發時神也。及至風止雨過。雷住電息。則鬼也。
問。鬼神便只是此氣否。曰。又是這氣裏而神靈相似。
因說鬼怪事。曰。人心平鋪著便好。若做弄便有鬼怪出來。以上鬼神總論。
問魂魄。曰。氣質是實底。魂魄是半虛半實底。鬼神是虛分數多。實分數少底。
萇弘死三年而化爲碧。此所謂魄也。如虎威之類。弘以忠死。故其氣凝結如此。以上在人鬼神。
今且須看孔孟程張四家文字。方始講究得著實。其他諸子不能無過差也。聖賢諸儒總論。
夫子度量極大。與堯同門。弟子中如某人輩皆不點檢。他如堯容四凶在朝相似。孔子。
孔門只一箇顏子。合下天資純粹。到曾子便過于剛。與孟子相似。世道衰微。人欲橫流。不是剛勁有脚跟底人。定立不住。
孟子不甚細膩。如大匠把得繩墨定。千門萬户自在。以上顏曾思孟。
子貢俊敏。子夏謹嚴。孔子門人自曾顏而下。惟二子後來想大故長進。
曾點開闊。漆雕開深穩。以上孔孟弟子。
凡曰善者。固是好。然方是好事。未是極好處。必到極處。便是道理十分盡頭。無一毫不盡。故曰至善。

定以理言。故曰有。靜以心言。故曰能。

致知所以求爲眞知。眞知是要徹骨都見透。

格物須是從切己處理會去。待自家者已定叠。然後漸漸推去。這便是能格物。

深自省察。以致其知。痛加翦落。以誠其意。

知與意皆出于心。知是知覺處。意是發願處。

誠意是人鬼關。誠得來是人。誠不得是鬼。

問。心如何正。曰。只是去其害心者。

於緝熙敬止。緝熙是工夫。敬止是工效收殺處。

大畏民志者。大有以畏服斯民自欺之志。

誠意章皆在兩箇自字上用功。

問。末章説財處太多。曰。後世只此一事不能與民同。以上大學。

論孟工夫少。得效多。六經工夫多。得效少。

論語不説心。只説實事。孟子説心。後來遂有求心之病。今讀論語。且熟讀學而一篇。若明得一篇。其餘自然易曉。

學之一字。實兼致知力行而言。不可偏舉。

仁只是愛底道理。此所以爲心之德。

敬事而信。是節用愛人。使民以時之本。敬又是信之本。

問而親仁。曰。此亦是學文之本領。蓋不親仁。則本末是非何從而知之。

父在觀其志。没觀其行。孝子之志行也。

思無邪一句。便當得三百篇之義了。三百篇之義大概只要使人思無邪。若只就事上無邪。未見得實如何。惟是思無邪方得。

思在人最深。思主心上。

四十而不惑。于事上不惑。五十而知天命。知所從來。

孟懿子孟武伯子游子夏問孝。聖人答之。皆切其所短。故當時聽之者止一二句。皆切于其身。今人將數段只作一串文義看了。

察人之所安尤難。故必如聖人之知言窮理方能之。

温故方能知新。不温而求新知。則亦不可得而求矣。

一以貫之。猶言以一心應萬事。忠恕是一貫底注脚。一是忠。貫是恕底事。

論恕云。若聖人只是流出來。不待推。

丘明所恥如是。左傳必非其所作。

惟聖人兼仁知。故樂山樂水皆兼之。自聖人而下。成就各有偏處。

知便有了快活底意思。仁便有箇長遠底意思。故曰知者樂。仁者壽。

夢周公。忘肉味。祭神如神在。見得聖人眞一處理會一事。便全體在這事。

問憤悱。曰。此雖聖人教人之語。然亦學者用力處。

問。文行忠信恐是博文約禮之意。曰。然。忠信只是約禮之實。

學者須以篤信爲先。

或問。關雎之亂。亂何以訓經。曰。既奏以文。又亂以武。

鳳鳥不至。聖人尋常多有謙辭。有時亦自諱不得。

苗須是秀。秀須是實方成。不然何所用。學不至實。亦何所用。

先生説知者不惑章。唯不惑不憂便生得這勇來。

鄉黨記聖人動容周旋。無不中禮。

克己復禮如通溝渠壅塞。仁乃水流也。

克己復禮如火烈。烈則莫我敢遏。

克己則禮自復。閑邪則誠自存。非克己外別有復禮。閑邪外別有存誠。

克己復禮所以言禮者。謂有規矩。則防範自嚴。更不透漏。

一日克己復禮。則一日天下歸仁。二日克己復禮。則二日天下歸仁。

主忠信是劄腳處。徙義是進步處。漸漸進去。則德自崇矣。

貧而無怨。不及于貧而樂者。又勝似無諂者。

君子上達。一日長進似一日。小人下達。一日沈淪似一日。

夫我則不暇學者。須兼思量。不暇箇甚麽。須于自己體察方可見。

以直報怨。則無怨矣。以德報怨。亦是私。

問。知我者其天乎。只是孔子自知否。曰。固然。只是這一箇道理。

問。知及之。仁能守之。曰。此是説講學莊以涖之。以後説爲政。

聖人尋常未嘗輕許人以仁。亦未嘗絶人以不仁。以上論語。

孟子比孔子時説得高。然孟子道性善。言必稱堯舜。又見孟子説得實。

解書難得分曉。趙岐孟子拙而不明。王弼周易巧而不明。

胡氏云。格物則能知言。誠意則能養氣。

孟子説養氣先説知言。先知得許多説話。是非邪正都無疑後。方能養此氣也。

或問。滿腔子是惻隱之心。曰。此身軀殼謂之腔子。而今人滿身知痛處可見。

孟子道性善。言必稱堯舜。須看因何理會箇性善。作甚底。

性善。故人皆可爲堯舜。必稱堯舜。所以驗性善之實。

孟子言。我欲正人心。蓋人心正然後可以有所爲。今人心都不正了。如何可以理會。

舜誠信而喜象。周公誠信而任管叔。此天理人倫之至。其用心一也。

進以禮。揖讓辭遜。退以義。果決斷割。

論進以禮。退以義。曰。三揖而進。一辭而退。

孟子論三代制度。多與周禮不合。蓋孟子後出。不及見王制之詳。只是大綱約度而說。

求放操存。皆兼動靜而言。非塊然默守之謂。

盡心以見言。盡性以養言。

夭壽不貳。不以生死爲吾心之悦戚也。

孟子説命至盡心章方説得盡。

反身而誠。則恕從這裏流出。不用勉强。未到恁田地。須是勉强。

或問。德慧術知。曰。德慧純粹。術知聰明。須有樸實工夫。方磨得出。以上孟子。

在中之中。與在事之中。只是一事。此是體。彼是尾。

萬物稟受。莫非至善者性。率性而行。各得其分者道。

大體用涵養中節。則須窮理之功。

問智仁勇。曰。理會得底是智。行得底是仁。著身去做底是勇。

誠者物之終始。徹頭徹尾。

廣大似所謂理一。精微似所謂分殊。

温故而知新。温故有七分工夫。知新有三分工夫。其實温故則自然知新。上下五句皆然。

温故只是存得這道理在。便是尊德性。敦厚只是箇樸實頭。亦是尊德性。以上中庸。

天下之理單便動。兩便靜。且如男必求女。女必求男。自然是動。若一男一女。居室後便定。
天地生數到五便住。那一二三四遇著五便成六七八九。五卻只自對五成十。
先就乾坤二卦上看得本意了。則後面皆有通路。
易中緊要底只是四爻。
君子則終日乾乾。至夕猶檢點而惕然恐懼。蓋凡所以如此者。皆所以進德修業耳。
厲多是在陽爻裏說。
問。何謂各正性命。曰。各得其性命之正。
體仁不是將仁來爲我之體。我之體便都是仁也。
忠信所以進德。實便光明。如誠意之潤身。
敬以直内。最是緊切工夫。
敬以直内。是持守工夫。義以方外。是講學工夫。
屯是陰陽未通之時。蹇是流行之中有蹇滯。困則窮矣。
以正中。以中正也則一般。這只是要協韻。
夬履是做得忒快。雖合履底。也有危厲。
易雖抑陰。然有時把陰爲主。如同人是也。然此一陰。雖是一卦之主。又卻柔弱做主不得。
火在天上大有。凡有物須是自家照見得。方見得有。若不照見。則有無不可知。何名爲有。

鬼神之害之福。是有些造化之柄。

易中言天之命也。天之道也。義只一般。但取其成韻耳。不必强分析。

先生舉易傳語。惟其知不善。則速改以從善而已。曰。這般說話好簡當。

篤實便有輝光。艮止便能篤實。

或云。諺有禍從口出。病從口入。甚好。曰。此語前輩曾用以解頤之象。慎言語。節飲食。

火中虛暗。則離中之陰也。水中虛明。則坎中之陽也。睽皆言始異終同之理。

懲忿如救火。窒欲如防水。

酌損。言在損之初下。猶可斟酌也。

大率人之精神萃于己。祖考之精神萃于廟。

艮其限。是截做兩段去。

歸妹未有不好。只是說以動帶累他。

渙是散底意思。物事有當散底。號令當散。積聚當散。羣隊當散。

小過是過于慈惠之類。大過則是剛嚴果毅底氣象。

繫辭或言造化以及易。或言易以及造化。不出此理。

易簡理得。只是淨淨潔潔。無許多勞擾委曲。

悔者將自惡而入善。吝者將自善而入惡。

易無體。這箇物事逐日各得。是箇頭面。日異而時不同。
一陰一陽之謂道。陰陽何以謂之道。曰。當離合看。
造化所以發育萬物者。爲繼之者善。各正其性命者。爲成之者性。
知識貴乎高明。踐履貴乎著實。知旣高明。須放低著實做去。
神。德行。是説人事。那粗做底。只是人爲。若決之于鬼神。德行便神。
極出那深。故能通天下之志。研出那幾。故能成于天下之務。
天下何思何慮一段。此是自然而然。如精義入神。自然致用。利用安身。自然崇德。
人神。是到那微妙人不知得處。
有不善未嘗不知。知之未嘗復行。直是顔子天資好。如至清之水。纖芥必見。
巽以行權。兑見而巽伏。權是隱然做底物事。若顯然底做。卻不成行權。
窮理是窮得物。盡得人性。到得那天命。所以説道性命之源。以上易。
克明俊德。只是明己之德。詞意不是明俊德之士。
惟寅故直。惟直故清。
同寅協恭。是上下一干敬。
惟甲胄起戎。蓋不可有關防他底意。以上尚書。
讀關雎之詩。便使人有齋莊中正意思。所以冠于三百篇。與禮首言毋不敬。書首言欽明文思皆同。

文武以天保以上治内。采薇以下治外。始于憂勤。終于逸樂。這四句儘説得好。

日就月將。是日成月長。就。成也。將。大也。以上詩。

大抵説制度之書。惟周禮儀禮可信。禮記便不可深信。周禮畢竟出于一家。

周禮一書好看。廣大精密。周家法度在裏。

鄉遂雖用貢法。然巡野觀稼。以年之上中下出斂法。則亦未嘗拘也。

尸用無父母者爲之。故曰。食饗不爲概。祭祀不爲尸。

王制祭法廟制不同。以周制言之。恐王制爲是。

諸侯奪宗。大夫不可奪宗。

樂由天作屬陽。故有運動底意。禮以地制。如由地出。不可移易。

大戴禮冗雜。其好處已被小戴採摘來做禮記了。然尚有零碎好處在。以上禮書。

南北朝是甚時節。而士大夫問禮學不廢。有考禮者説得亦是好。

燕居。父子同坐亦得。惟對客不得。

嫡孫承重。庶孫是長。亦不承重。

祖在父亡。祖母死亦承重。

喪葬之時。只得以素食待客。祭饌葷食。只可分與僕役。

家廟要就人住。居神依人。不可離外作廟。又在外時。婦女遇雨時難出入。

無爵曰府君夫人。漢人碑已有。只是尊神之辭。府君如官府之君。或謂之明府。今人亦謂父爲家府。

喪妻者木主要作妻名。不可作母名。若是婦。須作婦名。翁主之。

神主之位東向。户在神主之北。

諸家禮皆云。薦新用朔。朔新如何得合。但有新即薦于廟。

夫祭妻亦當拜。

妣者媲也。祭所生母。只當稱母。則略有别。

忌日祭。只祭一位。以上説禮。

自黄鐘至中吕。皆下生。自蕤賓至應鐘。皆上生。以上生下皆三生二。以下生上能三生四。

問聲氣之元。曰。律曆家最重這元聲。元聲一定向下。都定元聲差。向下都差。

宫與羽。角與徵。相去獨遠。故于其間製變宫變徵二聲。樂聲是土金木火水。洪範是水火木金土。

絲尚宫。竹尚羽。竹聲大。故以羽聲濟之。絲聲細。故以宫聲濟之。以上樂。

老子之術謙冲儉嗇。全不肯役精神。

易不言有無。老子言有生于無。便不是。

多藏必厚亡。老子也是說得好。

列子平淡疏曠。

因論庖丁解牛一段。至恢恢乎其有餘刃。曰。理之得名。以此目中所見無全牛。熟。

仲舒所言甚高。後世之所以不如古人者。以道義功利關不透耳。

揚子雲出處非是。當時善去亦何不可。

佛也只是理會這箇性。吾儒也只是理會這箇性。只是他不認許多帶來底。

儒釋言性異處。只是釋言空。儒言實。釋言無。儒言有。

釋氏虛。吾儒實。釋氏二。吾儒一。釋氏以事理爲不緊要而不理會。

吾儒心雖虛。而理則實。若釋氏則一向歸空寂去了。

佛家不合將才作緣習。緣習是說宿緣。以上諸子。

問。堯舜在湯武時。還做湯武事否。曰。堯舜且做堯舜看。湯武且做湯武看。看得其心分明自見得。

湯武之征伐。只知一意惻怛救民而已。不知其他。

大亂之後易治。戰國嬴秦漢初是也。

三代以下。漢之文帝。可謂恭儉之主。

文帝曉事。景帝不曉事。

漢時宿衛皆是子弟。不似而今用軍卒。

漢高祖私意分數少。唐太宗一切假仁借義以行其私。以上歷代。

平易近民。爲政之本。

今人說寬政。多是事事不管。某謂壞了這寬字。

因論郡縣政治之乖。曰。民雖衆。畢竟只是一箇心。甚易感也。

爲守令。第一是民事爲重。其次則便是軍政。今人都不理會。

開落丁口。推割產錢。是治縣八字法。詞牒無情理者。不必判。

荀悦云。田制須是大亂之後方可定。

古人學校教養德行。道藝。選舉。爵禄。宿衛。征伐。師旅。田獵。皆只是一項事。皆一理也。

人言仁不可主兵。義不可主財。某謂惟仁可以主兵。義可以主財。

本强。則精神折衝。不强。則招殃致凶。

今日言事官欲論一事一人。皆先探上意如何。方進文字。以上治道。

作文何必苦留意。又不可太頽塌。只略教整齊足矣。論文。

韋蘇州詩高于王維孟浩然諸人。以其無聲色臭味也。論詩。

筆力到。則字皆好。如胸中別樣。卽動容周旋中禮。論字。

譚兄問作時文。曰。畧用體式。而隱括以至理。科舉之學。

論孟集義序乾道壬辰。

論孟之書。學者所以求道之至要。古今爲之説者。蓋已百有餘年。然自秦漢以來儒者。類皆不足以與聞斯道之傳。其溺于卑近者。既得其言。而不得其意。其騖于高遠者。則又支離踳駮。或乃并其言而失之。學者益以病焉。宋興百年。河洛之閒有二程先生者出。然後斯道之傳有繼。其于孔子孟氏之心。蓋異世而同符也。故其所以發明二書之説。言雖近而索之無窮。指雖遠而操之有要。使夫讀者非徒可以得其言。而又可以得其意。非徒可以得其意。而又可以并其所以進于此者而得之。其所以興起斯文。開悟後學。可謂至矣。閒嘗蒐輯條疏以附于本章之次。既又取夫學之有同于先生者。與其有得于先生者。若橫渠張公。若范氏。二吕氏。謝氏。游氏。楊氏。侯氏。尹氏。凡九家之説。以附益之。名曰論孟精義。以備觀省。而同志之士有欲從事于此者。亦不隱焉。抑嘗論之。論語之書無所不包。而其所以示人者。莫不操存涵養之要。七篇之指無所不究。而其所以示人者。類多體驗充擴之端。夫聖賢之分。其不同固如此。然而體用一源也。顯微無閒也。是則非夫先生之學之至。其孰能知之。嗚呼。兹其所以奮乎百世絕學之後。而獨得夫千載不傳之傳[一]也與。若張

[一]「傳」一為「緒」。

公之于先生。論其所至。竊意其猶伯夷伊尹之于孔子。而一時及門弟子。攷其言行。則又未知其孰可以爲孔氏之顔曾。今録其言。非敢以爲無少異于先生而悉合乎聖賢之意。亦曰大者既同。則其淺深疏密毫釐之閒。正學者所宜盡心耳。至于近歲以來。學于先生之門人者。又或出其書焉。則意其源遠末分。醇醨異味。而不敢載矣。或曰。然則凡説之行於世而不列于此者。皆無取矣乎。曰。不然也。漢魏諸儒正音讀。通訓詁。考制度。辨名物。其功博矣。學者苟不先涉其流。則亦何以用力于此。而近世一二名家。與夫所謂學于先生之門人者。其考證推説。亦或時有補于文義之閒。學者有得于此。而後觀焉。則亦何適而無得哉。特所以求夫聖賢之意者。則在此而不在彼爾。若夫外自託于程氏。而竊其近似之言。以文其異端之説者。則誠不可以入于學者之心。然以其荒幻浮夸。足以欺世也。而流俗頗已嚮之矣。其爲害豈淺淺哉。顧其語言氣象之閒。則實有不難辨者。學者誠用力于此書而有得焉。則于其言雖欲讀之。亦且有所不暇矣。然則是書之作。其率爾之誚雖不敢辭。至于明聖傳之統。采衆説之長。折流俗之謬。則竊亦妄意其庶幾焉。

陳直齋書録解題曰。其所言外自託于程氏而竊其近似之言以文異端之説者。蓋指張無垢也。

王深寧曰。文公初編次集義。輯二程之説。又取張范二吕謝游楊侯尹氏九家。初名要義。改名精義。最後名曰集義。三十四卷。又本注疏。參以釋文。會諸老先生之説。閒附以聞于師友得之心思者。爲詳説。舊云訓蒙口義者也。既而約其精粹。爲集注十卷。又疏其所以去取之意。爲或問十卷。其後集注删改日以精密。而或問不復釐正。故其去取間有不同者。

梓材謹案。四庫書目著録朱子論孟精義三十卷。提要云。朱子初集是書。蓋本程氏之學以發揮經旨。其後採攝菁華。撰成集注。中閒異同疑似當加剖析者。又别著之于或問。似此書乃已棄之糟粕。然攷諸語録。乃謂讀論語須將精義看。又謂論孟集義中所載諸先生語。須是熟讀。一一記于心下。時時將來玩味。久久自然理會得。又似不以集注廢此書者。故今亦仍録存之焉。

大學章句序淳熙十六年二月。

大學之書。古之大學所以教人之法也。蓋自天降生民。則既莫不與之以仁義禮智之性矣。然其氣質之稟。或不能齊。是以不能皆有以知其性之所有而全之也。一有聰明睿知能盡其性者出于其閒。則天必命之以爲億兆之君師。使之治而教之。以復其性。此伏羲神農黄帝堯舜所以繼天立極。而司徒之職典樂之官所由設也。三代之隆。其法寖備。然後王宮國都以及閭巷莫不有學。人生八歲。則自王公以下至于庶人之子弟。皆入小學。而教之以灑掃應對進退之節。禮樂射御書數之文。及其十有五年。則自天子之元子衆子。以至公卿大夫元士之適子。與凡民之俊秀。皆入太學。而教之以窮理正心修己治人之道。此又學校之教。大小之節。所以分也。夫以學校之設。其廣如此。教之之術。其次第節目之詳又如此。而其所以爲教。則又皆本之人君躬行心得之餘。不待求之民生日用彝倫之外。是以當世之人。無不學其學焉者。無不有以知其性分之所固有。職分之所當爲。而各俛焉以盡其力。此古昔盛時所以治隆于上。俗美于下。而非後世之所能及也。及周之衰。賢聖之君不作。學校之政不修。教化陵夷。風俗頹敗。時則有若孔子之聖。而不得君師之位。以行其政教。于是獨取先王之法。誦而傳之。以詔後世。若曲禮少儀内則弟子職諸篇。固小學之支流餘裔。而此篇者。則因小學之成功。以著大學之明法。外有以極其規模之大。而内有以盡其節目之詳者也。三千之徒。蓋莫不聞其說。而曾氏之傳。獨得其宗。于是作爲傳義以發其意。及孟子没而其傳泯焉。則其書雖存而知者鮮矣。自是以來。俗儒記誦詞章之習。其功倍于小學而無用。異端虚無寂滅之教。其高過于大學而無實。其他權謀術數。一切以就功名之說。與夫百家衆技之流。所以惑世誣民。充塞仁義者。又紛然雜出乎其閒。使其君子不幸而不得聞大道之要。其小人不幸而不得蒙至治之澤。晦盲否塞。反覆沈痼。以及五季之衰而壞亂極矣。天運循環。無往不復。宋德隆盛。治教休明。于是河南程氏兩夫子出。而有以接乎孟氏之傳。實始尊信此篇而表章之。既又爲之次其簡編。發其歸趣。然後古者大學教人之法。聖經賢傳之指。粲然復明于世。雖以某之不敏。亦幸私淑而與有聞焉。顧其爲書猶頗放失。是以忘其固陋。采而輯之。閒亦竊附己意。補其闕略。以俟後之君子。極知僭踰無所逃罪。然于國家化民成俗之意。學者修己治人之方。則未必無小補云。

黄勉齋曰。先生于大學修改無虚日。誠意一章。未終前三日所更定。

陳石士師上韓理堂先生書曰。閒嘗攷後儒所不滿于朱子者。在補大學格物致知一傳。雖篤信朱子若明之蔡虚齋。林次崖。本朝之李厚庵。皆以傳爲不必補。惟明之薛敬軒。胡敬齋。本朝之張楊園。陸清獻。則篤信之而不疑。用光幼習膚學。于聖經不能稍窺其萬一。亦安敢以妄論其得失。然受業于舅父山木先生。先生命以朱子之學爲學。閒嘗比古本大學及二程子朱子蔡氏林氏李氏所論定者而詳攷之。則見夫古本大學似無倫次。其爲必不可從也無疑。二程子所定。其序見矣。而尚未見其秩然條理之妙。惟朱子所定。使夫學者優游饜飫。反復于其書而不能釋。至于蔡氏所定謂格物傳自具于古本中者。則其爲説復偏格。而無以示學者用力之方。林氏從之。而李氏亦不能以大異。則亦猶是蔡氏之失已矣。然則讀大學者。必以朱子之説爲歸無疑也。

又曰。朱子之補傳。殆猶孔子之作春秋也。孔子以春秋維既熄之王迹。朱子以補傳啓學者希聖之階。所謂權也。其補詩貫通程子十六條之説以出之。其先後本末之閒。使學者誦之悠然而有以自得。入德之方誠莫是先焉矣。

中庸章句序淳熙十二年三月。

中庸何爲而作也。子思子憂道學之失其傳而作也。蓋自上古聖神繼天立極。而道統之傳有自來矣。其見于經則允執厥中者。堯之所以授舜也。人心惟危。道心惟微。惟精惟一。允執厥中者。舜之所以授禹也。堯之一言至矣。盡矣。而舜復益之以三言者。則所以明夫堯之一言。必如是而後可庶幾也。蓋嘗論之。心之虚靈知覺。一而已矣。而以爲有人心道心之異者。則以其或生于形氣之私。或原于性命之正。而所以爲知覺者不同。是以或危殆而不安。或微妙而難見耳。然人莫不有是形。故雖上智不能無人心。亦莫不有是性。故雖下愚不能無道心。二者雜于方寸之閒。而不知所以治之。則危者愈危。微者愈微。而天理之公。卒無以勝夫人欲之私矣。精則察夫二者之閒而不雜也。一則守其本心之正而不離也。從事于斯。無少閒斷。必使道心常爲一身之主。而人心每聽命焉。則危者安。微者著。而動靜云爲自無過不及之差矣。夫堯舜禹天下之大聖也。以天下相傳。天下之大事也。以天下之大聖。行天下之大事。而其授受之際。丁寧告戒。不過如此。則天下之理。豈有以加于此哉。自是以來。聖聖相承。若成湯文武之爲君。臯陶伊傅周召之爲臣。既皆以此而接夫道統之傳。若吾夫子則雖不得其位。而所以繼往聖。開來學。其功反有賢于堯舜者。然當是時。見而知之者。惟顏氏曾氏之傳得其宗。及曾氏之再傳。而復得夫子之孫子思。則去聖遠而異端起矣。子思懼夫愈久而愈失其眞也。于是推本堯舜以來相傳之意。質以平日所聞父師之言。更互演繹。作爲此書。以詔後之學者。蓋其憂之也深。故其言之也切。其慮之也遠。故其説之也詳。其曰天命率性。則道心之謂也。其曰擇善固執。則精一之謂也。其曰君子時中。則執中之謂也。世之相後千有餘年。而其言之不異。若合符節。歷選前聖之書。所以提挈綱維。開示藴奥。未有若是其明且盡者也。自是而又再傳以得孟氏。爲能推明是書。以承先聖之統。及其没而遂失其傳焉。則吾道之所寄。不越乎言語文字之閒。而異端之説。日新月盛。以至于老佛之徒出。則彌近理而大亂眞矣。然而尚幸此書之不泯。故程夫子兄弟者出。得有所攷以續夫千載不傳之緒。得有所據以斥夫二家似是之非。蓋子思之功于是爲大。而微程夫子。則亦莫能因其語而得其心也。惜乎其所以爲説者不傳。而凡石氏之所輯録。僅出于其門人之所記。是以大義雖明。而微言未析。至其門人所自爲說。則雖頗詳盡而多所發明。然倍其師説而淫于老佛者亦有之矣。某自蚤歲卽嘗受讀。而竊疑之。沈潛反覆。蓋亦有年。一旦怳然似有以得其要領者。然後乃敢會衆説而折其衷。既爲定著章句一篇。以俟後之君子。而一二同志復取石氏書删其繁亂。名以輯略。且記所嘗論辨取舍之意。别爲或問。以附其後。然後此書之旨。支分節解。脈絡貫通。詳略相因。巨細畢舉。而凡諸説之同異得失。亦得以曲暢旁通。而各極其趣。雖于道統之傳不敢妄議。然初學之士或有取焉。則亦庶乎升高行遠之一助云爾。

葉紹翁曰。考亭解中庸。眞文忠觀之曰。生我者太極也。成我者先生。吾其敢忘先生乎。

梓材謹案。世皆謂定著四書之名。自朱子始。然攷龜山之徒張横浦有四書解。喻玉泉有四書性聖窟。皆在朱子之前。則四書之名不始于朱子也。四庫全書著録大學章句一卷。論語集註十卷。孟子集註七卷。中庸章句一卷。蓋如原本之次。提要云。大學古本爲一篇。朱子則分别經傳。顛倒其舊次。補綴其闕文。中庸亦不從鄭注分節。故均謂之章句。論語孟子融會諸家之說。故謂之集注。又云。大學章句。諸儒頗有異同。然所謂誠其意者以下並用舊文。所特創者。不過補傳一章。要非增于八條目外。既于理無害。又于學者不爲無裨。何必分門角逐與。中庸雖不從鄭注。而實較鄭注爲精密。蓋攷證之學。宋儒不及漢儒。義理之學。漢儒不及宋儒。言豈一端。要各有當。況鄭注之善者。如戒愼乎其所不睹四句。未嘗不採用其意。雖有其位一節。又未嘗不全襲其文。觀其去取。具有鑒裁。尤不必定執古義相爭也。論語孟子亦頗取古注。如論語瑚璉一條。

與明堂位不合。孟子曹交一注。與春秋傳不合。論者或以爲疑。不知瑚璉用包咸注。曹交用趙岐注。非朱子杜撰也。又如夫子之牆數仞。注。七尺曰仞。掘井九仞。注。八尺曰仞。論者猶以爲矛盾。不知七尺亦包咸注。八尺亦趙岐注也。是知鎔鑄羣言。非出私見。苟不詳攷所出。固未可概目以師心矣。大抵朱子平生精力殫于四書。其判析疑似。辨别毫釐。實遠在易本義詩集傳上。讀其書者。要當于大義微言求其根本。明以來攻朱子者。務摭其名物度數之疏。尊朱子者。又併此末節而回護之。是均門户之見。烏識朱子著書之意乎。

詩集傳序

或有問于余曰。詩何爲而作也。余應之曰。人生而静。天之性也。感于物而動。性之欲也。夫既有欲矣。則不能無思。既有思矣。則不能無言。既有言矣。則言之所不能盡。而發于咨嗟詠歎之餘者。必有自然之音響節族而不能已焉。此詩之所以作也。曰。然則其所以教者何也。曰。詩者。人心之感物而形于言之餘也。心之所感有邪正。故言之所形有是非。惟聖人在上。則其所感者無不正。而其言皆足以爲教。其或感之之雜。而所發不能無可擇者。則上之人必思所以自反。而因有以勸懲之。是亦所以爲教也。昔周盛時。上自郊廟朝廷。而下達于鄉黨閭巷。其言粹然無不出于正者。聖人固已協之聲律。而用之鄉人。用之邦國。以化天下。至于列國之詩。則天子巡狩。亦必陳而觀之。以行黜陟之典。降自昭穆。而後寖以陵夷。至于東遷。而遂廢不講矣。孔子生于其時。既不得位。無以行帝王勸懲黜陟之政。于是特舉其籍而討論之。去其重複。正其紛亂。

而其善之不足以爲法。惡之不足以爲戒者。則亦刊而去之。以從簡約。示久遠。使夫學者卽是而有以攷其得失。善者師之。而惡者改焉。是以其政雖不足行于一時。而其教實被于萬世。是則詩之所以爲教者然也。曰。然則國風雅頌之體。其不同若是何也。曰。吾聞之。凡詩之所謂風者。多出于男女歌謠之作。所謂男女相與詠歌。各言其情者也。惟周南召南。親被文王之化以成德。而人皆有以得其性情之正。故其發于言者。樂而不過于淫。哀而不及于傷。是以二篇獨爲風詩之正經。自邶而下。則其國之治亂不同。人之賢否亦異。其所感而發者有邪正是非之不齊。而所謂先王之風者。于此焉變矣。若夫雅頌之篇。則皆成周之世。朝廷郊廟樂歌之詞。其語和而莊。其義寬而密。其作者往往聖人之徒。固所以爲萬世法程而不可易者也。至于雅之變者。亦皆一時賢人君子閔時病俗之所爲而聖人取之。其忠厚惻怛之心。陳善閉邪之意。猶非後世能言之士所能及之。此詩之爲經。所以人事浹于下。天道備于上。而無一理之不具也。曰。然則其學之也。當奈何。曰。本之二南。以求其端。參之列國。以盡其變。正之于雅。以大其規。和之于頌。以要其止。此學詩之大旨也。于是乎章句以綱之。訓詁以記之。諷詠以昌之。涵濡以體之。察之情性隱微之閒。審之言行樞機之始。則修身及家平均天下之道。其亦不待他求。而得之于此矣。問者唯唯而退。余時方輯詩傳。因悉次是語以冠其篇云。

陳克齋曰。先生于詩去小序之亂經。得詩人吟詠性情之意。

輔潛庵曰。先生之學。始于致知格物。而至于意誠心正。其于解釋經義工夫至矣。必盡取諸儒之説。一一細研。窮一言之善。無有或遺。一字之差。無有能遁。其誦聖人之言。都一似自己言語一般。蓋其學已到至處。能破千古疑。使聖人之經復明于後世。然細攷其説。則其端緒又皆本于先儒之所嘗疑而未究者。則亦未嘗自爲臆説也。學者顧第勿深考耳。觀其終既已明知小序之出于漢儒。而又以其閒容或眞有傳授證驗而不可廢者。故既頗采以附傳中。而後併爲一編。以還其舊。因以論其得失云。之説則其意之謹重不苟亦可見矣。豈可與先儒之穿鑿遷就同日語哉。

王厚齋詩考語略序曰。諸儒説詩。一以毛鄭爲宗。未有參攷三家者。獨朱文公集傳。閎意眇指。卓卓然千載之上。言關雎則取匡衡。柏舟婦人之詩則取劉向。笙詩有聲無辭則取儀禮。上天甚神則取戰國策。何以恤我則取左氏傳。抑戒自儆。昊天有成命道成王之德。則取國語。陟降庭止則取漢書注。賓之初筵飲酒悔過則取韓詩序。不可休思。是用不就。彼岨矣岐。皆從韓詩。禹敷下土方。又證諸楚辭。一洗末師專己守殘之陋。學者諷詠涵濡而自得之。躍如也。文公語門人。文選注多韓詩章句。嘗欲寫出。應麟竊觀傳記所述三家緒言。尚多有之。網羅遺軼。傅以説文爾雅諸書。萃爲一編。以扶微學。廣異義。亦文公之意云爾。讀集傳者。或有考于斯。

朱楓林曰。朱子之于詩也。本歐陽氏之旨。而去序文。明吴才老之説。而叶音韻。以周禮之六義三經而三緯之。賦比興各得其所。可謂無憾也已。

梓材謹案。四庫書目著録詩集傳八卷。提要云。宋志作二十卷。今本八卷。蓋坊刻所併。朱子注易。凡兩易稿。其初之易傳。宋志著録。今已散佚。不知其説之同異。注詩亦兩易稿。凡吕氏讀詩記所稱朱氏曰者。皆其初稿。其説全宗小序。後乃改從鄭樵之説。是爲今本。卷首自序作于淳熙四年中。無一語斥小序。蓋猶初稿序。末稱時方輯詩傳。是其證也。其注孟子以柏舟爲仁人不遇。作白鹿洞賦。以子衿爲刺學校之廢。周頌豐年篇小序辨説極言其誤。而集傳乃仍用小序説。前後不符。亦舊稿之删改未盡者也。楊慎丹鉛録謂。文公因吕成公太尊小序。遂盡變其説。雖臆度之詞。或亦不無所因歟。

雲濠謹案。王阮亭居易録云。朱子諸注。莫善于楚辭。莫不善于三百篇。當以小序爲主。而以毛鄭歐蘇吕嚴諸家之説參互之。如鄭衛二風有女同車。將仲子。木瓜諸詩。皆有左傳本事可證。何可以臆度。又云。家世業毛詩。幼時即疑晦庵臆改小序之非。宋元明已來駁之者甚衆。非予創論也。此説不爲無見。故附著之。阮亭又引李中麓太常與霍渭厓書云。解詩者無論漢唐宋儒。如王氏總問。歐陽本義。李黄集解。錢氏詩説。嚴粲詩緝。吕東萊讀詩記。有高出朱上者。有互相發明者。古人于詩之山水制度。魚蟲草木。詳爲之釋。而意則欲得之言外。故夫虚心活法斷章取義者。讀詩之大約也。譬諸聞人之言。而又傳述于人。已不能無訛。乃又强定一主意。是豈逆志之道哉。詩之柄者。詩之病也。不小序而詩柄焉。此世儒之拘見也。以爲中麓邃于經學。其言如此。又載秦留仙松齡寄所輯著毛詩日箋屬序書云。詩之必用古序。先儒言之詳矣。然首句確有承接。不可移易。後序未免雜以講師之説。或非詩之本意。潁濱詩傳止取首句。不爲無見。注疏之外。則歐陽氏。蘇氏。吕氏。嚴氏。李氏。黄氏。多所發明。朱子斥棄舊説。遂使美刺之意盡亡。然其中有不悖古序。文從字順。亦有勝諸家者。未可廢也。似此持論。則甚平允矣。

禮説

漢文葬後三易服。三十六日而除。差賢于後世之自始遭喪便計二十七日而除者。然大者不正。

其爲得失不過百步五十步之閒耳。孝宗服高宗。旣葬。白布衣冠視朝。此爲甚盛之德。足破千載之繆。前世人君自不爲服。故不能復古。當時有此機會。而儒臣禮官不能有所建明。以爲一代之制。遂至君服于上。臣除于下。因陋踵謬。深可痛恨也。

國君承祖父之重。在經雖無明文。而康成與其門人答問。蓋已及之。見于賈疏。其意甚備。若預知後世當有此事者。乃知漢儒之學。有補于世教者不少。今吾黨未之講。而憸佞之徒又飾邪說以蔽害之。可歎也。以上儀禮。

古人之所以必由于禮。但爲禮當如此。不得不由。豈爲欲安吾心而後由之也哉。若必爲欲安吾心然後由禮以接于人。則是皆出于計度利害之私。而非循理之公心矣。

夏殷而上。大概只是親親長長之意。到得周來。又添得許多貴貴底禮數。如始封之君不臣諸父昆弟。封君之子不臣諸父。而臣昆弟。期之喪天子諸侯絶。大夫降。然諸侯大夫尊同。則亦不絶不降。姊妹嫁諸侯者。則亦不絶不降。此皆天下之大經。前世所未備。到得周公搜剔出來。立爲定制。更不可易。

封國之制。只是漢儒立下一箇算法。九州之地。冀州極闊。河南河北皆屬焉。若青兗徐豫。則疆界有不足者矣。設如夏時封建之國。至商革命。必削其多者以與少者。則彼未必服。或以生亂。又如周王以原田與晉文。其民不服。至于伐之。蓋世守其地。不肯遽從他人。若封王子弟。必須有空地方可封。左氏載齊地蒲姑氏因之。而後太公因之。若武王不得蒲姑之地。卽太公亦未有安放處。

止聲色。蓋亦處必掩身毋躁之義。若以正樂言。則拘月令之説。固多有未安。而注以此爲非。則失其指。

論明堂之制非一。竊意尚有九室。如井田之制。東之中爲青陽太廟。東之南爲青陽右个。東之北爲青陽左个。南之中爲明堂太廟。南之東卽東之南爲明堂左个。南之西卽西之南爲明堂右个。西之中爲總章太廟。西之南卽南之西爲總章左个。西之北卽北之西爲總章右个。北之中爲玄堂太廟。北之東卽東之北爲玄堂右个。北之西卽西之北爲玄堂左个。中爲太廟太室。凡四方之太廟異方所。其左右个。則青陽之左个。卽玄堂右个。青陽之右个。卽明堂之左个。明堂之右个。卽總章之左个。總章之右个。乃玄堂之左个也。但隨其時之方位開門耳。太廟太室則每季十八日。天子居正。與古人制事。多用井田遺意。此恐然也。

禮儀三百。便是儀禮中士冠。諸侯冠。天子冠禮之類。此是大節。有三百條。如始加。再加。三加。又如坐如尸立如齊之類。皆是其中小目。吕與叔云。經便是常行底。緯便是變底。恐不然。經中自有常有變。緯中亦自有常有變。敬事如習射之類。射而袒裼乃爲敬。若以勞倦袒裼則是不敬。唯涉水而後撅。若不涉而撅。則是不敬。言若非敬事。雖勞不敢袒。若非涉水。雖盛暑不敢褰裳也。

燕朋是私褻之友。所謂損者三友之類。注説非也。燕辟但謂私褻之談。無益于學。而反有所害也。

人生而靜以上不容説性。人生而靜以上。卽是人物未生時。人物未生時。只可謂之理。説性不得。此程子所謂在天曰命也。纔説性時。便已不是性。纔謂之性。便是人生以後。此理已墮在形氣中。不全是性之本體矣。此程子所謂在人曰性也。然性之本體。原未嘗離。亦未嘗雜。要人就此上面見得其本體。原未嘗離。亦未嘗雜耳。凡人説性。只是説繼之者善也。言性不可形容善。言性者不過卽其發見之端言之。而性之理固可默識矣。如孟子言性善與四端是也。

人生而靜。天之性也。感于物而動。性之欲也。此言性情之妙。人之所生而有者也。蓋人受天地之中以生。其未感也。純粹至善。萬理具焉。所謂性也。然人有是性。則有是形。有是形。則有是心。而不能無感于物。感于物而動。則性之欲者出焉。而善惡于是乎分矣。性之欲卽所謂情也。

物至知知。然後好惡形焉。此指情之動處爲言。而性在其中也。物至而知。知之者心之感也。好之惡之者情也。形焉者其動也。所以好惡而有自然之節者性也。好惡無節于內。知誘于外。此言情之所以流而性之所以失也。情之好惡。本有自然之節。惟其不自知覺。無所涵養。而大本不立。是以天則不明于內。外物又從而誘之。此所以流濫放逸而不自知也。苟能于此覺其所以然者。而反躬以求之。則其流庶乎其可制也。不能如是。而惟情是徇。則人欲熾盛而天理滅息。尚何難之有哉。此一節。明天理人欲之機。閒不容息處。惟其反躬自克。念念不忘。則天理益明。存養自固。而外誘不能奪矣。上知字是體。下知字是用。

禮纔勝些子。便是離。樂纔勝些子。便是流。知其勝而歸之中。卽是禮樂之正。

天高地下。萬物散殊。一段意思極好。然孟子以下所能作。其文如中庸。必子思之辭。左傳云。爲六畜五牲三犧以奉五味云云之類。都是做這箇去合那天。都無自然之理。如云天高地下。萬物散殊。而禮制行矣。流而不息。合同而化。而樂興焉。皆是自然合當如此。

魄者。月之有體而無光處也。故書言哉生明。旁死魄。皆謂月三日。月初生時也。凡言既生魄。卽謂月十六日。月始闕時也。鄉飲酒義兩言月三日而成魄。疏知其謬而曲徇之。故其說相戾之甚。以上禮記。

家禮

通禮

君子將營宮室。先立祠堂于正寢之東。爲四龕以奉先世之神主。旁親之無後者。以其班祔。○置祭田。具祭器。主人晨謁于大門之內。出入必告。正至朔望則參。俗節則獻以時食。○有事則告。○或有水火盜賊。則先救祠堂。遷神主遺書。次及祭器。然後及家財。易世則改題主而遞遷之。祠堂。

冠禮

男子年十五至二十皆可冠。必父母無期以上喪。始可行之。前期三日。主人告于祠堂。戒賓。前一日宿賓。陳設。厥明。夙興陳冠服。主人以下序立。賓至。主人迎入。升堂。賓揖。將冠者就席。爲加冠巾。冠者適房。服深衣。納履出。再加帽子。服皁。革帶。繫鞋。三加幞頭。公服革帶。納靴。執笏。若襴衫納靴。乃醮賓。字冠者。出就次。主人以冠者見于祠堂。冠者見于尊長。乃禮賓。冠者遂出。見于鄉先生及父之執友。冠。

女子許嫁。笄。母爲主。前期三日戒賓。一日宿賓。陳設。厥明。陳服。序立。賓至。主婦迎入。升堂。賓爲將笄者加冠笄。適房。服背子。乃醮。乃禮賓。皆如冠儀。笄。

昏禮

男子年十六至三十。女子年十四至二十。身及主昏者。無期以上喪。乃可議昏。必先使媒氏往來通言。俟女氏許之。然後納采。議昏。

主人具書。夙興奉以告祠堂。乃使子弟爲使者。如女氏。女氏主人出見。使者遂奉書。以告于祠堂。出以復書授使者。遂禮之。使者復命。壻氏主人復以告于祠堂。納采。

納幣具書遣使如女氏。女氏受書復書。禮賓。使者復命。並同納采之儀。納幣。

前期一日。女氏使人張陳其壻之室。厥明。壻家設位于室中。女家設次于外。初昏。壻盛服。主人告于祠堂。遂醮其子。而命之迎。○壻出。乘馬至女家。俟于次。女家主人告于祠堂。遂醮其女而命之。主人出迎壻。入奠鴈。姆奉女出。登車。壻乘馬。先婦車至其家。導婦以入。壻婦交拜。就坐飲食畢。壻出復入。脱服。燭出。主人禮賓。親迎。

明日夙興。婦見于舅姑。舅姑禮之。婦見于諸尊長。若冢婦。則饋于舅姑。舅姑饗之。婦見舅姑。

三日。主人以婦見于祠堂。廟見。

明日。壻往見婦之父母。次見婦黨諸親。婦家禮壻如常儀。壻見婦之父母。

喪禮

疾病遷居正寢。○復。○立喪主。主婦護喪。司書司貨乃易服不食。治棺。訃告于親戚僚友。○陳襲衣沐浴飯含之具乃沐浴。襲。設奠。主人以下爲位而哭。乃飯含。侍者卒襲。覆以衾。○置靈座。設魂帛。立銘旌。不作佛事。執友親厚之人。至是入哭可也。初終。

厥明。執事者陳小斂衣衾。遂小斂。主人主婦憑尸哭。擗袒括髮免髽于別室。乃奠。主人以下哭盡哀。乃代哭。不絶聲。小斂。

厥明。執事者陳大斂衣衾。乃大斂。設靈牀于柩東。乃設奠。主人以下各歸喪次。大斂。

厥明。五服之人各服其服。入就位。然後朝哭。相弔如儀。其服之制。一曰斬衰三年。二曰齊衰三年。杖期不杖期五月三月。三曰大功九月。四曰小功五月。五曰緦麻三月。○凡爲殤。服以次降一等。凡男爲人後。女適人者。爲其私親皆降一等。私親之爲之也。亦然。○成服之日。

主人及兄弟始食粥。凡重喪未除。而遭輕喪。則制其服而哭之。月朔設位。服其服而哭之。既畢。返重服。其除之也。亦服輕服。若除重喪而輕服未除。則服輕服。以終其餘日。成服。

朝奠。食時上食。夕奠。哭無時。朔日則于朝奠設饌。有新物則薦之。朝夕哭奠。上食。

凡弔。皆素服。奠用香茶燭酒果。賻用錢帛。具刺通名入哭。奠訖。乃弔而退。弔。奠賻。

始聞親喪哭。易服。遂行道中。哀至則哭。望其州境。其縣境。其城。其家。皆哭。入門。詣柩前。再拜。再變服。就位哭。後四日成服。若未得行。則爲位不奠。變服在道。至家皆如上儀。若既葬。則先之墓哭。拜。齊衰以下聞喪爲位。而哭若奔喪。則至家成服。若不奔喪。則四日成服。聞喪。奔喪。

三月而葬。前期擇地之可葬者。擇日開塋域。祠后土。遂穿壙。作灰隔。○刻誌石。造明器。下帳。苞筲甖。大轝翣。作主。治葬。

附地理説

通天地人曰儒。地理之術。雖一藝。然上以盡送終之孝。下以爲啓後之謀。其爲事亦重矣。親之重。身體髮膚皆當保愛。况親之没也。奉親之體。厝諸地。顧乃付之庸師俗巫。使父母體魄不得其安。則孝安在哉。故古賢垂訓。卜其宅兆而安厝之。卜之而求安。聖人之意深遠如此。而爲人子者。目不閲地理之書。心不念父母之體。苟然窀穸。則與委而棄諸溝壑者何以異。故爲人子者。醫藥地理之書。不可不知也。可不必泥鬼怪巇險之説。

梓材謹案。此説見之長河張氏榴嶽麓問答。足與家禮相輔。故録之。

發引前一日。因朝奠。以遷柩告。奉柩朝于祖。遂遷于廳事。乃代哭。親賓致奠賻。陳器。日晡時。設祖奠。遷柩。朝祖。奠。賻。陳器。祖奠。

厥明。遷柩就轝。乃設遣奠。祝奉魂帛。升車焚香。遣奠。

柩行。主人以下男女哭。步從。尊長次之。無服之親又次之。賓客又次之。親賓設幄于郭外道旁。駐柩而奠塗中。遇哀則哭。發引。

未至。執事者先設靈幄。親賓次婦人幄。方相至。明器等至。靈車至。遂設奠而退。柩至。主人男女各就位哭。賓客拜辭而歸。乃窆。主人贈。加灰隔内外蓋。實以灰。乃實土而漸築之。祠后土。于墓左藏明器等。下誌石。復實以土而堅築之。題主。○祝奉神主升車。執事者徹靈座。遂行。墳高四尺。立小石碑于其前。亦高四尺。趺高尺許。及墓。下棺。祠后土。題木主。成墳。

主人以下奉靈車在塗。徐徐行。哭。至家。哭。祝奉神主入。置于靈座。主人以下哭于廳事。○遂詣靈座前哭。有弔者拜之如初。期九月之喪者。飲酒食肉不與宴樂。小功以下。大功異居者。可以歸。反哭。

主人以下皆沐浴。執事者陳器具饌。祝出神主于座。主人以下皆入哭。降神。祝進饌。初獻。亞獻。終獻。侑食。主人以下皆出。祝闔門。祝啓門。主人以下入。哭辭神。祝理魂帛。罷朝夕奠。遇柔日再虞。遇剛日三虞。虞祭。

三虞後。遇剛日卒哭。前期一日陳器具饌。厥明夙興設蔬果酒饌。質明祝出主。主人以下皆入哭。降神。主人主婦進饌。初獻。亞獻。終獻。侑食。闔門。啓門。辭神。自是朝夕之閒。哀至則哭。主人兄弟疏食水飲。不食菜果。寢席枕木。卒哭。

卒哭。明日而祔。卒哭之祭既徹。卽陳器具饌。厥明夙興設蔬果酒饌。質明。主人以下哭于靈座前。詣祠堂。奉神主出。置于座。還奉新主。入祠堂。置于座。敘立參神。降神。祝進饌。初獻。亞獻。終獻。侑食。闔門。啓門。辭神。祝奉主各還故處。祔。

期而小祥。前期一日。主人以下沐浴。陳器具饌。設次陳練服。厥明夙興設蔬果酒饌。質明祝出主。主人以下入哭。乃出就次。易服。復入哭。降神。三獻。侑食闔門啓門。辭神。止朝夕哭。始食菜果。小祥。

再期而大祥。前期一日。沐浴陳器具饌。設次陳禫服。告遷于祠堂。厥明行事。皆如小祥之儀。徹靈座。斷杖棄之屏處。奉遷主埋于墓側。始飲酒食肉。而復寢。大祥。

大祥之後。中月而禫。○前一月下旬。卜日。前期一日。沐浴。設位陳器具饌。厥明行事。皆如大祥之儀。禫。

本宗五服制

嫡孫父卒爲祖若曾高祖承重者斬衰三年爲祖母爲曾高祖母承重者齊衰三年祖在杖期

高祖父 齊衰三月				
曾祖父 齊衰五月	曾祖伯叔父母 緦麻			
祖父 齊衰不杖期	祖伯叔父母 小功	從祖伯叔父母 緦麻		
父 斬衰三年	伯叔父母 不杖期	從伯叔父母 小功	再從伯叔父母 緦麻	
己	兄弟 不杖期 妻小功	從兄弟 大功 妻緦麻	再從兄弟 小功 妻無	三從兄弟 緦麻 妻無
子 長三年 衆子期	姪 不杖期 婦大功	從姪 小功 婦緦麻	再從姪 緦麻 婦無	
孫 嫡不杖期 庶大功	姪孫 小功 婦緦麻	從姪孫 緦麻 婦無服		
曾孫 緦麻	曾姪孫 緦麻 婦無服			
玄孫 緦麻				

凡男爲人後者爲其私親皆降一等惟本生父母降服不杖期其本生父母報服亦不杖期

高祖母 齊衰三月				
曾祖母 齊衰五月	曾祖姑 緦麻 嫁無			
祖母 齊衰不杖期	祖姑 小功 嫁緦麻	從祖姑 緦麻 嫁無		
母 齊衰三年 今制斬衰	姑 不杖期 嫁大功	從姑 小功 嫁緦麻	再從姑 緦麻 嫁無	
妻 齊衰杖期 父母在則不杖	姊妹 不杖期 嫁大功	從姊妹 大功 嫁緦麻	再從姊妹 小功 嫁緦麻	三從姊妹 緦麻 嫁無
婦 長婦期 衆婦大功	姪女 不杖期 嫁大功	從姪女 小功 嫁緦麻	再從姪女 緦麻 嫁無	
孫婦 嫡孫婦小功 庶孫婦緦麻	孫女 大功 嫁小功 姪孫女 小功 嫁緦麻	從姪孫女 緦麻 嫁無		
曾孫婦 無服	曾孫女 緦麻 曾姪孫女 緦麻 嫁無			
玄孫婦 無服				

姑姊妹女子子在室服並與男子同。嫁反者亦同。適人無夫與子者爲其兄弟姊妹及兄弟之子不杖期。

凡女適人者爲其私親皆降一等。惟祖及曾高祖不降。爲兄弟之爲父後者不降。爲兄弟姪之妻不降。

嫁女爲本宗降服制

高祖父母 齊衰三月				
曾祖父母 齊衰五月				
祖父母 期年	祖兄弟 緦麻		祖姊妹 緦麻 嫁無	
父母 期年	伯叔父母 大功	堂伯叔父母 緦麻	父姊妹 大功	父堂姊妹 緦麻
己身	兄弟 大功	堂兄弟 小功	姊妹 大功	堂姊妹 大功 嫁緦麻
	兄弟子 郎姪 大功	堂姪 緦麻	兄弟女 大功	堂姪女 緦麻

妾爲家長服制

家長父母 期年		
家長 斬衰三年	正室 期年	
家長長子 期年	衆子 期年	爲其子 期年

三父八母服制

繼

同居繼父父子皆無大功以上親謂繼父無學己身亦無伯叔兄弟乃義服不杖期不同居繼父先曾隨母移繼父同居後異或雖

嫡母

妾生子謂父正室曰嫡母正服齊衰三年母與嫡子亦報服○爲庶子則服不杖期○庶子爲嫡母之父母兄弟姊妹小功母死不服

庶

謂父妾之有子者衆子爲之義服緦麻○士之庶子爲其母齊衰三年爲父後則降○庶子爲父後者爲其母緦而爲其母之父母兄弟姊妹則無服○庶子之子爲父之母不杖期而爲祖後者則無

慈母

謂庶子無母而父命他妾之無子者慈己也同親母義服齊衰三年不命則小功

出母

謂被父離棄降服杖期母爲子降服不杖期○子爲父後者則不服○女適人爲出母乃降服大功母爲女亦報服

父

同居繼父有子孫已有伯叔兄弟爲服齊衰三月　元不同居繼父自來不曾隨母與繼父同居則無服　附異父同母之兄弟姊妹各服小功五月

繼母

謂父母再娶之母義服齊衰三年○繼母爲長子報服齊衰三年○爲衆子乃服不杖期○繼母出則無服○若父卒繼母嫁而己從之乃服杖期繼母報服不杖期○母出爲繼母之兄弟姊妹服小功

母

服○庶母爲其子爲君之衆子齊衰不杖期○爲君之長子齊衰三年○妾爲君齊衰三年○爲女君爲其父母不杖期○庶母慈己者謂自小乳養己者義服小功

乳養母

乳曰乳母義服緦麻謂養同宗及三歲以下遺棄之子者與親母同正服齊衰三年

嫁母

謂父亡母再嫁降服杖期母爲子乃服不杖期○女子已適人者乃服大功母爲女報服○子爲父後者不服○前夫之子從已嫁者服不杖期

今制嫡母繼母養母慈母俱斬衰三年嫁母出母俱齊衰杖期庶母齊衰杖期所生子斬衰三年乳母緦麻三月

妻爲夫黨服制

夫爲祖、曾、高祖及祖母、曾高祖母承重者，並從夫服。

夫高祖 緦			
夫曾祖 緦			
夫祖 大	夫伯叔祖父母 緦麻		
舅 斬衰	夫伯叔父母 大功	夫堂伯叔父母 緦麻	
夫 斬衰	夫兄弟、娣姒 小功	夫堂兄弟 緦麻	
子 長子齊衰三年 衆子杖期	夫姪 期年 婦 大功	夫堂姪 小功 婦 緦麻	夫從堂姪 緦麻
孫 大功	夫姪孫 小功 婦 緦麻	夫堂姪孫 緦麻	
曾 緦	夫曾姪女 緦麻		
玄 緦			

父母
麻

父母
麻

父母
功

姑
羣

羣

婦
嫡婦杖期
衆婦大功

婦
緦麻

孫
麻

孫
麻

夫祖姑
緦麻

夫親姑
小功

夫姊妹
小功

夫姪女
期年

夫姪孫女
小功

夫曾姪孫女
緦麻

夫堂姑
緦麻

夫堂姊妹
緦麻

夫堂姪女
小功

夫堂姪孫女
緦麻

夫從堂姪女
緦麻

夫爲人後其妻爲本生舅姑服大功。

母黨妻黨服制

	姊妹爲夫外 曾祖父母小功 祖父母緦麻	
母之姊妹 從母 小功 婦人爲夫從母緦麻	妻亡別娶亦同 妻父母緦麻 妻親母雖嫁出者服	母之兄弟 舅 小功 婦人爲夫之舅緦麻
兩姨兄弟姊妹 從母之子 緦麻 謂從母之子也	己身	姑之子曰外兄弟 舅姑之子 緦麻 舅之子曰內兄弟
姊妹之子 甥女 小功 曰甥女	壻 緦麻	姊妹之子 甥 小功 婦緦麻 曰甥
	女之子也 外孫緦麻 婦服並同	

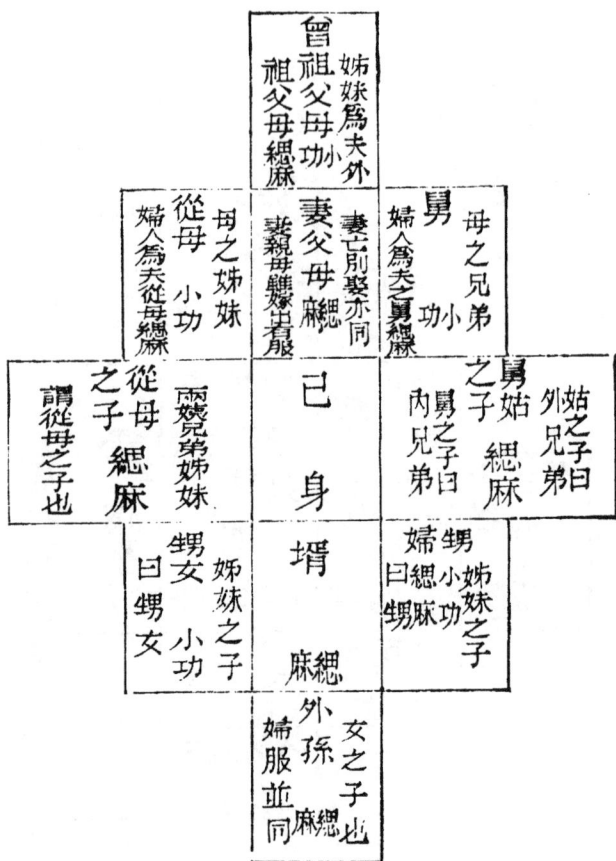

祭禮

時祭用仲月前旬卜日。前期三日齊戒。前一日設位。陳器。省牲。滌器。具饌。厥明夙興設蔬果酒饌。質明奉主就位。參神。降神。進饌。初獻。亞獻。終獻。侑食。闔門。啓門。受胙。辭神。納主。徹餕。○凡祭主于盡愛敬之誠而已。貧則經家之有無。疾則量筋力而行之。財力可及者。自當如儀。四時祭。

冬至祭始祖。前期三日齊戒。前期一日設位。陳器。具饌。厥明夙興設蔬果酒饌。質明盛服就位。降神。參神。進饌。初獻。亞獻。終獻。侑食。闔門。啓門。受胙。辭神。徹餕。初祖。

立春祭先祖。前三日齊戒。前一日設位。陳器。具饌。厥明夙興設蔬果酒饌。質明盛服就位。降神。參神。進饌。初獻。亞獻。終獻。侑食。闔門。啓門。受胙。辭神。徹餕。先祖。

季秋祭禰。前一月下旬卜日。前三日齊戒。前一日設位。陳器。具饌。厥明夙興設蔬果酒饌。質明盛服詣祠堂。奉神主出就正寢。參神。降神。進饌。初獻。亞獻。終獻。侑食。闔門。啓門。受胙。辭神。納主。徹餕。禰。

前一日齊戒。設位。陳器。具饌。厥明夙興設蔬果酒饌。質明主人以下變服詣祠堂。奉神主出就正寢。參神。降神。進饌。初獻。亞獻。終獻。侑食。闔門。啓門。辭神。納主。徹餕。是日不飲酒。不食肉。不聽樂。黲巾素服素帶以居。夕寢于外。忌日。

三月上旬擇日。前一日齋戒。具饌。厥明灑掃布席。陳饌。參神。降神。初獻。亞獻。終獻。辭神。乃徹。遂祭后土。布席陳饌。降神。參神。三獻辭神。乃徹而退。墓祭。

朱子自序曰。凡禮有本有文。自其施于家者言之。則名分之守。愛敬之實。其本也。冠昏喪祭儀章度數者。其文也。其本者有家日用之常體。不可以一日而不修。其文又皆所以紀綱人道之終始。雖其行之有時。施之有所。然非講之素明。習之素熟。則其臨事之際。亦無以合宜而應節。是以不可以一日而不講且習焉也。三代之際。禮經備矣。然其存于今者。宮廬器服之制。出入起居之節。皆已不宜于世。世之君子。雖或酌以古今之變。更爲一時之法。然亦或詳或略。無所折衷。至或遺其本而務其末。緩于實而急于文。自有志好禮之士。猶或不能舉其要。而困于貧窶者。尤患其終不能有以及于禮也。某之愚。蓋兩病焉。是以嘗獨究觀古今之籍。因其大體之不可變者。而少加損益于其閒。以爲一家之書。大抵謹名分崇愛敬以爲之本。至其施行之際。則又略浮文。敦本實。以竊自附于孔子從先進之遺意。誠願得與同志之士熟講而勉行之。庶幾古人所以修身齊家之道。謹終追遠之心。猶可以復見。而于國家所以敦化導民之意。亦或有小補云。

王懋竑家禮考曰。家禮非朱子之書也。家禮載于行狀。其序載于文集。其成書之歲月載于年譜。其書亡而復得之由。載于家禮附録。自宋以來。遵而用之。其爲朱子之書。幾無可疑者。乃今反復考之。而知決非朱子之書也。李公晦敘年譜。家禮成于庚寅。居祝孺人喪時。文集序不紀年月。而序中絕不及居喪事。家禮附録陳安卿述朱敬之語。以爲此往年僧古㈠所亡本。有士人録得。會先生葬日攜來。因得之。其録得攜來不言其何人。亦不言其得之何所也。黄勉齋作行狀。但云。所輯家禮。世所遵用。其後有損益未及更定。既不言成于居母喪時。亦不言其亡而後得。其書家禮後亦然。敬之。朱子季子。公晦。勉齋。安卿。皆朱子高第弟子。而其言參錯不可考據如此。案文集朱子答汪尚書書。與張敬夫書。吕伯恭書。其論祭儀祭説往復甚詳。汪吕書在壬辰癸巳。張書不詳其年。計亦在其前後也。壬辰癸巳距庚寅僅二三年。家禮既有成書。何爲絶不之及。而僅以祭儀祭説爲言耶。陳安卿録云。向作祭儀祭説甚簡而易曉。今已亡之矣。則是所亡者乃祭儀祭説。而非家禮也。明矣。文集語録。自家禮序外。無一語及家禮者。惟與蔡季通書有已取家禮四卷納一哥之語。此儀禮經傳通解中家禮五卷之四。而非今所傳之家禮也。甲寅八月。跋三家禮範後云。嘗欲因司馬氏之書。參考諸家。裁訂增損。舉綱張目。以附其後。顧以衰弱不能及已。後之君子。必有以成吾志也。甲寅距庚寅二十年。庚寅已有成書。朱子雖耄老。豈盡忘之至是。而乃爲是語耶。竊嘗推求其故。此必有因三家禮範跋語而依仿以成之者。蓋自附于後之君子。而傳者遂以託之朱子所自作。其序文亦依仿禮範跋語。而于家禮反有不合。家禮重宗法。此程張司馬氏所未及。而序中絶不言之。以跋語所未有也。其年譜云居母喪時所作者。則或以意附益

㈠「古」當為「寺」。

之爾。敬之但據所傳。不加深考。此如司馬季思刻温公書之比。公晦從遊在戊申後。其于早年固所不詳。祇敘所聞以爲譜。而勉齋行狀之作。在朱子没後二十餘年。其時家禮已盛行。又爲敬之所傳録。故不欲公言其非。但其辭略而不盡。其書家禮後謂。經傳通解未成。爲百世之遺恨。則其微意亦可見矣。後之人徒以朱子季子所傳。又見行狀年譜所載。廖子晦張安卿皆爲刊刻。三山楊氏。上饒周氏。復爲之考訂。尊而用之。不敢少致其疑。然雖云尊用其書。實未有能行者。故于其中謬誤亦不及察。徒口相傳。以熟文公家禮云爾。

梓材謹案。四庫全書著録家禮八卷。提要引此云。懋竑之學。篤于朱子。獨于易本義九圖及是書斷斷辨論。不肯附會。則是書之不出朱子。灼然無疑。然自元明以來。流俗沿用。故仍録而存之。亦記所謂禮從宜使從俗也。

宋元學案補遺卷四十九目録

宋元學案補遺卷四十九

後學 鄞 王梓材 慈谿馮雲濠 同輯

晦翁學案補遺下

易學啓蒙

聖人觀象以畫卦。揲蓍以命爻。使天下後世之人。皆有以決嫌疑。定猶豫。而不迷于吉凶悔吝之塗。其功可謂盛矣。然其爲卦也。自本而幹。自幹而枝。其勢若有所迫而自不能已。其爲蓍也。分合進退。縱横逆順。亦無往而不相值焉。是豈聖人心思智慮之所得爲也哉。特氣數之自然。形于法象。見于圖書者。有以啓于其心而假手焉耳。近世學者類喜談易而不察乎此。其專于文義者。旣支離散漫而無所根著。其涉于象數者。又皆牽合傅會而或以爲出于聖人心思智慮之所爲也。若是者。予竊病焉。因與同志頗輯舊聞。爲書四篇。以示初學。使毋疑于其説云。

本圖書第一

河圖

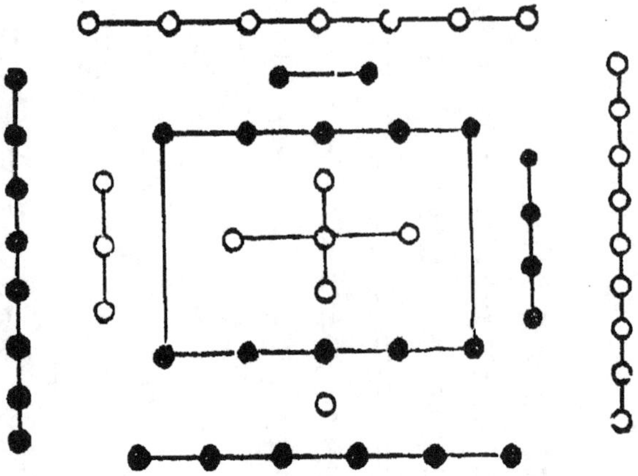

洛書

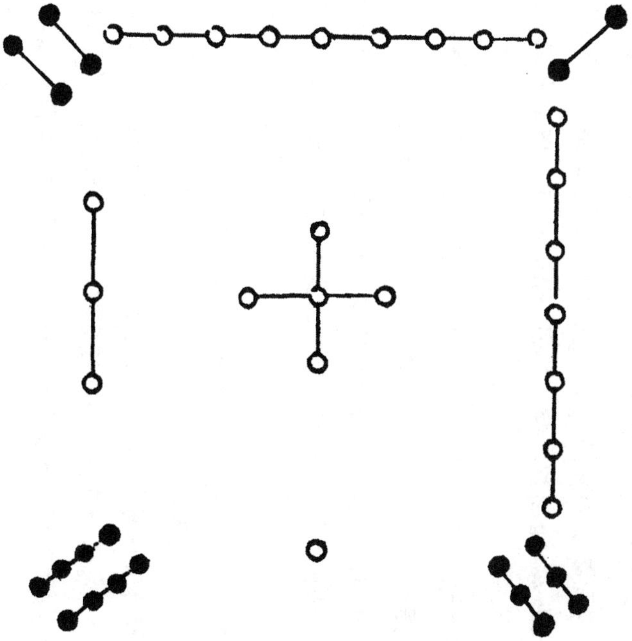

易大傳曰。河出圖。洛出書。聖人則之。

孔安國曰。河圖者。伏羲氏王天下。龍馬出河。遂則其文以畫八卦。洛書者。禹治水時。神龜負文而列于背。有數至九。禹遂因而第之。以成九類。

劉歆曰。伏羲氏繼天而王。受河圖而畫之。八卦是也。禹治洪水。錫洛書。法而陳之。九疇是也。河圖洛書。相爲經緯。八卦九章。相爲表裏。

關子明曰。河圖之文。七前六後。八左九右。洛書之文。九前一後。三左七右。四前左。二前右。八後左。六後右。

邵子曰。圓者星也。曆紀之數。其肇于此乎。方者土也。畫州井地之法。其倣于此乎。蓋圓者河圖之數。方者洛書之文。故羲文因之而造易。禹箕敘之而作範也。或曰。河圖洛書之位與數。其所以不同者何也。曰。河圖以五生數。統五成數。而同處其方。蓋揭其全以示人。而道其常數之體也。洛書以五奇數。統四偶數。而各居其所。蓋主于陽以統陰。而肇其變數之用也。

其皆以五居中何也。曰。凡數之始。一陰一陽而已矣。陽之象圓。圓者徑一而圍三。陰之象方。方者徑一而圍四。圍三者以一爲一。故參其一陽而爲三。圍四者以二爲一。故兩其一陰而爲二。是所謂參天兩地者也。三二之合。則爲五矣。此河圖洛書之數所以皆以五爲中也。

其數與位皆三同而二異。蓋陽不可易。而陰可易。成數雖陽。固亦生之陰也。以數言之。通乎一圖。由内及外。固各有積實可紀之數矣。然河圖之一二三四。各居其五。象本方之外。而六七八九十者。又各因五而得數。以附于其生數之外。洛書之一三七九。亦各居其五。象本方之外。而二四六八者。又各因其類以附于其數之側。蓋中者爲主。而外者爲客。正者爲君。而側者爲臣。各有條而不紊也。

其多寡之不同何也。曰。河圖主全。故極于十。而奇耦之位均。論其積實。然後見其耦贏而奇乏也。洛書主變。故極于九。而其位與實皆奇贏而耦乏也。必皆虛其中也。然後陰陽之數均于二十而無偏耳。

其七八九六之數不同何也。曰。河圖六七八九附于生數之外。此陰陽老少進退饒乏之正也。其九者生數。一三五之積也。故自北而東。自東而西。以成于四之外。其六者生數。二四之積也。故自南而西。自西而北。以成于一之外。七則九之自西而南者也。八則六之自北而東者也。此又陰陽老少互藏其宅之變也。洛書之縱横十五。而七八九六迭爲消長。虛五分十。而一含九。二含八。三含七。四含六。則參伍錯綜。無適而不遇其合焉。此變化無窮之所以爲妙也。

原畫卦第二

伏羲八卦次序圖

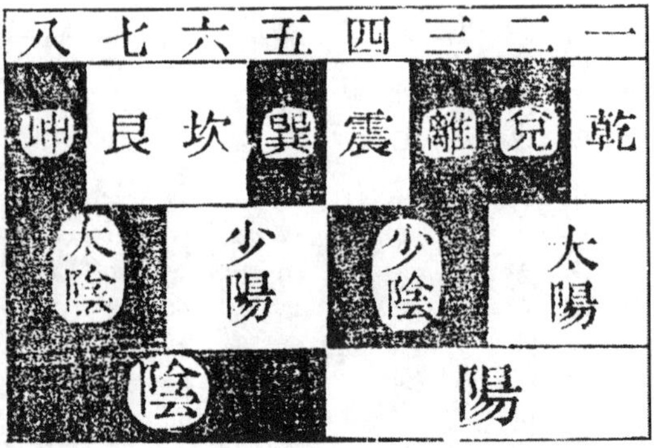

梓材謹案。此下有伏羲六十四卦次序圖。已見百源學案先天圖中。茲不重録。

古者包羲氏之王天下也。仰則觀象于天。俯則觀法于地。觀鳥獸之文。與地之宜。近取諸身。遠取諸物。于是始作八卦。以通神明之德。以類萬物之情。

易有太極。是生兩儀。兩儀生四象。四象生八卦。

大傳又言。包犧畫卦。所取如此。則易非獨以河圖而作也。蓋盈天地之間。莫非太極陰陽之妙。聖人于此仰觀俯察。遠求近取。固有以超然而默契于其心矣。故自兩儀之未分也。渾然太極。而兩儀四象六十四卦之理。已粲然于其中。自太極而分兩儀。則太極固太極也。兩儀固兩儀也。自兩儀而分四象。則兩儀又爲太極。而四象又爲兩儀矣。自是而推之。由四而八。由八而十六。由十六而三十二。由三十二而六十四。以至于百千萬億之無窮。雖其見于摹畫者。若有先得而出于人爲。然其已定之形。已成之勢。則已固具于渾然之中。而不容毫髮思慮作爲于其間也。程子所謂加一倍法者。可謂一言以蔽之。而邵子所謂畫前有易者。又可見其眞不妄矣。世儒于此或不之察。往往以爲聖人作易。蓋極其心思探索之巧而得之。甚者至謂。凡卦之畫。必由蓍而後得。其誤益以甚矣。

雲濠謹案。朱子答林黄中書云。一圖之内。太極。兩儀。四象。八卦。生出次第。位置行列。不待安排而粲然有序。以至於第四分而爲十六。第五分而爲三十二。第六分而爲六十四。則其因而重之。亦不待用意推移。而與前之三分焉者。未嘗不脗合也。比之并累三陽以爲乾。連疊三陰以爲坤。然後以意交錯而成六子。又先畫八卦於内。復畫八卦於外。以旋相加而後得爲六十四卦者。其出於天理之自然。與人爲之造作蓋不同矣。其説可參看。

梓材謹案。朱子與郭沖晦書。論太極生兩儀。兩儀生四象。四象生八卦。其說尤備。詳見兼山學案補遺。

伏羲八卦方位圖

梓材謹案。此下有伏羲六十四卦方位圖。蓋以先天圖六十四卦圓圖方位及方圖四分四層圖表裏爲之者。方圖亦謂之橫圖。已見百源學案。不重録。

天地定位。山澤通氣。雷風相薄。水火不相射。八卦相錯。數往者順。知來者逆。是故易逆數也。

雷以動之。風以散之。雨以潤之。日以晅之。艮以止之。兌以説之。乾以君之。坤以藏之。

邵子曰。此一節明伏羲八卦也。八卦相錯者。明交相錯而成六十四也。數往者順。若順天而行。是左旋也。皆已生之卦也。故云數往也。知來者逆。若逆天而行。是右行也。皆未生之卦也。故云知來也。夫易之數由逆而成矣。此一節直解圖意。若逆知四時之謂也。以橫圖觀之。有乾一而後有兌二。有兌二而後有離三。有離三而後有震四。而巽五。坎六。艮七。坤八。亦以次而生焉。此易之所成也。而圓圖之左方。自震之初爲冬至。離兌之中爲春分。以至于乾之末而交夏至焉。皆進而得其已生之卦。猶自今日而追數昨日也。故曰數往者順也。其右方。自巽之初爲夏至。至坎艮之中爲秋分。以至于坤之末而交冬至焉。皆進而得其未生之卦。猶自今日而逆計來日也。故曰知來者逆。然本易之所以成。則其先後始終如橫圖及圓圖右方之序而已。故曰。易逆數也。

文王八卦方位圖

帝出乎震。齊乎巽。相見乎離。致役乎坤。説言乎兑。戰乎乾。勞乎坎。成言乎艮。

邵子曰。此一節明文王八卦也。

又曰。至哉文王之作易也。其得天地之用乎。故乾坤交而爲泰。坎離交而爲既濟也。乾生于子。坤生于午。坎終于寅。離終于申。以應天之時也。置乾于西北。退坤于西南。長子用事。長女代母。坎離得位。兑艮爲耦。以應地之方也。王者之法。其盡于是矣。

此言文王改易伏羲卦圖之意也。蓋自乾南坤北而交。則乾北坤南而爲泰矣。自離東坎西而交。則離西坎東而爲既濟矣。乾坤之交者。自其所已成而反其所由生也。坎離之變者。東自上而西。西自下而東也。震用事者。發生于東方。巽代母者。長養于東南也。

明蓍策第三

大衍之數五十。其用四十有九。

大衍之數五十。而蓍一根百莖。可當大衍之數者二。故揲蓍之法。取五十莖爲一握。置其一不用。以象太極。而其當用之策凡四十有九。蓋兩儀體具而未分之象也。

分而爲二以象兩。掛一以象三。揲之以四以象四時。歸奇于扐以象閏。五歲再閏。故再扐而後掛。

掛者。懸于小指之閒。揲者。以大指食指閒而别之。奇謂餘數。扐者。扐于中三指之兩閒也。蓍凡四十有九。信手中分。各置一手。以象兩儀。而掛右手一策于左手小指之閒。以象三才。遂以四揲左手之策。以象四時。而歸其餘數于左手第四指閒。以象閏。又以四揲右手之策。而再歸其餘于左手第三指閒。以象再閏。是謂一變。其掛扐之數不五卽九。

一變之後。除前餘數。復合其見存之數。或四十。或四十四。分掛揲歸如前法。是謂再變。其掛扐者。不四則八。

再變之後。除前兩次餘數。復合其見存之策。或四十。或三十六。或三十二。分掛揲歸如前法。是謂三變。其掛扐者如再變例。

三變旣畢。乃合三變視其掛扐之奇耦。以分所遇陰陽之老少。是謂一爻。

一爻已成。再合四十九策。復分掛揲歸以成一變。每三變而成一爻。並如前法。

是故四營而成易。十有八變而成卦。八卦而小成。引而伸之。觸類而長之。天下之能事畢矣。

四營者。四次經營也。分二者。第一營也。掛一者。第二營也。揲四者。第三營也。歸奇者。第四營也。易。變易也。謂揲之一變也。四營成變。三變成爻。一變而得兩儀之象。再變而得四象之象。三變而得八卦之象。一爻而得兩儀之畫。二爻而得四象之畫。三爻而得八卦之畫。四爻成而得其十六者之一。五爻成而得其三十二者之一。至于積七十二營而成十有八變。則六爻見。而得乎六十四卦之一矣。然方其三十六營而九變也。已得三畫。而八卦之名可見。則内卦之爲貞也。立矣。此所謂八卦而小成者也。自是而往。引而伸之。又三十六營九變以成三畫。而再得小成之卦者一。則外卦之爲悔者。亦備矣。六爻成。内外卦備。

六十四卦之别可見。然後視其爻之變與不變。而觸類以長焉。則天下之事。其吉凶悔吝皆不越乎此矣。

考變占第四

乾卦用九。見羣龍无首。吉。象曰。用九天德。不可爲首也。坤卦用六。利永貞。象曰。用六永貞。以大終也。

用九用六者。變卦之凡例也。言凡陽爻皆用九而不用七。陰爻皆用六而不用八。用九故老陽變爲少陰。用六故老陰變爲少陽。不用七八。故少陽少陰不變。獨于乾坤二卦言之者。以其在諸卦之首。又爲純陽純陰之卦也。聖人因繫以辭。使遇乾而六爻皆九。遇坤而六爻皆六者。卽此而占之。蓋羣龍无首。則陽皆變陰之象。利永貞。則陰皆變陽之義也。餘見六爻變例。

凡卦六爻皆不變。則占本卦彖辭。而以内卦爲貞。外卦爲悔。

一爻變。則以本卦變爻辭占。

二爻變。則以本卦二變爻辭占。仍以上爻爲主。

三爻變。則占本卦及之卦之彖辭。而以本卦爲貞。之卦爲悔。前十卦主貞。後十卦主悔。

四爻變。則以之卦二不變爻占。仍以下爻爲主。

五爻變。則以之卦不變爻占。

六爻變。則乾坤占二用。餘卦占之卦彖辭。

于是一卦可變六十四卦。而四千九十六卦在其中矣。所謂引而伸之。觸類而長之。天下之能事畢矣。豈不信哉。今以六十四之變列爲三十二圖。得初卦者。自初而終。自上而下。得末卦者。自終而初。自下而上。變在第三十二卦以前者。占本卦爻之辭。變在第三十二卦以後者。占變卦爻之辭。

卦變圖

䷀乾

䷫姤　䷌同人　䷉履　䷈小畜　䷍大有　䷪夬

䷠遯　䷅訟　䷸巽　䷱鼎　䷛大過

䷘无妄　䷤家人　䷝離　䷰革

䷼中孚　䷥睽　䷹兌

䷙大畜　䷄需　䷡大壯

䷋否　䷴漸　䷷旅　䷞咸

䷺渙　䷿未濟　䷮困

䷑蠱　䷯井　䷟恒

益　噬嗑　隨
賁　旣濟　豐
損　節　歸妹　泰
觀　晉　萃
艮　蹇　小過
蒙　坎　解　升
頤　屯　震　明夷　臨
剝　比　豫　謙　師　復
坤

梓材謹案。朱子原圖凡三十有二。此其乾坤一圖也。餘可類推。存此以舉一隅。

黃宗炎曰。周易本義卷首所載蒙雜不倫。邵氏先後天圖以外。又收乾爲天坤爲地等八段。是京氏易傳之所謂遊魂歸魂。子寅辰午申戌丑卯巳未亥酉也。後世火珠林因之。與揲蓍四十九策之法迥乎不同。又不明言其故。亦何所取義而贅之于此。其六十四卦歌。括及三連六斷之類。豈可錯諸學士簡編之内。況又綴以堆積無稽之卦變圖。誤矣。

梓材謹案。四庫全書著録原本周易本義十二卷。提要云。此爲咸淳乙丑九江吳革所刊。卷端惟列九圖。卷末係以易贊五首。筮儀一篇。與今本升筮儀於前。而增列卦歌之類者。亦迥乎不同。彖上傳標題之下。注从王肅本四字。今本删之。又雜卦傳咸速也恆久也下。今本惟注咸速恆久四字。讀者恆以爲疑。考驗此本乃是感速常久。經後人傳刻而訛。實爲善本。據此。則晦木所議。猶是今本本義。而其議及卦變圖。則由於闢先天之説爾。

梓材又案。蔡氏九儒書載翁易粹。翁所書蔡西山行實云。易學啓蒙一書。先生研精覃思。屢年而後就。晦庵復删潤之。始克成書。據此則易學啓蒙。當歸之西山蔡氏學案。姑識之以與世儒商之。

其答啓蒙詩曰。忽然半夜一聲雷。萬户千門次第開。若識無心含有象。許君親見伏羲來。

金仁山曰。天地無心而有象。故伏羲因一象而畫出天地之心。我心若無心而合。即是伏羲來。

又曰。程子作易學啓蒙。公與袁機仲言之云云。

易五贊

太乙肇判。陰降陽升。陽一以施。陰兩而承。惟皇昊羲。仰觀俯察。奇耦既陳。兩儀斯設。既榦乃支。一各生兩。陰陽交錯。以立四象。奇加以奇。曰陽之動。奇而加耦。陰陽以章。耦而加奇。陰内陽外。耦復加耦。陰與陰會。兩一既分。一復生兩。三才在目。八卦指掌。奇奇而奇。初一曰乾。奇奇而耦。兑次二焉。奇耦而奇。次三曰離。奇耦而耦。四震以隨。耦奇而奇。巽居次五。耦奇而耦。坎六斯睹。耦耦而奇。艮居次七。耦耦而耦。八坤以畢。初畫爲儀。中畫爲像。上畫卦成。人文斯朗。因而重之。一貞八悔。六十四卦。由内達外。交易爲體。往此來彼。變易爲用。時静而動。降帝而王。傳夏歷商。有占無文。民用弗彰。文王繫彖。周公繫爻。視此八卦。

象陳數列。言盡理得。彌億萬年。永著常式。程演周經。邵傳羲畫。及宋而明。遭秦弗燼。是爲十翼。孔聖傳之。命曰周易。建官立師。四維。乾坤艮巽。位以震東兑西。離南坎北。巽離兑女。震坎艮男。乃坤斯母。乃乾斯父。二純六爻。原象。

昔在上古。世質民淳。是非莫別。利害不分。風氣既開。乃生聖人。聰明睿知。出類超羣。仰觀俯察。始畫奇耦。教之卜筮。以斷可否。作爲君師。開鑿户牖。民用不迷。以有常守。降及中古。世變風移。淳澆質喪。民僞日滋。穆穆文王。身蒙大難。安土樂天。惟世之患。乃本卦義。繫此彖辭。爰及周公。六爻是資。因事設教。丁寧詳密。必中必正。乃亨乃吉。語子惟孝。語臣則忠。鈎深闡微。如日之中。曁乎末流。淫于術數。僂句成欺。黄裳亦誤。大哉孔子。晚好是書。韋編既絶。八索以袪。乃作彖象。十翼之篇。專用義理。發揮經言。居省象辭。動察變占。存亡進退。陟降飛潛。曰毫曰釐。匪差匪謬。加我數年。庶無大咎。恭惟三古。四聖一心。垂象炳明。千載是臨。惟是學者。不本其初。文辭象數。或肆或拘。嗟予小子。既微且陋。鑽仰没身。奚測奚究。匪警滋荒。匪識滋漏。維用存疑。敢曰垂後。述旨。

倚數之元。參天兩地。衍而極之。五十乃備。是曰大衍。虚一無爲。其爲用者。四十九蓍。信手平分。置右于几。所有一蓍。掛左小指。乃以右手。揲左之策。四四之餘。歸之于扐。初扐右手。無名指閒。右策左揲。將指是安。再扐之奇。通掛之算。不五則九。是謂一變。置此掛扐。再用存策。分掛扐歸。後準前式。三亦如之。奇皆四八。三變既備。數斯可察。數之可察。其辨伊何。四五爲少。八九爲多。三少爲九。是曰老陽。三多爲六。老陰是當。一少兩多。少陽之七。執八少陰。少兩多一。既得初爻。復合前蓍。四十有九。如前之爲。三變一爻。通十八變。六爻發揮。卦體可見。老極而變。少守其常。六爻皆守。彖辭是當。變視其爻。兩兼首尾。變及三爻。占兩卦體。或四或五。視彼所存。四二五一。二分一專。皆變而他。新成舊毁。消息盈虚。捨此視彼。乾占用九。坤占用六。泰愕匪人。姤喜來復。明筮。

八卦之象。説卦詳焉。考之于經。其用弗專。彖以情言。象以象告。惟是之求。斯得其要。乾健天行。坤順地從。震動爲雷。巽入木風。坎險水泉。亦雲亦雨。離麗文明。電日而火。艮止爲山。兑説爲澤。以是舉之。其要斯得。凡卦六虚。奇耦殊位。奇陽耦陰。各以其類。得位爲正。二五爲中。二臣五君。初始上終。貞悔體分。爻以位應。陰陽相求。乃得其正。凡陽斯淑。君子居之。凡陰斯慝。小人是爲。常可類求。變非位測。非常與變。謹此爲則。稽類。

讀易之法。先正其心。肅容端席。有翼其臨。于卦于爻。如筮斯得。假彼象辭。爲我儀則。字從其訓。句逆其情。事因其理。意適其平。曰否曰臧。如目斯見。曰止曰行。如足斯踐。毋寬以略。毋密以窮。毋固而可。毋必而通。平易從容。自表而裏。及其貫之。萬事一理。理定玩實。事來尚虚。用應始有。體該本無。稽實待虚。存體應用。執古御今。由静制動。潔静精微。是之謂易。體之在我。動有常吉。在昔程氏。繼周紹孔。奥旨宏綱。星陳極拱。惟斯未啓。以俟後人。小子狂簡。敢述而申。警學。

資治通鑑綱目序

先正温國司馬文正公受詔編集資治通鑑。既成。又撮其精要之語。别爲目録三十卷。并上之。晚病本書太詳。目録太簡。更著舉要曆八十卷。以適厥中。而未成也。至紹興初。故侍讀南陽胡文定公始復因公遺稾修成舉要補遺若干卷。則其文愈約而事愈備矣。然往者得于其家而伏讀之。猶竊自病記識之弗彊。不能有以領其要而及其詳也。故嘗過不自料。輒與同志因兩公四書别爲義例。增損檃括。以就此編。蓋表歲以首年。而因年以著統。大書以提要。而分注以備言。使夫歲年之久近。國統之離合。事辭之詳略。議論之同異。通貫曉析。如指諸掌。名曰資治通鑑綱目。凡五十九卷。藏之巾笥。姑以私便檢閲。自備遺忘而已。若兩公述作之本意。則有非區區所敢及者。雖然。歲周于上而天道明矣。統正于下而人道定矣。大綱概舉而監戒昭矣。衆目畢張而幾微著矣。是則凡爲致知格物之學者。亦將慨然有感于斯。而兩公之志或庶乎其可以默識矣。因述其指意條例如此。列于篇端。以俟後之君子云。

王魯齋綱目凡例後語曰。昔夫子之作春秋。因魯史之舊文。不見其筆削之迹。正以無凡例之可證。朱子曰。春秋傳例多不可信。非夫子之爲也。今綱目之凡例。乃朱子之所自定。其大義之炳如者。固一本于夫子。至若曲筆亂紀。隱慝匿情。有先儒之所未盡者。悉舉而大正之。蓋深以邪説横流。誠有甚于洚水猛獸之害。有不可辭其責。朱子亦謂綱目義例益精密。

亂臣賊子眞無所匿其影矣。開歷古之羣蒙。極經世之大用。謂之續春秋。亦何愧焉。

訓學齋規

夫童蒙之學。始于衣服冠履。次及言語步趨。次及灑掃涓潔。次及讀書寫文字及諸雜細事宜。皆所當知。今逐目條列。名曰訓學齋規。梓材案。一作童蒙須知。若其修身。治心。事親。接物。與夫窮理盡性之要。自有聖賢典訓。昭然可攷。當次第曉達。兹不復詳著云。

衣服冠履第一

大抵爲人先要身體端正。自冠巾衣服鞵襪皆須收拾愛護。常令潔淨整齊。我先人常訓子弟云。男子有三緊。謂頭緊。腰緊。脚緊。頭謂頭巾。未冠者總髻。腰謂以條或帶束腰。脚謂鞵襪。此三者要緊束。不可寬慢。寬慢則身體放肆。不端嚴。爲人所輕賤矣。

凡著衣服。必先提整衿領。結兩衽紐帶。不可令有闕落。飲食照管。勿令污壞。行路看顧。勿令泥漬。

凡脱衣服。必齊整摺疊箱篋中。勿散亂頓放。則不爲塵埃雜穢所污。仍易于尋取。不致散失。著衣既久。則不免垢膩。須要勤勤洗澣。破綻則補綴之。儘補綴無害。只要完潔。

凡盥面必以巾帨遮護衣領。捲束兩袖。勿令有所溼。

凡就勞役。必去上籠衣服。只著短便。愛護勿使損污。

凡日中所著衣服。夜臥必更。則不藏蚤蝨。不卽敝壞。苟能如此。則不但威儀可法。又可不費衣服。晏子一狐裘三十年。雖意在以儉化俗。亦其愛惜有道也。此最飭身之要。毋忽。

語言步趨第二

凡爲人子弟。須要常低聲下氣。語言詳緩。不可高聲諠閧。浮言戲笑。父兄長上有所教督。但當低首聽受。不可妄自議論。長上檢責。或有過誤。不可便自分解。姑且隱默。久卻徐徐細意條陳。云此事恐是如此。向者當是偶爾遺忘。或曰當是偶爾思省未至。若爾則無傷忤。事理自明。至于朋友分上。亦當如此。

凡聞人所爲不善。下至婢僕違過。宜且包藏。不應便爾聲言。當相告語。使其知改。

凡行步趨蹌。須是端正。不可疾走跳躑。若父母長上有所喚召。卻當疾走而前。不可舒緩。

灑掃涓潔第三

凡爲人子弟。當灑掃居處之地。拂拭几案。當令潔淨。文字筆硯。凡百器用。皆當嚴肅整齊。頓放有常處。取用既畢。復置原所。

凡父兄長上坐起處。文字楮札之屬。或有散亂。當加意整齊。不可輒自取用。

凡借人文字。皆置簿鈔録主名。及時取還。窗壁。几案。文字閒。不可書字。前輩云。壞筆污墨。瘝子弟職。書几書硯。自黥其面。此爲最不雅潔。切宜深戒。

讀書寫文字第四

凡讀書須整頓几案。令潔淨端正。將書册整齊頓放。正身體。對書册。詳緩看字。子細分明。讀之須要讀得字字響亮。不可誤一字。不可少一字。不可多一字。不可倒一字。不可牽强暗記。只是要多誦徧數。自然上口。久遠不忘。古人云。讀書千徧。其義自見。謂讀得熟則不待解説。自曉其義也。余嘗謂讀書有三到。謂心到眼到口到。心不在此。則眼不看子細。心眼既不專一。卻只漫浪誦讀。決不能記。記亦不能久也。三到之中。心到最急。心既到矣。眼口豈不到乎。

凡書册須要愛護。不可損污縐摺。濟陽江禄書讀未竟。雖有急速。必待掩束整齊。然後起。此最爲可法。原注。出顏氏家訓。

凡寫文字。須高執墨錠。端正研磨。勿使墨汁污手。高執筆。雙鉤端楷書字。不得令手指著毫。

凡寫字未問寫得工拙如何。且要一筆一畫。嚴正分明。不可潦草。

凡寫文字。須要子細看本。不可差誤。

雜細事宜第五

凡弟子須要早起晏眠。

凡諠閧爭鬭之處不可近。無益之事不可爲。原註。謂如賭博。籠養。打毬。踢毬。放風禽等事。

凡飲食。有則食之。無則不可思索。但粥飯充饑不可闕。凡向火。勿迫近火旁。不惟舉止不佳。且防焚爇衣服。

凡相揖必折腰。

凡對父母長上朋友必稱名。及稱呼長上。不可以字。必云某丈。如弟行者。則云某姓某丈。原註。釋名弟訓。第謂相次第也。某丈者。如云張丈李丈。某姓某丈者。如云張三丈。李四丈。○梓材案。弟行一作異姓。

凡出外及歸。必于長上前作揖。雖暫出亦然。

凡飲食于長上之前。必輕嚼緩嚥。不可聞飲食之聲。

凡飲食之物。勿爭較多少美惡。

凡侍長者之側。必正立拱手。有所問。則必誠實對語。言須不可妄。

凡開門揭簾。須徐徐輕手。不可令震驚響。

凡衆坐必斂身。不可廣占坐席。

凡侍長上出行。必居路之右。住必居左。

凡飲酒不可令至醉。

凡如廁。必去上衣。下必浣手。

凡夜行。必以燭。無燭則止。

凡待婢僕。必端嚴。勿得與之嬉笑。

凡執器皿。必敬謹。惟恐有失。

凡危險不可近。
凡道路遇長者。必正立拱手。疾趨而揖。
凡夜臥必以枕。勿以寢衣覆首。
凡飲食。舉匙必置筯。舉筯必置匙。食已則置匙筯于案。

雜細事宜。品目甚多。姑舉其略。然大概具矣。凡此五篇。若能遵守不違。自不失爲謹愿之士。必又能讀聖賢之書。恢大此心。進德修業。入于大賢君子之域。無不可者。汝曹宜勉之。

小學題辭

元亨利貞。天道之常。仁義禮智。人性之綱。凡此厥初。無有不善。藹然四端。隨感而見。愛親敬兄。忠君弟長。是曰秉彝。有順無强。惟聖性者。浩浩其天。不加毫末。萬善足焉。衆人蚩蚩。物欲交蔽。乃頹其綱。安此暴棄。惟聖斯惻。建學立師。以培其根。以達其枝。小學之方。灑掃應對。入孝出弟。動罔或悖。行有餘力。誦詩讀書。詠歌舞蹈。思罔或逾。窮理修身。斯學之大。明命赫然。罔有内外。德崇業廣。乃復其初。昔非不足。今豈有餘。世遠人亡。經殘教弛。蒙養弗端。長益浮靡。鄉無善俗。世乏良材。利欲紛拏。異言喧豗。幸兹秉彝。極天罔墜。爰輯舊聞。庶覺來裔。嗟嗟小子。敬受此書。匪我言耄。惟聖之謨。

黄東發曰。讀管氏弟子職。始于學則。次蚤作。次受業對客。次饌饋。次乃食。次灑掃。次執燭。次請衽。次退習。凡九篇。皆叶韻而文質澀。先生爲之注釋。古者小學灑掃應對進退之節。于斯乎有考矣。始于學則。謂人莫先于學。凡其后所敘皆學也。蚤作次之。受業又次之。晨必先長者而起。給事之後。卽讀誦也。請衽又次之。而退習終之。夜必後長者而寐。給事之後。復讀誦也。此其大略也。致知躬行功夫交進。此其爲大學基本云。

梓材謹案。四庫全書著録小學集註三卷。蓋朱子所撰。而明陳選註之者也。提要云。朱子是書成于淳熙丁未三月。凡内篇四。曰立教。曰明倫。曰敬身。曰稽古。外篇二。曰嘉言。曰善行。考晦庵集中。有癸卯與劉子澄書。蓋編類此書。實託子澄。其初有文章一門。故書中稱文章尤不可泛。如離騷已自多了。敘古蒙求亦太多。兼奥澀難讀。非啓蒙之具。卻是古樂府及杜子美詩意思好。可取者多。又有乙巳與子澄書。稱小學見此修改。凡定著六篇云云。是淳熙十二年始改定義例。又越二年乃成也。案。語類陳淳録曰。或問小學明倫篇何以無朋友一條。曰。當時是衆人編類。偶缺此爾。又黄義剛録曰。曲禮外言不入於梱。内言不出於梱一條甚切。何以不編入小學。曰。這樣處漏落也多。王懋竑朱子年譜考異謂。據此則編類不止子澄一人。而於兩録又可見古人著書得其大者。小小處亦不屑尋究。其説最確。後人或援引古書。證其疏略。或誤以一字一句皆朱子所手録。遂尊若六經。皆一偏之論也。

又題小學曰。古者小學教人以灑掃應對進退之節。愛親敬長隆師親友之道。皆所以爲脩身齊家治國平天下之本。而必使其講而習之。于幼稚之時。欲其習與知長。化與心成。而無扞格不勝之患也。今其全書雖不可見。而雜出于傳記者亦多。讀者往往直以古今異宜而莫之行。殊不知其無古今之異者。固未始不可行也。今頗蒐輯以爲此書。授之童蒙。資其講習。庶幾有補于風化之萬一云爾。

近思録題辭

淳熙乙未之夏。東萊吕伯恭來自東陽。過余寒泉精舍。留止旬日。相與讀周子程子張子之書。歎其廣大宏博。若無津涯。而懼夫初學者不知所入也。因共擬取其關于大體而切于日用者。以爲此編。蓋凡學者所以求緒用力。處己治人之要。與夫辨異端。觀聖賢之大略。皆麤見其梗概。以爲窮鄉晚進有志于學而無明師良友以先後之者。誠得此而玩心焉。亦足以得其門而入矣。如此。然後求諸四君子之全書。沈濳反復。優柔饜飫。以致其博而返諸約焉。則宗廟之美。百官之富。庶乎其有而盡得之。若憚煩勞。安簡便。以爲取足于此而可。則非今日纂集此書之意也。然則四子之言。且不以此十四卷爲限。亦豈教人株守是編而一切聖經賢傳束之高閣哉。

梓材謹案。近思録十四卷。蓋朱子與東萊同撰之者也。四庫提要云。書凡六百六十二條。分十四門。實爲後來性理諸書之祖。然朱子之學大旨主於格物窮理。由博反約。根株六經。而參觀百氏。原未暖暖姝姝守一先生之言。故題辭云云。又東萊題辭論首列陰陽性命之故。曰。後出晚進於義理之本原。雖未容驟語。苟茫然不識其梗概。則亦何所底。列之篇端。特使知其名義。有所向往而已。至於餘卷所載。講學之方。日用躬行之實。自有科級。循是而進。自卑升高。自近及遠。庶不失纂集之旨。若乃厭卑近而騖高遠。躐等淩節。流於空虚。迄無所依據。則豈所謂近思者耶。其言著明深切。尤足藥連篇累牘動談未有天地以前者矣。

梓材又案。四庫又著録二程遺書二十五卷。附録一卷。蓋二程子門人所記。而朱子復次録之者也。提要引朱子語録。謂游録語慢。上蔡語險。劉質夫語簡。李端伯語宏肆。永嘉諸公語緊。故次成是編云。又著録二程外書十二卷。亦二程子門人所記。而朱子編次之。提要云。其語皆遺書所未録。故每卷悉以拾遺標目。又著録朱子雜學辨一卷。附記疑一卷。提要於雜學辨云。以斥當代諸儒之雜於佛老者也。記疑。蓋程之門人記録師説。傅以己意。因而流入二氏者。亦摘録而與之辨云。

晦翁文集

詔書有曰。朕躬有過失。朝政有闕遺。斯民有休戚。四海有利病。並許中外士民直言極陳者。臣竊以爲聖躬雖未有過失。而帝王之學不可以不熟講也。朝政雖未有闕遺。而修攘之計不可以不早定也。利害休戚雖不可徧以疏舉。然本原之地不可以不加意也。四海之利病繫于斯民之戚休。斯民之戚休繫乎守令之賢否。而本原之地在乎朝廷而已。壬午應詔封事。

天下國家之大務。莫大于恤民。而恤民之實在省賦。省賦之實在治軍。若夫治軍省賦以爲恤民之本。則又在夫人君正其心術。以立紀綱而已。庚子應詔封事。

蓋天下之大本者。陛下之心也。今日之急務。則輔翼太子。選任大臣。振舉綱維。變化風俗。愛養民力。修明軍政。六者是也。天下之事。千變萬化。其端無窮。而無一不本于人主之心。人主之心不正。則天下之事無一得由于正。戊申封事。

講學以正心。修身以齊家。遠便嬖以近忠直。抑私恩以抗公道。明義理以絶神姦。擇師傅以輔皇儲。精選任以明體統。振紀綱以厲風俗。節財用以固邦本。修政事以攘夷狄。己酉擬上封事。

人之所以有此身者。受形于母而資始于父。雖有强暴之人。見子則憐。至于襁褓之兒。見父則笑。果何爲而然哉。初無所爲而然。此父子之道。所以爲天性而不可解也。然父子之閒。或有不盡其道者。是豈爲父而天性有不足于慈。亦豈爲子而天性有不足于孝者哉。人心本明。天理素具。但爲物欲所昏。利害所蔽。故小則傷恩害義而不可問。大則滅天亂倫而不可救。假如或好飲酒。或好貨財。或好聲色。或好便安。如此之類。皆物欲也。清明之地。物欲昏之。則父或忘其爲慈。子或忘其爲孝。然後造爲讒慝者。指疑似以爲眞實。指豪髮以爲邱山。譖之于其父。則使施之于其子者不無少過。譖之于其子。則使施之于其父者寖失其常。然後巧爲利害之説以劫之。蓋謂如此則必受其利。不如此則必蹈其害。利害既有以蔽其心。此心日益猜疑。今日猜疑。明日猜疑。猜疑不已。子一舉足而得罪于其父。父一出言而取怨于其子。父子之情壞而禍亂作矣。試于暇時。或于中夜。或于觀書之際。或于靜坐之頃。捐去物欲之私。盡祛利害之蔽。默觀此心之本然。則父子之閒未嘗不慈且孝也。甲寅擬上封事。

爲學之道。莫先于窮理。窮理之要。必在于讀書。讀書之法。莫貴于循序而致精。而致精之本。則又在于居敬而持志。此不易之理也。夫天下之事莫不有理。爲君臣有君臣之理。爲父子有父子之理。爲兄弟。爲夫婦。爲朋友。以至出入起居應事接物之際。亦莫不各有其理焉。窮之則自君臣之大。以至事物之微。莫不知其所以然與其所當然。而無纖芥之疑。善則從之。惡則去之。而無毫髮之累。此爲學所以莫先于窮理也。至論天下之理。則要妙精微。各有攸當。亘古亘今。

不可移易。惟古之聖人爲能盡之。而其所行所言。無不可爲天下後世不易之大法。其餘則順之者爲君子而吉。背之者爲小人而凶。吉之大者。則能保四海而可以爲法。凶之甚者。則不能保其身而可以爲戒。是其燦然之迹。必然之效。蓋莫不具于經訓史冊之中。欲窮天下之理。而不卽是以求之。則是正牆面而立耳。此窮理所以必在于讀書也。若夫讀書。則其不好之者。固怠忽閒斷而無所成矣。其好之者。又不免乎貪多而務廣。往往未啓其端而遽已欲探其終。未究乎此而忽已志在乎彼。是以雖復終日勤勞。不得休息。而意緒悤悤。常若有所奔趨迫逐而無從容涵泳之樂。是又安能深信自得。常久不厭。以異于彼之怠忽閒斷。而無所成者哉。孔子所謂欲速則不達。孟子所謂進鋭退速。正謂此也。誠能鑒此而有以反之。則心潛于一。久而不移。而所讀之書。文意接連。血脈通貫。自然漸漬浹洽。心與理會。而善之爲勸者深。惡之爲戒者切矣。此循序致精。所以爲讀書之法也。若夫致精之本。則在于心。而心之爲物。至虛至靈。神妙不測。常爲一身之主。以提萬事之綱。而不可有頃刻之不存者也。一不自覺。而馳騖飛揚。以徇物慾于軀殼之外。則一身無主。萬事無綱。雖其俯仰顧盼之閒。蓋已不自覺其身之所在。而況能反覆聖賢。參考事物。以求義理至當之歸乎。孔子所謂君子不重則不威。學則不固。孟子所謂學問之道無他。求其放心而已矣者。正謂此也。誠能嚴恭寅畏。常存此心。使其終日儼然。不爲物欲之所侵亂。則以之讀書。以之觀理。將無往而不通。以之應事。以之接物。將無所處而不當矣。此居敬持志所以爲讀書之本也。皆愚臣平生爲學艱難辛苦已試之效。竊意聖賢復生。所以教人不過如此。不獨布衣韋帶之士所當從事。蓋雖帝王之學。殆亦無以過之。上寧宗疏。

臣聞之。六經之道同歸。而禮樂之用爲急。遭秦滅學。禮樂先壞。漢晉以來。諸儒補輯。竟無全書。其頗存者三禮而已。周官一書。固爲禮之綱領。至其儀法度數。則儀禮乃其本經。而禮記郊特牲冠義等篇。乃其義疏耳。前此猶有三禮通禮學究諸科。禮雖不行。而士猶得以誦習而知其說。熙寧以來。王安石變亂舊制。廢罷儀禮。而獨存禮記之科。棄經任傳。遺本宗末。其失已甚。而博士諸生又不過誦其虛文。以供應舉。至于其閒亦有因儀法度數之實而立文者。則咸幽冥而莫知其源。一有大儀。率用耳學臆斷而已。若乃樂之爲教。則又絶無師授。律尺短長。聲音清濁。學士大夫莫有知其說者。而不知其爲闕也。故臣頃在山林。嘗與一二學者考訂其說。欲以儀禮爲經。而取禮記及諸經史雜書所載有及于禮者。皆以附于本經之下。具列註疏。諸儒之說。略有端緒。而私家無書檢閲。無人鈔寫。久之未成。會蒙除用。學徒分散。遂不能就。而鐘律之制。則士友閒亦有得其遺意者。竊欲更加參考。別爲一書。以補六藝之闕。而亦未能具也。欲望特詔有司。許就秘書省太常寺關借禮樂諸書。自乃招致舊日學徒十餘人。令其編類。踏官屋與之居處。逐日量支錢米。以給飲食紙札油燭之費。差撥鈔寫貼司二十餘名。候結局日量支犒賞。可以興起廢墜。垂之永久。使士知實學。異時可爲聖朝制作之助。乞修三禮劄子。

梓材謹案。朱子所著家禮五卷。鄉禮三卷。學禮十一卷。邦國禮四卷。王朝禮十四卷。其曰經傳通解者二十三卷。其曰集傳集註者十四卷。季子侍郎在跋云。蓋先君晚歲之所親定。是爲絶筆之書。又稱。先君早歲卽嘗有志於是書。比在經筵。

嘗具奏欲請於朝。乞招致生徒。置局編次而不果。上蓋即乞修三禮劄子也。集傳集註其舊名。經傳通解則晚年修葺而定其名也。四庫全書著録儀禮經傳通解三十七卷。續二十九卷。則朱子門人黄勉齋榦所編。喪禮十四卷。喪服圖式一卷。楊信齋復重修祭禮十四卷也。提要稱其分章表目。開卷瞭然。爲考禮者所不廢云。

近世言道學者失于太高。讀書講義率常以徑易超絶不歷階梯爲快。而于其閒曲折精微正好玩索處。例皆忽略厭棄。以爲卑近瑣屑不足留情。以故雖或多聞博識之士。其于天下之義理。亦不能無所未盡。曷若循下學上達之序。口講心思。躬行力究。寧煩毋略。寧下毋高。寧淺毋深。寧拙毋巧。從容潛玩。存久漸明。衆理洞然。次第無隱。然後知夫大中至正之極。天理人事之全。無不在是。初無迥然超絶不可及者。而幾微之閒。毫釐畢察。酬酢之際。體用渾然。雖或使之任至重而處所難。亦沛然行其所無事而已。答汪尚書。

夫學者既學聖人。則當以聖人之教爲主。今六經語孟中庸大學之書具在。彼以了悟爲高者。既病其障礙而以爲不可讀。此以記覽爲重者。又病其狹小而以爲不足觀。如是。則是聖人之所以立言垂訓者。徒足以誤人。而不足以開人。孔子不賢于堯舜。而達摩遷固賢于仲尼矣。無乃悖之甚耶。答吕子約。

學者息卻許多狂妄身心。除卻許多閒雜説話。著實讀書。初時儘且尋行數墨。久久自有見處。最怕人説學不在書。不務佔畢。不專口耳。下梢説得張皇都無收拾。只是一場脱空。直是可惡。答劉定夫。

嘗謂人之爲學。若從平實地上循序加功。則其目前雖未見日計之益。而積累工夫漸見端緒。自然不假用意裝點。不待用力支撑。而聖賢之心。義理之實。必皆有以見其確然而不可易者。至于講論之際。心卽是口。口卽是心。豈容別生計較。依違遷就。以爲諧俗自便之計耶。今人爲學。既已過高而傷巧。是以其説常至于依違遷就而無所分別。蓋其胸中未能無纖芥之疑有以致然。非獨以避咎之故而後詭于詞也。若某之愚。自信已篤。向來之辨。雖至于遭譏取辱。然至于今日。此心耿耿。猶恨其言之未盡。不足以暢彼此之懷。合異同之趣。而不敢以爲悔也。答陳君舉。

聖人之學所以異于老釋之徒者。以其精麤隱顯。體用渾然。莫非大中至正之矩。而無偏倚過不及之差。是以君子智雖極乎高明。而見于言行者。未嘗不道乎中庸。非故使之然。高明中庸實無異體故也。故曰。道之不行也。智者過之。愚者不及也。道之不明也。賢者過之。不肖者不及也。又曰。差之毫釐。繆以千里。聖人丁寧之意。亦可見矣。

某天資魯鈍。自幼記問言語不能及人。以先君子之餘誨。頗知有意于爲己之學。而未得其處。蓋出入于釋老者十餘年。近歲以來。獲親有道。始知所向之大方。竟以才質不敏。智識未離乎章句之間。雖時若有會于心。然反而求之。殊未有以自信。其所以奉親事長。居室延交者。蓋欲寡其過而未能也。以上答江元適。

某自年十四五時。卽嘗有志于此。中間非不用力。而所見終未端的。其言雖或誤中。要是想像意度。所幸内無空寂之誘。外無功利之貪。全此純愚。以至今日。反覆舊聞而有得焉。乃知明道先生所謂天理二字卻是自家體貼出來者。眞不妄也。答陳正已。

人之一心。萬理具備。若能存得。便是聖賢。更有何事。然聖賢教人。所以有許多門路節次。而未嘗教人只守此心者。蓋爲此心此理雖本完具。卻爲氣質之稟不能無偏。若不講明體察。極精極密。往往隨其所偏。墮于物欲之私而不自知。是以聖賢教人雖以恭敬持守爲先。而于其中又必使之卽事卽物。考古驗今。體會推尋。内外參合。蓋必如此。然後見得此心之眞。此理之正。而于世閒萬事。一切言語。無不洞然了其白黑。大學所謂知至意誠。孟子所謂知言養氣。正謂此也。答項平父。

以持敬爲先。而加以講學省察之助。蓋人心之病。不放縱卽昏惰。如賢者必無放縱之患。但恐不免有昏惰處。若日用之閒以整齊嚴肅自持。常加警策。卽不至昏惰矣。講學莫先于語孟。而讀語孟者又須逐章熟讀。切己深思。不通然後考諸先儒之說以發明之。如二程先生說得親切處。直須看得爛熟。與經文一般。成誦在心。乃可加省察之功。蓋與講學互相發明。但日用應接思慮隱微之閒。每每加察。其善端之發。慊于吾心而合于聖賢之言。則勉厲而力行之。其邪志之萌。愧于吾心而戾于聖賢之訓。則果決而速去之。大抵見善必爲。聞惡必去。不使有頃刻悠悠意態。則爲學之本立矣。異時漸有餘力。然後以次漸讀諸書。旁通當世之務。蓋亦未晚。今不須預爲過計之憂。以失先後之序也。若不務此。而但欲爲依本分無過惡人。則不惟無以自進于日新。正恐無本可據。亦未必果能依本分無過惡也。答林伯和。

大凡論學當先辨其所趨之邪正。然後可察其所用之能否。苟正矣。雖其人或不能用。然不害其道之爲可用也。如其不正。則雖有管仲晏子之功。亦何足以稱于聖賢之門哉。且古之君子所以汲汲于學者。不爲其終有異于物而勤。故亦不爲其終無異于物而肆也。不爲其有名而勸。故亦不爲其無名而沮也。不爲其有利而爲。故亦不爲其無利而止也。是其設心蓋儻然一無有所爲者。獨以天理當然。而吾不得不然耳。答吕一道。

人心自是不容去除。但要道心爲主。卽人心自不能奪。而亦莫非道心之所爲矣。然此處極難照管。須臾閒斷。卽人欲便行矣。

此心之靈。其覺于理者。道心也。其覺于欲者。人心也。以上答鄭子止。

泄邇忘遠。通人與事而言。泄字兼有親信狎侮忽略之意。不泄邇。不忘遠。是無所不用其敬之意。以上答吴伯豐。

其未發也。敬爲之主而義已具。其已發也。必至于義而敬行焉。則何閒斷之有哉。答何叔京。

蓋聞古之君子。居大臣之位者。其于天下之事。知之不惑。任之有餘。則汲汲乎及其時而勇爲之。知有所未明。力有所不足。則咨訪講求。以進其知。攀援汲引。以求其助。如捄火追亡。尤不敢以少緩。上不敢愚其君。以爲不足與言仁義。下不敢鄙其民。以爲不足以興教化。中不敢薄其士大夫。以爲不足共成事功。一日立乎其位。則一日業乎其官。一日不得乎其官。則不敢一日立乎其位。有所愛而不肯爲者私也。有所畏而不敢爲者亦私也。屹然中立。無一毫私情之累。

而惟知爲其職之所當爲者。夫如是。是以志足以行道。道足以濟時。而于大臣之責可以無愧。賀陳丞相書。

古之學者無他。明德新民。求各止于至善而已。夫其所明之德。所止之善。豈有待于外求哉。識其在我而敬以存之。其亦可矣。其所以必曰讀書云者。則以天地陰陽事物之理。修身事親齊家及國。以至于平治天下之道。與凡聖賢之言行。古今之得失。禮樂之名數。下而至于食貨之源流。兵刑之法制。是亦莫非吾之度内。有不可得而精麤者。若非攷諸載籍之文。沈潛參伍以求其故。則亦無以明夫明德體用之全。而止其至善精微之極也。

使二三子知爲學之本。有無待于外求者。而因以致其操存持守之力。使吾方寸之閒清明純一。眞有以爲讀書之地。而後宏其規。密其度。循其先後本末之序。以大玩乎閣中之藏。則夫天下之理。其必有以盡其纖悉而一以貫之。異時所以措諸事業者。亦將有本而無窮矣。以上福州州學經史閣記。

道之在天下。其實原于天命之性。而行于君臣父子兄弟夫婦朋友之閒。其文則出于聖人之手。而存于易書詩禮樂春秋孔孟氏之籍。本末相須。人言相發。皆不可以一日而廢焉者也。蓋天理民彝。自然之物。則其大倫大法之所在。固有不依文字而立者。然古之聖人欲明是道于天下。而垂之萬世。則其精微曲折之際。非託于文字。亦不能以自傳也。故自伏羲以降。列聖繼作。至于孔子。然後所以垂世立教之具粲然大備。天下後世之人。自非生知之聖。則必由是以窮其理。然後知有所至。而力行以終之。固未有飽食安坐無所猷爲。而忽然知之。兀然得之者也。故傅説之告高宗曰。學于古訓。乃有獲。而孔子之教人亦曰。好古敏以求之。是則君子所以爲學致道之方。其亦可知也已。然自秦漢以來。士之所求乎書者。類以記誦剽掠爲功。而不及乎窮理脩身之要。其過之者則遂絶學捐書。而相與馳騖乎荒虚浮誕之域。蓋二者之蔽不同。而于古人之意則胥失之矣。徽州婺源縣學藏書閣記。

古之聖人作爲六經。以教後世。易以通幽明之故。書以紀政事之實。詩以導情性之正。春秋以示法戒之嚴。禮以正行。樂以和心。其于義理之精微。古今之得失。所以該貫發揮。究竟窮極。可謂盛矣。而總其書不過數十卷。蓋其精約又如此。自漢以來。儒者相與尊守而誦習之。轉相受授。各有家法。然後訓傳之書始出。至于有國家者。歷年行事之迹。又皆各有史官之記。于是文字之傳益廣。若乃世之賢人君子。學經以探聖人之心。考史以驗時事之變。以至見聞感觸。有接于外而動于中。則又或頗論著其説。以成一家之言。而簡册所載。篋櫝所藏。始不勝其多矣。然學者不欲求道則已。誠欲求之。是豈可以舍此而不觀也哉。而近世以來。乃有所謂科第之業者以奪其志。士子相從于學校庠塾之閒。無一日不讀書。然問其所讀。則舉非向之所謂者。嗚呼。讀聖賢之言。而不通于心。不有于身。猶不免爲書肆。況其所讀又非聖賢之書哉。建寧府建陽縣學藏書記。

人之有是身也。則必有是心。有是心也。則必有是理。若仁義禮智之爲體。惻隱羞惡恭敬是非之爲用。是則人皆有之。而非由外鑠我也。然聖人之所以教。不使學者收視反聽。一以反求諸心爲事。而必曰興于詩。立于禮。成于樂。又曰。博學審問。愼思明辨。而力行之。何哉。蓋理雖在我。而或蔽于氣稟物欲之私。則不能以自見。學雖在外。然皆所以講乎此理之實。及其浹洽貫通而自得之。則又初無内外精麤之閒也。世變俗衰。士不知學。挾册讀書者。既不過于誇多鬬靡以爲利禄之計。其有意于己者。又直以爲可以取足于心。而無事于外求也。是以墮于佛老虛空之邪見。而于義理之正。法度之詳。有不察焉。其幸而或知理之在我。與夫學之不可以不講者。則又不知循序致詳。虛心一意。從容以會乎在我之本然。是以急遽淺迫。終已不能浹洽而貫通也。嗚呼。是豈學之果不可爲。書之果不可讀。而古先聖賢所以垂世立教。果無益于後來也哉。道之不明。其可歎已。稽古閣記。

予惟成周之制縣都。皆有委積以待凶荒。而隋唐所謂社倉者。亦近古之良法也。今皆廢矣。獨常平義倉尚有古法之遺意。然皆藏于州縣。所恩不過市井游惰輩。至于深山長谷。力穡遠輸之民。則雖饑餓瀕死而不能及也。又其爲法太密。使吏之避事畏法者。視民之殍而不肯發。往往全其封鐍。遞相付授。至或累數十年不一訾省。一旦甚不得已然後發之。則已化爲浮埃聚壤而不可食矣。夫以國家愛民之深。其慮豈不及此。然而未之有改者。豈不以里社不能皆有可任之人。欲一聽其所爲。則懼其私計以害公。欲謹其出入同于官府。則鉤核靡密。上下相遁。其害又必有甚于前所云者。是以難之而弗暇耳。今幸數公相繼。其憂民遠慮之心皆出乎法令之外。又皆不鄙吾人以爲不足任。故吾人得以及是。數年之間。上說下教。遂能爲鄉閭立此無窮之計。是豈無力之獨能哉。社倉記。

元亨利貞。性也。生長收藏。情也。以元生。以亨長。以利收。以貞藏者。心也。仁義禮智。性也。惻隱羞惡辭讓是非。情也。以仁愛。以義惡。以禮讓。以智知者。心也。性者。心之理也。情者。心之用也。心者。性情之主也。程子曰。其體則謂之易。其理則謂之道。其用則謂之神。正謂此也。又曰。言天之自然者。謂之天道。言天之付與萬物者。謂之天命。又曰。天地以生物爲心。亦謂此也。元亨利貞說。

朋友之于人倫。其勢若輕。而所繫爲甚重。其分若疏。而所關爲至親。其名若小。而所職爲甚大。此古之聖人修道立教所以必重乎此而不敢忽也。然自世教不明。君臣父子兄弟夫婦之閒。既皆莫有盡其道者。而朋友之倫廢闕爲尤甚。世之君子雖或深病其然。未必深知其所以然也。予嘗思之。父子也。兄弟也。天屬之親也。非其乖離之極。固不能輕以相棄。而夫婦君臣之際。又有雜出于物情事勢而不能自已者。以故雖或不盡其道。猶得以相牽聯比合而不至于盡壞。至于朋友。則其親不足以相維。其情不足以相攝。而爲之者。初未嘗知其理之所從。職之所任。其重有如此也。且其于君臣父子兄弟夫婦之閒。猶或未嘗求盡其道。則固無所藉于責善輔仁之益。此其所以恩疏而義薄。輕合而易離。亦無怪其相視漠然如行路之人也。夫人倫有五。而其理則一。朋友者。又其所藉以維持是理。而不使至于悖焉者也。由夫四者之不求盡道。而朋友以無用廢。然則朋友之道盡廢。而責善輔仁之職不舉。彼夫四者。又安得獨立而久存哉。跋黃仲本朋友説。

夫古之聖賢。其文可謂盛矣。然初豈有意學爲如是之文哉。有是實于中。則必有是文于外。如天有是氣。則必有日月星辰之光耀。地有是形。則必有山川草木之行列。聖賢之心。既有是精明純粹之實。以旁薄充塞乎其内。則其著見于外者。亦必自然條理分明。光輝發越。而不可揜蓋。不必託于言語。著于簡册。而後謂之文。但自一身接于萬事。凡其語默動靜。人所可得而見者。無所適而非文也。姑舉其最而言。則易之卦畫。詩之詠歌。書之記言。春秋之述事。與夫禮之威儀。樂之節奏。皆已列爲六經而垂萬世。其文之盛。後世固莫能及。然其所以盛而不可及者。皆無所自來。而世亦莫之識也。故夫子之言曰。文王既没。文不在兹乎。蓋雖已決知不得辭其責矣。然猶若逡巡顧望。而不能無所疑也。至于推其所以興衰。則又以爲是皆出于天命之所爲。而非人力之所及。此其體之甚重。夫豈世俗所謂文者所能當哉。讀唐志。

恭惟道統。遠自羲軒。集厥大成。允屬玄聖。述古垂訓。萬世作程。三千其徒。化若時雨。維顏曾氏。傳得其宗。逮思及輿。益以光大。自時厥後。口耳失眞。千有餘年。乃得有繼。周程授受。萬理一原。曰邵曰張。爰及司馬。學雖殊轍。道則同歸。俾我後人。如夜復見。某以凡陋。少蒙義方。中靡常師。晚逢有道。載鑽載仰。雖未有聞。賴天之靈。幸無失墜。逮兹退老。同好鼎來。落此一邱。羣居伊始。探原推本。敢昧厥初。奠以告虔。尚其昭格。陟降庭止。惠我光明。傳之方來。永永無斁。滄洲精舍告先聖文。

學校貢舉私議

古者學校選舉之法。始于鄉黨而達于國都。教之以德行道藝。而興其賢者能者。蓋其所以居之者無異處。所以官之者無異術。所以取之者無異路。是以士有定志。而無外慕。蚤夜孜孜。惟懼德業之不修。而不憂爵祿之未至。夫子所謂言寡尤。行寡悔。祿在其中。孟子所謂修其天爵。而人爵從之。蓋謂此也。

若夫三代之教。藝爲最下。然皆猶有實用而不可闕。其爲法制之密。又足以爲治心養氣之助。而進于道德之歸。此古之爲法。所以能成人材而厚風俗。濟世務而興太平也。

所以必立德行之科者。德行之于人大矣。然其實則皆人性所固有。人道所當爲。以其得之于心。故謂之德。以其行之于身。故謂之行。非固有所作爲增益。而欲爲觀聽之美也。士誠知用力于此。則不唯可以修身。而推之可以治人。又可以及夫天下國家。故古之教者。莫不以是爲先。若舜之命司徒以敷五教。命典樂以教胄子。皆此意也。

近年以來。習俗苟偷。學無宗主。治經者不復讀其經之本文與夫先儒之傳註。但取近時科舉中選之文。諷誦摹倣。擇取經中可爲題目之句。以意扭捏。妄作主張。明知不是經意。但取便于行文。不暇恤也。蓋諸經皆然。而春秋爲尤甚。

今欲正之。莫若討論諸經之說。各立家法。而皆以註疏爲主。如易則兼取胡瑗。石介。歐陽修。王安石。邵雍。程頤。張載。吕大臨。楊時。書則兼取劉敞。王安石。蘇軾。程頤。楊時。晁説之。葉夢得。吴棫。薛季宣。吕祖謙。詩則兼取歐陽修。蘇轍。程頤。張載。王安石。吕大臨。楊時。吕祖謙。周禮則劉敞。王安石。楊時。儀禮則劉敞。二戴禮記則劉敞。程頤。張載。吕大臨。春秋則啖助。趙匡。陸淳。孫明復。劉敞。程頤。胡安國。大學論語中庸孟子則又皆有集解等書。曰蘇軾。王雱。吴棫。胡寅等説。亦可采。以上諸家更加考訂增損。如劉彝等説。恐亦可取。令應舉人各占兩家以上。于家狀内及經義卷子第一行内。一般聲説將來答義。則以本説爲主。而旁通他説。以辨其是非。則治經者不致妄牽己意。而必有據依矣。

玉山講義

先生因舉孟子道性善言必稱堯舜一章。而遂言曰。所謂性者。固已言之矣。今復以一事譬之。天之生此人。如朝廷之命此官。人之有此性。如官之有此職。朝廷所命之職。無非使之行法治民。豈有不善。天之生此人。無不與之以仁義禮知之理。亦何嘗有不善。但欲生此物。必須有氣。然後此物有以聚而成質。而氣之爲物。有清濁昏明之不同。稟其清明之氣。而無物慾之累。則爲聖。稟其清明而未純全。則未免微有物慾之累。而能克以去之。則爲賢。稟其昏濁之氣。又爲物慾之所蔽。而不能去。則爲愚爲不肖。是皆氣稟物慾之所爲。而性之善未嘗不同也。堯舜之生。所受之性亦如是耳。但以其氣稟清明。自無物慾之蔽。故爲堯舜。初非有所增益于性分之外也。故學者知性善。則知堯舜之聖。非是强爲。識得堯舜做處。則便識得性善底規模樣子。而凡吾日用之間。所以去人慾復天理者。皆吾分内當然之事。其勢至順而無難。此孟子所以首爲文公言之。而又稱堯舜以實之也。但當戰國之時。聖學不明。天下之人但知功利之可求。而不知己性之本善。聖賢之可學。聞是説者。非惟不信。往往亦不復致疑于其間。若文公則雖未能盡信。而已能有所疑矣。是其可與進善之萌芽也。孟子故于其去而復來。迎而謂之曰。世子疑吾言乎。而又告之曰。夫道一而已矣。蓋古今聖愚同此一性。則天下固不容有二道。但在篤信力行。則天下之理雖有至難。猶必可至。況善乃人之所本有。而爲之不難乎。然或氣稟昏愚而物慾深固。則其勢雖順且易。亦須勇猛著力。痛切加功。然後可以復于其初。故孟子又引商書之言曰。若藥弗瞑眩。厥疾弗瘳。若但悠悠。似做不做。則雖本甚易。而反爲至難矣。此章之言雖甚簡約。然其反復曲折。開曉學者。最爲深切。諸君更宜熟讀深思。反復玩味。就日用間更著實下功夫始得。中庸所謂尊德性者。正謂此也。然聖賢教人始終本末。循循有序。精麤巨細。無有或遺。故纔尊德性。便有箇道問學一段事。雖當各自加功。然亦不是判然兩事也。中庸曰。大哉聖人之道。洋洋乎發育萬物。峻極于天。優優大哉。禮儀三百。威儀三千。待其人而後行。故曰。苟不至德。至道不凝焉。是故君子尊德性而道問學。致廣大而盡精微。極高明而道中庸。温故而知新。敦厚以崇禮。蓋道之爲體其大無外。其小無内。無一物之不在焉。故君子之學既能尊德性以全其大。便須道問學以盡其小。其曰致廣大。極高明。温故而敦厚。則皆尊德性之功也。其曰盡精微。道中庸。知新而崇禮。則皆道問學之事也。學者于此固當以尊德性爲主。然于道問學亦不可不盡其力。要當時時有以交相滋益。互相發明。則自然該貫通達。而于道體之全無欠闕處矣。今時學者心量窄狹。不耐持久。故其爲學略有些少影響見聞。便自主張。以爲至是不能徧觀博考。反復參驗。其務爲簡約者。旣蕩而爲異學之空虛。其急于功利者。又溺而爲流俗之卑近。此爲今日之大弊。學者尤不可以不戒。

讀書之要

或問讀書之法。其用力也奈何。曰。循序而漸進。熟讀而精思可也。曰。然則請問循序漸進之説。曰。以二書言之。則先論而後孟。通一書而後及一書。以一書言之。則其篇章文句首尾次第。亦各有序而不可亂。量力所至。約其程課而謹守之。字求其訓。句索其旨。未得乎前。則不敢求其後。未通乎此。則不敢志乎彼。如是循序漸進焉。則意定理明。而無疏易淩躐之患矣。是不惟讀書之法。是乃操心之要。尤始學者之不可不知也。曰。其熟讀精思者何耶。曰。論語一章不過數句。易以成誦。成誦之後。反復玩味于燕閒靜一之中。以須其浹洽可也。孟子每章或千百言。反復論辨。雖若不可涯者。然其條理疏通。語意明潔。徐讀而以意隨之。出入往來以十百數。則其不可涯者將可有以得之于指掌之閒矣。大抵觀書先須熟讀。使其言皆若出于吾之口。繼以精思。使其意皆若出于吾之心。然後可以有得爾。至于文義有疑。衆説紛錯。則亦虛心靜氣。勿遽取舍于其閒。先使一説自爲一説。而隨其意之所之。以驗其通塞。則其尤無義理者。不待觀于他説而先自屈矣。復以衆説互相詰難。而求其理之所安。以考其是非。則似是而非者。亦將奪于公論而無以立矣。大抵徐行卻立。處靜觀動。如攻堅木。先其易者。而後其節目。如解亂繩。有所不通。則姑置而徐理之。此讀書之法也。

諭學者文

學如不及。猶恐失之。此君子所以孜孜焉。愛日不倦。而競尺寸之陰也。今或聞諸生晨起入學。未及日中而各已散去。此豈愛日之意也哉。夫學者所以爲己。而士者或患貧賤。勢不得學。與無所于學而已。勢得學又不爲。無所于學而猶不勉。是亦未嘗有志于學而已。然此非士之罪也。教不素明。而學不素講也。同安縣諭學者。

自學絶而道喪。至今千有餘年。學校之官有教養之名。而無教之養之之實。學者挾筴而相與嬉其閒。其傑然者乃知以干禄蹈利爲事。至于語聖賢之餘旨。究學問之本原。則罔乎莫知所以用其心者。其規爲動息。舉無以異于凡民而有甚者焉。嗚呼。此教者過也。而豈學者之罪哉。然君子以爲是亦有罪焉爾。諭諸生。

嘗謂學校之政不患法制之不立。而患義理之不足以悦其心。夫義理不足以悦其心。而區區于法制之末以防之。是猶決湍水注之千仞之壑。而徐翳蕭葦以捍其衝流也。亦必不勝矣。喻㊀諸職事。

今人説要學道。乃是天下第一至大至難之事。卻全然不曾著力。蓋未有能用旬月功夫熟讀一人書者。及至見人泛然發問。臨時湊合。不曾舉得一兩行經傳成文。不曾照得一兩處首尾相貫。其能言者不過以己私意敷演立説。與聖賢本意義理實處了無干涉。何況望其更能反求諸己。眞實見得。眞實行得耶。如此求師。徒費腳力。不如歸家杜門。依老蘇法。以二三年爲期。正襟危坐。將大學。論語。中庸。孟子及詩。書。禮記。程張諸書。分明易曉處。反復讀之。更就自己身心存養玩索。著實行履。有箇入處。方好求師。證其所得而訂其謬誤。是乃所謂就有道而正焉者。而學之成也可冀矣。如其不然。未見其可。滄洲精舍論學者。

四齋銘

曰趨而抱者。孰履而持。曰飢而寒者。誰食而衣。故道也者。不可須臾離。學不志于道。獨罔罔其何之。志道。

語道術則無往而不通。談性命則疑獨而難窮。惟其厚于外而薄于內。故無地以崇之。據德。

㊀「喻」當爲「諭」。

舉之莫能勝。行之莫能至。雖欲依之。安得而依之。爲仁由己。而由人乎哉。雖欲違之。安得而違之。依仁。

禮云樂云。御射數書。俯仰自得。心安體舒。是之謂游。以游以居。嗚呼游乎。非有得于内。孰能如此。其從容而有餘乎。游藝。

又四齋銘

尊我德性。希聖學兮。玩心神明。蛻汚濁兮。崇德。

樂節禮樂。道中庸兮。克勤小物。奏膚公兮。廣業。

勝己之欲。復天理兮。宅此廣居。純不已兮。居仁。

羞惡爾汝。勉擴充兮。遵彼大路。行無窮兮。由義。

學古齋銘

相古先民。學以爲己。今也不然。爲人而已。爲己之學。先誠其身。君臣之義。父子之仁。聚辨居行。無怠無忽。至足之餘。澤及萬物。爲人之學。燁然春華。誦數是力。纂組是誇。結駟懷金。煌煌煒煒。世俗之榮。君子之鄙。維是二者。其端斯微。眇綿弗察。胡越其歸。

求放心齋銘

天地變化。其心孔仁。成之在我。則主于身。其主伊何。神明不測。發揮萬變。立此人極。晷刻放之。千里其奔。非誠曷有。非敬曷存。孰放孰求。孰亡孰有。詘伸在臂。反覆惟手。防微謹獨。兹守之常。切問近思。曰惟以相。

尊德性齋銘

惟皇上帝。降此下民。何以予之。曰義與仁。維仁與義。維帝之則。銘斯承斯。猶懼弗克。孰昏且狂。苟賤汚卑。淫視傾聽。惰其四支。褻天之明。慢人之紀。甘此下流。衆惡之委。我其監此。祗栗厥心。有幽有室。有赫其臨。執玉奉盈。須臾顛沛。任重道悠。其敢或怠。

敬恕齋銘

出門如賓。承事如祭。以是存之。罔敢或墜。己所不欲。勿施于人。以是行之。與物皆春。胡世之人。恣己窮物。惟我所便。謂彼奚卹。孰能反是。斂焉厥躬。于牆于羹。仲尼子弓。内順于家。外聞于邦。無小無大。罔時怨恫。爲仁之功。曰此其極。敬哉恕哉。永永無斁。

王魯齋曰。夫子答仲弓問仁一段。卽敬恕之道。此先生早年作。

敬齋箴

讀張敬夫主一箴。掇其遺意。作敬齋箴。書齋壁以自警云。

正其衣冠。尊其瞻視。潛心以居。對越上帝。足容心重。手容必恭。擇地而蹈。折旋蟻封。出門如賓。承事如祭。戰戰兢兢。罔敢或易。守口如瓶。防意如城。洞洞屬屬。罔敢或輕。不東以西。不南以北。當事而存。靡他其適。弗貳以二。弗參以三。惟精惟一。萬變是監。從事于斯。是曰持敬。動靜無違。表裏交正。須臾有間。私欲萬端。不火而熱。不冰而寒。毫釐有差。天壤易處。三綱既淪。九灋亦斁。於乎小子。念哉敬哉。墨卿司戒。敢告靈臺。

陳北溪敬齋箴解曰。正其二句。謂早起時主敬。潛心二句。謂未有事靜坐時主敬。足容四句。謂有所舉動時主敬。出門句。謂近接物時主敬。承事句。謂已應事時主敬。戰戰。謂恐懼如敬于見賓之貌。兢兢。謂戒謹如敬于奉祭之貌。守口句。謂欲有言時主敬。無妄泄也。

防意句。謂欲有意時主敬。無輕動也。洞洞。謂質慤敬于言之貌。屬屬。謂專一敬于意之貌。不東四句。謂心方對事時主敬。無別走作也。勿貳四句。謂心旣寓事時主敬。只專在一事上也。從事四句。謂動而應事時主乎敬。則外正矣。靜而無事時主乎敬。則內正矣。須臾二句。須臾以時言。謂少刻有閒斷不敬。則大病從此萌糵。而私欲乘隙叢至矣。不火句。謂此心方熾于物欲之境。惡念狂躁不可制。其熱有甚于火也。不冰句。謂此心旣沈于物欲之下。善端凝涸無復萌。其寒有甚于冰也。毫釐二句。毫釐以事言。謂纖微有差失不敬。則大繆從此胚胎。而俯仰戴履變亂矣。三綱句。三綱見白虎通。君爲臣綱。父爲子綱。夫爲妻綱。謂一快己欲。而不復知有人道之大經也。九法句。九法卽洪範九疇。謂一便己私。而不復顧先王之大法矣。於乎二句。謂主敬之功爲甚密。當常存諸念而自力也。墨卿二句。謂不敬之實爲甚大。當常切諸心而致警也。

金仁山曰。王魯齋嘗辨註。又講于天台。今檃括其意分爲十章。一章靜之敬。二章動之敬。三章表之敬。四章裏之敬。五章無適之謂敬。六章主一之謂敬。七章總。八章閒則不續。九章差則顚倒。十章箴以終之。

調息箴

鼻端有白。我其觀之。隨時隨處。容與猗移。靜極而噓。如春沼魚。動極而翕。如百蟲蟄。

氤氳開闔。其妙無窮。孰其尸之。不宰之功。雲臥天行。非予敢議。守一處和。千二百歲。

跪坐拜説寄洞學諸生。

古人之坐者。兩膝著地。因反其蹠而坐于其上。正如今之胡跪者。其爲肅拜。則又拱兩手而下之至地也。其爲頓首。則又以頭頓于手上也。其爲稽首。則又卻其手而以頭著地。亦如今之禮拜者。皆因跪而益致其恭也。故儀禮曰。坐取爵。曰。坐奠爵。禮記曰。坐而遷之。曰。一坐再至。曰。武坐致右軒左。老子曰。坐進此道之類。凡言坐者。皆謂跪也。若漢文帝與賈生語。不覺膝之前于席。管寧坐不箕股。榻當膝處皆穿。皆其明驗。然記又云。授立不跪。授坐不立。莊子亦云。跪坐而進人㊀。則跪與坐又似有小異處。疑跪有危義。故兩膝著地。伸腰及股。而勢危者爲跪。兩膝著地。以尻著蹠。而稍安者爲坐也。又詩云。不遑啓居。而其傳以啓爲跪。爾雅以妥爲安。而疏以爲安定之坐。夫以啓對居。而訓啓爲跪。則居之爲坐可見。以妥爲安定之坐。則跪之爲危坐亦可知。蓋兩事相似。但一安一危。爲小不同耳。至于拜之爲禮。亦無所考。但杜子春説大祝九拜處。解奇拜云。拜時先屈一膝。今之雅拜也。夫特以先屈一膝爲雅拜。則他拜皆當齊屈兩膝。如今之禮拜明矣。凡此三事。書傳皆無明文。亦不知其自何時而變。而今人有不察也。

㊀「人」當為「之」。

齋居感興二十首

其自序曰。余讀陳子昂感遇詩。愛其詞旨幽邃。音節豪宕。非當世詞人所及。如丹砂空青。金膏水碧。雖近世乏用。而實物外難得自然之奇寶。欲效其體。作十數篇。顧以思致平凡。筆力萎弱。竟不能就。然亦恨其不精于理。而自託于僊佛之閒以爲高也。齋居無事。偶書所見得二十篇。雖不能探索微渺。追跡前言。然皆切于日用之實。故言亦近而易知。既以自警。且以貽諸同志云。

崑崙大無外。旁薄下深廣。陰陽無停機。寒暑互來往。皇犧古神聖。妙契一俯仰。不待窺馬圖。人文已宣朗。渾然一理貫。昭晣非象罔。珍重無極翁。爲我重指掌。

何北山曰。此章當作三節看。然首尾只一意。首四句言盈天地閒別無物事。一陰一陽流行其中。實天地之功用。品彙之根柢。次六句言伏羲觀象設卦。開物成務。建立人極之功。末二句周子立圖著書。發明易道。再開人極之功。無極翁只是舉濂溪之號。猶昔人目范太史爲唐鑑翁爾。此篇只是以陰陽爲主。後面諸章亦多是説此者。而諸説推之太過。蔡仲覺謂此篇言無極太極。不知于此章指何語爲説太極。況無極乎太極。固是陰陽之理。言陰陽則太極已在其中。但此篇若强揠作太極説。則一章語脈皆貫穿不來。此等言語溷淆。最説理之大病也。

吾觀陰陽化。升降八紘中。前瞻既無始。後際那有終。至理諒斯存。萬世與今同。誰言混沌死。幻語驚盲聾。

黄勉齋曰。兩篇皆是言陰陽。但前篇是説横看底。此篇是説直看底。所謂横看者。是上下四方遠近大小。此氣拍塞。無一處不周。無一物不到。所謂直看者。是上自開闢以來。下至千萬世之後。只是這箇物事流行不息。

人心妙不測。出入乘氣機。凝冰亦焦火。淵淪復天飛。至人秉元化。動静體無違。珠藏澤自媚。玉韞山含輝。神光燭九垓。玄思徹萬微。塵編今寥落。歎息將安歸。

何北山曰。此章言人心出入無時。莫知其鄉。凝冰焦火則喜樂憂懼不常之心也。淵淪天飛則奔逸不制之心也。皆氣之所爲。孟子所謂放心也。惟聖人之心能自爲主宰。如元化之能宰制萬有。故曰秉元化也。昔人謂氣爲馬。心爲君。心之出入。蓋隨氣之動静。如乘馬然。故曰乘氣機。惟心君則能爲之主宰政事。此之謂動静體無違。此體字如以身體道之體。蓋其一動一静。此心無不醒定。不曾離這腔子内。此之謂體。曰無違者。謂雖動静萬變。而無少閒斷也。惟其静而常能體之。故和順積中。見面盎背。如玉潤山。珠媚川也。惟其動而常能體之。故神完思清。明無不達。而能燭九垓。徹萬微也。如此豈復有前二者之患。然此聖學也。自世教非古。没一世于詞華利欲之塗。聖賢傳心之要。雖具在方册。而棄爲塵編。曾不顧省于斯時也。有志于道者。將安歸乎。此所以重發紫陽之歎息也。

悟。靜觀靈臺妙。萬化從此出。云胡自蕪穢。反受衆形役。厚味紛朵頤。研姿坐傾國。崩奔不自馳騖靡終畢。君看穆天子。萬里窮轍迹。不有祈招詩。徐方御宸極。

何北山曰。此章言人心至爲虛靈。萬理畢具。酬酢萬務。經緯萬方。孰非此心之妙用。自應役萬物而君之。今反以徇欲之故。此心不寄。坐受耳目鼻口四肢衆形之役而不自覺。飲食男女固欲之大。然凡物之可喜可好者。亦悉爲此誘。奔趨馳騖。無有止息。穆王車轍萬里。肆其侈心。幾至亡國而後已。看得前章。是言至人盡性。此心不放而常存。故其妙至于光燭徹微。此章是言衆人徇欲。故心常放而不收。其究至于亡國敗家。猶所不顧。此其聖狂之分。奚翅天淵之遠。然其端甚微。只在一念放收之間。此道心所以爲微。人心所以爲危也。古之君子。所以一生戰戰兢兢。至啓手足而後知免。蓋以此也。

涇舟膠楚澤。周綱已陵夷。況復王風降。故宮黍離離。玄聖作春秋。哀傷實在茲。祥麟一以踣。反袂空漣洏。漂淪又百年。僭縱荷爵珪。王章久已喪。何復嗟歎爲。馬公述孔業。託始有餘悲。拳拳信忠厚。無乃迷先幾。

東京失其御。刑臣弄天綱。西園植姦穢。五族沈忠良。青青千里草。乘時起陸梁。當塗轉凶悖。炎精遂無光。桓桓左將軍。仗鉞西南疆。伏龍一奮躍。鳳雛一飛翔。祀漢配彼天。出師驚四方。天意竟莫回。王圖不偏昌。晉史自帝魏。後賢盍更張。世無魯連子。千載徒悲傷。

晉陽啓唐祚。王明紹巢封。垂統已如此。繼體宜昏風。麀聚瀆天倫。牝晨司禍凶。乾綱一以墜。天樞遂崇崇。淫奔穢宸極。虐燄燔蒼穹。向非狄仁傑。張柬之。徒。誰辨取日功。云何歐陽子。秉筆迷至公。唐經亂周紀。凡例孰此容。侃侃范太史。受説伊川翁。春秋二三策。萬古開羣蒙。

何北山曰。五章至七章皆是爲温公通鑑而作。蓋此詩其首二章是就陰陽造化。一經一緯。次二章是説人心一善一惡。論其次序。便當及于經世之事。而古今治亂得失。具于史策者。獨温公通鑑一書。最爲詳備有法。然温公此書。雖欲接春秋。而一時區處猶閒有未盡善者。如此詩三章所指之失。蓋其節目之大者。五章言託始之意。先于先幾。蓋自胡致堂發之。而文公亦謂其然。嘗具其説于綱目矣。然猶可也。至如六章七章所指。乃君臣之綱。天經地義。萬世不可易者。今乃出帝室之胄。而以鬼蜮篡賊接東漢之統。去嗣聖之年。而以牝雞淫婦亂唐室之緒。此則大失。豈可以爲訓誡。故朱子深爲温公惜之。而再修綱目之編也。但以温公盛德素所尊敬。雖咨嗟歎息。而常婉其詞。如言帝魏歸罪于晉史。而望後賢更張。則所以望公也。既不能然則歎息無魯仲連。以致悲傷之意。又如紀武氏事。非歐公以周紀亂唐經。而美范太史罷削武氏之號。繫嗣聖之年。且歲書帝在房陵。謂其得春秋之二三策。而其説受之伊川。温公書武氏于通鑑。亦不能改六一翁之舊。此義伊川亦嘗言于温公。況范氏實隸修通鑑局。分管唐史。此義未有不陳于温公者。但公自不以為然爾。此皆朱子至不滿於温公言外之意。但其言甚婉切。人不知爲通鑑而發。

朱光徧炎宇。微陰眇重淵。寒威閉九野。陽德昭重原。文明昧謹獨。昏迷有開先。幾微諒難忽。善端本緜緜。掩身事齊戒。及此防未然。閉關息商旅。絶彼柔道牽。

何北山曰。首四句言天道消長之幾。次四句言人心善惡之幾。蓋天地只有一箇。陰陽無物不體。無不自人身上透過。故人身氣機實與天地同運。故君子于陰陽初動之時。自當隨時省察。以盡閑邪育德之道。惡則不忽于幾微而絶之于早。善則養于綿綿而充之使大。是以月令于冬夏二至。皆有掩身齋戒之文。夫粲然純一之謂齋。肅然警惕之謂戒。然後心地清明。有以燭乎善惡之機而早爲之所。庶幾陽明日盛而德性益周。陰陽莫乖而物欲不行耳。至于閉關息商旅。所以養陽氣。用金柅之剛以止柔道之牽。此又聖人贊化育之事。此篇亦爲在上君子言之。故自吾一身以及天下事物。于陰陽交際之閒。莫不盡其扶陽抑陰。長善遏惡之道也。

微月墮西嶺。爛然衆星光。明河斜未落。斗柄低復昂。感此南北極。樞軸遙相當。太乙有常居。仰瞻獨煌煌。中天照四國。三辰環侍旁。人心要如此。寂感無邊方。

何北山曰。上章言人身與天地同運。而常欲扶陽抑陰。此章言人心與辰極同體。而常欲以靜制動。兩篇皆說陰陽。亦皆是爲在上之君子言之。

放勳始欽明。南面亦恭己。大哉精一傳。萬世立人紀。猗歟歎日躋。穆穆歌敬止。戒獒光武烈。待旦起周禮。恭惟千載心。秋月照寒水。魯叟何常師。删述存聖軌。

何北山曰。此章明列聖相傳心學之妙。惟在一敬。仲尼删述詩書。以存聖軌。而垂法萬世者。其要只此一字。

吾聞庖犧氏。爰初闢乾坤。乾行配天德。坤布協地文。仰觀玄渾周。一息萬里奔。俯察方儀靜。隤然千古存。悟彼立象意。契此入德門。勤行當不息。敬守思彌敦。

大易圖象隱。詩書簡編訛。禮樂矧交喪。春秋魚魯多。瑤琴空寶匣。絃絕將如何。興言理餘韻。龍門有遺歌。伊川先生晚居伊闕龍門之南。

何北山曰。此章言聖人之道備于六經。自厄于秦火。又汩于經師。而其文字亦且錯亂乖離。如易之易置圖書。委棄象學。詩書以陋儒之小序冠之篇端。以亂經文。禮樂則散亡幾盡。春秋亦多亥豕之訛。此其簡編尚且闕謬如此。又況道之精微乎。正如瑤琴寶匣。器雖在而絃已絕。其意且不復傳。將奈何哉。我今欲理其餘韻。亦幸程叔子于此嘗表章條理。深探精思。以續洙泗之絕響。其遺音今幸未泯。此固紫陽之謙詞。然其自任之重。亦有不得而辭者。故緖正四古經。詩書則斥去小序之陋。而求經文之正意。易則還古易篇第之舊。而義主占象。以窮羲文之本旨。禮樂則求其合者。而有經有傳。至于精研龍門之微旨。以上接魯鄒之正傳。自濂洛開端以來。其汛掃廓大之功。未有高焉者也。

顏子躬四勿。曾子日三省。中庸首謹獨。衣飾思尚絅。偉哉鄒孟氏。雄辨極馳騁。操存一言要。爲爾挈裘領。丹青著明法。今古垂煥炳。何事千載餘。無人踐斯境。

元亨播羣品。利貞固靈根。非誠諒無有。五性實斯存。世人逞私見。鑿智道彌昏。豈若林居子。幽探萬化原。

何北山曰。此章大旨。只是太極圖說定之以中正仁義而主靜之意。然其主意是爲鑿智而發。

王魯齋曰。此歎先天太極圖之傳㊀出于□㊁者。

飄飄學仙侶。遺世在雲山。盜啓元命秘。竊當生死關。金鼎蟠龍虎。三年養神丹。刀圭一入口。白日生羽翰。我欲往從之。脱屣諒非難。但恐逆天道。偷生詎能安。

何北山曰。生則有死。天命之常。人但當順受其正。今神仙家遺棄事物。遁迹雲山。苦身修鍊。以求不死。所爲雖似清高。究其旨意。只是貪生怕死。逆天私己。豈是循理。程子曰。此是天地間賊。蓋修身以俟死者。聖賢所以立命也。保鍊延年者。道家所以偷生也。又豈有賢者而肯爲此哉。

西方論緣業。卑卑喻羣愚。流傳世代久。梯接凌空虚。顧盼指心性。名言超有無。捷徑一以開。靡然世事趨。號空不踐實。躓彼榛棘途。誰哉繼三聖。爲我焚其書。

何北山曰。此章言釋氏始則妄談因緣。痛説罪業。卑淺其論。以誘動愚下之聽。及其久也。又直指心性。肆講空無。閃遁其辭。以惑高明之人。但其言善幻莫可窮詰。流傳千載。

㊀「傳」當爲「原」。
㊁「□」當作「易」。

愚者則劫其罪福。而陰奪其生養之資。智者則貪其捷徑。而重爲學術之害。其禍烈于洪水。有能焚其書而散其徒。一空之以正人心。以厚民生。豈不足以爲聖人之徒。而承三聖之功哉。聖人司教化。嚳序育英才。因心有明訓。善端得深培。天敘既昭陳。人文亦褰開。去何百代下。學絶教養乖。羣居競葩藻。爭先冠儒魁。淳風反淪喪。擾擾胡爲哉。

何北山曰。此詩歎科舉之弊。每三年羣天下之士爲一大擾。所得者何益。而斲喪人心。敗亂風俗。其害有不可勝言者。上之人乃重于改作而不知變。此紫陽所以深歎也。童蒙貴養正。孫弟乃其方。雞鳴咸盥櫛。問訊謹暄涼。奉盂勤播灑。擁篲周室堂。進趨極虔恭。退息常端莊。劬書劇嗜炙。見惡逾探湯。庸言戒麤誕。時行必安詳。聖途雖云遠。發軔且勿忙。十五志于學。及時起高翔。

何北山曰。古人教養童蒙。教之事親之節。教之敬事之方。正其心術之微。謹其言行之常。雖未便進以大學。然其細大必謹。内外交持。所以固其筋骸之束。澄其義理之源。有此質樸。及長而進之大學。自然不費力也。發軔且勿忙者。蓋小學且欲收拾身心。涵養德性。以爲大學基本。故欲其且盡其小。而無躐進其大也。及時起高翔者。蓋大學則當進德修業。窮理盡性。以收小學之成功。故又欲其進爲其大。而不苟安其小也。

哀哉牛山木。斤斧日相尋。豈無萌蘖生。牛羊復來侵。恭維皇上帝。降此仁義心。物欲互攻奪。孤根孰能任。反躬艮其背。肅容正冠襟。保養方自此。何年秀穹林。

何北山曰。此章爲時之已過而不及小學者發。卽文公所謂持敬以補小學之缺者是也。但過時而學者辛苦難成。故有保養㊀自此。何年秀穹林之歎。蓋惜其用力已晚。而欲百倍其力以至之也。

玄天幽且默。仲尼欲無言。動植各生遂。德容自清溫。彼哉夸毗子。呫囁徒啾喧。但逞言辭好。豈知神監昏。曰余昧前訓。坐此枝葉繁。發憤永刊落。奇功收一原。

何北山曰。奇功收一原。是用陰符經中絶利一原。用師十倍之語。陰符此二語。文公極喜之。時時舉揚。有學者問其義。文公嘗爲之解釋曰。絶利者。絶其二三。一原者。一其元本。豈惟用兵。凡事莫不皆然。倍。如功必倍之之謂。大概謂專一則有功。上文言瞽者善聽。聾者善視。皆是專一。故有功也。今講學求道。是欲善其身心。修其德業。此是本原也。而乃榮華其言語。巧好其文章。則是盛其枝葉。失其本根。于學焉得有功。惟發憤而痛加刊落。則是絶其二三之利。而一其本原。故其功可收也。

附録

初字元晦。後以元爲四德之首。不敢當。遂更曰仲。

㊀「養」下脱「方」。

年二十四。始學于李延平。初韋齋雅敬延平。故先生往師之。嘗言自見李先生。爲學始就平實。乃知向日從事釋老之説皆非。

延平與其友羅博文宗禮書曰。元晦進學甚力。樂善畏義。吾黨鮮有。晚得此人。商量所疑。甚慰。又云。此人極穎悟。力行可畏。講學極造其微處論辨。某因此返求有所省。渠所論難處。皆是操戈入室。須從原頭體認來。所以好説話。某昔于羅先生得入處後。無朋友。幾放倒了。得渠如此。極有益。渠初從謙開善處下工夫來。故皆就裏面體認。今既論難見儒者路脈。極能指其差誤之處。自見羅先生來。未見有如此者。又云。此子别無他事。一味潛心于此。初講學時頗爲道理所縛。今漸能融釋于日用處。一意下工夫。若于此漸熟。則體用合矣。此道理全在日用處熟。若靜處有而動處無。卽非矣。

乾道三年。如湖南見南軒。南軒贈行之詩曰。不遠關山阻。爲我再月留。遺經得紬繹。心事兩綢繆。超然會太極。眼底無全牛。惟兹斷金友。出處寧殊謀。先生答曰。昔我抱冰炭。從君識乾坤。須知太極緼。要妙難名論。謂有豈有迹。謂無復何存。惟應酬酢處。特達見本根。以二詩觀之。則其往復而深相契者。太極之旨也。

四年。編程氏遺書成。初二程門人各有所録。雜出並行。閒頗爲後人竄易。至是序次有倫。去取精審。學者始有定從。而程子之道復明于世。

六年。居喪盡禮。自始死至祥禫。參酌古今。咸盡其變。用成喪葬祭禮。又推之于冠昏。共爲一編。命曰家禮。然未嘗爲學者道之。其後亦多損益。未暇更定云。

八年。編次語孟精義成。資治通鑑綱目成。綱放春秋而兼採羣史之長。目放左氏而稽合諸儒之粹。西銘解義成。

九年。太極圖傳通書解成。編次程氏外書成。

嘗謂學者曰。四子。六經之階梯。近思録。四子之階梯。以言爲學者當因此而入也。

淳熙四年。語孟集註或問成。

謂易本爲卜筮而作。皆因吉凶以示訓戒。故其言雖約而所包甚廣。夫子作傳。亦略舉其一端以見凡例而已。然自諸儒分經合傳之後。學者便文取義。往往未及玩心全經。而遽執傳之一端以爲定説。于是一卦一爻。僅爲一事。而易之爲用。反有所局。而無以通天下故。故作周易本義。

又謂。詩自毛鄭以來。皆以小序爲主。其與經文舛戾。則妄穿鑿爲説。前後諸儒未能釐正。先生獨以經文爲主。而計其序之是非。復爲一編。附其經後。以還其舊云。

十三年。易學啓蒙成。

梓材謹案。孝經刊誤一卷。亦成於是年。時主管華州雲臺觀。取古文孝經分爲經一章。傳十四章。删舊文二百二十三字云。

先生既發揮大學以開悟學者。又懼其失序無本而不足以有進。乃輯小學書。以訓蒙士。使培其根以達其支云。

紹熙五年。冬。竹林精舍成。率諸生行舍菜之禮于先聖先師。以告成事。周程邵張司馬延平七先生從祀。

梓材謹案。竹林精舍後改滄洲。

慶元四年。以時禁避居東陽石洞。改定大學章句。誠意章集註尤多删正。韓侂胄峻僞學之禁。爲先生也。而先生日與諸生講學不輟。或止之。答曰。放流竄殛。久置度外。諸生遠來。無可遣去之理。朝廷必有行遣。亦須符到奉行。若仰人鼻息。爲舒慘方寸閒。長戚戚矣。

先生之學。主格物而莫要于主敬。嘗曰。致知不以敬則昏。知何以致。躬行不以敬則怠。肆行豈有當。故敬者。聖學所以成始成終也。

嘗作遠遊篇曰。舉坐且停酒。聽我歌遠遊。遠遊何所至。咫尺視九州。九州何茫茫。環海以爲疆。上有孤鳳翔。下有神駒驤。孰能不憚遠。爲我遊其方。爲子捧樽酒。擊鋏歌慨慷。送子臨大路。寒日爲無光。悲風來遠壑。執手空徊徨。問子何所之。行矣戒關梁。世路有險艱。出門始憂傷。東征憂陽谷。西道畏羊腸。南轅犯癘瘴。北駕風裂裳。願子馳堅車。躐險摧其剛。峩峩既莫支。瑣瑣誰能當。朝登南極道。暮宿臨太行。睥睨卽萬里。超忽凌八荒。無爲蹩躠者。終日守空堂。

又克己詩曰。寶鑑當年照膽寒。向來埋没本無端。秖今垢盡明全見。還得當年寶鑑看。

又水口行舟曰。昨夜扁舟雨一蓑。滿江風浪夜如何。今朝試揭孤篷看。依舊青山綠樹多。

金仁山曰。喻私欲之波泛濫。如平旦開朗處。自復其天理生趣。而依原青山綠樹之景也。

又春日詩曰。勝日尋芳泗水濱。無邊光景一時新。等閒識得東風面。萬紫千紅總是春。

金仁山曰。喻學問博採極廣。而一心會晤之後。共這是一箇道理。所謂一以貫之也。

又曰。聞道西園春色深。急穿芒屩去登臨。千葩萬蘂爭紅紫。誰識乾坤造化心。

先生酬敬夫贈言并以爲別曰。我行二千里。訪子南山陰。不憂天風寒。況憚湘水深。辭家仲秋旦。稅駕九月初。問此爲何時。嚴冬歲云徂。勞君步玉趾。送我登南山。南山高不極。雪路空漫漫。泥行復幾程。今日宿諸州。明當分背去。惆悵不得留。誦君贈我詩。三歎增綢繆。厚意不敢忘。爲君商擊謳。

致南軒書曰。某切覸所存。大抵莊重沈密氣象有所未足。以故所發多暴露而少含蓄。此殆涵養本原之功未至而然。以此慮事。吾恐視聽之不能審。思慮之不能詳也。近年見所爲文。多無節奏條理。又多語學者以所未到之理。此皆甚病。理無大小。小者如此。則大者可知矣。願深察此言。朝夕點檢。絶其萌芽。勿使能立。則志定慮精。上下信服。其于有爲。事半而功倍矣。事之失。人以爲言。固當卽改。然亦更須子細審其本末。然後從之爲善。向見舉措之閒。多有以一人言而爲之。復以一人言而罷之者。亦太輕矣。從之輕。則守之不固必矣。

致東萊書曰。承喻所疑。別紙求教。然其病在于略知道體之渾然無所不具。而不知渾然無所不具之中。精麤本末。賓主内外。蓋有不可以毫髮差者。是以其言常喜合而惡離。卻不知雖文理密察。縷析毫分。而不害乎本體之渾然也。東萊答曰。所喻誠爲至論。

再致東萊書曰。所喻講學克己之功。裒多益寡。論得恰好。然此二事。各是一件工夫。學者于此須是無所不用其極。然後心目俱到。無偏倚之患。若如來諭。便有好仁不好學之蔽矣。且中庸言學問思辨。而後繼之以篤行。程子于涵養進學亦兩言之。皆未嘗以此包彼。而有所偏廢也。東萊答曰。所喻致知克己不可偏。甚善。前此多見友朋每校量義理。而于踐履處多不檢點。故發裒多益寡之論。然要如來喻乃完粹耳。

敬義堂題曰。高臺巨牓意何如。住此知非小丈夫。浩氣擴充無内外。肯誇心月夜同孤。

金仁山曰。心如夜月孤明。則本體之虛靈。而聖賢之神明。即此便是。

觀書有感曰。半畝方塘一鑑開。天光雲影共徘徊。問渠那得清如許。爲有源頭活水來。又曰。昨夜江邊春水生。艨艟巨艦一毛輕。向來枉費推移力。此日中流自在行。

王魯齋曰。前首言日新之功。後首言力到之效。

讀易有感曰。潛心雖出重爻後。著數何方未畫前。識得兩儀根太極。此時方好絶韋編。

金仁山曰。嘗謂未畫前天地有易。風雷雨露皆是。未畫前人心有易。酬酢變化皆是。

又答瞿曇意曰。未必瞿曇有兩心。莫將此意攤儒林。欲知陋巷當時樂。只向韋編絶處尋。

又仰思詩曰。公德明光萬世師。從容酬酢更何疑。當年不合知何事。清夜端居獨仰思。

又曰。聖賢事業理難問。僭作新題欲自攻。王事兼施吾豈敢。儻容思勉誦成功。

胡氏客館觀壁閒詩自儆曰。十年湖海一身輕。歸對黎渦卻有情。世路無如人欲險。幾人到此誤平生。

文公晚年親書一帖戒子云。年來衰病。因飲食過度。以致近覺肉多爲害尤甚。丁巳正旦以往。早晚飯不得過一肉。如有肉羹。不得更設肉飣。如是菜羹熟水下飯。卽肉飣。不用大碟。只用菜碟。大小一盤。晚食尤須減少。不肉更佳。一則寬胃以養氣。一則節用以省財。庶幾全生盡年儉德辟難之萬一。爾等如有愛親之心。宜深體此意。

門人有與人爭訟者。切責之曰。欲之甚。則昏蔽而忘義理。求之極。則爭奪而至怨讐。

先生書畫像自警曰。從容乎禮法之場。沈潛乎仁義之府。是予蓋將有意焉。而力莫能與也。佩先師之格言。奉前哲之遺矩。惟闇然而日修。或庶幾乎斯語。

又題眞曰。蒼顏已是十年前。把鏡回看一悵然。履薄臨深諒無幾。且將餘日對殘編。

王魯齋曰。此詩去易簀一月。其任重道遠之意凜凜乎于十四字之閒。

又曰。遠遊寫眞二詩。此先生爲學之始終也。

其爲雲谷記曰。予嘗自念。自今以往十年之外。嫁娶亦當相畢。卽斷家事。滅景此山。是時山之林薄當益深茂。水石當益幽勝。館宇當益寧美。耕山釣水。養性讀書。彈琴擊缶。以詠先王之風。亦足以樂而忘死矣。顧今誠有所未暇。姑記其山水之勝如此。併爲之詩。將使畫者圖之。

時覽觀焉。以自慰也。

先生嘗曰。某十數時。讀孟子。言聖人與我同類者。喜不可言。以爲聖人亦易做。今方覺得難。

又曰。某舊年思量義理未透。直是不能睡。初看子夏先傳後倦一章。凡三四夜。窮究到明。徹夜聞杜鵑聲。

又曰。某自十五六時至二十歲。史書都不要看。但覺得閒是閒非没要緊。不難理會。大率才看得此等文字有味。畢竟麤心了。吕伯恭教人看左傳。不知何謂。

又曰。某嘗説看文字須如法家深刻。方窮究得盡。某直是下得工夫。

又曰。某舊時亦要無所不學。禪道。文章。楚辭。詩。兵法。事事要學。出入時。無數文字。事事有兩册。一日忽思之曰。且慢。我只一箇渾身。如何兼得許多。自此逐時去了。人㊀凡人知箇用心處。自無緣及得外事。

又曰。某少時爲學。十六歲便好理學。十七歲便有如今者見識。後得謝顯道論語甚喜。乃熟讀。先將朱筆抹出語意好處。又熟讀得趣。覺得朱抹處太煩。再用墨抹出。又熟讀得趣。別用青筆抹出。又熟讀得其要領。乃用黄筆抹出。至此。自見所得處甚約。只是一兩句上。卻日夜就此

㊀「人」當為「大」。

一兩句上用意翫味。胸中自是灑落。

又曰。某解經。每下一字。直是稱等輕重。方敢寫出。

又曰。某解書如訓詁一二字等處。多有不必解處。只是解書之法如此。亦要教人知得看文字不可忽略。

又曰。每常解文字。諸先生有多少好說話。有時不敢載者。蓋他本文未有這般意思在。

又曰。脩身大法。小學備矣。義理精微。近思録詳之。以上語類。

梓材謹案。語類又載近思録逐篇綱目。一道體。二爲學大要。三格物窮理。四存養。五改過遷善。克己復禮。六齊家之道。七出處進退。辭受之義。八治國平天下之道。九制度。十君子處事之方。十一教學之道。十二改過及人心疵病。十三異端之學。十四聖賢氣象。

先生下學見說小學曰。前賢之言。須是眞箇躬行佩服。方始有功。不可只如此說過。不濟事。

先生因編孟子要指云。孟子若讀得無統也。是費力。某從十七八歲讀至二十歲。只逐句去理會。更不通透。二十歲以後。方知不可恁地讀。元來許多長段。都自首尾相照管。脈絡相貫串。只恁地熟讀。自見得意思。從此看孟子。覺得意思極通快。亦因悟作文之法。如孟子當時固不是要作文。只言語說出來。首尾相應。脈絡相貫。自是合著如此。

侍先生到唐石。待野叟樵夫如接賓客。略無分毫畦町。某因侍立久之。先生曰。此一等人。

若勢不㊀相絶。如何使他得以盡其情。唐石有社倉。往往支發不時。故彼人來告。先生云。救弊之道。在今日極是要嚴。不嚴如何得實惠及此等細民。

李敬子説先生教人讀書云。既識得了。須更讀百十徧。使與自家相印入。便説得也響。今學者本文尚是未熟。如何會有益。

直卿勸先生且謝賓客數月。將息病。先生曰。天生一箇人。便須著管天下事。若要不管。須是如楊氏爲我方得。某卻不曾去學得這般學。

韓南澗送朱元晦詩曰。前年恨君不肯來。今年惜君不肯住。朝廷多事四十年。愚智由來各千慮。君來正值求言日。三策直前眞諫疏。詆訶百事推聖學。請復國讎施一怒。天高聽遠語不酬。袖手翩然尋故步。我知君是諫諍才。主上聰明得無誤。一紙底用教鶡冠。百戰應當啓戎略。江山千里正風雪。歲月崢嶸倏將暮。有田可耕屋蓋頭。君計未疏我亦去。君歸爲謝武夷君。白馬搖鞭定何處。

樓攻媿論朱子補外曰。欲收天下之人心。必用天下之人望。當今人望。儒宗無出熹之右者。平生爲有用之學。天下士夫視其進退以爲重輕。前日所以處之者。不以代言。不以爲六部之貳。俾以次對侍讀。是專求其言也。以言求之而以言棄之。尤非所以示天下。

㊀「不」當為「分」。

黄勉齋述行狀曰。道之正統。待人而後傳。自周以來。任傳道之責。得統之正者。不過數人。而能使斯道章章較著者。一二人而止耳。由孔子而後。曾子子思繼其微。至孟子而始著。由孟子而後周程張子繼其絶。至先生而始著。蓋千有餘年之閒。孔孟之徒所以推明是道者。旣已煨燼殘闕。離析穿鑿。蠹壞之後。扶持植立。厥功偉然。未及百年。踳駁尤甚。先生出而自周以來聖賢相傳之道一旦豁然。如大明中天。昭晣呈露。則摭其言行。又可略歟。

李果齋撰行實曰。先生天姿英邁。視世之所屑者。不啻如草芥。翛然獨與道俱。卓然獨與道立。固已迥出庶物之表。及夫理明義精。養深積盛。充而爲德行。發而爲事業。人之視之。但見其渾灝磅礴。不可涯涘。而莫知爲之者。

陳北溪敍述曰。先生稟氣純陽。淸明剛健。卓絶世表。聞道甚早。而力行有成。其爲學大綱。一主程氏。而節目加詳。所以獨知自得。而契乎先聖者尤多。

又曰。先生明睿上達。日新而不已。所著之書。每有温則有改。每改益覺超越。又所未前聞者。

又曰。書無文公解。然有典謨二篇。説得已甚明白。親切精當。非博物洽聞。理明義精。不及此。

又贊先生畫像曰。德秉純陽。淸明剛健。篤學眞知。全體實踐。集儒之粹。會聖之精。金聲玉振。紹古作程。

黄毅然曰。先生初令義剛訓二三小子。見教曰。授書莫限長短。但文理斷處便住。若文勢未斷者。雖多授數行亦不妨。蓋兒時授㈠書。終身改口不得。嘗見人教兒讀書。限長短。後來長大後都念不轉。如訓詁則當依古注。問。向來承教。謂小兒子讀書。未須把近代解説底音訓教之。卻不知解與他時如何。若依古註。恐他不甚曉。曰。解時卻須日㈡説始得。若大段小底。又卻只是麤義。自與古註不相背了。

曾雲巢挽先生詩曰。皇天開太極。庚戌聖賢生。六籍文將絶。千年道復明。淵源羅仲素。師友李延平。繞舍閩溪急。潺湲洛水聲。

梓材謹案。濂洛風雅載此詩云。孔子生於庚戌。文公生亦庚戌。

陳克齋祭先生文曰。於戲先生。天喪斯文。以身任道。名教所存。海内學者。孰不推尊。梁木正頹。奠楹遽聞。載惟孔孟。道喪千載。周程勃興。始克有繼。既舉宏綱。亦闡奥義。滌昏啓瞶。以昭來裔。未及百年。寖訛厥傳。微言既絶。所見各偏。墜緒雖在。莫窺其全。先生病之。遺書手編。先生之學。淵源有自。乃于其中。克自振厲。窮討幽深。曲盡微細。有發其端。今極其備。風霆雨露。草木山川。鬼神幽明。古今後先。卽事卽物。理無不然。一以貫之。周流渾圓。

㈠「授」當為「讀」。
㈡「日」當為「正」。

出入六經。貫穿百代。小道曲藝。搜羅罔外。事有是非。理或向背。咸能折衷。各當其會。中和之氣。備于厥躬。得之既全。養之既充。事極萬變。莫攖其鋒。全體大用。高明中庸。推以教人。無所偏倚。致知力行。曰無二理。章分句析。其歸切己。誰謂博文。而不約禮。

祝樟隱曰。文公所編儀禮。上篇士冠禮。冠義附。士昏禮。昏義附。士相見禮。鄉飲酒禮。鄉飲酒義附。鄉射禮。射義附。燕禮。燕義附。大射禮。聘禮。聘義附。公食大夫禮。覲禮。下篇喪服。喪服小記。大傳。服問。間傳附。士喪禮。既夕禮。士虞禮。喪大記。奔喪。問喪。曾子問。檀弓附。特牲饋食禮。少牢饋食禮。次以禮記曲禮。內則。玉藻。少儀。投壺。深衣六篇爲一類。王制。月令。祭法三篇爲一類。文王世子。禮運。禮器。郊特牲。明堂位。大傳。樂記七篇爲一類。經解。哀公問。仲尼燕居。孔子閒居。坊記。儒行六篇爲一類。學記。中庸。表記。緇衣。大學五篇爲一類。以問呂伯恭。得更詳定。

楊信齋曰。朱先生所定家鄉邦國王朝禮。專以儀禮爲經。及自述家禮。則又通以古今之宜。故冠禮則多取司馬氏。昏禮則參諸司馬氏程氏。喪禮本之司馬氏。後又以高氏之書爲最善。及論祔遷㊀則取橫渠遺命。治喪則以書儀疏略而用儀禮。祭禮則兼用司馬氏程氏。而先後所見。又有不同。節祠則以韓魏公所行者爲法。若夫明大宗小宗之法。以寓愛禮存羊之意。此又家禮之大義所

㊀「遷」當為「遷」。

繫。蓋諸書所未及。而先生于此尤拳拳也。

其子在曰。經傳通解二十三卷。蓋先君晚歲之所新定。是爲絶筆之書。次第具見于目録。惟書數一篇缺而未補。而大射禮。聘禮。公食大夫禮。諸侯相見禮八篇。則猶未脱稿也。其曰集傳集註者。此書之舊名也。凡十四卷。爲王朝禮而卜筮篇亦缺。餘則先君所草定而未暇删改者也。今皆不敢有所增益。悉從其稿。至于喪祭二禮則嘗以規模次第屬之門人黄榦。俾之類次。他日書成。亦當相從于此。庶幾此書始末具備。

蔡節齋題張生所畫文公像曰。文公先生教人有曰。于静中體認大本。未發時氣象分明。即處事應物自然中節。材叔父子來往先生之門久矣。熟識先生静坐時氣象。故所傳像不特工于形肖之閒。而得其所存之妙焉。凡學可以言傳者。先生之書盡矣。惟此有非言之所能到。志先生之學而欲深造先生之道。必于此而求之。毋忽。

劉彌正覆謚議曰。公持心甚嚴。不萌一毫非正之念。其于書。捨六籍則諸子曲説不得干其私。其于道。不敢深索也恐入乎幽。不敢泛求也恐汩其統。讀書初貫穿百家。終也韜以聖人之格言。自近而入微。由博而歸約。原心于眇忽。析理于錙銖。采衆説之精而遺其麤。集諸儒之粹而去其駁。曰醇矣哉。

又曰。平居與其徒磨切講貫。皆道德性命之言。忠敬孝愛之事。由公之學者。必行己莊。與人信。居則安貧而樂道。仕則尊君而愛民。重名節而審出處。合于古而背于時好。若此者。眞公之學也。

魏鶴山曰。當乾道淳熙閒。朱張呂三子以學問爲羣倫唱。雖其才分天成。功力純至。然亦不可無師友切磋之益。朱子序張子文集。以其閒有講焉未定之論爲恨。序呂子讀詩記亦曰。其閒所謂朱氏者。皆某少時講焉而未定之説。以此知先儒進學。朝益而暮習。月異而歲殊。蓋有所謂勉焉。維日孜孜。斃而後已者。

眞西山記建陽縣學四君子祠曰。維我文公先生。高明光大之學得之于天。然遡其淵源所自。則吏部府君首以河洛緒論淑之于家庭。比其長也。出從諸儒先遊。則有若草堂劉君者。實告之以聖賢講學門户。雖其統業之大成猶在後日。而闓端正始之功有不可誣者。至若祕閣范公。則吏部之友。而先生嘗從之考疑質義焉。艮齋魏公則又草堂之門人。而先生之所友也。

劉後村興化軍創平糴倉記曰。平糴倉者。太守賓章曾公之所作也。夫先王委積之法遠矣。熟而斂。飢而散。李悝之法也。賤而糴。貴而糶。耿壽昌之法也。今之常平是已。貸其本。取其息。荆公所謂周官之法。今之社倉是已。然艮齋謝公猶以二分之息咎朱文公。以爲祖金陵之餘論。公爲是倉。忠厚惻怛。有常平不貸之惠。無社倉取息之謗。純乎仁義。而不以一毫霸政參之矣。

梓材謹案。艮齋字元履。朱子與之早同師門。朱子記建寧府建陽縣長灘社倉云。昔元履既爲是役。而予亦爲之於崇安。其規模大略放元履。獨歲貸收息爲小異。元履常病予不當祖荆舒聚斂之餘論㈠。而予亦每憂元履之粟久儲速腐。惠既狹而將

㈠「論」當為「謀」。

不久也。又云。及是宋侯周君乃卒用予所請事。以成元履之志。而其效果如此。於是論者遂以予言爲得。不知元履之言雖疏。而忠厚懇惻之意藹然。有三代王政之餘風。豈予一時苟以便事之㊀所能及哉。當時之爭。在予之㊁戲。而後日之請。必㊂曰息有年穀㊃以免者。則猶不失㊄吾友之遺教也。是記可與後村集相參。宋名若水。周名明仲。又案。朱子記婺州金華縣社倉。述東萊自婺州來訪屛山之下。觀於社倉發斂之政。云。此周官委積之法。隋唐義廩之制也。然子之穀取之有司。而諸公之賢不易遭也。吾將歸而屬諸鄉人士友。相與糾合而經營之。使閭里有賑恤之儲。而公家無龠合之費。不又愈乎云云。則朱子社倉之法。有參諸伯恭者矣。

陳直齋書録解題孝經刊誤注曰。抱遺經于千載之後。而能卓然悟疑辨惑。非豪傑特起獨立之士。何以及此。此後學所不敢仿效。而亦不敢擬議也。

蔡靜軒講明求仁齋記扁曰。龜山先生爲寶學省翁之祖。所建書堂深嘉而樂道之。既扁之以求仁。又述其義而爲之記。所以勉進後人。求爲學之意深且切矣。然引而不發。則仁道之大。將安所用力耶。朱子以心之德愛之理言之。又曰當理而無私心。曰全體不息。此十六字而求仁之要在是。

㊀「之」下脱「説」。
㊁「在予之」當為「蓋予之所以為」。
㊂「必」上脱「所以」。
㊃「穀」當為「數」。
㊄「失」當為「忘」。

梓材謹案。下文云。權過庭。知省翁爲考亭及門之士。讀求仁一記。知省翁源委之所自。但未知省翁爲誰。姑載之以俟考。

洪陽巖序趙格庵四書纂疏曰。竊惟論孟二書。文公凡幾序矣。僕于要義而得熟讀深思優游涵泳之說。于訓蒙而得本末精麤無敢偏廢之說。又于集義而得操存涵養體驗充廣之說。終身受持。猶懼不既。何敢復措一詞。抑文公曾有言曰。大學一書。有正經。有注解。有或問。看來看去。不用或問。只註解足矣。久之不用註解。只正經足矣。又久之。自有一部大學在吾胸中。正經亦不用矣。此文公喫緊教人處也。僕于集注纂疏亦云。

吕竹坡序朱子語類曰。李心傳初粹三十三家爲語録。刻本池州。史公説得黄士毅語類。增多池本三十八家。刻之蜀。蜀兵火。史之弟敏叔護其本。寘鄂州。洪平齋首得之。其子勳倅徽。乃刻之紫陽書院。

羅大經鶴林玉露曰。朱文公曰。豪傑而不聖賢者有矣。未有聖賢而不豪傑者。象山深以其言爲確論。

又曰。廬陵士友藏朱文公一小簡眞蹟云。便中承書。知比日侍奉安佳。吾子讀書比復如何。只是專一勤苦。無不成就第一。更切檢束操守。不可放逸。親近師友。莫與不勝己者往來。熏染習熟壞了人也。景陽想已赴省。季章當只在家。凡百必能盡心苦口。切須承稟。不可有違。諺云。成人不自在。自在不成人。此言雖淺。然實切至之論。千萬勉之。大學説漫納試讀之。不曉處可問季章也。未卽相見。千萬爲門户自愛。此簡蓋與其親戚卑行也。大全集所不載。後生晚輩能寫一通置之坐右。朝夕覽省。何患不做好人。

林竹溪讀敬箴作詩曰。先儒只此是單傳。聖處初無别入門。人與兩儀三並立。天分萬化一爲元。知無適處樂何喻。到放參時妙不存。勿正勿忘眞見解。此翁千載有名言。

劉聲伯贊朱文公曰。天振斯文。紫陽木鐸。博詳反約。是繼絶學。日用昭炳。揭之以行。閒居野服。身屈道亨。

王魯齋爲文公贊曰。龍門餘韻。冰壺的源。理一分殊。折衷羣言。潮呑百川。雷開萬户。灑落荷珠。霈然教雨。

梓材謹案。此魯齋爲金吉父書三君子贊之一。其二爲張宣公。吕成公。

王深寧困學紀聞曰。朱文公謂庚桑楚一篇皆是禪。

又曰。朱文公編小學書。其答劉子靜謂古樂府及杜子美詩可取者多。令其喜諷詠。易入心。最爲有益。今本樂府及詩皆不取。豈修改而删之歟。

黄東發臨汝書院朱文公祠祭文曰。天地民物之所以位。天下國家之所以立者。道也。道非超出事外。有待於冥求而後得。正以日用常行者無非道。故取象于人所共由之路。而以道名也。鴻荒而上邈矣。自伏羲闡其秘。而孔子集百聖之大成。秦漢而下駁矣。至濂溪溯其源。而先生集諸儒之大成。此皆道之所賴以維持不泯。而謂之道統者也。嗚呼盛哉。可以萬世無弊矣。然方先生之講道時。則有二陸先生之並作高明。得于天稟卓行。超乎世俗。先生疑其鄰于頓悟。陸先生亦譏先生字義之支離。遂使新學晚生之士未免泣歧染絲之疑。然先生之守南康。甚敬陸先生白鹿講義之精。而陸先生之祭東萊。亦自悔鵝湖詞氣之過。殆至理終無不合。而辨論正其切磋。奈發源之少異。卽枝派之難同。儒先本以明道。而專門或以相攻。嗚呼噫嘻。必有會同之。斯足爲萬世指歸矣。

又讀孝經曰。晦庵朱先生因衡山胡侍郎及玉山汪端明之言。就古文孝經作孝經刊誤。以天子至庶人五章。皆去子曰與引詩云之語。而併五章爲一章。云。疑所謂孝經者。本文止如此。而指此爲經。其餘則移置次第而名之爲傳。并刊其用他書竄入者。如孝。天之經。地之義。至因地之義。爲春秋左氏傳載子太叔爲趙簡子道子產之言。如以順則逆以下。爲左氏傳所載季文子北宮文子之言。如進思盡忠。退思補過。亦左傳所載士貞子之言。遂以孝經爲出于漢初左氏傳未盛行之前。且云。不知何世何人爲之。

又讀先生文集曰。先生上續孔孟。講明帝王之學。遭值壽皇英明不出世㊀之主。而三上封事。皆墮空言。其言婉切明盡。蓋自漢至今能言治道之士莫之能尚。而當時曾不聞有賞異之者。于是異端浸淫之患爲可畏。而先入之説爲主。有非可旦夕解惑者。潛藩輔德之舊。必有任其責者矣。

㊀「出世」當爲「世出」。

又曰。論佛教之害政。古惟一昌黎。論佛教之害人心。今惟一晦翁。害政之迹顯而易見。害人心之實隱而難言。故闢佛者至晦翁而極。

又曰。記嵩山晁氏卦爻彖象說。古易上下經及十翼凡十二篇。費直以彖象文言雜入卦中。古十二篇之易遂亡。王弼因之又分爻之象辭各附當爻。推乾之小象不繫于爻繫辭㊀。此記晁氏説也。先生注。按詩疏。漢初傳訓皆與經別行。及馬融爲周禮註。欲省學者兩讀。故就經爲註。高貴鄉公謂彖象不連經文者。十二卷之古經傳也。然則先生本義之作。蓋傳其舊云。

又曰。學校貢舉私議欲均解額。立德行科。罷詞賦。分諸經子史時務之年。學校則選有道德之人專教導。裁減解額舍選繆濫之恩。以絶利誘。

又曰。孔子。元氣也。孟子。泰山巖巖氣象也。故孟子于議論排闢之閒。亦有隨時而異者。而晦庵先生似之。如荆公誤國。東坡忠讜。先生平日蓋所屢言。及汪玉山主張蘇學太過。先生則又寧以荆公爲賢。故讀先生之書者。其别有三。如語類則門人之所記也。如書翰則一時之所發也。如論著則平生之所審定也。語類之所記。或遺其本旨。則有書翰之詳説在。書翰之所説。或異于平日。則有著述之定説在。然議論固至著述而定。若其欲復肉刑。恐亦不可不審。蓋天下之義理無窮。先生未嘗自足。學者所當參考而謹思。

㊀「辭」上「繫」衍。

又讀晦庵語類曰。門人所記。或主靜坐。或以靜坐爲非。或主博覽。或以博覽爲雜。均一朱子之言。而相反類如此。蓋隨其人之病而藥之耳。要之靜而可施之動。博而必求其要。此中持其衡之説。觀者謹毋執其一爲據。其閒亦有門人記録之太過者。又當參以朱子平日自著之言。

又讀本朝名臣言行録曰。此録名臣之言行備焉。近思録諸儒之講明詳焉。彼此參驗。循環閱習。以其行稽其所言。以其言進其所行。晦庵之望後學者其庶乎。

陳定宇答吴仲文曰。乾淳大儒。朱子第一人。次則南軒。又次則東萊。朱子建炎庚戌生。張紹興癸丑生。吕紹興丁巳生。趙氏再造。天生三賢。宇宙閒之閒氣也。以天資論。東萊最高。以文章論。東萊文差高古。以學問論。則朱集諸儒之大成。南軒固不及。東萊遠不及矣。所以然者有二説。一則張吕之年不及下壽。而朱子年七十一。一則吕之學幼年頗雜。朱子嘗謂伯恭之學自史入。看𪋻了眼。所以後來看道理不精細。南軒固不雜。亦不𪋻。然比文公終較低一著。使二公而天假之年。豈止如今日之所觀哉。南軒有壽。稍可以及文公。東萊有壽。恐終未能及文公也。

方桐江晦庵集鈔序曰。公語録有類。殊便檢閲。然門人弟子所記。不盡得其精微。閒亦有舛剌者。未若公集。則皆出公之親筆。而無可疑者也。近有續近思録。雖稍取公集入類。而一百一十一卷中。精微何可勝算。未免學一二遺十百回。日讀公集。亦既周遍。乃句鈔節拆爲四十類以觀之。天地。陰陽。鬼神。五行。心性。情命。仁義禮智之説。道之體也。其不入于六經四書諸先儒之類者。揭以爲首。次道體類第一。道莫大于仁。自孔門以至于公。所以教人者。莫先于求仁。次仁類第二。求道在仁。求仁在學。學莫切于敬。公所以講之者至矣。次講學類第三。凡學之要。先四書。後六經。次大學類第四。論語類第五。孟子類第六。中庸類第七。六經莫奧于易。啓蒙本義所以作易。次易類第八。定書删詩作春秋。皆孔子親筆。公以書説付蔡仲默。詩有序。春秋雖無著譔。微言亦精。次書類第九。詩類第十。春秋類第十一。禮以儀禮爲經。周官大小戴爲傳。公常修儀禮及王朝邦國。次禮類第十二。古樂既亡。意猶可論。次樂類第十三。古今異宜。名物法式不同。不經。公弗言。次制度類第十四。一理萬物。聖傳晦湮。卓爾無極。開我後人。次周子類第十五。龍門笙鏞。紹濂泝洙。次程子類第十六。先天經世。西銘正蒙。羽翼後先。次邵子類第十七。張子類第十八。龜山之南。後有延平。上蔡之沇。後有五峯。五峯傳之南軒。延平傳之公。次龜山類第十九。上蔡類第二十。延平類第二十一。五峯類第二十二。嶽麓麗澤。左切右磋。次南軒類第二十三。東萊類第二十四。荀揚董王。以至韓歐。有醇有疵。一概聖諸。次諸子類第二十五。治亂得失。史亦不可不習。次諸史類第二十六。資有高下。學有淺深。時不乏人。以前代人次爲古人物類第二十七。本朝人物次爲近人物類第二十八。學必見于用。次言治類第二十九。用不用繫乎時。次時事類第三十。仕止行藏。在我者可必。次出處類第三十一。文雖道之末。言無文。行不遠。次論文類第三十二。詠歌情性雖非三百五篇。公所自爲。及品藻皆非苟然。次歌詩類第三十三。安石不知道。判心迹。離内外。爲世患。公痛闢之。次荆學類第三十四。馳騁詞章。酖酣筑瞿。不玩枝葉。而昧本根。次蘇學類第三十五。專踐履。鄙講讀。禪機而儒言。次陸學類第三十六。王伯義利混爲一區。推管尊遷。去道彌遠。次浙學類第三十七。似是而非。龐説孔多。公嘗著雜學辨。次雜學類第三十八。詖淫邪遁。吾道之賊。其端毫差。水火不相入。次異説類第三十九。閏有餘。筮有奇。大匠材良醫藥無遺棄。次雜事類第四十。嗚呼。公之學盡在是矣。

王旭上許魯齋書曰。堯舜變而中不變。孔孟亡而道不亡。迨周程張邵一出。而道學復明。太極一圖。抽天地未露之扃鑰。西銘一書。發聖賢未言之閫奧。皇極窮天地之數。易傳盡天人之理。繼以文公無憾矣。雖然。所謂道學者。果何學也哉。貫三才之理于一。致格物致知而盡變化流通之妙。散三才之理于萬殊。開物成務而極錯綜經理之宜。誠意正心修身齊家治國平天下。致時君于唐虞。還民風于三代。亦如此而已矣。豈徒異其行以駭俗。高其辭以驚衆。朴其貌。深其情。以求合規矩之内耶。

戴剡源序天原發微曰。秦禍息。漢學興。傳言者雜災祥讖緯。尚象者拘巫史推步。明理者溺清虚釋老。千有餘年之閒。學者醒行寤語。諉天爲茫茫。無預吾事。于是有周程張諸大儒。同時參立于隆平之代。藥其狂昏。震其冥聾。迨其説之流傳未久而將惑也。又得新安朱子卽爲之釐析剖決。然後微言要指。粹然一趨于是。瞭然而無復遺憾。士之幸而逢于其會。亦可謂如天之福矣。

吴草廬爲先生畫像贊曰。理義密微。蠶絲牛毛。心胷恢廓。海闊天高。豪傑之才。聖賢之學。景星慶雲。泰山喬嶽。

盛如梓老學叢談曰。學貴乎問。聖賢立教及經書所言。不一而止。晦庵先生無書不讀。啓棘賓商。猶作書與楊誠齋。託轉問于周平園。先儒爲學。其勤篤好問乃如此。

虞道園跋葉振卿喪禮會紀後曰。先王既遠。禮樂崩壞。秦漢以來。諸儒相與綴緝所傳聞而誦説之。使後世猶得稍見緒餘者。則其功也。然其億説自爲抵牾。亦不無焉。自非眞知聖人之道。不能有所決疑于其間。伊洛諸君子出。然後制作之本蓋庶幾矣。至于朱子將觀于會通。以行其典禮。故使門人輯爲儀禮經傳通解。其志固將有所爲也。事有弗逮。終身念之。而所謂家禮者。固司馬氏之説。而麤加檃括。特未成書。而世已傳之。其門人楊信齋氏。以其師之遺意爲之記注者。蓋以補其闕也。

又序劉桂隱存稿曰。朱子繼先聖之絶學。成諸儒之遺言。固不以一藝而成名。而義精理明。德盛仁熟。出諸其口者。無所擇而不當。本治而末修。領挈而裔委。所謂立德立言者。其此之謂乎。

又跋先生答陸先生書曰。案朱子年譜載陸先生與人帖云。朱元晦在浙東大節殊偉。劾唐與正一事尤快台人之心。雖士大夫議論不免紛紜。今其是非已明白。江東之命出于九重。特達于羣疑之中。此尤可喜。卽書中所謂長者。亦不以其力辭爲過者也。又案。朱子答葉公謹梓材案。葉公謹卽周叔謹。書云。近日亦覺向來説話有大支離處。反身以求。正坐自己用功亦未切爾。因此減去文字工夫。覺得氣象甚適。又與胡季隨書云。衰病如昔。但覺日前用功泛濫。不甚切己。方與一二學者力加鞭約。爲克己求仁之功。亦𥨊有得力處。以兩書皆同時所書。正與書中所謂病中絶學捐書。卻覺得身心頗相收管。似有少進步處。向來泛濫眞是不濟事之語合。蓋其所謂泛濫正坐文字太多。所以此時進學用功。實至于此也。然竊觀其反身以求之説。克己求仁之功。令學者且看孟子道性善求放心之説。直截如此用功。蓋其平日問辨講明之説極詳。至此而切己反求之功愈切。是以于此稍卻其文字之支離。深憂夫詞説之泛濫。一旦用力而其效之至速如此。故樂爲朋友言之也。病中絶學捐書。豈是槁木死灰心如牆壁以爲功者。朱子嘗歎道問學之功多。尊德性之意少。正謂此也。噫。陸先生之門傳之未久。當時得力者已盡。而後失其宗。而後知朱子之説先傳後倦之有次第也。

揭仲宏序程子見四書章圖曰。四書者王道之骨髓。五經之根柢也。自孟子後無傳于世。伊洛大儒始發其端。至于文公。遂尋而竟之。文公學者萬餘人。著名者數千人。文公雖貴爲從官。而常自放于山林之中。極幽窮深。人跡所不到之處。優游終歲。研窮訓詁。斷離章句。至辭有曲折。意有難明。輒與其徒互相詰難。往復紬繹。五三聖人。以道相傳。而託之于文字。雖皋夔伊傅之徒。蓋僅有聞者。而去之千載。將逆求其旨。豈非難哉。文公以希聖之才。曳踵伊洛。纂輯舊聞。性命道德。發無餘藴。綱紀大倫。使人道生生不遂滅息。其書亦既流出于八極之表。雖言語不通。文字不同。譯之以象。人無閒中國。然而文公造事宏大。罔羅萬殊。沈思默慮。晝夜不輟。至于屬纊。猶有所更定。補而輯之。使無缺遺。亦文公之所望于後人者也。

宋潛溪記九賢遺象曰。晦庵朱子。貌長而豐。色紅潤。髮白者半。目小而秀。末修類魚尾。望之若英特。而温煦之氣可掬。須少而疏。亦强半白。鼻與兩顴微皽。皽微紅。右列黑子七。如北斗狀。五大二小。五在眉目旁。一在顴外。一在唇下。須側耳微聳。毫生竅前。冠緇布冠。巾以紗御。上衣下裳皆白。以皁緣之。裳則否。束緇帶。躡方履。履如温公。拱手立。舒而能恭。

薛敬軒曰。四書集註章句或問。皆朱子萃羣賢之言議。而折衷以義理之權衡。至廣至大。至精至密。發揮先聖賢之心。殆無餘藴。

黄大任曰。濂洛接洙泗之正傳。蓋漢唐數百年之所未有。考亭集濂洛之大成。所傳聞者龜山。所聞者豫章。所見者延平。

蔡宗兖白鹿洞規説曰。洞規欲學者易見。故條列以示。非外五倫别有接處。亦非外博學五者而别有功也。然五者之要在心。朱子曰。古聖賢皆以心地爲本。

王朗川曰。朱子家範。一曰妻妾無妒則家和。二曰嫡庶無偏則家興。三曰奴僕無縱則家尊。四曰嫁娶無奢則家足。五曰農桑無休則家温。六曰賓祭無墮則家良。

馬平泉曰。余讀文公書。皇皇啓迪後學。其力殫矣。然莫能得其要領。及讀公感興詩有云。下士晚聞道。聊以拙自修。則陽明所輯晚年定論。亦文公之意云。而孫夏峯亦謂文公資學兼到。晚年有誤人之悔。此眞夫子所謂聞道也。必以未聞道之先。强合于既聞道之後。是徒知尊崇文公。卻失文公之心。然今世人所傳奉者。在彼不在此。

陳石士師白鹿洞講義書後曰。夫重朱陸之講義。誦之口而反諸身者。將爲其實也。非爲其名也。如以其名而已。賓賓然號于人曰。吾朱子之徒也。而考其立心制行。則狙詐矯虔之風無異于細民。是謂之色取仁而行違。其得罪于朱子也實甚焉。

又寄姚先生書曰。朱子之學所以上接洙泗者。固其躬行心得非諸儒所能幾及。而其窮經之餘。又精通文律。故其詁經文義十得七八。

又費給諫振勳家傳曰。嘗言近世士大夫好詆宋儒爲學術害。宜令鄉會試文。有顯悖朱註者。禁勿録。

雲濠謹案。王阮亭居易録載福建巡撫張仲峯疏。言宋儒朱熹祖籍江南徽州府之婺源。其父松。歷官閩士。遂家焉。熹長子塾之後。世居建安。次子埜之後。至元中詔回祖籍。故有徽閩二派。閩派至九世孫梃。景泰六年詔許世襲五經博士主祀。徽派至十一世孫墅。嘉靖二年亦以五經博士主婺源祖祀。熹裔原有五經博士二員。閩自梃後七傳至之僑廕襲。則明天啓間事也。續有朱潔。呈稱係熹十八世嫡孫。父金鉉早亡。祖之僑。順治九年請文赴部。中途病卒。潔時尚幼。今籲請承襲。伏維皇上重道崇儒。徽派業蒙襲廕。閩地紫陽書院亦荷欽頒祠額。伏祈敕查舊典。熹裔原有博士二員之例。俾朱潔得叨承廕。下部議。奉旨以朱潔爲世襲五經博士。此蓋國初順康間事。以崇儒大典所關。故備録之。

雲濠又案。居易録又云。予嘗疑晦庵議論多偏。讀灼艾集。益信其言。曰。朱文公談道著書。百世宗之。愚觀其評論古今人品。誠有違公是而遠人情者。王安石引用姦邪傾覆宗社。元惡大憝也。乃列之名臣録。稱其道德文章。夫文章可也。焉有引用姦邪而可名爲道德耶。蘇文忠公文章忠義。古今所共仰也。乃極詆之。謂得行其志。其禍甚於安石。以安石之姦。則未減其已著之罪。以文忠之賢。則巧索其未形之瘢。不特此也。秦檜之姦。人皆欲食其肉者也。乃稱其有骨力。岳忠武之死。人盡爲垂涕者也。乃譏之爲横。漢董賈之流。皆議其疵。匡衡之言頗純粹無疵。則云匡衡好懷挾。其不成人之美例如此。以至諸葛忠武侯。則名其爲申韓。陶靖節。則譏其爲老莊。韓文公。則文致其大顛往來之書。亹亹千言。必使之不爲全人而後已。古人云。君子當於有過中求無過。不當於無過中求有過。朱子語録論人皆於無過中求有過者也。

晦翁講友

洪菊坡先生擿

洪擿字節夫。婺源人。讀書根究理道。元符初。詔徵不就。築室主龍山園。授徒講學。朱子方弱冠。先生知其賢。與爲忘年之交。著有菊坡言志録。徽州府志。

正獻陳先生俊卿詳見武夷學案。

隱君陸梭山先生九韶

文達陸復齋先生九齡並詳梭山復齋學案。

文安陸象山先生九淵詳象山學案。

文節陳止齋先生傅良詳止齋學案。

文定葉水心先生適詳水心學案。

説書王先生師愈

隱君李澮軒先生呂並詳龜山學案。

宣獻黄文叔先生度詳見艮齋學案。

補知軍石克齋先生𡼏

石子重説

從事于斯。是著力否。若是著力。卻是知自己能。自己多。須要去問不能與寡者。自知己有己實。須要若無若虚。不幾于詐乎。若説不著力。卻是聖人地位。曰。顔子只見在己不足。在人有餘。何嘗以己爲能爲多。爲有爲實。曾子卻見得顔子以能問不能。以多問寡。有若無。實若虚。故賛歎其所爲如此。非謂其著力也。到得聖人。則如天地。不必言能不能多寡有無虚實矣。此只是顔子地位。

朱子答曰。謂顔子只見在己不足。在人有餘者。得之。然只問不能。問寡。若無若虚。便是更有用力處在。但不是著力作此四事耳。若聖人則固如天地。然亦未嘗自以爲有餘也。

知以明之。仁以守之。勇以行之。其要在致知。知之明。非仁以守之則不可。以仁守之。非勇以行之亦不可。三者不可闕一。而知爲先。

朱子答曰。此説甚善。正吾人所當自力也。

夫子之道忠恕。動以天者也。由仁義行也。誠者天之道也。不思而得。不勉而中也。譬如做梁柱。聖人便是尺度了。不用尺度。纔做便揍著。他人須用尺度比量大小闊狹方圓後。方始揍著。

朱子答曰。此說亦善。

伊川云。灑掃應對便是形而上者。理無大小故也。故君子只在謹獨。灑掃應對是事。所以灑掃應對是理。事卽理。理卽事。道散在萬事。那箇不是。若事上有毫髮蹉過。則理上便有間斷欠闕。故君子直是不放過。只在愼獨。

朱子答曰。此意甚好。但不知無事時當如何耳。愼獨須貫動靜。做工夫始得。

出門如見大賓。使民如承大祭。就體上說。己所不欲。勿施于人。就用上說。在邦無怨。在家無怨。就效處說。

朱子答曰。此說甚好。擇之疑出門使民已是用處。然亦不妨。蓋此兩事只是自家敬其心耳。未有措爲措置也。

心該誠。神備體用。故能寂而感。感而通。其寂然不動者。誠也體也。感而遂通者。神也用也。體用一源。顯微無閒。惟心之謂歟。

朱子答曰。此說甚善。

一陰一陽之謂道。陰陽。氣也。所以陰陽。道也。道也者。陰陽之理也。

朱子答曰。此說得之。

致中和。致。極也。與盡字同。致中和。便是盡性。

朱子答曰。此説亦是。然致字是功夫處。有推而極之之意。

蓋仁者。心有知覺。謂知覺爲仁則不可。知覺卻屬智也。理一而分殊。愛有差等。殊與差等。品節之。卻屬禮。施之無不得宜。卻屬義。義也。禮也。智也。皆仁也。惟仁可以包夫三者。然所以得名各有界分。須索分别。不然混雜爲一。孰爲仁。孰爲義。孰爲禮。孰爲智。

朱子答曰。仁字之説甚善。要之須將仁義禮智作一處看。交相參照。方見疆界分明。而疆界分明之中。卻自有貫通總攝處。是乃所謂仁包四者之實也。

附録

主桂陽簿。會故參政李安簡光謫居郡下。性嚴重。不輕許可。一見君。深器重之。授館其家。日與論説前言往行。勵以致遠之業。

調尤溪縣。故窮僻。學校久廢。士寡見聞。不知所以爲學。君至。即命其友古田林用中來掌教事。而選邑子願學者充弟子員。始教之日。親率佐史宿賓客往臨之。因而陳説聖賢教學。凡以爲修己治人之資。而非如世之所謂者。聞者皆動心焉。自是五日一往。伐鼓升堂。問諸生進業次第。相與反復以求義理至當之歸。廣其學舍。爲考古制。舉鄉飲酒禮以落之。又摭其舊俗之不美者數事。爲文以訓飭之。民皆傳寫誦習焉。

其爲學。自聘君朝奉時已傳其業。後更從舅氏陳詹事良翰受書焉。聞人之善。必手記而心慕之。其人可見。雖少賤僻遠不憚。

朱子序中庸集解曰。子重之爲此書。採掇無遺。條理不紊。分章雖因衆説。然去取之閒不失其當。其謹密詳審。蓋有得乎行遠自邇。登高自卑之意。唯哀公問政以下六章。據家語本一時問答之言。今從諸家。不能復合。然不害于其脈理之貫通也。

雲濠謹案。四庫全書著録朱子删定先生中庸輯略二卷。提要云。中庸爲禮記第三十一篇。是書本以闡天人之奥。漢儒以無所附麗編之禮。實於五禮無所屬。故劉向謂之通論。師古以爲本非禮經。梁武帝嘗作義疏。見於隋志。然其書不傳。迨有宋諸儒研求性道。始定爲傳心之要。而論説亦遂日詳。故子重輯是編。斷自周子。二程子。張子。而益以吕。謝。游。楊。侯。尹之説。初名集解。乾道癸巳。朱子爲作序。極稱其謹密詳審。越十有六年。淳熙己酉。朱子作中庸章句。因重爲删定。更名輯略。而仍以集解原序冠其首。觀朱子章句自序。則是編及或問。皆當與中庸章句合爲一書。其後章句孤行。而是編漸晦云。

孫燭湖祭之曰。先生體道之微。講學之至。未易窺測。抑嘗竊議之。氣貌温恭而辭旨清厲。襟懷夷曠而權度詳密。平居柔忍而臨事敢斷。自奉簡薄而遇人委曲。此古所謂成德之士。非耶。

學士孫先生邦仁

孫邦仁字育伯。上虞人。官觀文殿學士。其先自餘姚遷居虞之西溪湖傍。先生與姪宣教郎應時。俱留心理學。嘗構亭于左石山巔。曰富亭。朱文公遊始寧過訪焉。相與契洽。遂寓其家。注書考證。講學于亭上。文公所著大學中庸或問。有參訂之功焉。上虞縣志。

補縣令何臺溪先生鎬

雲濠謹案。金仁山孟子集註考證。於何叔京云。自其父兌受程氏學於東平馬氏伸。而叔京又從朱子學。蓋以先生爲朱子門人。未識其審。

何臺溪語

耳目之官卽心之官。仁義者道之全體。持志則心正。心正則義明。先存其心。然後能視聽言動以禮。先盡心知性。識其本根。然後到持養之功。

雲濠謹案。道南源委先生著。又有史斷及臺溪集。

跋朱子雜學辨

先王之世。一道德。同風俗。故天下之大。人無異言。家無異學。豈復知有異端之害哉。及周之衰。正道陵遲。禮壞樂崩。夫子憂之。乃緒正六經。以明先王之教。當是時。異端雖不能無。猶未有以名家者也。及夫子没。世道益衰。狂僭之士見聖人之有作也。遂各逞其聰明。競立異說。以自名于世。顧與正道並馳而爭勝。于是天下之人耳目眩瞶。而莫知適從矣。然諸子百家。雖各主其說。而其爲害則有淺深。如老莊之虛浮。人固知其無著。申韓之刑名。人固知其少恩。皆不足以惑人也。惟楊墨之學。假仁義以爲名。而實爲仁義之害。惑人之尤甚者也。故孟子起而閑先聖之道。舍諸子而獨闢楊墨。以正人心。息邪説。距詖行。放淫辭。使天下若醉而醒。夢而覺。然後正道廓如也。噫。孟子以來。千有餘載。儒者溺于詞采。實不見道。徒辨楊墨之非。至身爲楊墨則不自覺。徒惡楊墨之害。至躬蹈楊墨則不自知。況敢冀其有孟子之功乎。夫浮屠出于夷狄。流入中華。其始也言語不通。人固未之惑也。晉宋而下。士大夫好奇嗜怪。取其侏離之言而文飾之。而人始大惑矣。非浮屠之能惑人也。導之者之罪也。今有人于此。詭衣冠而談空無。衆必止而詬之。一旦有貴顯名譽之士。亦從而效尤。則人皆眙愕改觀。未論其事之是非。且以其人而信之矣。幾何其不變而爲夷狄哉。此有識之所甚憂而永歎也。

附録

辰州嘗受程氏中庸之學于故殿中侍御史東平馬公伸君。既受其説。則益務貫穿經史。取友四方。博考旁資。以相參伍。蓋久而後有以自信之。平居崇德義。厲廉節。絶口未嘗及功利。至于收族恤孤。興事濟衆。則又懇惻憂勞。如己嗜欲。言行相循。没身不懈。由此南州之爲程學者。始又知有馬氏之傳焉。

疾病召子弟教戒。一以義理。終不及家人生産事。獨曰。治喪以禮。勿用浮屠鬼教亂吾法而已。

朱子嘗與書曰。執事家學淵源。才資敏鋭。絶出等夷。其深造默識。超然自得。非誦説見聞之所及也。

又答其書曰。孟子集解。重蒙頒示。以遺説一編見教。伏讀喜幸。開豁良多。然方冗擾未暇精思。姑具所疑之一二。以求發藥。俟旦夕稍定。當擇其尤精者著之解中。而復條其未安者。盡以請益。欽夫伯崇前此往還諸説。皆欲用此例附之。昔人有古今集驗方者。此書亦可爲古今集解矣。

又祭之曰。惟兄天資高明峻潔。幹父承師。允蹈遐轍。稽經訂史。取友以端。博聞約守。惟義之安。孝友靜廉。不絿不競。一試其能。亦克有政。令于湘土。玆適問塗。云胡不淑。而隕其軀。

少監王雙溪先生炎

王炎字晦叔。號雙溪。婺源人。乾道五年進士。朱子自閩歸。先生與講易于東山九曲亭。累官軍器少監。著有讀易筆記。易數稽疑。時有與先生同名姓者。僞學之禁。劉元秀力薦作察官。而或歸之先生。蓋誤。經義考。

忠敏辛稼軒先生棄疾

辛棄疾字幼安。歷城人。少師蔡伯堅。與党懷英同學。號辛党。始筮仕。決以蓍。懷英遇坎。

因留事金。先生得離。遂決意南歸。金主亮死中原。豪傑並起。耿京聚兵。稱天平節度使。節制山東河北忠義軍馬。先生爲掌書記。卽勸京決策南向。僧義端曰。我識君眞相乃青兕也。力能殺人。紹興三十二年。京令先生奉表歸宋。高宗嘉納之。授承務郎。乾道四年。通判建康府。六年。孝宗召對延和殿。時虞允文當國。帝鋭意恢復。先生爲言逆順之理。消長之勢。技之長短。地之要害甚備。以講和方定。議不行。遷司農寺主簿。出知滁州。辟江東安撫司參議官。留守葉衡雅重之。衡入相。薦其慷慨有大略。召見。遷倉部郎官。提點江西刑獄。知江陵隆興潭州。加右文殿修撰。差知隆興兼江西安撫。以言者落職。紹熙二年。起福建提點刑獄。召見。遷大理少卿。知福州。慶元元年。落職。起知紹興鎭江。又知紹興江陵。令赴行在奏事。試兵部侍郎。辭免。進樞密都承旨。未受命而卒。特贈四官。先生豪爽尚氣節。所交多海内知名士。嘗跋紹興閒詔書曰。使此詔出于紹興之前。可以無事讎之大恥。使此詔行于隆興之後。可以卒不世之大功。今此詔與讎敵俱存也。悲夫。人服其警切。嘗謂人生在勤。當以力田爲先。北方之人。養生之具不求于人。是以無甚富甚貧之家。南方多末作以病農。而兼并之患興。貧富斯不侔矣。故以稼名軒。嘗同朱子遊武夷山。賦九曲櫂歌。朱子書克己復禮夙興夜寐題其二齋室。朱子没。僞學禁方嚴。門生故舊至無送葬者。先生爲文往哭之。曰。所不朽者。垂萬世名。孰謂公死。凜凜猶生。先生雅善長短句。悲壯激烈。有稼軒集行世。紹定六年。贈光禄大夫。咸淳閒。史館校勘謝疊山枋得過其墓旁僧舍。有疾聲大呼于堂上。若鳴其不平。自昏暮至三鼓不絶聲。疊山秉燭作文。旦且祭之。文成而聲始息。德祐初。疊山請于朝。加贈少師。謚忠敏。宋史。

梓材謹案。先生墓在鉛山州南十五里陽康山中。居易録云。見研北雜志。

附録

稼軒帥長沙。見舉子名趙鼎者。怒擲卷于地曰。忠簡佐國元勳。胡又一趙鼎耶。

稼軒身事四朝。僅得老從官。垂歿乃謂樞府曰。侘傺豈能用稼軒以立功名者乎。稼軒豈有依侘傺以求富貴者乎。

朱子語類。問。陳亮可用否。曰。朝廷賞罰明。此等人皆可用。如辛幼安亦是一帥材。但方其縱恣時。更無一人敢道他。略不警策之。及至如今。一坐坐了。又更不問著。便如終廢。此人作帥。亦有勝他人處。但當明賞罰以用之耳。

謝疊山爲先生墓記曰。公有英雄之才。忠義之心。剛大之氣。所學皆聖賢之事。朱文公所敬愛。每以股肱王室經綸天下奇之。自負欲作何如人。後之誣公者。欺天亦甚哉。二聖不歸。八陵不祀。中原子民不行王化。大讎不復。大恥不雪。平生志願百無一酬。公有鬼神。豈能無抑鬱哉。

袁清容跋文公與稼軒手書曰。晦庵嘗以卓犖奇才股肱王室期辛公。此帖復以克己復禮相勉。朋友琢磨之道備矣。

又稼軒畫像贊曰。妖雛阻江。八方沸騰。手提模糊。仗義南興。閩越荆襄。是鎭是繩。智名勇功。蔑如浮雲。讒屢厄之。耳若不聞。聲裂金石。湛厥心君。運有南北。孰言一之。時有未完。矢詞窒之。卒全其歸。莫能蹟之。帶湖維居。喬木鬱新。目光背甲。佩兮振振。審象式瞻。宛其不泯。

文康葉竹野先生時

葉時字秀發。仁和人。淳熙十一年進士。操履端凝。與朱文公相友善。累官至龍圖閣學士。卒謚文康。所著有禮經會元。竹埜詩集。姓譜。

禮經會元

六經更秦火。而不全者多矣。亡書四十三篇。周雅亡六篇。周禮六官缺一。河閒獻王求考工記以足其書。嗟夫。書亡而張霸僞書作。詩亡而束晳補詩作。適資識者一捧腹耳。曾謂考工記而可補禮經乎。且百工細事耳。固非周官所可無。而于周官設官之意何補。又況春官有典瑞。玉人不必補可也。夏官有量人。匠人不必補可也。天官有染人。鍾氏㡆氏雖缺何害乎。地官有鼓人。鮑人韗人雖亡何損乎。雖無車人。而巾車之職尚存。雖無弓人。而司弓矢之職猶在。匠人溝洫之制已見于遂人。鼓人射侯之制已見于射人。有如攻皮之工五。既補以三而又闕其二。不知韋氏裘氏豈非天官掌裘之職乎。周禮無待于考工記。獻王以此補之亦陋矣。

太宰繫民以九兩。司徒安民以本俗。皆有師儒。蓋道教衰則民彝亂。雖欲聯而安之。不可得矣。

少宰貳太宰。首王宫之刑禁。蓋侍御僕從一有不正。出入起居一有不欽。皆足以蠱惑君上。而生心害政。故宫刑雖以爲王宫之禁。而實以格君心之非。湯制官刑儆于有位。三風十愆備及于宫室之隱微。伊尹引以爲訓。而繼之曰。嗣王祗厥身念哉。正此義也。

選舉之法孰不知。鄉舉里選之爲是。然必有以教于平時。書于每歲。而後可考于三年。後世科目盛行。天下相率爲詞章利禄之學。雖一旦欲行旌舉之典。以求德行道藝之士。不可得也。甫田詩。或耘或耔。黍稷嶷嶷。攸食攸止。烝我髦士。以此見井田之行。不惟兵農不分。而士農亦不分也。

周官諫諍之職。惟師氏保氏。然平時之詔王爲治者。非一人也。冢宰則詔以八柄八統。太府則詔王察羣吏之治。司士詔王治内史。詔王聽治小臣。詔王法儀。凡長幼卑尊無非詔王之職。出入起居無非聽詔之時。至瞽誦詩。士傳言。商旅市議。是諫王惡者。又不獨一保氏也。古人不以諫名官。而人人得以諫。至春秋時。此意未泯。自漢武置諫大夫。非諫官言事。則爲越職。而諫諍之路狹矣。

雲濠謹案。先生淳熙十一年進士及第。授奉國軍節度推官。歷官吏部尚書。四庫全書著録禮經會元四卷。提要言。其在朝無大功過。惟函韓侂胄首以乞和出其謀。又言其書括周禮以立論。凡一百篇。第一篇泛論禮經爲其總序。第二篇駁漢儒之失。第一百篇補冬官之亡。其發揮經義者實九十七篇。又言其説與鄭伯謙太平經國之書體例略同。議論亦多相出入。又言。其於伯謙爲前輩。然竹埜先生傳中稱其晚居嘉興。乃著此書。以授門人三山翁合。則二書之作相去不遠。或伯謙取葉書而約之。或葉因伯謙書而廣之。均未可定云。

附録

陳夷白序禮經會元曰。漢儒掇拾殘編斷簡于烈燄之中。僅千百之十一耳。然皆百孔千瘡。卒未有以理爲之折衷者。河閒獻王妄以考工記而補冬官之闕。蓋亦陋矣。文康生乎百世之下。而確然有見于百世之上。乃取經文之所存者。會而通之。蒐羅隱括。曲暢旁達。事覈理當。如指諸掌。其補亡一篇。又皆以經補經。盡洗漢儒附會之陋。譬之美玉有缺。以玉補之。不愈于用石乎。

林涇序先生對制談經曰。是編乃文康所著。貫穿經史。言言典則。眞經濟之第一義也。

晦翁學侶

補 龍圖項平庵先生安世

項平庵語

人生一生。誰能獨佚。但當明其不可息之説。而勉吾之倦。則所遇無險易而安矣。

讀書觀物。必用以治己。則不枉功。

項氏家說

按說文益字從水從皿。以水注皿。故謂之益。以此推之。坎卦☵即水字也。初作八卦之時。乾坤坎離震兌艮巽必皆以三畫爲字。今巛尚爲坤。☵尚爲水。餘可知矣。

平在朔易。朔者。終而復始。易者。窮而復通。北方終窮之地。故以朔易名之。示天道無終窮之理也。

孔氏謂辟者行法也。信然。則周公誅謗以滅口。豈以自明于天下哉。鄭氏謂辟讀爲避。居東則避之也。予嘗反復本文。則鄭說爲是。

麴糵之可爲酒。酒之可奉賓祭。養老。勞勸。皆天也。酒之流可以敗德生禍。亦天也。故周公于此二者。皆以天言之。祀茲酒。則謂之天降命。敗亂喪德。則謂之天降威。人惟從其命。勿犯其威。則可謂善事天矣。知此然後可以知天。

衛武公年九十有五。使人日誦抑詩。其詩自言。亦聿既耄。知爲耄年所作。淇澳賓筵。亦武公詩。淇澳作于盛年。言學問。賓筵與抑皆戒飲。而抑之愼言愼獨。論語中庸取焉。

冉子與之粟五秉。周禮儀禮米數以半斛爲筥。十六斛爲秉。禾數則以二石爲秉。四秉筥。蓋秉筥之字雖同。而數則異也。案徐鍇說文正引論語。以五秉爲禾數。曰。百二十斤爲秅。二百四十斤爲秉。四秉爲筥。正與二禮同。然則與之五秉。爲禾十秅耳。

人之生也直。罔之生也幸而免。列子曰。由生而生。常也。由死而生。幸也。以上經説。

爲政者必使人有餘地。財力心氣皆然。

處事者必驗之心。自心不安。則人心不服。人心不服。則己不得安。

兢兢堯也。業業舜也。孜孜禹也。慄慄湯也。翼翼文王也。此五戒而能勉者也。一經之義。總挈于此五句。此百聖相傳之心法。

不泄邇。不忘遠。武王也。仰而思之。夜以繼日。幸而得之。坐以待旦。周公也。發憤忘食。樂以忘憂。不知老之將至。孔子也。既竭吾才。欲罷不能。顏子也。死而後已。曾子也。不可須臾離。子思也。有終身之憂。孟子也。八聖四賢。垂範如此。學者舍是。將安師乎。

天之所命。我之所性。平正廣大。潔靜流利。本無不該。亦無不通。人常于無事時昏昧之。道之所以不明。有事時差失之。道之所以不行。閑邪懼其昏也。修辭懼其差也。辭最先發。開口卽差。凡此皆以敬爲主。義固在其中矣。然義理衆多。差舛非一。不可以兀坐而徒得也。必須博學精思。遠觀近察。使于事物之理周徧浹洽。理無疑情。則所存者愈不昏。德自然可久。事無鑿智。則所行者愈不差。業自然可大。此集義之極功也。而敬未嘗不爲之主。就敬言之。閑邪屬敬。修辭屬義。就義言之。可久屬敬。可大屬義。性命之理。有一則有二。體用未嘗相離也。以上自警雜説。

世固有諳俗之人。更練物情。諳曉世故。其處事接物。精密委曲。若皆中節。而不可與入堯舜之道。其處事與用心二也。君子之心一而已矣。事與心二。則事雖合節。心實爲人。爲人者小謹可飾。而大節不可强也。心與事一。則隱顯小大。惟所遇之。是以聖門貴聞道。而君子欲其自得之也。心迹說。

蜀人校書郎王叔簡謂項子曰。人之過有可見者。有不可見者。可見者眞也。其爲惡也小。不可見者僞也。其爲惡也大。王方趨裝赴闕。項子應之曰。是不可以口舌爭也。校書歸朝宜上奏曰。强盜白晝殺人而奪之財。眞也。而法處以死。竊盜夜動而晝伏。僞也。而無死者焉。臣以爲宜察使竊盜處死。而强盜蒙貸。不亦可乎。時在成都茶馬司。共飲坐客粲然。過說。

李泌曰。主相造命。不當言命。予以爲不知命則畏死生。決不敢任天下之事。不知命則畏異己者。決不敢來天下之言。不知命則畏軋己者。決不敢引用天下之士。故曰。不知命不可以爲宰相。命說。

或問。子言天人之一。何以驗之。曰。天能生君子。而不能使君子之亡人國也。天能生小人。而不能使小人之興人國也。天能爲暄風遲日。而不能使暄風遲日之殺萬物也。天能爲淒風苦雨。而不能使淒風苦雨之生萬物也。苟皆天也。其不使暄風之殺之。淒風之生之。何也。曰。理不可也。夫生殺興亡之必以理。則人之道也。孰謂循理者非事天乎。故出有命在天之言者。聖人斷之以絶天之罪。其驗明矣。天人說。

孝經說

古文以至德章後次以應感章。次揚名章。次閨門章。次諫爭章。次事君章。次喪親章。按應感接至德章後。閨門接揚名章後。事君接諫爭章後。文義皆貫。則古文近是。今從之。

章次之義。五孝備矣。然後三才。孝治。聖治。分別在上者之孝。事親。五刑。分別在下者之孝。要道。至德。應感。復推演在上者之孝。揚名。閨門。諫爭。事君。復推演在下者之孝。而以喪親終焉。總說。

自事親言之。始于愛其體。終于行道顯名。自麤而至精也。自行道言之。始于家。中于國。終于名立于後世。自近而至遠也。始于事親。但言溫凊定省之屬。中于事君。猶是指忠言之。終于立身。身則無所不備矣。五常百行。無非孝也。此孝之大成也。

夫孝始于事親。中于事君。終于立身。學者多疑之。此蓋以歲月論也。事親之日起于膝下。故稱始焉。事君者自强而仕至老而傳。故稱中焉。至于身則死而後已。故稱終焉。此三者皆孝也。明人之孝不以親之在亡爲斷也。開宗明義章。

天子之不敢慢。不敢惡。諸侯之戰戰兢兢。卿大夫之夙夜匪懈。士之夙興夜寐。庶人之謹身節用。雖行事不同。其操心一也。孝治章論治天下。治國。治家。亦皆以不敢爲言。卿大夫士庶人三章。

嚴肅之義固同。然二者分之。肅爲輕于嚴也。肅主于情。嚴主于事。肅有竦飭之義。故于教言之。嚴有恐迫之義。故于政言之。辭嚴而氣厲。教之肅也。令急而法重。政之嚴也。

聖賢之言。有爲經生所汩亂者。如孝經周公嚴父之說。所繫最大。不可不辨也。夫所謂嚴父者。不獨謂生己者也。自父以上曰王父。曰曾祖王父。曰高祖王父。皆父也。祖者。始也。王者。大也。言始初最大之父也。雖上而百世之祖。亦猶曰百世之大父云爾。凡父之所從生。與父之所同生。皆父道也。若止取生己者爲嚴父之祭。則成王止應以武王配天。不應以后稷配天。文王配帝也。後儒不明其說。遂至配天之際。每世一變。以爲凡爲人子者皆當自嚴其生己之父。使侑天帝者無常主。作主者無常位。黷天慢祖。莫大乎是。是則經生讀經不考下文之罪也。又所謂周公者。特言是禮定于周公之手。以爲姬之受姓自后稷始。猶天之始萬物也。故推以配天。周之王天下自文王始。猶上帝之宰百神也。故推以配上帝。是二主者。皆周家之大父也。配主一定。三十七王八百餘年遵而用之。無敢易也。豈有三十七王皆得配天之理。周公蓋以當國大臣。爲其國家定郊廟之禮者爾。烏有己爲大臣。而得自嚴其生己之父以配上帝者哉。此説之至不通者。而由孝經以來千五百年。莫有明其説者。遂至以聖人之言爲黷天慢神之據。經生以辭害意之罪。一至于此。可勝歎哉。

則周公其人也。周公蓋成武王之意而已。然武王末受命而周公行之。故孔子言孝必以周公與武王並言之。蓋配天之禮。助祭之儀。皆至周公制作始備。而天子之所以嚴其父者。于是爲不可加矣。聖治章。

居上不驕。君道也。爲下不亂。臣道也。在醜夷不爭。兄弟朋友之道也。前五者止施于父母之身。此三者通于天下國家矣。此三者不除。雖能備前五者。不足以爲孝也。聖人之教人。皆欲其廣而充之。故每進愈深。孔孟之言大率如此。事親章。

孝主于愛。而要道至德二章皆主敬爲言者。敬則愛心存。不敬則愛心亡。敬者行孝之綱領也。顔淵問仁。仁主于愛。而其目皆曰禮。卽是此意。使天下之臣子弟皆樂其道。謂之要道。使天下之君父兄皆被其德。謂之至德。要道言其操術之約。至德言其流化之妙。要言其發端。至言其極效也。廣要道廣至德二章。

孝悌雖是二事。其實祇是一理。書曰。惟孝友于兄弟。未有愛其親而不愛其親之子者也。故經文或併列長幼而止結父母。或專言父母而忽及長幼。凡以明其理之一也。應感章。

慈愛恭敬疏云。愛出于内。慈爲愛體。敬生于心。恭爲敬貌。文義頗精。忠告而善道之。不可則止。爭友之説也。事父母幾諫。見志不從。又敬不違。勞而不怨。爭子之法也。爭臣之義。有親疏小大之異。諫爭章。

孝經文體。其發端結趨。剏問置答。皆與小戴禮禮運。燕居。閒居。哀公問。儒行等篇相類。孔子家語乃專用此格成書。雖其中多聖賢格言。然其出也必在孔門七十子之後。鄒魯諸儒記誦師説。言孝言禮。各以其類薈萃成篇。恐人之不尊也。故每篇皆假設夫子與人問答。以貫穿之。必使衆説羣義同出于一口之中。一人之問。其有辭義太遠者。則別爲問端。必使上承前説。下起後義。如文士作文之法而後已。如諫爭章所謂。若夫慈愛恭敬安親揚名則聞命矣。敢問子從父之令可謂孝乎。此其上承下接。牽合黏綴。最爲明白者。至于終篇復結之曰。生民之本盡矣。死生之義備矣。孝子之事親終矣。則又若問答之初。先已默定爲破題原題講腹結尾之成模。而後言之者。此一格。必近下諸儒所撰。不若緇衣表記等篇。彙載聖言。各出子曰。既不失當時之實。而又不妨次第。其説使淺深先後以序相承也。論語與家語之異。蓋亦如此。非謂家語皆非聖人之言也。但其論載無法。反以雜亂聖言爲可惜耳。大概戰國諸生所著之書。其體皆然。如素問之書。本自精奧。而必假之黄帝岐伯之問。六韜言兵具亦爲詳實。而以爲一一盡出于武王之問。太公之對。則陋矣。喪親章。

鄭氏孝經以先王爲大禹。公羊氏春秋以王者爲文王。漢儒之泥。往往類此。

明皇序親譽二字。蓋用其上不知有之。其次親之譽之。劉炫明安國之本謂古文孝經二十二章也。陸澄譏康成之注。謂今文孝經十八章也。劉炫隋人。陸澄晉人。分注錯經。即杜預左氏傳序所謂分經之年與傳之年相附也。古者經各爲一書。不相錯雜。寫之琬琰。謂石臺孝經也。總論。

中庸臆説

我所施于人者。我願之乎否也。以我所願。治我所施。則不敢以施于人矣。我所求于人者。

我能之乎。未也。以我所求。治我所未能。則必求有以能于我矣。仁。人心也。隱心而發爲仁。仁之所形爲義。仁義之節文爲禮。知仁義禮之所從來爲智。皆本于人。故曰脩道以仁。

淡而不厭。無味而其味自長也。簡而文。無文而文自著也。温而理。不肅而成。不嚴而治也。

附録

平甫與象山書曰。安世聞陸先生之名。言者不一。往得交于傅子淵。警發柔惰。自此歸向。取師之意始定。奉親之官越土。多見高第及門子弟。愈覺不能自已。雖未得親承于謦欬。然受沾濡渥亦已多矣。

樂章序周易玩辭後曰。項公昔忤權臣。擯斥十年。杜門卻掃。足迹不涉户限。耽思經史。專意著述。成書數篇。迨兵端既開。邊事告急。被命而起。獨當一面。外禦憑陵。内固根本。成就卓然。

袁清容厚齋先生以詩借玩辭次韻曰。項子沈冥學古。芸芸萬變觀爻。閉閤清香宴坐。斯人端可神交。

柳待制跋先生爲李文定作盤居詩曰。平甫初仕。爲會稽教官。時吕成公解太夫人服。來越省伯舅。曾公愛其才。薦之文公。文公遂器許之。由是登朱張氏之門。其書見麗澤集中。平甫學本經誼。披根摘葉。必極藴奥。其輩行當在李文定公之前。蓋文公守南康。文定昉從之遊。二公同出異流。宜其交相引重不置也。

虞道園序周易玩辭曰。項公實與朱子同時。當時則又有江西陸先生者。各以其學爲教。又有聰明文學過人之士。興于永嘉。項公嘗從而問辨咨決焉。其遺文猶有可徵者。朱項往來之書至六七而不止。其要旨直以程子涵養須用敬。進學則在致知之説以告之。于是項公之學。上不過于高虛。下不陷于功利。而所趨所達。端有定向。然後研精覃思。作爲此書。外有以采擇諸家之博聞。内有以及乎象數之通變。奇而不鑿。深而不迂。詳而無餘。約而無闕。庶幾精微之道焉。其書既成。而朱子殁矣。自敘其學皆出于程子。而其言則不必皆同也。是可以見其講明之指歸矣。近時學易君子多有取于其説。豈徒然哉。

梓材謹案。先生所著周易玩辭十六卷。自序謂易之道四。其實則二象與辭是也。變則象之進退也。占則辭之吉凶也。不識其象。何以知其變。不通其辭。何以決其占。又自述曰。安世之所學。蓋伊川程子之書也。今以其所得於易傳者。述爲此書。而其文無與易傳合者。合則無用述此書矣。四庫書目提要云。蓋伊川易傳惟闡義理。安世則兼象數而求之。其意欲於程傳之外補所不及。所謂各明一義者也。又四庫本永樂大典著録項氏家説十卷。附録二卷。提要言。是書乃慶元閒斥居江陵時所作。又言。其學有體用。通達治道。而説經不尚虚言。其訂覈同異。考究是非。往往洞見本原。迥出同時諸家之上。又案。是書見於宋史藝文志者十卷。附録四卷。又別出孝經説一卷。中庸説一卷。據此。則孝經中庸別爲二書也。

康肅吴湖山先生芾

吴芾字明可。仙居人。紹興二年進士。累官龍圖閣直學士。致仕。先生前後守六郡。各因其俗爲寬猛。吏莫容奸。民懷惠利。嘗曰。視官物當如己物。視公事當如私事。與其得罪于百姓。寧得罪于上官。爲文豪健峻整。有表奏五卷。詩文三十卷。姓譜。

梓材謹案。先生自號湖山居士。卒諡康肅。一作天台人。見東陽縣志。

梓材又案。張南軒集有吴監廟墓誌。與先生同名。字子通。湘潭人。蓋嘗爲魏公門客。黄東發謂南軒此文述其望得官而不露。則其人可知。非先生比矣。

雲濠謹案。先生著有湖山集十卷。四庫書目提要云。集中自述生甲申歲。當崇寧三年。年幾八十。又集中有寄朱元晦一詩曰。夫子於此道。妙處固已臻。尚欲傳後學。使聞所不聞。顧我景慕久。願見亦良勤。是其末年亦頗欲附託於講學。然其詩吐屬高雅。究非有韻語録之比也。

附録

公與秦丞相檜有舊。至秦專政。士夫趨附者衆。公處其閒。獨退然如未嘗相識者。

尚書馬鶴山先生大同

馬大同字會叔。建德人。舉進士。自爲小官。即以廉介聞。上與辨論。甚喜之。孝宗即位。有大用意。仕至户部侍郎。禮部尚書。學者稱爲鶴山先生。姓譜。

雲濠謹案。柳待制銘濟居處士馬君墓碣云。尚書以政學顯。宋淳熙閒與文公交相引重。

内舍汪先生邦光附子安節。孫箕。

汪邦光。新安人。太學内舍生。嘗伏闕上書。論與金人和好非是。不報。然用此見知張魏公。

因出入其門。退如建安。問學于朱子。以孝悌忠信教授其鄉。子安節。早游四方。有奇志。慶元初。趙丞相南遷。遂不復仕。孫箕。有學行。嘗取先代忠孝義烈事約爲千文。以教子弟初入小學者。趙東山存稿。

范先生仲彪別見華陽學案補遺。

徐芸齋先生元聘

徐元聘。晦翁之友也。有田舍一區。旁治軒。窗明潔可喜。暇日與子弟講學其間。晦翁名之曰芸齋。而爲之記。朱子文集。

徐元聘語

周公之志。非爲身謀也。爲先王謀也。非爲先王謀也。以身任天下之重也。

州守黄復齋先生仲本父□。

黄仲本。邵武人。晦翁之友也。以復名齋。而謁晦翁以記之。曰。吾之幼而學也。家公授以程氏之書。讀之而有不得于其説者。則以告而願請益焉。公曰。思之。又問。則曰。反諸爾之身以求焉可也。自吾之得是言也。居處必恭。執事必敬。其與人也必忠。如是以求之三年。而後有得也。然其存之也未熟。是以充之不周。往者不循其本。顧欲雜乎事物之間以求之。或反牽于外而亦眩于內。今也旣掃一室于家庭之側。揭以是名而日居之。蓋將悉其溫凊定省之餘。力以從事于舊學。庶乎眞積力久。而于動靜語默之閒。有以貫乎一。而不爲内外之放焉。然猶懼其怠而不能以自力。是以願吾子之相之也。朱子文集。

附録

雲濠謹案。朱子嘗跋先生朋友説。又朱子跋魏元履墓表云。元履從弟誠之。比得敬夫手書定本。以視其兄之友延平使君黃仲本。仲本慨然卽爲買石而刻焉。朱魏皆在籍溪之門。疑先生亦胡氏弟子也。

朱子爲復齋記曰。古人之學。博文以約禮。明善以誠身。必物格而知至。而後有以誠意而正心焉。此夫子顏曾子思孟子所相授受。而萬世學者之準程也。仲本誠察于此。有以兩進而交養焉。則夫道學之體用。聖賢之德業。不在仲本而安歸乎。

縣令陳先生焞

陳焞字明仲。建陽人。朱子之友也。爲侯官宰。朱子贊其畫像曰。介然而不使人忌者。其自持之謹。温然而不使人狎者。其汎愛之和。其仕也。自詭以循吏之最。其學也。自期以德行之科。孰謂其齎此志而中道以没。使吾老于其里。而不得爲東阡北陌之經也耶。朱子文集。

柯先生翰

柯翰字國材。□□㊀人。爲人孝謹誠慤。介然有以自守。于經無不學。紹興二十三年。晦翁至同安。得先生而與之游。相樂也。時先生以避地邑居。教授常百餘人。晦翁治學事引以自助。又明年將反其先人之廬。取揚子所謂古之學者耕且養。三年通一經者。號其寢居曰一經之堂。晦翁爲之記。朱子文集。

附録

朱子答先生書曰。欲識仁字大概。且看不仁之人可見。蓋其心頑如鐵石。不問義理。事任己知。是以謂之不仁。識此氣象。則仁之爲道。可推而知矣。

梓材謹案。朱子文集答先生書四。此其第二書附語也。又案。先生蓋卒於淳熙四年。朱子稱之曰老丈。

孝子嚴先生敬

嚴敬字莊人。宿松人。事母以孝。稱朱子在松。先生以禮謁。同至白鹿洞講易。反覆詢之。自是益有所得。歸著敬心銘。卒年八十七。安慶府志。

㊀「□□」當作「同安」。

中大顏如山先生度

顏度字魯子。兖公五十三世孫也。居崑山。以文章政事名一時。官至權工部侍郎。直寶文閣。知湖州江東京西運副。以中大夫秘閣修撰提舉沖祐觀。封長洲縣男。卒年七十五。先生與朱子友善。孝宗謂其每出一言。不動如山。因以如山自號焉。姑蘇志。

秘監陳先生宋霖

陳宋霖字元雱。一字元滂。長樂人。登紹興進士。僉同安。適朱子爲簿。日相切劘。講明經義。後遷秘書監。往來不絶。孫枅。受業朱子之門。閩書。

余先生允文

余允文字隱之。建安人。以孟子亞聖。而司馬温公作疑孟數篇。李覯鄭原著常語及藝圃折衷。皆肆詆毁。乃作尊孟辨三十餘條闢之。朱子是其説。又爲之訂定云。姓譜。

梓材謹案。四庫全書本永樂大典著録爲尊孟辨三卷。續辨二卷。别録一卷。冠原序於前。而繫朱子讀余氏尊孟辨説於後。提要云。考朱子集中有與劉共文書。稱隱之干預宋家產業。出言不遜。恐引惹方氏。復來生事。令陳吴二婦作狀。經府告之。則隱之蓋武斷於鄉里者。其人品殊不足重。又周密癸辛雜識載晁説之著論非孟子。建炎中。宰相進擬除官。高宗以孟子發揮王道。説之何人。乃敢非之。勒令致仕。然則隱之此書。其亦窺伺意旨。迎合風氣而作。非眞能闢邪衛道者歟。然當羣疑蠭起之日。能别白是非。而定一尊於經籍。不爲無功。但就其書而觀。固卓然不磨之論也。是則先生行雖不逮。而其有功於孟子者深矣。

酒正李復齋先生次魚

李次魚字直卿。吉水人。紹興鄉舉爲長沙酒正。博學力行。名其公館曰復齋。退食則讀書其中。朱子贈以詩曰。請看屏上初爻旨。便識名齋用意深。張南軒詩曰。請君細看復齋記。直到羲爻未畫前。觀二公詩。其人可知矣。吉安府志。

王三松先生子俊別見趙張諸儒學案補遺。

文肅吴竹洲先生儆詳見嶽麓諸儒學案。

通直舒先生邦佐

舒邦佐字輔國。靖安人。淳熙進士。爲善化主簿。長沙輸送省米三十萬斛。郡委先生領其事。每歲輸納。例有所饋。號曰優潤錢。先生舉而寄諸帑。遷衡州司録參軍。茶陵民訴胥長受賕。逮鞫。則曰。嘗許而未與。守倅將罪訴者。先生言。吏蠹易滋。民冤難伸。于是訴者得從寬減。紹熙甲寅。朱文公帥長沙。先生以疾乞歸。文公賢而從之。嘉定中。授通直郎。卒。所著有雙峯猥稿九卷。江西通志。

梓材謹案。先生一字平叔。其雙峯猥稿。劉德秀爲之序。其自序云。吏善化時。鄉曲先達尚書劉公宰長沙。文章之伯也。又曾爲辛丑省試官。僕以晚出門生之禮事之。每蒙獎誘云云。是卽謂劉德秀也。德秀嘗攻慶元之學。其人不足取。若先生。則晦翁葵軒平園諸老皆與之游。故其學有本領。其文有根柢。列之晦翁講友可也。其迎溪帥朱殿撰固云。某自媿庸迂。

幸同巡管。重關起鑰。政有望於發明。一舸浮湘。當自謀於親炙。

附録

其爲雙峯堂記曰。退爲進基。靜爲動主。靜與退不錮乎心。而一于動而進也。則射利抵巇。舐痔嘗糞。亦恐不免。何則。誘乎外。無以制乎内也。若軒冕之念輕。山林之意重。則倘來富貴。于我如浮雲。而莅官行己。必不肯少負名教。故能成天下之大功名者。每每于心在功名之外者得之。予將植根本于斯也。

其訓後曰。惟予之在職。存心處事。務欲上通天意。下合人情。買田築室。勤儉得之。後世子孫。優必聞于詩禮。勤必苦于耕讀。教子擇媚。慎終追遠。毋螟蛉異姓。以亂宗祧。毋勇狠非爲。自罹刑憲。倘違是言。則必爲人指笑曰。舒通直郎子孫所爲如此。可不慎哉。

節推趙復齋先生彥肅詳見象山學案。

章先生才邵闕。

主簿吴先生楫

吴楫字公濟。崇安人。幼自雄其才。謂功名可立取。紹興末。試鄉省不第。遂絶心仕進。與朱子吴郁研窮理學。嘗言逐日應接事物之中。須得一時寧靜。以養精神。要使事愈煩而心愈暇。

彼不足而我有餘。朱子遣子師事之。晚年以恩補官。調桂林簿。道南源委。

梓材謹案。萬姓統譜載先生與朱子等往復講明性理之學及儒釋之辨甚悉。朱子扁其讀書之所曰悦齋。但以吴郁爲李郁。誤也。又案。翁易爲蔡氏諸儒行實。稱先生與邱宗卿請西山正席皋比。以誨諸子姪。則先生亦西山學侣也。

知軍黄先生維之

黄維之字叔張。永春人。紹興進士。遷國子監簿。轉對。進所撰太祖政要。論愛名器。勵廉恥。事下館學集議。先生奮筆獨立議狀。可否適宜。孝宗深然之。除大理丞。差知邵武軍。居閒十年。手不釋卷。嘗與朱子論學。人皆以鄉先生事之。姓譜。

附録

遷國子監簿。時孝宗鋭意武事。獻議者乞立武賢良科。先生奮疏謂賢良兼文武才。不宜立武科。事遂寢。

或請經義專主注疏。賦論策宜更其體。先生謂科舉之法不當變。但時文之弊宜救耳。

提刑祝先生櫰

祝櫰字汝昭。西安人。幼警悟不羣。少長。肆力于學。登紹興甲戌第。再調臨安府録事參軍。以事見斥。卽城南廣利僧舍修篁老木間。誅茅結屋。日繙書其中。時晦庵南軒東萊三先生倡道東南。公書問還往亡虛月。所講切皆學問大原。與經世切務。旣起爲删局官。復坐張說斥。又起知吉州。除潼川府路提點刑獄公事。以疾請祠。改主管武夷沖佑觀。明年提舉江東常平。未拜而卒。蓋先生之學。以中庸大學爲宗。以濂洛諸先生之言爲法云。眞西山集。

布衣汪柳塘先生莘

汪莘字叔耕。休寧人。爲學不屑于場屋聲病之文。屏居讀易。嘉定閒。應詔陳天變。人事。民窮。吏汙之弊。不報。眞西山楊慈湖見之。曰。眞愛民愛國之言也。時朱子召赴經筵。未至。先生貽書言。財不待先生而富。兵不待先生而强。惟主上父子之閒所不能濟者。待先生而濟。否則不能爲天下後世學道者之地。朱子重其言。姓譜。

方壺遺文

月令孟春有天氣下降地氣上騰之文。後世說易之泰者。率取是以爲證。以余思之。如但以孟春天氣下降。地氣上騰。爲天地交泰。不知孟春之外。如何爲天地交泰耶。是有十一箇月天地不交也。夫四時行而百物生。時無一時而不行。物無一時而不生。一月天地之氣不交。則一月之物失其生生之理矣。故曰以月令孟春天氣下降。地氣上騰。爲天地交泰者。不知天地交泰者也。是皆未察夫天地之所以爲高下。日月之所以爲往來。則不能知陰陽之所以爲升降。宜乎不能知天地之所以爲交泰也。

張湛曰。自地以上皆天也。若是。則曰天亦太虚而已矣。横渠曰。地。物也。天。神也。顧有地斯有天。若其配然耳。是皆以太虚爲天。莊周蓋嘗言之。六合之外。聖人存而不論。六合之内。聖人論而不議。是自莊周以六合爲有内外也。程明道父子兄弟嘗與邵康節先生飲于天津橋上。問天地所依之處。康節遂劇談天地之狀。以及六合之外。是自康節以六合爲有内外也。近時吕東萊以爲六合安得有内外。欲朱晦翁于濂溪書後削去此條。予以爲不然。非好異説也。請折衷于易。易之説非異也。在易之乾曰。天行健。如以太虚之象爲天。是無動無静也。安得謂之行健乎。揚子雲曰。馴乎玄渾。行無窮。正象天。是皆所見者渾天也。由是觀之。四方上下爲六合之宇。安得而無内外乎。

是故黄帝書曰。天在地外。水在天外。表裏皆水。兩儀渾轉。乘氣而浮。載水而行。又曰。地在太虚之中。大氣舉之。漢上朱子發以水爲氣。亦非。是康節謂地輪依水輪。水輪依風輪。風輪依虚空。虚空無所依。此爲得其實。云地輪依水輪。卽載水而行是也。水輪依風輪。卽乘風而浮是也。其曰地在太虚之中。大氣舉之。大氣卽風輪是矣。康節謂風澤洞虚。金剛乘天。此皆言天地之下。有澤有風。澤非地上之澤。風非地上之風也。金剛乘天者。金剛之氣舉之也。列子謂渤海之東有歸墟焉。其下爲無底之壑。此皆所謂風澤。洞虚者是也。康節謂風輪依虚空。虚空無所依。卽所謂六合之外是也。如是而天地之所以爲高下見矣。

乾下坤上而爲泰。吾以是知天之入于地下也。坤下乾上而爲否。吾以是知天之出于地上也。水載地而浮天者也。故坎上乾下而爲需。吾是以知天之入于水中也。坎下乾上而爲訟。吾以是知天之出于水上也。而日月則麗乎天者也。離下坤上而爲明夷。吾以是知日之入于地中也。坤下離上而爲晉。吾以是知日之出于地上也。坎上離下而爲旣濟。吾以是知日之入于水中也。坎下離上而爲未濟。吾以是知日之出于水上也。明夷之上九曰。初登于天。後入于地。初登于天。蓋日自地下無底之壑而登于天也。後入于地。蓋日自天而降。遂入乎大地之下。而過乎無底之墟也。如是而日月之所以爲升降見矣。

故凡以太虛空洞爲天者。皆不知天者也。是故天旋于外而包地者也。地凝于内而承天者也。水載地而浮天者也。莊子曰。天之蒼蒼其正色耶。卽其遠而無所至極耶。其視下也。亦若是而已矣。蓋言蒼蒼非天之正色。徒以其視遠而成蒼蒼之色爾。易曰。乾爲大赤。横渠曰。赤者。天之正色。何以言其然也。易曰。乾。陽物也。天者。大虛之中有物之最大者。乃純陽之氣爲此大物。其初爲純陽。故其色爲大赤。其大不可量。則其氣何可當。況乎天者純陽之體。而日者又太陽之精。是故一晝夜之閒而天行有升有降。一天行之閒而日月有往有來。天之降而入乎地之下。而過乎無底之壑也。而純陽之體一日而一蒸之。日之降而入地之下。而過乎無底之壑也。而太陽之精一日而一蒸之。于是大地之下無底之壑。𩆚沸騰涌。或擊而爲雷霆。或鬱而爲雲霧。一蒸磅礴而磅礴厚于是。翕陰陽交泰之氣而蘊蓄之。旣有以培養乎萬物之根。又竅于山川。又騰爲雨露。而復有以滋潤夫萬物之枝條。而暢茂其華實。日既負太陽之氣。以下交于九地之下。而月又負太陰之氣。以上交于九天之中。于是陰陽之氣無一時而不交泰。而萬物生生之理亦無一時而不相浹洽于交泰之中。而陰陽之所以爲升降。天地之所以爲交泰見矣。

天下之人。第見夫天位乎上。地位乎下。萬物位乎其中。而皆不知其所以然者。蔽于一耳目之所及。而不能通乎耳目之表。如使其知有六合之外者。乃知天地之中有太虛。天地之外有太虛。天地之中太虛有量。天地之外太虛無窮。

夫所謂交者。要知聖人只是舉君子道長而謂之交。卽此自可以知彼。非于孟春之外無上下交之時也。以上天地交泰辨。

世謂詩人能爲詩。詩人果能爲詩乎。蓋太虛閒皆詩也。詩人所見無非詩。

夫詩有道有權。顏孟有詩人之道。而伊周得詩人之權。徒詩不能以用其身。有權而後其詩足以用天下。是故其詩可以觀其才。其才可以觀其道。可以觀其時。有其才無其道。君子惜其才。有其道無其時。君子惜其道。以上詩說。

附録

其懷朱晦庵先生詩曰。道在羲皇孰斷金。至人出處合天心。青山白雲有生路。流水落花何足音。世外太古日色靜。洞中一片春風深。自憐晩輩服膺久。亦許杖屨來相尋。

程洺水爲像贊曰。義精理明。氣和德粹。以正學而有衛道之功。一布衣而言康國之事。晦庵師友。西山故人。樂柳塘之煙水。適吾性之天眞。風節凜凜。千載維新。

王伯厚序先生方壺存稿曰。柳塘居士遇文公于慶元。遇西山于嘉定。而訖不遇。豈二公不能爲歐蘇哉。余觀西山帖。欲居士俯屈以訪諸賢。則其自重難進之節。非招不往。豈時俗佻巧馳騖于名場利區。朵頤于爵標勢的者。斯文金玉。傳之不朽。慈湖朴實之訓。實允蹈之。

雲濠謹案。江南通志載先生著有方壺存稿。柳塘集。柳塘其集之初名也。四庫全書提要言。其嘉定間以布衣上封事。不用。退而築室柳溪之上。匾以方渠。自號方壺居士。與朱子頗相善。集首辭晦庵朱侍講書。反覆以調和兩宮責望朱子。至稱建明稍緩。非特不能爲天下學道者之地。亦不能爲後世學道者之地。其言剴切耿直。相規以善。非依草附木。苟邀奬借者比。朱子答書。今佚不傳。而集中別有與黃叔耕兩書。其一書頗以好論説喜文章爲戒。亦深以道義相切劘。或病其前書太直歟。

學正汪先生廷佑

汪廷佑字子卿。婺源人。嘗與薦會。質疑于朱晦庵。姓譜。

附録

舒廣平與先生書曰。執事德望之重。爲人老成。正此邦之典型。學正久闕。輒不自揆。欲以此職屈致長者。嘗浼德粹致意。得報。乃知教誨不倦。私淑鄉人。未可其請。竊謂與其教行于邑人。孰若擴之于一郡也。

汪敬齋先生清卿

汪清卿字湛仲。婺源人。朱子自考亭歸。寓先生家。與鄉人講學。因嘉其事親孝。扁其齋曰愛日。又爲作敬齋箴。姓譜。

附録

舒廣平與先生書曰。朅來此邦。謬當分教。學力單微。罔孚衆聽。思欲淵源之友。相與共明此道。以興起士心。訪之儕輩。居敬修己。勉焉不怠。誠後進所矜式。故不量淺陋。妄意屈臨。以庶幾切偲之益。

邱芹溪先生義

邱義字通濟。建陽人。隱居不仕。穎敏嗜學。該貫子史。尤邃于易。與朱子友善。常相往來問答。有易説傳于世。朱子爲書芹溪小隱扁其堂楣。作詩序贈之。姓譜。

附録

朱子序先生論語纂訓曰。凡古今論語訓義。見録者十四家。而大抵宗程氏。子野亦以意附見其是非取舍之說。熹讀之。其不合于聖人者寡矣。梓材謹案。先生，朱子外兄也。朱子門人有邱膺字子服者。當即先生之弟。又案。朱子文集有答先生書。蓋答其論易觀玩之說云。

知州趙先生悰

趙悰字彦忠。晉江人。與朱文公善。爲福建運管。寬鹽法之病民者。知惠州。治以最聞。就官舉常平。卒于官。姓譜。

評事王先生光祖

王光祖字文季。松陽人。官大理評事。精于理學。朱文公提舉時。邂逅邑之福安僧舍。先生拱立規掌如太極狀。公異之。曰。王子胸中自有太極。問以傳註質之。先生曰。公註中庸。不使滋長于隱微之中。愚意當加潛暗二字。公深然之。後寄孫竹湖書曰。吾到括。止得友王文季一人而已。括蒼彙紀。

隱君王先生道深

葉敬齋先生符叔合傳。

王道深。松陽人。隱居力學。究極性命之理。朱晦庵見之。與語大悦。又有葉符叔。亦嗜理學。嘗請晦庵書敬齋箴以贈之。處州府志。

特科徐竹溪先生大受

徐大受字季可。天台人。淳熙十一年特科。早歲工詩而志不在詩。晦翁行部。聞其賢。特訪其廬。方與學者講三月不違仁。云卽杜詩所謂一片花飛減卻春耳。晦翁擊節。遂定交焉。家甚貧。一夕晦庵至。出葱湯麥飯。相對甚歡。著經解文集。藏于家。邑東南有竹溪書院。別號竹溪。台學源流。

附録

嘗作越帥邱副樞密謝啓云。鬼祟痛二豪之殁。山林嗟一老之歸。邱擊節不已。蓋指吕成公張宣公與晦庵也。

趙忠定汝愚拜板。與韓侂胄同出内批。先生賀啓有云。以周公之德。自應相成王爲師。然老子之賢。詎可與韓非同傳。忠定讀之。遂力辭新命。劉知過以詩名。見之曰。自此當臥君百尺樓上矣。

奉議許先生中應別見徐陳諸儒學案補遺。

中奉楊先生大法

楊大法字元範。武義人。登淳熙二年進士。授知龍游縣。累遷監察御史。時四方多水旱。疏論三事。一曰民訴災傷。不可疑其不實。二曰減放租稅。當使民受實惠。三曰禁遏糴。使穀粟流通。尋除殿中侍御史。冬雷繼以淫雨。上封事。推明天人之理。乞法孝宗敬天治國。以自警省。除侍御史兼侍講。國子祭酒。兵部侍郎。請外。除集英殿修撰。知鎮江府。乞祠。以華文閣待制提舉江州太平興國宮。卒贈中奉大夫。在言路所上六十餘奏。皆剴切有益于時。嘗與朱文公遊。往還詩簡甚多。所著有易説。金華府志。

隱君程先生先

程先字傳之。休寧人。團練全之子。痛父死節于金。誓守先墓不仕。力學好古。隱居邑之東山。有志聖賢之學。以書問道于朱子。朱子復書嘉之。老病不能卒業。遣子永奇從閩。往受學焉。姓譜。

運幹汪南老先生楚材

汪楚材字太初。又字南老。休寧人。紹熙元年進士。歷官廣西轉運司幹官。先生喜問學。嘗以書通朱晦庵吴竹洲二公。倶器重之。告以聖門爲學工夫次第。及佛老之弊。遂以儒碩知名。姓譜。

應艮齋先生恕

應恕字仁仲。號艮齋。括蒼人。朱子嘗以老友呼之。其所與論學。一論大學中庸。一論禮書。

一論易本義。且云。尚恨聞見淺薄。望詳賜誨諭。勿使有待于後世子雲也。雖朱子之謙光咸受。亦先生素學有足取重者如此。杜清獻云。吾鄉故多士。而闡義理之淵源。實自仁仲始。台學源流。

張先生榗

張榗。長沙人。朱子帥長沙。知遇甚厚。綴職嶽麓。未幾。陸象山道過長沙。朱子以禮請書院講書。以啓迪諸生。于是徜徉累日。因得侍教且款云。嶽麓問答。

梓材謹案。嶽麓問答詳論地理。蓋爲地理之學者。

隱君蘇先生紹成

蘇紹成。德化人。隱于北山。朱子重其有德。嘗造其廬。書廉靜二字與之。且銘其琴曰。養君中和之正性。禁爾忿慾之邪心。乾坤無言物有則。我獨與子鉤其深。泉州志。

寺丞徐先生木別見龍川學案補遺。

吴先生郁

梓材謹案。先生與朱子研窮理學。見吴先生楫傳。

晦翁同調

補宣簡趙先生不息

附録

性篤孝。生七歲。遭父北遷。每思慕涕泣。長力學。母曹氏止之。答曰。君父讐未報。非敢志富貴也。

公以文行訓勉宗室。先教養。後法戒。薦其秀傑者數千人。多至通顯。所論天下事尤多焉。葉水心撰行狀。

參議劉先生如愚

劉如愚字明遠。崇安人。有才幹。善屬文。尤喜吟咏。居鄉日與朱文公唱酬。從子珙與同登第。調秀州海鹽尉。改知福州。終江西帥司參議官。姓譜。

知州潘先生燾別見濂溪學案補遺。

運判宋先生若水

宋若水字子淵。雙流人。自幼卽知刻苦爲學。邑之賢令任公淵。李公燾。皆愛其文行。屈輩行與交。試外省。得奏名對策廷中。切直無所避。以乙科授左迪功郎。主龍游仁壽簿。監青城縣味江鎭稅。鎭故無學。先生爲作孔子廟。考古制器。率諸生行釋奠禮。延師儒講說。士子競勸。歷除湖南提點刑獄公事。衡州故有石鼓書院。墟廢已久。前使潘畤始復營之。先生成其終而增置弟子員。以永嘉戴溪爲之師。割田置書。教養如法。又知處士劉某之賢。與郡守劉清之交章論薦。詔特補官。乃知先生好賢尚德之意。不獨爲科舉計也。及除江南西路轉運判官。卒年五十八。著有經解五卷。書小傳十卷。奏議五卷。子之源。之潤。之汪。皆嗜學而有文。朱子文集。

附録

魏鶴山曰。吏部使閩。未遑他務而訪道于文公。又遣其三子從之游。彼之俗吏能知是乎。

郎中鄭先生國翰

鄭國翰。揭陽人。官兵部郎中。其講學處澹軒在藍田飛泉嶺。先生與晦庵爲同榜進士。手書落漢鳴泉四字牓諸亭。潮州府志。

稼軒同調

趙先生善括

趙善括字□□。隆興人。太宗七世孫。由進士爲常熟令。官終岳州漕帥佐。先生與舉特科官。詞氣駿邁似之。奏劄剴切。有應齋雜著。南宋文範作者攷。

韓氏先緒

承務韓先生□

韓□。玉山人。天資淳固。講學篤志。故其于義利之辨爲尤明。事母孝。兄弟析貲。悉推而不取。盜作其鄉。諭以禍福。亟散去。子祥補。程洛水集。

晦翁家學

朱先生□

朱□。

附録

朱子示四弟詩曰。務學修身要及時。競辰須念隙駒馳。清宵白日供游蕩。愁殺堂前老古錐。

又示四弟詩曰。十日一洗沐。諸生各歸休。虛齋息羣響。兀坐心悠悠。雨久苔徑荒。林深鳥啼幽。階前樹萱草。與子俱忘憂。

補 中散朱先生塾

附録

晦翁與東萊書曰。兒子久欲遣去。以比擾擾。未得行。謹令叩師席。此兒絶懶。今不遠千里以累高明。切望痛加鞭勒。俾稍知自勵。至于擇交游。謹出入。尤望垂意警察。尚荷千萬。

又遺從東萊條教曰。早晚授業請益隨衆例。不得怠慢。日間思索有疑。用册子隨手劄記。候見質問。不得放過。所聞誨語。歸安下處。思省要切之言。逐日劄記。歸日要看好文字。録取歸來。

又曰。不得自擅出入。與人往還。初到問先生。有合見者見之。不令見則不必往。人來相見。亦啓稟然後往報之。此外。不得出入一步。居處須是居敬。不得倨肆惰慢。言語須要諦當。不得戲笑喧譁。

又曰。凡事謙恭。不得尚氣凌人。自取恥辱。

又曰。不得飲酒。荒思廢業。亦恐言語差錯。失己忤人。尤當深戒。不可言人過惡。及説人家長短是非。有來告者亦不酬答。于先生之前。尤不可説同學之短。

又曰。交游之閒。尤當審擇。雖是同學。亦不可無親疏之辨。此皆當請于先生。聽其所教。大凡敦厚忠信。能言吾過者。益友也。其諂諛輕薄。傲慢褻狎。導人爲惡者。損友也。推此求之。亦自合見得五七分。更問以審之。百無所失矣。但恐志趣卑凡。不能克己從善。則益者不期疏而日遠。損者不期近而日親。此須痛加點檢而矯革之。不可荏苒漸習。自趨小人之域。如此。則雖有賢師長。亦無救拔自家處矣。

又曰。見人嘉言善行。則敬慕而紀録之。見人好文字勝己者。則借來熟看。或傳録之。而咨問之思與之齊而後已。不拘長少。惟善是取。

黄東發讀晦庵續集曰。與長子受之云。只勤謹二字。循之而上。有無限好事。又云。大凡禮教務要恭謹詳緩。

東萊與陳龍川書曰。朱元晦近遣其子來此讀書。頗知其日用間地步亦自寬展。前此傳聞多過者。

朱子語類曰。先生殯其長子。諸生具香燭之奠。先生留寒泉殯所受弔。望見客至。必涕泣遠接之。客去必遠送之。就寒泉庵西閒殯。掘地深三尺。闊四尺。内以火甎鋪砌。用石灰重重徧塗之。棺未及。外用土甎夾砌。將下棺。以食五味奠亡人。次子以下皆哭拜。諸客拜奠。次子代亡人答拜。蓋兄死子幼。禮然也。

又曰。先生葬長子。喪儀。銘旌。埋銘。魂轎。柩只用紫蓋。盡去繁文。埋銘石二片。各長四尺。闊二尺許。止記姓名歲月居里。刻訖。以面相合。以鐵束之。置于壙上。其壙用石。上蓋厚一尺許。五六段横湊之兩旁。及底五寸許。内外皆用石灰雜炭末細沙黄泥築之。

又曰。先生以子喪不舉盛祭。就影堂前致薦。用深衣幅巾。薦畢。反喪服。哭奠于靈。至慟。

補　朝奉朱先生埜

雲濠謹案。朱子答蔡季通書云。小兒輩又煩收教。知晦翁諸子嘗受學於蔡氏。又一書云。兩兒久欲遣去。又云。大兒不兒。又小者尤難説。則從學蔡氏者。當是受之文之二先生也。

補　侍郎朱先生在

梓材謹案。道南源委載先生字叔敬。嘉定十年以大理寺正知南康軍。奉祠。起知信州。除提舉浙西常平茶鹽公事。兼知嘉興府。召爲司農少卿。出爲兩浙轉運副使。寶慶中除工部侍郎。又除吏部侍郎。請外。知平康府袁州。奉祠卒。

梓材又案。先生小字泰。朱子續集與黄直卿書云。子約頗愛泰兒。亦已囑令隨諸生程課督察之矣。又一書云。泰兒挈其婦歸。麤慰老懷。别集與蔡季通書云。某季子挈婦來歸。不免小宂。是知泰兒爲先生。且知先生亦嘗問學於大愚也。

朱叔敬語

集注于正文之下。止解説字訓文義與聖經正意。如諸家之説。有切當明白。即引用而不没其姓名。如學而首章。先尹氏而後程子。亦只是順正文解下來。非有高下去取也。章末用圈而列諸家之説者。或文外之意而于正文有所發明。不容略去。或通論一章之意。反覆其説。切要而不可不知也。

附録

知信州。入對。以進學問。振紀綱。求放心爲言。

除工部侍郎。進對。論人主學問之要。理宗曰。卿先卿中庸序言之甚詳。因奏閔損以下九人。並封公爵。獨曾參爲侯。並乞封公。揚雄王雱乞去其像。本朝有程顥程頤張載三人。若使從祀廟廷。斯文幸甚。

朱子語類。或問。朱敬之有異聞乎。曰。平常只是在外面聽朋友問答。或時裏面亦只某病痛處得。一日教看大學曰。我平生精力盡在此書。先須通此。方可讀書。

補 總領朱先生鑑

梓材謹案。先生嘗集朱子語録爲易説二十三卷。四庫書目提要云。昔鄭玄箋註諸經。其孫魏侍中小同復裒其門人問答之詞爲鄭志十一卷。鑑之編輯緒言。亦猶此例也。又編文公詩傳遺説六卷。提要云。其書首綱領。次序辨。次六義。繼之以風雅頌之論斷。終之以逸詩詩譜叶韻之義。以朱子之説。明朱子未竟之義。猶所編易傳例也。

附録

寶慶閒。隨季父在遷居建安之紫霞州。建文公祠于所居。

元樞徐著有時名。初用文公經説。擢上第。後改師法。寄聲欲游武夷。公戒精舍主者毋納。

子明序文公詩傳遺説後曰。抑鑑昔在侍旁。每見學者相與講論。是書凡一字之疑。一義之隱。反覆問答。切磋研究。必令心通意解而後已。今文集書問語録所記載。無慮數十百條。彙次成編。題曰遺説。後之讀詩者能兼考乎此而盡心焉。則無異于親承誨誘。可以得其意而無疑于其言矣。

徐健庵曰。文公易説。公孫子明守富川時所輯。淳祐中鋟板。蓋取門人記録問答之語。會粹而成。多與本義啓蒙相發明。大有功于學者。嗣後董正叔。胡庭芳。董季眞各有采輯。皆是書爲之權輿也。

朱先生鉅

朱先生鈞合傳。

朱鉅。朱鈞。晦翁二孫也。晦翁答黄直卿書云。二孫久煩教誨。做得依本文舉業秀才足矣。黄氏日鈔。

梓材謹案。朱子答直卿書在續集。前一書云。二孫隨衆讀書供課。早晚教誨之爲幸。又一書云。二孫在彼如何。書社諸事既有條理。想自不容其違犯。更望痛加鞭策。少寛暮年卻顧之憂。又案。朱芝老。文公之孫。其名未詳。

補侍郎朱先生浚

附録

侍郎尚理宗公主。元兵下建寧。與公主逃入福州。既而福州守王剛中以城降。仰天大哭。謂公主曰。君帝室王姬。吾大儒世冑。可受辱乎。遂飲藥死。

山長朱先生沂

朱沂字泳道。文公曾孫也。狀貌與文公無異。謝疊山與建寧路某府判書薦爲山長。疊山文集。

晦翁門人

忠公呂大愚先生祖儉詳見東萊學案。

張先生彥清

王先生漢並見龜山學案補遺。

主簿林先生宗臣別見衡麓學案補遺。

運管歐陽先生光祖

魏先生應仲並見劉胡諸儒學案補遺。

胡先生大壯別見五峯學案補遺。

文惠楊先生長孺別見趙張諸儒學案補遺。

府簿周先生元卿別見范許諸儒學案補遺。

正字劉先生起晦詳見艾軒學案。

葉先生任道別見木鐘學案補遺。

杜先生貫道別見南湖學案補遺。

文清游默齋先生九言

文定吴畏齋先生獵

忠肅趙先生方

忠文周先生端朝

蕭定夫先生佐並詳嶽麓諸儒學案。

知州李先生修己別見梭山復齋學案補遺。

教授潘先生景憲

康先生文虎並詳麗澤諸儒學案。

提轄鞏栗齋先生豐

林先生謨

著作許先生文蔚

潘先生景良

郭先生津並見麗澤諸儒學案補遺。

文肅曹先生叔遠詳見止齋學案。

縣官朱先生魯叔別見清江學案補遺。

端憲沈定川先生煥詳廣平定川學案。

符先生初

縣令俞先生廷椿

提舉潘先生友文並詳槐堂諸儒學案。

鄉舉陳先生思謙詳見滄洲諸儒學案。

周先生伯熊別見槐堂諸儒學案補遺。

范先生益之別見滄洲諸儒學案補遺。

通判劉先生堯夫詳見槐堂諸儒學案。

石氏門人

趙先生綱父起。

趙先生□合傳。

趙綱號湘泉。先生弟□。號恬軒。先生尤溪人。父石門居士起。初朱吏部尉尤溪。文公生于尉廨。後克齋石公出執宰學。爲傳心閣以祠周程。文公記焉。石門于是時已知所宗師矣。至先生兄弟。白首固窮。守師說不畔。時號尤溪二趙。劉後村題跋云。尤溪二趙。一出一處。處者遯世無悶。終其身不改。琴張曾晳之流也。出者難進易退。終其身不屈。柳下惠少連之所愧也。劉後村集。

孫氏家學

判軍孫先生應時詳見槐堂諸儒學案。

辛氏門人

忠肅趙先生方詳見嶽麓諸儒學案。

縣尉謝先生徽明

謝徽明。弋陽人。疊山伯父也。以特奏恩爲當陽尉。攝縣事。時天基節上壽。元兵奄至。先生出戰死。二子趨進抱父屍。亦死。人物志。

梓材謹案。謝疊山爲稼軒先生墓記云。枋得先伯父嘗登公之門。蓋即先生。

葉氏門人

侍講翁丹山先生合別見九峯學案補遺。

項氏門人

學士鄭先生克寬

鄭克寬字伯厚。遂安人。遊松陽判庠。就項平甫。得聞朱子之學。由進士授嚴陵郡博士。積階至朝議大夫學士。括蒼彙記。

吴氏家學

提舉吴先生洪別見麗澤諸儒學案補遺。

吴氏門人

忠簡陳先生庸

陳庸字時中。仙居人。紹興進士。終江西提點刑獄。以廉介稱。解組歸。惟圖書數卷而已。

卒謚忠簡。台州府志。

梓材謹案。先生嘗作檢正。清和豈弟人也。朱子答黄仁卿書云。鹽利向時不暇整頓。初出關時。陳時中相訪於浙江。嘗説此利害甚詳云。

柯氏門人

戴先生□

陳先生□合傳。

戴陳二生者。柯國材之徒也。朱子答國材書謂其趣向文辭皆可觀。固知其所自矣。有友如此。足以輔仁。敢以爲足下賀。而僕亦將有賴焉。朱子文集。

梓材謹案。朱子集中有答戴邁書。有熹來此得足下於衆人之中云云。恐卽二生之一也。姑識以俟考。

陳氏家學

陳先生枅別見滄洲諸儒學案補遺。

李氏家學

李先生槩

李槩字仲承。吉水人。金溪丞次魚之子。力學自奮。試禮部。發策論風俗之弊。謂天下之患莫大于上作而下不應。尤莫大于下不應而上輒止。雜引經傳。指授明切。而主之以孟子禮忠仁三自反之説。同試者異之。口傳以熟。榜既揭。不中。又相傳稱屈。先生既不偶。漸不喜爲文。務涵蓄。專爲己學。醲郁六經。以爲語孟者經之門也。爲之訓解成編。發指聖秘。辭理淵微。一時之俊。如蕭伯和王才臣與其族子天麟。往來質辨。以先生爲宗。推爲鄉先生。淳熙丁未以累舉試集英。調武岡縣主簿。再調贛縣。終官歸而卒。吉水尹楊獬嘗以書幣迎致縣齋。使其子受學而身自友之云。楊誠齋集。

吴氏家學

吴先生雅別見西山眞氏學案補遺。

宋氏家學

知府宋先生之源詳見清江學案。

宋先生之潤

宋先生之汪並詳滄洲諸儒學案。

晦翁私淑

補正肅吴先生柔勝

附録

遷國子正。于生徒中得潘時舉吕喬年。白于長。擢爲職事。使以文行表率。

文節薛象先先生叔似詳見艮齋學案。

庫使袁先生許

袁許字嘉言。上虞人。以薦授承議郎。始寧郷都察司官。值歲歉。遵朱子社倉法行之。人賴以全活。紹興簽判王十朋薦陞國子書庫大使。上虞縣志。

文節倪齊齋先生思詳見横浦學案。

縣令董尚隱先生熠别見龜山學案補遺。

州守馬得齋先生壬仲别見麗澤諸儒學案補遺。

彭先生興宗詳見槐堂諸儒學案。

知軍曹先生集詳見嶽麓諸儒學案。

知府留先生恭

留恭字伯禮。永春人。正長子。通判廣州秩滿。知南康軍。其政以朱文公爲法。提舉浙西常平。境内大饑。悉力振恤。全活數十萬人。知紹興府。蠲租省役。罷遊宴。絶饋遺。杜請謁。號稱循吏。知廣東。以直徽猷閣奉祠。起建寧府。卒贈秘閣修撰。永春縣志。

文清劉漫塘先生宰詳見嶽麓諸儒學案。

杜先生杲

杜杲字子昕。邵武人。以父蔭補官。江淮帥李珏羅致幕下。提偏師援滁州。後累有戰功。官至吏部尚書。龍圖閣學士。卒贈開府。先生淹貫經史。善草書。爲文麗密清嚴。晚歲專意理學。嘗言吾兵閒無悖謀。無左畫。皆得于四書。劉後村集。

附録

知建康府行宫留守。節制安慶和無爲三郡。謁程淳公祠總所。卽南軒榷酒口。公曰。此張宣公講學地也。陳像設。撥祀田焉。置貢士莊。蠲民租二萬八千石。

尚書趙虛齋先生以夫附子時奚。

趙以夫字用父。魏王之後。由鄆避地長樂。父少保彥括。官止尚書郎。將終。顧曰。吾雖貧。有善利書遺汝。先生方九歲。泣從遺言。勵志苦學。門蔭調諸暨尉。歷知慶元府沿海制置。陛辭。力攻和議。俄陞副使。將召歸。郡人乞留。詔因任之太常少卿。召改樞密都承旨。知建寧府。提舉江州太平興國宮。其自四明歸。益專精講學。率對卷至夜分。諸經箋註始有端緒。除刑部侍郎。薦趙汝騰。劉克莊。湯中。黃自然。鄭逢辰。楊棟。宋慈。包恢。許致祥。姚希得。又薦林公遇。乞賜逸民處士之號。上嘉納。累改權刑部尚書。引對緝熙殿。論弭變定儲甚切。時大旱。江湖俱涸。先生言。湯以六事自責。陛下自省于此六事有耶。無耶。因及所進易通。翌日御筆令投進。俄兼侍讀。兼修玉牒。賜之用易堂虛齋東平藝文世家十一大字。兼權吏部尚書。兼檢正。除刑部尚書。手鈔無逸立政講義以規切任事者。改禮部尚書。除吏部尚書。侍講讀易通終篇。再進義例卦論圖說凡三十册。降詔褒美。進光寧二朝寶訓。上曰。此書皆卿力。嘗進家人卦疏義。指宫媪官人。進離節二卦疏義。攻聚斂之臣。除端明殿學士。丐去。知西外宗正事凡三年。復學職生員額。同姓益勸于學。召除禮部尚書。卒于里第。年六十八。子時奚。宣教郎。力學工詞翰。由籍田令乞祠歸養。先生有易通。詩書傳。莊子解。奏議進故事。易疏義雜著。各若干卷。晚于詩書尤深。劉後村集。

雲濠謹案。先生嘗倣朱文公辨孔安國書。著本旨。見林耕叟序拙齋書集解後。

附録

劉後村祭文曰。凡今公卿。貴則捐書。公老愈勤。甚于癯儒。易通一書。開闢未有。不知公者。曰異洛叟。既徹乙覽。默契宸衷。此于伊川。未嘗不同。

林竹溪挽趙虛齋詩曰。奥學深功在易通。御題褒句聖恩隆。成書自講前無例。異論難齊久始公。辭有所之端可據。爻無不變論尤工。皋比定集諸仙聽。獨惜丁寬道不通。

胡庭芳曰。虛齋易通六卷。或問類例圖象四卷。其易大概論九六七八變與不變。或靜吉動凶則不用。動吉靜凶則不處。動靜皆吉。隨遇皆可。動靜皆凶。無所逃于天地閒。此聖人所以樂天知命不憂也。

梓材謹案。四庫書目提要於易通引趙汝騰庸齋集繳趙以夫不當爲史館修撰奏劄。與何喬遠閩書。謂是書實出黄績參定。故以爲績代筆。又言。其於聖人作易之旨。可謂深切著明。至其真出於誰手。則傳疑可矣。

張墨莊先生泳

張泳字潛夫。福安人。早志濂洛之學。家居教授。慶元中。僞學禁興。大比。試天下之言性論。有司讀其文。驚喜爲壓場。策問僞學。先生抵排異學。力主朱子之傳。學者稱墨莊先生。著有禮記遺説。左氏纂類會粹。古今事類二百卷。集關洛諸儒語爲傳心直指十卷。一得録。四愚齋類稿。道南源委。

文隱林寒齋先生公遇別見艾軒學案補遺。

經略林先生行知

林行知字子大。福清人。兵部侍郎簡肅公栗仲子。少爲學專苦。父任爲承務郎。監德清縣户部犒賞庫。有能聲。歷知漢州郡。大治。以内艱歸。終制。復畀右符。留爲司農丞。時朝廷出新楮易舊。民旋疑惑。先生被選行江浙州。未嘗譴一吏。罪一民。而民聞帖然順令。薦無錫宰鄭之楊等十人于朝。知永州道。改提舉湖南常平茶鹽。新化峒豪奉姓者。數負固犯法。先生察其人頗知書。呼至。送石鼓書院。奉悔前非。還掔掠。復遣歸峒口。提點刑獄改除轉運判官。以度支郎官召。未至。除直秘閣。知廣州廣東經略。行至臨漳。拜疏乞閒主管沖祐觀明道宫。積階至朝散大夫。卒。所著有奏議。史評。通鑑綱條。雜著。藏于家。嘗示劉後村以所箋詩數則。多與朱氏本義同。後村曰。公亦宗考亭乎。先生曰。朱公經學妙。聖人不能易也。況學者乎。後村曰。公不以家學掩師説。私隙廢公論。足以知公之賢也。劉後村集。

宣教周先生明仲

周明仲字居晦。建陽人。好讀書。有志當世。官宣教郎。淳熙甲辰。常平使者宋若水知其賢。以魏掞之所立建陽長灘社倉事屬之。先生力爲振葺。兼朱子夏貸冬斂收息之法。行之三年。什一之收。歲以益廣。朱子爲作記稱之。閩書。

文靖張先生虙別見慈湖學案補遺。

周先生耜

周耜字植叟。星子人。性沈靜。博雅好古。有詩名。常侍父官襄陽。帥臣張杓一見奇之。待以殊禮。晚集文公語録。以詔後學。江東繡使禮聘爲白鹿洞主。其講學至老不倦云。人物志。

雲濠謹案。萬姓統譜作周秬。云。淹貫經史諸子百氏之書。

知軍錢先生聞詩附陳洽。朱端章。黄桂。

錢聞詩字子言。吴都人。淳熙辛丑代文公知南康軍。有興建之功。又陳洽。知南康軍。興學勸農。建白鹿洞書院友善堂。立天下名山大川橋亭。朱端章。淳熙癸卯知南康軍。置洞學田七百餘畝。以贍四方之來學者。黄桂。嘉定辛巳知南康軍。置西源莊以爲洞學田。白鹿洞志。

郝先生傑

郝傑字元英。宿松人。南渡後江北多警。先生奉檄從軍。不得志。聞朱子在松。急歸求見。遇于新安嶺上。欲然心折。遂私淑于門人受學。著策百篇。惜年未三十卒。安慶府志。

林艾隱先生守道

林守道字守一。閩人。號艾隱先生。自孩提已嶷然不羣。恥與羣兒弄。十歲失怙恃。卓有大志。刻苦讀書。蚤工詩賦。年十五卽歎曰。破碎非吾學也。改學經。又歎曰。破碎猶吾前日詩賦也。改從晦庵朱子遊。願聞大道之要。裹糧束書。至中途。聞晦庵訃而返。慨然閉户力學。精實踐履。如及考亭之門焉。嘗獨行冥思。忽有所得。大笑振山谷。子三人。季者桂發。治舉子業。東發文集。

縣令李先生大訓

李大訓字君序。閩縣人。篤志學問。聞伊洛之學。忻然好之。將朱文公大學中庸朝夕諦玩。非其類不交。鄉鄰罕識其面。歷知龍泉歸善縣。居官恪意盡悴。勇于敢爲。所至以廉勤整辦稱。黄勉齋集。

忠惠王先生萬附季衍。

王萬字處一。其先自會稽遷烏傷。祖起。又遷浦陽。父約之。游江淮閒。先生因生長濠州。家甚貧。而厲志于學。嘉定十六年進士。歷判揚州。改鎭江。先生自少忠伉有大志。究心當世急務。極知邊防要害。嘗爲書歷告重臣大官。論沿邊事宜。授樞密院編修官。兼權屯田郎官。累擢監察御史。首論史宅之。嵩之。除大理少卿。守太常少卿。致仕。卒年四十八。當金初滅。鄭清之欲謀乘虛取河洛。先生曰。今朝廷勇于復境。而怯于備邊。莫若移勇于怯。爲自治之規。不然非萬所知也。已而北兵壓境。三邊震動。其言果驗。理宗下罪己之詔。命中書舍人吳泳視草。先生謂泳曰。用兵誠失矣。亦豈可遽示怯哉。今邊民生意如髪。宜振厲奮發。以興感人心。泳如其言。先生初與季衍遇。衍勉以從事朱子之説。久之有得于時習之語。謂學莫先于言顧行。言是而行僞。非言之僞也。習未熟耳。熟則言行一矣。故終身言行相顧云。初謚節惠。後更忠惠。所著書名時習編。有易書詩論語孟子中庸太極圖説及他奏劄論天下事者。凡十卷。浦陽人物記。

附録

嘉熙元年。兼屯田郎中。因輪對。言天命去留。原于君心。凡惻然有觸于心而未能安者。皆心之未能同乎天者也。天不在天而在陛下之心。苟能存其在心之天。永永弗替。天命在我矣。及嵩之罷相。衆皆交論其非。上因思先生先見。親賜御札。謂其立朝蹇諤。古之遺直。爲郡廉平。古之遺愛。

縣令謝恕齋先生升賢詳見北溪學案。

縣令許先生巨川

許巨川字東甫。温陵人。嘉定進士。其學得伊洛紫陽之傳。初董教廣庠。篤志訓誨。學者有所矜式。人多感之。終東莞令。姓譜。

附録

爲東莞令。首謁學以禮。殿堂廡陋。出朱槖十萬繕葺。邑務雖繁。必與諸生講解。以勵術業。復立小學。以訓童蒙。且撫摩愷悌。殿中書劉克莊時爲計使。閲其斷訟。以爲仁至義盡。

參議陳高齋先生舜申附子德一。

陳舜申字宗謨。連江人。淳熙進士。歷知漳浦縣。有惠政。入爲著作郎。輪對。切直稱旨。會有忌者。出管武夷沖祐觀。起參議淮閫。未赴卒。著易鑑。四書解。審是集。兵書訂解。南唐餘事。高齋文集。子德一。字長明。紹熙進士。官終朝請郎。知宜州。卒之日。囊無餘貲。所著有易傳發微。横州文集。諸子總解數百卷。兄弟四人。累世同爨。推德門云。道南源委。

參政應葺芷先生繇詳見麗澤諸儒學案。

趙先生飛鳳

景先生元一合傳。

陳先生敬合傳。

趙飛鳳。景元一。陳敬。皆蜀人。晦翁爲社倉。人以爲便。淳熙中。頒之天下。于是趙飛鳳兄弟行之龍多。景元一等行之巴川。陳敬等行之巴嶽之下。全蜀藝文志。

布衣黄先生仲炎

黄仲炎字若晦。永嘉人。著有春秋通説十三卷。李鳴復奏舉狀云。伏見温州布衣黄某。折衷是非。事爲之説。證以後代。鑒戒昭然。言古驗今。切于治道。如謂經有教戒。不爲褒貶。只杜僭擬。尤爲潛心。經義考。

春秋通説自序

春秋者。聖人教戒天下之書。非褒貶之書也。何謂教。所書之法是也。何謂戒。所書之事是也。法。聖人所定也。故謂之教。事。衰亂之迹也。爲戒而已矣。彼三傳者。不知其紀事皆以爲戒也。而曰有褒貶焉。凡春秋書人書名。或去氏。或去族者。貶惡也。其書爵書字。或稱族。或稱氏者。褒善也。甚者。如日月地名之或書。或不書。則皆指曰。是褒貶所繫也。質諸此而彼礙。證諸前而後違。或事同而爵位異書。或罪大而族氏不削。于是褒貶之例窮矣。例窮而無以通之。則曲爲之解焉。專門師授。襲陋仍訛。由漢以來。謂明經者不勝衆多。然大抵爭辨于褒貶之異。究詰于類例之疑。滓重煙深。莫之澄掃。而春秋之大義隱矣。自大義既隱。而或者厭焉。不知歸咎于傳業之失。而曰聖人固爾也。故劉知幾有虚美隱惡之謗。王安石有斷爛朝報之毁。遂使聖人修經之志。更千數百載而弗獲伸于世。豈不悲哉。故曰。春秋者。聖人教戒天下之書。非褒貶之書也。

梓材謹案。四庫全書著録春秋通說。提要云。書成於紹定三年。其奏進則在端平三年。大旨謂直書事蹟。義理日明。於古來經師相傳王不稱天。桓不稱王之類。一切闕之。案朱子語録云。聖人據實而書。是非得失有言外之意。必於一字一辭閒求褒貶所在。竊恐未然。黄氏表中所云酌朱熹之論。蓋本於是。何夢申作呂大圭春秋或問序。謂傳春秋者幾百家。大抵以褒貶賞罰爲主。惟或問本朱子而盡斥之。不知黄氏已先發之矣。又云。如謂季友爲巨姦。竊交宮闈。則成風私事傳有明文。詞義嚴正。足以爲千古之大防。其論胡氏之書曰。孔子雖因顔淵之問。有取於夏時。不應修春秋而遽有所改定也。胡安國氏謂春秋以夏正冠月。而朱熹氏非之當矣。孔子之於春秋也。述舊禮者也。如惡諸侯之强而存天子。疾大夫之偪而存諸侯。憤吴楚之横而尊中國。此皆臣子所得爲者。若夫更革當代之王制。竊用天子之賞罰。決非孔子意也。夫孔子修春秋。方將以律當世之僭。其可自爲僭哉。其立義明白正大。深得聖人之意。蓋迥非胡氏所及也。

知軍馮先生去疾

馮去疾。都昌人。理宗時知興國軍。刻定本四書于滄浪亭。號興國本。姓譜。

雲濠謹案。袁蒙齋集黄州重建學記。爲先生作。時爲齊安郡博士。又案。虞道園爲撫州臨汝書院復南湖記云。常平使者都昌馮公去疾。卽湖爲堂。率學者以從學乎爲己之學。書堂祠朱文公而尊信服行其說焉。時聘程徽庵爲山長。互見雙峯學案。

編修胡先生升

胡升字潛夫。婺源人。淳祐庚戌以布衣領薦。壬子登進士第。授國史編修。姓譜。

梓材謹案。先生著有四書增釋。經義考云。未見。

朝散朱魯齋先生申

朱申。新安人。官朝散大夫。知江州軍兼管内勸農營田事。淳祐十一年。爲李心傳序道命録。道命録序。

梓材謹案。四庫全書著録先生周禮句解十二卷。提要又引江西通志有朱申字繼顯。宋太學生。以爲不知此書誰所著也。又四庫存目春秋左傳句解三十五卷。提要言。是書惟解左傳。不參以經文。蓋猶用杜預以前之本。其一事而始末別見者。各附注本文之下。端委亦詳。惟傳文頗有删節。是其所短。又孝經句解一卷。提要言。卷首題晦庵先生所定古文孝經句解。而書中以今文章次標列其閒。字句又不從朱子刊誤本。亦殊糅雜無緒。顧其書猶稱晦庵定本。則爲新安鄉後學可知也。

梓材又案。四書通義引用姓氏有朱申字周翰。號魯齋。著四書節解。蓋卽先生。

總領韓先生補

侍郎韓先生祥合傳。

韓補字復善。玉山人。與兄祥同登嘉定癸未進士。知徽州。爲政廉明。尋除淮西總領。遣使南邦。還對稱旨。在朝疏奏。以切直忤時宰。出知太平。治尚清靜。民皆安之。祥字履善。好學嗜文。累官吏部侍郎。兄弟皆宗程朱之學。世稱二韓。理宗御書翕和堂以榮之。人物志。

雲濠謹案。袁清容誌韓夫人墓云。中原韓有二族。居會稽者爲安陽。居廣信者爲穎川。龍圖閣學士無咎公師表一世。其子仲正克紹家學。搢紳號二韓父子。而廣信別出一族。曰侍郎公祥。字履善。常卿公補。字復善。嘉熙中。士類稱爲二韓。所謂韓夫人。蓋二韓親弟大夫禋之女也。

隱君尹先生起莘

尹起莘字耕道。遂昌人。隱居不仕。學問該洽。嘗著資治通鑑綱目發明五十卷。行世。明一統志。

雲濠謹案。括蒼彙記言魏鶴山了翁稱先生深得文公之意。

黄先生大受

黄大受字德容。自號露香居士。南豐石門人。傳朱子之學。仕于鄞。著政聲。嘉定閒。以詩雄于江右。有露香拾稿。南宋文範著作考。

劉先生仲撫

劉仲撫。號梅村。蔡覺軒贊之曰。祖述伊洛。憲章考亭。進德修業。篤志于經。文章政事。昭炳日星。爵尊譽美。千載遺馨。蔡氏九儒書。

禮部梁先生椅

梁椅字子奇。麗水人。登嘉熙進士第。早脱場屋。遂潛心講貫。肆力爲文。晚年慕程朱之學。編輯遺論。名曰論語翼。除太常寺丞。權禮部郎官。兩浙名賢録。

茶場別先生湜

別見南軒學案補遺。

堂長魏先生子開

魏子開。白鹿書院堂長。袁蒙齋問匡廬善士于湯仲能。以先生對。袁蒙齋集。

吴先生垕

吴垕。休寧人。通判邕州儆之子。雲濠案。儆號竹洲。程卓爲行狀云。男四人。載。宣教郎。簽判高郵。圻。塈。垌。先生未知爲誰之改名。私淑朱子之説。精于性理之學。隱居不仕。姓譜。

安撫胡先生仲雲附師蔡適。

胡先生仲霖合傳。

胡仲雲字從甫。高安人。入太學。率諸生伏闕上書。論罷。京尹余晦蔡適爲祭酒。先生與弟仲霖師之。盡得朱子之學。寶祐登進士。以江萬里薦。除太學正。既而家居。起爲國子監簿。攝吏部左侍郎。又攝尚書右司。黜爲浙東提刑。兼權紹興安撫。端州府志。

陳先生紱附師林岊。

陳紱字若晦。長樂人。其母玉堂林卿岊之女兄也。先生未冠而孤。受學于舅氏。擢寶慶丙戌第。年四十六矣。調興國尉泰寧簿。家棲遲十年。始爲韶州司户兼法曹掾。以廉平稱。擢仁化樂昌二邑。在樂昌祠濂溪程朱于學。士經指授。後多策名。知惠安縣。其治以撫循安靜爲主。感微疾。預爲遺令。勉子孫以學發身。以儉持家。卒年七十二。秩奉議郎。劉後村集。

判使陳菊莊先生宗仁

陳宗仁字元善。號菊莊。明州人。幼習經學。私淑考亭。得其眞傳。登紹定己丑進士。由縣尹擢秘書監。繼擢參謀孟珙軍事。珙薦于朝。命爲四川制置使。知重慶府。教以孝弟忠信。在郡六年。民愛如父母。以時政日非。屢疏陳諫不報。遂乞歸。咸淳四年卒。甬上三補耆舊詩傳。

知州諸葛先生泰

諸葛泰字安之。黄巖人。端平二年進士。知平陽州。早聞紫陽之學。潛心聖經。有四書解。采入性理大全。台州府志。

金先生彌高別見伊川學案補遺。

陳先生應隆

陳應隆。著四書輯語四十卷。宋志。

梓材謹案。先生之名或作應龍。經義考引張氏云。集中多采宋儒語録。

余先生文起別見南軒學案補遺。

補學士趙庸齋先生汝騰

梓材謹案。先生宋史有傳。四庫書目本永樂大典著録庸齋集六卷。提要言。永樂大典各韻中收入其文。有題庸齋集者。

有題庸齋蓬萊閣紫霞洲集者。又有庸齋瑣集者。又稱其生朱子之鄉。故沿泝餘波。頗能講學。然史稱其守正不撓。集中内外制序。自稱嘗以草制忤史嵩之去國。又稱時有無罪被謫。如王三俊李伯玉之類。皆留黄不書。上疏申救施行。遂爲之格。是其氣節嶽嶽。眞不愧朱子之徒。非假借門牆者可比云。

雲濠謹案。劉後村爲顧貢士詩傳演説后敍云。近世趙南塘。談經多與先儒異同。惟詩不能廢鄭氏朱氏之説。又附識云。往年趙庸齋有盛名。高自標致。士及門者尊崇之過於顔孟。皆曰仲尼復出。庸齋謂先生。南塘則履常名汝談。朱子門人也。

庸齋遺文

周禮一書。先儒疑信相半。横渠氏遂尊敬之。五峯氏最擯抑之。二説交馳。學者幽冥而罔知所從。嘗平心思之。周禮眞周公書。漢書所謂周官六篇是也。獨不幸有三可憾。在成周本未能爲成書。在後世不得爲全書。此予乃深致其惋惜嗟歎之意。何以的知爲周公書。是書之首曰。惟王建國。辨方正位。體國經野。設官分職。以爲民極。此言宅洛建官之旨。司徒職曰。日至之景尺有五寸。謂之地中。乃建王國。太宰職曰。掌建邦之六典。以佐王治邦國。此演而伸其旨也。洛。天下之中地。六官。太平之盛典。以中地行盛典。此周公佐成王宅洛之本心。周書召誥曰。旦曰。其作大邑。其自時中乂。洛誥亦曰。其自時中乂。萬邦咸休。此周公之心也。又書周官載六卿。自冢宰至司空。雖不條陳設屬。亦曰六卿分職。各率其屬。大旨與六典合。所以的知爲周公書。然向使周公得輔成王于洛邑。推行其六典。事制曲防之閒。文理密察之際。必猶有所改定。庶幾爲成書。以詔後世。惜也洛邑未及遷。六典有書未嘗行。可憾一也。仲尼慕周公者也。從周之歎。發于閒居。使得遂其爲東周之志。六典必見于推行。討論潤色益至于大成。備周公之未備者。不在仲尼乎。横渠氏謂仲尼繼周。損益可知是也。惜明王不作。天下莫能宗之。不復夢周之歎方形。而天復不憖遺矣。可憾二也。秦火後。經籍多殘失。禮書爲甚。漢武帝時。河閒獻王始得周官于民閒。比詩書最晚出。故武帝詔有禮壞之歎。顏師古謂亡其冬官。補以考工記。有所亡。有所補。非全書也。此伊川氏所謂禮經多出于掇拾灰燼之餘。安得句爲之解是也。可憾三也。有是三可憾。則是書之存于天下後世。固足以見周公爲萬世開太平之大旨。然前之既未爲成書。後之又不得爲全書。則不能不使萬世而下。抱不得見周公經制大成之深恨。先儒乃盡歸咎于劉歆。以爲勦入私説。迎合賊莽。不亦甚乎。王次點周禮訂義後序。

附録

林竹溪挽趙庸齋詩曰。金章雖貴豈公榮。一點孤忠百世名。字字清吟如太白。篇篇奏疏似更生。士緣氣類歸宗主。身爲朝廷作重輕。當世共傳書幾種。最初曾見易先成。

又曰。品題人物妙權衡。在日江湖有重名。爲國得賢八君子。登門執贄幾書生。少游輩路心交久。晚見南華口義成。欲序未酬詩卷在。相知可獨是同庚。

任松鄉書大常卿孫靜見文集後曰。某常讀庸齋趙公所作夫子衢州家廟記。知公治郡日爲政固有本也。況徐經畈爲之民。梁子奇爲之客。實踐力行之學。所以施諸民事而措諸文辭者。宜有徵也。則凡立朝。凡持節。迨爲京大尹。殿陛之吁咈。廟堂之可否。與夫當世儒先生之往復辨論。下至郡諸生日講說。鑿鑿然理本之言。豈操觚弄翰者所能窺也。

徐先生□

徐□。臨川老儒也。著有大學解義一篇。謝疊山跋之曰。朱文公平生精神志願悉在四書。後進剽竊緒餘。高可以取卿相。下亦投合有司而掇巍科。天下家藏其書。人遵其道。與六經論語孝經孟子並行。惜乎知之者尚未致。行之者尚未力。四書何負人。人負四書亦多矣。是編初意豈欲發朱文公言意所未盡者耶。抑尊信文公之學。誠求實踐。自不能已于言者耶。謝疊山集。

湘泉家學

教授趙先生阜別見滄洲諸儒學案補遺。

謝氏家學

忠節謝疊山先生枋得詳見存齋晦靜息庵學案。

項氏私淑

通判盛先生夬

盛夬。金華人。邃經學。多本項安世氏。丞相王爚。薦爲太學博士。後通判慶元。清容居士集。

勝之門人

教授潘先生時舉詳見滄洲諸儒學案。

吕先生喬年詳見東萊學案。

虚齋門人

山長鄭先生與言

鄭與言。莆人。受趙虚齋易學。得要旨。爲服緦。誄之甚哀。嘗爲山長。其卒也。劉後村祭之云。嗚呼。華胄遙遙。人物所萃。君于其閒。尤其茂異。志慕前修。口銜清議。王咸守闕。郇舊哭市。户外屨滿。城中紙貴。遂矜聲名。頗自標置。又云。嘗約西澗。薦君不遂。去之數年。陟岵終制。索長安米。執相君贄。仰問大鈞。俯就近次。大成精舍。講學于此。淑衿佩徒。飽虀鹽味。不知何恙。遽爾委蛻。又云。悲夫。飛箝之謀。圖南之志。翻瀾之舌。凌雲之氣。竟何爲哉。而不一試。吾爲通德。惜此才子。又爲虚齋。惜此高第。劉後村集。

雲濠謹案。後村序虛齋注莊子內篇云。太常博士鄭君彝叟道莆。爲予言虛齋方爲諸經作傳云云。彝叟未知卽先生否。

林氏家學

制幹林先生桂發

別見滄洲諸儒學案補遺。

吳氏家學

吳蘭皋先生錫疇

詳見雙峯學案。

胡氏家學

胡先生希是

胡希是。仲雲之子。元革命。家居著述。所著有洪範考訂。大學稽疑。太極圖說。姓譜。

梓材謹案。江西通志云。字則翁。高要人。通諸經。方嚴有守。一介不苟取予。

庸齋門人

顧先生文英

顧文英。貢士。嘗學于趙庸齋。著有詩傳演說柳氏國語辨非各二十卷。劉後村爲之后敘云。詩傳大略如鄭夾漈。國語辨非之書是邱明而非子厚。亦與世之隨聲接響者絕異。劉後村集。

朱學續傳

李先生幼武

李幼武字士英。廬陵人。名臣言行録續集別集外集。皆所補編。其序蓋理宗時所作。外集所録皆道學宗派。則亦講學家矣。四庫書目提要。

府卿蔡先生節

蔡節。永嘉人。著論語集説十三卷。淳祐五年。進表稱朝散郎。試太府卿。兼樞密右承旨。是時朱子之説已行。故大旨率從集註云。四庫書目提要。

梓材謹案。先生爲府卿時。嘗薦蔡久軒於朝。

附録

姜文龍跋論語集説曰。晦庵先生嘗語門人曰。看集註熟了。更看集義。方始無疑。又曰。不看集義。終是不浹洽。永嘉蔡先生集説之作。自集義中來。本之明道伊川二先生。參以晦庵或問。而于晦庵南軒先生尤得其骨髓。是書也。説雖博而所會者約。文雖約而所該者博。大有益于後學。

少保楊平舟先生棟

軍監李梅外先生春叟並見濂溪學案補遺。

補

御史俞默翁先生浙

雲濠謹案。先生所著六經審問。蓋孝經易書詩禮記春秋也。紹興府志載先生自號致曲老人。

附録

宋潛溪序先生杜詩舉隅曰。予聞古之人注書。往往託之以見㊀。賢相逐而離騷解。權臣專而衍義作。何莫不由于斯。先生開慶己未進士。出典方州。入司六察。其冰檗之操。諒直之風。凜然聞于朝著。不幸宋社已屋。裴回于殘山賸水之閒。無以寄其罔極之思。其意以爲忠君之言。隨寓而發者。唯子美之詩則然。于是假之以洩胸中之耿耿。久而成編。名之曰杜詩舉隅。觀其書。則其志之悲從可知矣。

隱君陳先生中立別見艾軒學案補遺。

堂長江約齋先生克明別見象山學案補遺。

布衣方淙山先生實孫

方實孫字端卿。嘗以所著易説上于朝。以布衣入史局。時相以其累上春官。欲令免省奉對。

㊀「見」上脱「自」。

遽以風聞報罷。浩然而歸。劉後村集。

梓材謹案。先生著有淙山讀周易記二十卷。四庫總目提要云。其書取朱子卦變圖别爲易卦變合圖。以補易學啓蒙所未備。其説多主於爻象。不設空談。自序有曰。易者道也。象數也。言道則象數在其中矣。道果有耶。繫辭曰。易無體。道果無耶。繫辭曰。易有太極。是道自無而有也。可以識其宗旨矣。其據隨上六爻王用亨於西山。升六四爻王用亨於岐山。明夷彖文王以之。革彖湯武以之。證爻彖非文王作。自爲確義。其據大有九三爻公用亨於天子。解上六爻公用射隼於高墉之上。小過六五爻公弋取彼在穴。證爻辭非周公作。則必不然。説易者本不云公周公也。然其大旨則較諸家爲淳實矣。

教諭吴先生雲龍

吴雲龍字叔霖。歙縣人。器局夷曠。篤好程朱之學。屢中鄉選。任本縣學論。以詩名于時。歙縣志。

鄉貢張先生雄飛

張雄飛字宏甫。歙縣人。嘉熙中鄉貢。絶意應舉。教授子弟。作家訓。謂立身自名節始。名節自孝弟始。卒之日。遺命勿用浮屠。門人私謚曰明善先生。徽州府志。

附録

幼孤。執喪過哀。

郡新創紫陽書院成。堂長舉請月一謁祠。初致餽。答曰。謁祠尊師也。干禄非也。卻之。

書記時所性先生少章詳見麗澤諸儒學案。

知軍劉先生傳漢

劉傳漢。□□人。咸淳閒知南康軍。首行淳熙荒政。捐己俸以賑貧。節用買田。置惠民倉。撥廢寺田穀助星子月解軍糧。創白鹿洞貢士莊。修流澌橋。愛民重士。興利補弊。善政爲多。姓譜。

吴克齋先生眞子

吴眞子。著有四書集成。經義考。

梓材謹案。先生號克齋。見四書輯釋所引姓氏。

黎先生靖德

黎靖德。導江人。咸淳庚午編朱子語類一百四十卷。目録後記有曰。朱子嘗言論語後十篇不及前。六言六蔽不似聖人法語。是孔門所記猶可疑。而況後之書乎。觀其所言。則今他書閒傳朱子之語。而不見于語類者。蓋由先生之删削云。四庫書目提要。

吴先生觀萬

吴觀萬字亨壽。休寧人。篤尚朱子之學。著潮説。夏小正辨。閏月定四時成歲講義。皆擴前人所未發。安徽通志。

丞相陸先生秀夫附師孟□。

陸秀夫字君實。鹽城人。生三歲。其父徙家鎮江。稍長。從其鄉人孟先生學。孟之徒恆百餘。獨指先生曰。此非凡兒也。景定元年登進士第。李庭芝鎮淮南。聞其名。辟之幕中。時天下稱得士多者。以淮南爲第一。號小朝廷。先生才思清麗。一時文人莫能及之。性沈靜。不苟求人知。每僚吏至閤。賓主交驩。先生獨斂焉無一語。或時宴集府中。坐尊俎間。矜莊終日。未嘗少有希合。至察其事。皆治。庭芝益器之。德祐元年。邊事急。諸僚屬多亡者。惟先生數人不去。庭芝上其名。除司農寺丞。累擢至宗正少卿。二年正月。以禮部侍郎使軍前請和。不就而反。二王走温州。先生與蘇劉義追從之。使人召陳宜中。張世傑等。皆至。遂相與立益王于福州。進端明殿學士。僉書樞密院事。屬井澳風。王以驚疾殂。羣臣皆欲散去。先生曰。度宗皇帝一子尚在。將焉置之。古人有以一旅一成中興者。今百官有司皆具。士卒數萬。天若未欲絶宋。此豈不可爲國耶。乃與衆共立衛王。時陳宜中往占城。與世傑不協。屢召不至。乃以先生爲左丞相。與世傑共秉政。時世傑駐兵厓山。先生外籌軍旅。內調工役。凡有所述作。又盡出其手。雖悤遽流離中。猶日書大學章句以勸講。至元十六年二月。厓山破。先生走衛王舟。而世傑劉義各斷維去。先生度不可脱。乃仗劒驅妻子入海。卽負王赴海死。年四十四。宋史。

君實遺文

孝經一書。古文不可得而考見矣。所可考者。漢藝文志顔氏劉氏司馬氏編次之文而已。要之皆古文之舊也。秀夫幼而讀之。莫覺其非。長而疑焉。涉獵載籍。罔非是是。莫敢有所與。既入仕。濫次西藏勾當。得朱元晦刊誤一編而玩味之。夫然後心目之開朗。欣然若有所得。于是在館諸同志。因元晦之議。從而删削次第之。然不敢以粟絲己意妄有所參涉于其間。以得罪于先正。庶幾是經燦然可復。而元晦刊正之功不泯。聖世以孝治天下之化。或不能無少助云。孝經刊誤後序。

竊嘗稽之周官。里有市。市有候館。館有積。嗟夫。此王者之政也。晉文公崇大諸侯之館。猶汲汲焉繕修是務。褒城驛甲天下。才幾何時。庭除蕪。堂廡殘。過者太息。今州縣皆驛也。夫以古人則視館如寢。後世則視州縣如驛。蓋學之不講。而吏道之衰也。丹陽館記。

附録

仇山村挽之曰。乾坤那可問。至痛老臣心。甘抱白日没。不知滄海深。忠魂隨上下。義骨肯浮沈。草木長淮淚。秋風起莫陰。

龔聖予爲君實傳曰。昔趙簡子使尹鐸治晉陽。請曰。繭絲乎。保障乎。曰。保障哉。尹鐸結民心。堅壁壘。以備其入也。及襄子爲智伯所攻。卒以晉陽獲濟。自甲戌大敵渡江。東南如晉陽。

可走者何所。再造而亡。幾及五年。竟無三里之城。七里之郭。使其民效死勿去。惟有遑遑遷轉而已。國之亡固有天數。抑亦人事有不至歟。而吾君實鞠躬盡瘁。死而後已。烏乎。悲夫。天耶。人耶。

文學鮑魯齋先生雲龍附師閔厚甫。

鮑雲龍字景翔。號魯齋。歙人。嗜書至忘寢食。長博通經史。易學尤精。從師閔厚甫試郡庠。踰年當升。乞讓其師。博士嘉之。遂兩升焉。後居鄉教授生徒。潛心理學。有天原發微若干卷。姓譜。

梓材謹案。天原發微五卷二十五篇。以況天數二十有五。先生同姓謐齋寧序言。宋之南渡。新安有文公朱子生焉。距朱子之卒不數十年。先達魯齋與同邑虛谷方公相望而起。以倡明朱氏之學。觀此。則先生之淵源可見矣。經義考引洪焱祖云。又有大月令。筮草研幾。未傳。

雲濠謹案。戴剡源爲天原發微序言。新安方使君出其平生故人鮑景翔所著天原發微。而謂綱提領挈。出於使君指畫不少云。

附録

方桐江與曹宏齋書曰。鮑魯齋于宏齋必深相知契。爲天原發微二十五篇。恨其讀書未博。濂邵二程朱子之書固已盡見。如素問五運六氣不必引景祐新事法四遊升降之說。曷欲取之天類以五六爲中。書所謂五六日至旬日亦引用。則穿鑿矣。伏羲恐後世錮于有。孔子恐後世涉于無。某謂二聖人初無此心。時文説話。不可苟且立論。某爲序。直説舊説太謬。今改之。或相聚爲某一言。刊本之文流布宇内。商確性理。天之本與天之末。未易言也。然刊本太半矣。何以救之。佳處極多。疵處亦不少耳。

梓材謹案。虚谷嘗爲天原發微序。又爲後序。而魯齋已卒矣。

掌教吴默堂先生霞舉

吴霞舉字孟陽。歙人。宋迪功郎。編國史院實録龍翰之子。先生性孝友。嘗領歙邑教事。所著有易管見。筮易。太玄潛虚圖説。又有文公喪禮考異。曹涇稱爲紫陽功臣。江南通志。

梓材謹案。先生號默堂。見新安文獻志。易管見六十卷。筮易七卷。太玄潛虚圖説十卷。又案。歙縣志載其師吴玉齋。領邑教事十餘年。據經析理。迥絶前聞。事後母盡敬。居鄉好施與云。

羅默耕先生璧

羅璧字子蒼。自號默耕。新安人。著有識遺十卷。觀其謂宋代文章多粹。自伊洛發明孔孟。便覺歐蘇氣象不長。又謂。夫子之道至晦翁集大成。諸家經解自晦翁斷定。然後一出于正。蓋傳朱子之學者也。四庫書目提要。

梓材謹案。四庫提要又謂。識遺成書在宋亡以後。則先生宋季人也。至元猶在。考元史別有羅璧字仲玉。鎮江人。從朱禩孫入蜀。仕至都水監。

羅氏經説

六經皆根人事而作。周易著吉凶悔咎之理。春秋録是非善惡之迹。毛詩載政教美刺之分。尚書陳唐虞三代之治。禮記威儀之詳備。周禮制度之纖悉。論語立身行己之大防。孟子發明王道之極致。無有空言者。

詩名之説。或謂國史。或謂子夏毛萇。而書金縢云。公乃爲詩以遺王。名之曰鴟鴞。則詩名乃作者自定。至分爲風雅頌。説者謂始于孔子自衛反魯。樂正。雅頌各得其所。然吴季札聘魯。魯太師已爲札歌風歌雅歌頌矣。魯頌駉序曰。季孫行父請命于周。而史克作是頌。史記微子過殷墟而作雅。觀此。則雅頌亦作者自别也。

禮記。古今議其雜。周禮。則劉歆列上之時。包周孟子張林碩已不信爲周公書。近代司馬温公。胡致堂。胡五峯。蘇潁濱。晁説之。洪容齋。直謂作于劉歆。蓋歆佐王莽。書與莽苛碎之政相表裏。且漢儒林傳敘諸經皆有傳授。禮獨無之。或者見其詳密。謂聖人一事有一制。意其果周公之遺。不知孔子于禮多從周。使周公禮書如此精詳。當不切切于杞宋求夏商遺禮。與夫逆爲從周損益之辭。又自衛反魯。删詩定書。繫易作春秋。獨不能措一辭于周禮。卽孟子時。周室猶存。班爵之制已云不聞其詳。而謂秦火之後。乃周禮燦然完備如此耶。兼其中言建國之制與書洛誥召誥異。言封國之制與書武成及孟子異。設官之制與書周官六典異。周之制作。大抵出周公。豈有言之與行自相矛盾乎。

教授魏石川先生新之詳見北山四先生學案。

進士張粤溪先生鎮孫父翔泰。附門人王元甲。

張鎮孫字鼎卿。號粤溪。南海人。父翔泰字南仲。抗志高邁。肆力詩酒。著有詩文集詩易疏解諸書。先生八歲就外傅。一目成誦。十二讀破萬卷。有神童稱。十五遂冠諸生。咸淳庚午鄉試第五人。聯捷進士。死節後。門人王元甲奉柩歸葬。有見面亭集十六卷。并四書析義名臣言行録行世。張氏譜。

梓材謹案。廣州黄志載。景炎元年。詔以先生爲龍圖閣待制。廣東制置使兼經略安撫使。委以軍事云。

舍人何先生逢原

何逢原字文瀾。分水人。咸淳中累官中書舍人。嘗因輪對陳時政十事。言甚剴切。已而知時事不可爲。遂引疾去。至元中。御史陳文海薦之朝。授福建儒學提舉。辭不赴。卒于家。先生專究經史。旁通陰陽星曆醫藥之書。至于佛老之説。亦必辨其所以背于吾儒者。所著有易詩書通旨。四書解説。玉華集若干卷。藏于家。兩浙名賢録。

(補)州判熊天慵先生朋來

雲濠謹案。先生學者稱天慵先生。所著有小學書標註。有瑟譜。有文集三十卷。四庫全書著録先生五經説七卷。提要云。熊氏之學。恪守宋人。故易亦言先天後天河圖洛書。書亦言洪範錯簡。詩不主小序。春秋亦不主三傳。蓋當時老師宿儒相傳如是。門户所限。弗敢尺寸踰也。又稱其書發明義理。論頗醇正。於禮經尤疏證明白。在宋學之中。亦可謂切實不支矣。

梓材謹案。王阮亭居易録馮舍人大木言。在秘府見豫章先生熊朋來集。舊刻極完好。又言。曩從葉侍郎訒菴鈔得豫章集七卷。似非全書云。

天慵經説

儀禮名爲十七篇。實十五篇而已。既夕乃士喪禮之下篇。有司徹乃少牢之下篇也。儀禮是經。禮記是傳。儒者恆言之。及讀儀禮。則士冠禮自記冠義以後卽記矣。士昏禮自記士昏禮以後卽記矣。鄉飲酒禮自記鄉朝服而謀賓介以後卽記矣。鄉射禮自記大夫與以後卽記矣。燕禮自記燕朝服于寢以後卽記矣。公食大夫禮自記不宿戒以後卽記矣。覲禮自記凡俟于東箱以後卽記矣。士虞禮自記虞沐浴不櫛以後卽記矣。特牲饋食禮自記特牲以後卽記矣。士喪禮自記士處適寢以後附在既夕者卽士喪之記也。既夕則啓之昕以後卽既夕之記也。喪服每章有子夏傳。而記公子爲其母以後又別爲喪服之記。其記文亦有傳。是子夏以前有此記矣。十七篇惟士相見。大射。少牢饋食。有司徹四篇不言記。其有記者十有三篇。大小戴固多格言。而訛□㊀亦不免。

㊀「□」當作「僞」。

惟儀禮爲禮經之稍完者。先儒謂其文物彬彬。乃周公制作之僅存者。後之君子有志于禮樂。勿以其難讀而不加意也。

士昏禮。婦乘以几。姆加景。中庸云。尚絅詩云。衣錦尚褧。尚卽加之謂也。景卽褧絅音訛也。注謂爲行道禦塵。則此當作褧。

古人無受拜之禮。惟國君于其士不必答拜。于他邦之士亦答拜。昏禮。婦見舅答拜。冠禮。子見母。母拜之。

附録

咸淳末。簽判寶慶府。與羣賢講論禮樂無虛日。再注福清州判官。致仕。自號彭蠡釣徒。日鼓瑟以自怡。遠近來學益衆。每歎詩樂無傳。倣朱子所得趙彦肅家二十四譜。增二十詩。俾皆可歌。且謂朱子雖疑古樂必非一聲協一字。而猶存此聊見聲歌之彷彿。然今之音調縱不如古。不猶愈于近世操弄詞曲爲樂哉。

梓材謹案。四庫全書本永樂大典著録先生瑟譜六卷。提要稱。是書大旨以爲在禮堂上侑歌。惟瑟而已。他絃莫侑。爲古人所最重。自瑟教廢而歌詩者莫爲之譜。既作瑟賦二篇。發明其理。復援據古義。參以新意。定爲一編云。

江南學宮配享有四。而酌獻舊辭止有顔孟。所在因循苟簡。仍以侑顔孟者侑曾思。爲是更譔新辭。補所不備。春秋各按月律合調。迎神至送神通十八曲。部使者以之徧行于諸郡。

憲使魏初與先生從容東湖之上。先生指其北涯曰。徐孺子故居在焉。太守陳蕃之所表也。而里門西南出。曰桂華坊。無所當矣。魏感其意。更表爲高士坊。郡城外。舊有宗濂書院。祠周子。兵興燬之。先生得郡人黄氏故居于孺子宅東。加葺焉。徙其名表之。公私爭致助。儼然立爲學宮。

補隱君俞石澗先生琰

雲濠謹案。姑蘇志載。先生以義理之學淑諸人。於書無不讀。元貞閒卒。年七十餘。吴中人物志言。先生隱林屋山。授温州學録。不赴。後得異人金液還丹之秘。注魏伯陽參同契發揮三卷。陰符經解一卷。易外別傳。一以吾儒性命之學。推陰陽消息之理云。

附録

顔堯煥序周易集説曰。後世談易者何啻數百家。邵子以數。程子以理。其後朱子以占。三子之説易可謂至矣。石澗家傳易學。潛心于此三十餘年。作集説。主之以朱子本義。而邵子之數。程子之理。一以貫之。其辭簡而嚴。明而理。將以擴三子之藴。開後學之蒙。有功于易學多矣。

梓材謹案。四庫書目提要著録先生周易集説四十卷。爲内府藏本。提要云。初裒諸家之説爲大易會要一百三十卷。後乃掇其精華以著是編。始於至元甲申。至至大辛亥。凡四易稿。其初主程朱之説。後乃於程朱之外自出新義。又著録讀易舉要四卷。則永樂大典本也。提要云。考琰之集説。以朱子爲宗。而此書論剛柔往來。則以兩卦反對見義例。以泰否二卦象辭較朱子卦變之説更近自然。其易圖多本邵子。而此書論象數之學。則駁張行成以元亨利貞爲周易起數於四之證。蓋不爲苟同者。至於田疇謂積乾坤屯蒙需訟之策至於師而六軍之數皆全。史璿謂革居四十九應大衍之數。故云天地革而四時成。節居六十而甲子一周。故云天地節而四時成。皆以偶合之見窺聖人作易之意。琰顧取之。則殊非本旨。然琰於易苦思力索。積平生之力爲之。意所獨契。亦往往超出前人。宜與所撰集說並行也。

山長任松鄉先生士林詳見潛庵學案。

徵君嚴先生斗巖附師嚴滄浪。

嚴斗巖者。邵武人也。爲邑儒先。至元季年有詔徵之。不起。黄提舉清老師事之。先生曰。吾昔受學于嚴滄浪。今得子相從。吾無恨矣。清老自是于六經四書之旨。怳若有得云。蘇滋溪文集。

雲濠謹案。嚴滄浪名羽。萬姓統譜云。字丹邱。邵武人。有才名。議論深到。自號滄浪逋客。與次山仁少魯參齊名。世號三嚴云。

學士鄭先生滁孫別見張祝諸儒學案補遺。

王先生桂

王桂字仲芳。月溪其自號也。其先汳人。五世祖避地南來。家于婺之東陽。父沂。文林郎。監沿江制置副使。司造場。先生本宗氏曾祖母令人之從孫也。爲文林後。以恩補將仕郎。自少親炙諸老。而刻意于學。入元。行省承制署以處州麗水主簿。受而不赴。自是絶意于仕進。徙居别室。開門授徒。重紀至元之五年卒。年八十有八。有四書訓詁十卷。詩文雜稿十卷。隨筆一卷。

黄晉卿溍。其壻也。黄文獻集。

隱君劉水窗先生友益

劉友益。永新人。宋亡。卜築萬山閒。杜門讀書。不與世接。著通鑑綱目書法五十九卷。研精覃思。歷三十年而後成。揭傒斯稱之曰。百世之下。先生此心。先生不作。山高水深。姓譜。

附録

先生清江公非先生九世孫。居貧力學。嘗傭書于人。以給膏火。鈔綴講習。凡經傳子史天文地志律曆象數靡不淹貫。

爲人内剛木而外疏通。練達世務。世稱水窗先生。八十五卒。

隱君葉先生野舟

葉野舟者。增城人。宋元閒隱君子也。博學窮經。著有四書闕疑。宋季有薦之爲學職。固辭不就。增城志。

修撰潘介巖先生墀詳見北山四先生學案。

賀先生成大

賀成大字季常。爵里未詳。著有古洪範一卷。見永樂大典。其自序以爲洪範自三八政以下紊亂無次。因援朱子大學分經傳之例。每疇以禹之言爲經。以箕子之言爲傳云。四庫全書存目提要。

梓材謹案。元胡一中定正洪範。四庫提要亦言其欲仿朱子考定大學經傳之例。强爲分別。蓋不以二家爲然。

教授李先生應龍

李應龍字玉林。光澤人。至元中薦爲白鹿洞書院山長及潼川路儒學教授。俱不赴。閩書。

梓材謹案。先生著有春秋纂例。經義考云佚。

杜先生□

杜□。魏人。早年棄家從黄冠游。呼通眞子。初渡江。見文公四書。喟然歎曰。此吾心經也。道在是已。自是日誦一書盡卷。日不足則夕繼之。誦已。輒焚香再拜。率以爲常。至老不倦。牆東類稿。

默翁學侶

通判俞先生端

俞端字公美。新昌人。默翁之兄也。文章高古。眞西山奇其文。曰。此他日當諫選也。與默翁齊名。端平二年進士。通判慶元。性不芥蔕于仇怨。摧抑困乏。克謹厥身。不失尺寸。姓譜。

良佐講友

王先生渥

王渥字仲澤。以字行。太原人。興定二年進士。調管州司候。不就。高庭玉節度武勝軍。辟爲經歷官。至權右司郎中。天興元年出援武昌。爲元兵所殺。先生博通經史。其辨博爲李之純所稱天下談士三人之一也。金文雅作者考。

陸氏同調

學士劉先生鼎孫

劉鼎孫字伯鎮。江陵人。進士。官翰林學士。厓山破。陸秀夫負王赴海死。先生亦驅家屬并輜重沈海。不死被執。搒無完膚。一夕得脱。卒蹈海。方秀夫海上時。記二王事爲一書甚悉。以授禮部侍郎鄧光薦。曰。君後死。幸傳之。其後厓山平。光薦以其書還廬陵。宋史。

經歷倪先生大猷

倪大猷字嘉謨。東陽人。少時遊學維揚。受知于陸秀夫。薦爲行幄武庫經歷。後帝舟奔廣。致政東歸。躬率男僕耕釣峴麓。佳時吉日。命觴賦詩。淡如也。繼聞臨安爲伯顔所下。厓山爲阿里海平所破。乃衰絰西向。號泣再拜。縞素終身。每親友談及維揚事。未嘗不流涕沾襟。自媿不獲俱死厓山。有負陸相知己爲恨也。中行齋稿。

鮑氏學侶

提舉鄭敬齋先生昭祖

鄭昭祖字孔明。號敬齋。歙縣人。嘗官廣西道儒學副提舉。鮑魯齋客于其家。師友相得。資之著書。方桐江集。

雲濠謹案。戴剡源序天原發微亦云。鄉長者提學鄭君館穀之。朝夕與共講學。書成。遂爲板傳之。以成其勤名。以慰其遺志。

石澗講友

孟先生淳

孟淳。俞玉吾之友也。元貞丙申秋。會玉吾于王氏書塾。講坤之六二。謂六二既中且正。是以其德直方。惟從乾陽之大。不習坤陰之小。故无不利。又指示象傳剛柔上下。言來不言往之微意。則皆以兩卦相並而取其義云。大易會要序。

王太古先生埜翁

王埜翁字太古。婺源人。工詞章。晚嗜易。先儒論易。陽實陰虛。先生注獨謂天氣運。地形停。陽虚陰實。似以迹言。自爲一家之説。與當世無甚合者。而堅執其説。終身不變。許月卿爲之序。江浙省處以鎮江學正。謂此職數十年亦不至執政。棄弗顧而歸。方桐江集。

梓材謹案。江南通志載先生扁其室曰行易。從學者甚衆。又案。胡允文定正洪範集説序。稱甬東王太古所著易説問答之書。以先生爲甬東人。俟考。

附録

汪幼鳳曰。王太古。宋遺民。隱居教授。書無不讀。必推本始。尤潛心易學。以其所自得之説。述而集之見易篇。極卦畫象數之所以然。而皆本于河圖洛書自然之法象。既即圖書而詳論人所以取則而畫卦作範之故。復改證洛書已兆于神禹以前。且援列禦寇。子華子。乾鑿度與黄庭之辭。以證劉長民九爲圖之説。而復辨孔安國。劉向父子。班固。僞關氏易相承立説之非。又有周易分注。主于明象以考變。其書既成。頗自重。吴草廬所注易纂言多宗其説。

荀先生在川

荀在川。

董先生西莊

董西莊。

齊先生節初

齊節初。

梓材謹案。俞石澗自序大易會要後有云。鄉嘗與余共講明者。如西蜀荀在川。新安王太古。括蒼董西莊。番愚齊節初。悉爲古人。諸先生唯王太古尚見梗概耳。

王氏續傳

王西山先生文煥

王文煥。一名子敬。字叔恭。松陽人。少負雅操。夙承家學。以胡元之亂。不屑仕進。遂取孔孟諸儒緒言。研極精微。著道學發明。大學發明。中庸孟子解及心鏡圖。治心銘諸作。先生以心爲明鏡。毋自欺爲藥物。畏敬恐懼克復省察爲工夫。巍然負泰山北斗之望。學者宗之。稱爲西山先生。括蒼彙談。

梓材謹案。松陽王氏得與晦翁語學者二人。先生必其後也。故曰夙承家學云。

俞氏門人

縣令孫先生駪

孫駪。寧德人。少遊太學。鍵户讀書。舉進士。授浙江縣令。將行。猶造其師俞浙之廬而考業焉。既老。耽書不懈。官多善政。福寧府志。

鮑氏門人

縣尹鄭貞白先生千齡

鄭千齡字耆卿。雲濠案。先生一名椿。歙縣人。幼從鮑先生雲龍游。學知本原。于孝弟尤篤。長遊京師。用薦者歷弦歌延陵善化江寧四鎮巡檢。陸淳安祁門兩縣尉。以承事郎休寧縣尹致仕。在弦歌建弦歌書堂。日與諸生講誦其中。盜賊自息。延陵有吴季子祠。造祠下。示以敬慕里俗爲化。攝祁門縣。大修學校。作興士類。至順二年卒于杭。年六十七。學者私字曰貞白先生。師山文集。

附録

七歲聞人講吕東萊春秋。退卽能衍其説。從父令君行沙上。仰視飛鳶。卽問曰。是何憑依耶。初欲與兄弟義居。嫁娶喪祭各有儀式。及志不得施。則悵然取田之磽瘠器之弊陋者。退處于偏。而讓其正居與昆弟。

熊氏門人

隱君邱先生迪

邱迪字彦啓。□□人。幼孤。侍舅孟潼游匡廬白鹿洞讀書。受熊天慵義理之學。不求仕進。退讓自持。所著有玉淵雜著等書。姓譜。

參政廉先生惇

廉惇。江西行省參政。熊天慵卒。自初喪至葬。親臨哀送。如弟子職。遠近會葬千餘人。吳文正集。

梓材謹案。虞道園爲天慵墓誌云。太古與其門人今陝西行省左丞廉惇。前進士曾翰等。使以書來求銘。則先生固自居及門。故元史儒林熊朋來傳云。廉希憲之子惇。爲參知政事。以師禮事朋來。終身稱門人。

進士曾先生翰

曾翰字仲巽。豫章熊先生門人。夢中爲之更名。泰定甲子進士第三人。吳文正集。

桂先生山附師胡□。

桂山。天慵之徒也。天慵杜門弦瑟。以蕤賓之角歌考槃。乃儒服來聽。問從何來。曰。從胡先生來。于是袖出律論方册。曰。先生之書。惟子其序之。胡先生豫章人。夙擢儒科。隱居彭蠡之濱四十年矣。深于卦象聲韻。非止算律也。天慵遺文。

俞氏家學

俞先生仲温

俞仲温字子玉。石澗先生子。克承其志。姑蘇志。

梓材謹案。先生跋其父易外别傳云。先君子嘗遇隱者。以先天圖指示邵子環中之極言。故是書所著。發明邵子之學爲多。

知縣俞立庵先生貞木

俞貞木。初名楨。字貞木。後以字行。更字有立。石澗先生之孫也。自少篤志問學。尤工古文詞。元季不仕。洪武初。以薦授樂昌知縣。改都昌。後爲鄉人所誣。先生爲人清苦。敦行古道。著有立庵集。姑蘇志。

嚴氏門人

提舉黄樵水先生清老

黄清老字子肅。邵武人。通經博史。登泰定進士。累官知制誥。國史院編修。出爲湖廣行省儒學提舉。學者自遠從之。號樵水先生。著春秋經旨。四書一貫數十卷。其詩存者數十篇。有盛唐之風。道南源委。

附録

七歲學屬文。鄉先生李玉林見之歎曰。是可繼黄童矣。進三山書院山長。弗就。挾書入深山之中。益究其所未至。

朱學之餘

監簿胡先生子實

胡子實。初名希孟。字醇子。永嘉人。力學不怠。于四書所得尤深。鄭滁孫尹樂清創宗晦書院。請主講席。多士歸之。咸淳末。從班中援元祐陳師道例。請于朝。得旨授史館編校。尋帶行國子監簿。使明州。卒。著有講義。孝經註。習史管見。溫州舊志。

高竹澗先生天錫

高天錫。號竹澗。彭澤人。宋季嚴禁道學。考亭之學幾廢。先生獨究心審華實。辨理欲。往來白鹿洞。學者咸敬信之。卒之日。俄云。我欲還造化舊物矣。奄然而逝。後祠鄉賢。九江府志。

鄉舉楊先生□龍

楊□龍。字明夫。清江人。與吴草廬同歲生。自少工進士學。元既復貢舉。時年六十餘。欣然就舉。所編易説洞要。程朱爲之本。而他諸説附焉。吴草廬集。

縣尉汪定齋先生一龍

汪一龍字遠翔。休寧人。宋咸淳進士。調句容尉。攝縣事。歲大饑。倣朱子南康遺規。爲便民十條行之。民無瘠殍。淮閫李庭芝辟入幕。京口瓜州不守。奉母航海南歸。宋亡。不仕元。至元中起教紫陽書院。闡朱子之學。人稱定齋先生。安徽通志。

學正許先生豫立

許豫立。徽州人。前爲紫陽書院堂長。至元十五年按察使者至。謀諸總府。以書院地與古郡學地兩易。以溪山偉觀爲明明德堂。而書其顏。得鄉之名進士深于紫陽夫子之書者三人。汪一龍曹涇爲之師。先生爲學正。方桐江集。

祕監吴義山先生鄹

吴鄹。永新人。宋末兵亂。避仇轉徙山西。改姓名張應珍。自號義山先生。示不忘其故土。注周易。宗程朱。而不爲苟同。元駙馬都尉高唐郡王闊里吉思嘗從之質疑焉。爲刻其書于平陽路。吉安府志。

梓材謹案。吉安府志附先生於宋遺民之列。朱氏經義考據元秘書題名張應珍。以至元三十年十二月。由從事郎歷秘書監丞。大德八年六月。遷秘書少監。九年十月。乃更姓名吴鄹。以爲嘗仕於元。論世者所當知也。

隱君歐陽道江先生侁

歐陽侁字以大。長樂人。隱居著述。動循禮法。學者師焉。梓材案。閩書云。學者稱道江先生。著有四書釋疑。五經旨要。性理學辨。格物啓蒙。忠孝大訓。女範等書。道南源委。

義士陳先生有霖別見吕范諸儒學案補遺。

府志。

學正黃先生瑞節

黃瑞節字觀樂。安福人。舉鄉試。授太和州學正。元季遂不仕。隱居力學。萃朱子所定太極圖。通書。正蒙。易學啓蒙。家禮。律呂新書。皇極經世諸書。兼加註釋。目曰朱子成書。吉安府志。

梓材謹案。蔡氏九儒書載黃瑞節挽西山先生云。直所遭之慘兮天意奚屈。忽訃音遽聞兮哀慟不淑。痛哲人云亡兮邦國殄瘁。感死生永訣兮莫覩其怨。傷吾道終窮兮何心於世。相長號以酹兮陰輔吾志。惟下觀而化兮風聲遠被。想神之有靈兮馨此鐫詩。如其先生及見西山而入元不仕。當有百餘歲矣。豈別一黃瑞節耶。

進士蔣竹山先生捷

蔣捷字勝欲。陽羨人。德祐進士。元初遁迹不仕。大德閒。憲使薦其才。卒不就。平生著述一以義理爲主。其小學詳斷發明。旨趣尤多。學者以其家竹山。咸稱爲竹山先生。姓譜。

鄉貢何志軒先生安子

何安子字定夫。自號志軒。鄉貢進士。程雪樓序其四書後云。能于朱子之說有所發明。不阿隨。又不詭異。他日當與黃饒二先生之說並傳。程雪樓集。

縣尉胡梅巖先生次焱

胡次焱字濟鼎。婺源人。咸淳四年進士。授湖口主簿。改貴池尉。元兵至境。總制以城降。

微服脱歸。或勸其仕。作媒嫠問答詩以見志。著有四書注諸書。人稱梅巖先生。安徽通志。

梓材謹案。萬姓統譜謂其歸家以易教授鄉里。有餘學齋易説。

知事劉知非先生德智

劉德智字彦明。歙縣人。其父以張爲後于劉。先生少知自厲。于學好讀孫吴兵法。旁究釋老方伎之書。已乃大悟。求之四書。浩有所得。選爲建德路儒學正。歷官平江路總管府知事。卒。始字千里。謂其取義之未廣也。易其字。晚又號知非子。其詩文曰紫溪集。柳待制集。

馬先生瑩

馬瑩字仲珍。建德人。尚書大同之七世從孫也。精研經史。旁通諸子百家。下逮山經地志。謠俗方言。朝披夕攬。寨華嚌英。彙次所著五經大義。四書答疑。及自問自答策曰因天集。别有講義讀書記各二十卷。詩集曰歲遷。凡四十卷。又銘贊記序雜古賦十卷。柳道傳謂其學本之經。驗之人事。而槩發之于言。故能致多如是。然反而求之。見其約。不見其博云。柳待制集。

文靖胡紫山先生祇遹

胡祇遹字紹聞。武安人。中統初。累官應奉翰林文字。調右司員外郎。時阿合馬當國。進用羣小。官冗事繁。先生建言省官莫如省吏。省吏莫如省事。以是忤權奸。出爲太原路治中。後改浙西道提刑按察使。尋以疾歸。以耆德第一人徵。不就。卒謚文靖。姓譜。

梓材謹案。先生仕至翰林學士。大中大夫。見王秋澗所作祠記。

附録

爲濟寧路總管。移治鉅野縣。自國初經兵戈。其廢已久。民居未集。風俗朴野。先生選郡子弟。擇師教之。親爲講論。期變其俗。久之治效以最稱。

王秋澗序先生易直解曰。昔宋名儒劉斯立作學易堂記。但序日用常行事。而曰余學易矣。論者以爲得體。況紫山踐履工夫。形諸事業。復推己所得。纂而成書。啓迪後人。可謂得聖賢忠恕之道矣。

趙隆齋先生采

趙采字德亮。號隆齋。潼川人。著周易折衷。其書以程朱爲主。而附以己見。閒采先儒象數變互以相發明。曹能始説。

周易傳義折衷自序

有康節邵子推明羲文之卦畫。而象數之學著。有伊川程子推衍夫子之意。而卦畫之理明。武夷朱文公作本義。釐正上下經十翼而還其舊。作啓蒙。本邵子而發先天。雖本義專主卜筮。然于門人問答又以爲易中先儒舊説皆不可廢。但互體五行納甲飛伏之類未及致思。故愚以爲今時學者之讀易。當由邵程朱三先生之説泝而上之。以會義文周孔之心。庶幾可與言易矣。

梓材謹案。四庫全書著録先生周易程朱傳義折衷三十三卷。又案。經義考載某氏德亮家人經傳衍義云。案。德亮不知其姓氏。疑是趙采所撰。當是也。

貞敏蕭勤齋先生𣂏

文貞同榘庵先生恕並詳蕭同諸儒學案。

于先生景龍

于景龍。婺源人。好深沈之思。取朱子小學書句釋章解以行世。戴剡源集。

袁敏齋先生俊翁

袁俊翁。著四書疑節十二卷。經義考。

梓材謹案。先生號敏齋。袁州人。朱氏以其四書疑節爲未見。然四庫全書著録浙江汪啓淑家藏本。則是書具在也。提要稱其前有黎立武李應星序。又有彭元龍序二篇。應星元龍序皆稱俊翁。獨立武序作儁翁。蓋傳寫字異也。又云。立武應星序及元龍前一序並側注經史疑義字。元龍後一序又側注四書經疑字。而卷首標題則作待問集四書疑節。互相參錯。考俊翁題詞稱。科目以四書設疑。以經史發策。因取四書經史門分而類析之。蓋待問集者。其總名。經史疑義。四書經疑。其中之子部。今經史疑義已佚。故序與書兩不相應也。又云。其例以四書之文互相參對爲題。或似異而實同。或似同而實異。或闡義理。或用考證。皆標問於前。列答於後。蓋當時之體如是。雖亦科舉之學。然非融貫經義。昭晰無疑。則格閡不能下一語。非猶夫明人科舉之學也。

進士彭先生復初附詳張祝諸儒學案。

隱君翁先生森

翁森字秀卿。仙居人。隱居教授。取朱子白鹿洞學規以爲訓。從游者前後至八百餘人。有一瓢稿行于世。浙江通志。

四時讀書樂詩

山光照檻水繞廊。舞雩歸詠春風香。好鳥枝頭亦朋友。落花水面皆文章。蹉跎莫遣韶光老。人生惟有讀書好。讀書之樂樂何如。綠滿窗前草不除。春讀書樂。

新竹壓簷桑四圍。小齋幽敞明朱曦。晝長吟罷蟬鳴樹。夜深燼落螢入幃。北窗高臥羲皇侶。只因素稔讀書趣。讀書之樂樂無窮。瑤琴一曲來薰風。夏讀書樂。

昨夜庭前葉有聲。籬豆花開蟋蟀鳴。不覺商意滿林薄。蕭然萬籟涵虛清。牀頭賴有短檠在。對此讀書功更倍。讀書之樂樂陶陶。起弄明月霜天高。秋讀書樂。

木落水盡千崖枯。迥然吾亦見眞吾。坐對韋編鐙動壁。高歌夜半雪壓廬。地爐茶鼎烹活水。一清足稱讀書子。讀書之樂何處尋。數點梅花天地心。冬讀書樂。

附録

書無不窺。人叩之。舉傳疏不遺一言。或歷代史上下四三千年。纚纚如貫珠。僉呼曰翁書廚。

侯先生克中

侯克中字正卿。眞定人。幼喪明。聆羣兒誦書。不終日。能悉記其所授。稍長。習詞章。自謂不學可造詣。既而悔曰。吾明于心。刊華食實。莫首于理。理以載道。原易以求。則爲得之。于是精意讀易。旁通曲會。參以己見。而名之曰通義。袁清容序之曰。後之儒先言理者。過于浮略象。廣喻而泥象者。微言隻字咸取以爲象。角立交病。三聖之旨泯然莫知所歸。自朱文公發變象之説。學者始知所宗。君深思而識幽。據會提要。蓋將爲程子之忠臣。倣文公以入夫邵子之室。非潛心尊聞者。不能也。清容居士集。

幕官葉先生起

葉起字振卿。永嘉人。所爲喪禮會紀。虞道園爲之跋。述其言曰。昔服親之喪也。或有不得于心。則疑于理有所未盡。求之家禮。則又見其足以少正于今。而疑其未備合于古。乃博考經傳。以爲此書。垂十五年而後成。先生時從事府史。授温陵幕官以出。虞道園集。

劉先生維思

劉維思字良貴。廬陵人。以朱子中庸章句講授。考索玩繹五六十年。年八十乃纂其平日教人㊀。筆之于紙。辭簡義明。謂之中庸簡明傳。吴草廬集。

隱君劉先生瑾

劉瑾字公瑾。博通經史。隱居不仕。肆力治詩。其説宗朱子而閒出其所自得。又考正諸國世次。作者時世。察其源流。辨其音韻。審詩學之合。窮删定之由。爲詩傳通釋一書。能闡發朱子之藴。吉安府志。

梓材謹案。先生所著詩傳通釋二十卷。經義考云。永樂中。胡廣等總其成書爲大全。惟於原書愚按二字更作安成劉氏而已。四庫全書著録内府藏本。提要云。是書大旨在於發明集傳。與輔氏詩童子問相同。陳啓源作毛詩稽古編。於二家之言多所駁詰。然輔書皆循文演義。故所駁惟訓解之詞。此書兼辨定故實。故所駁多考證之語。然徵實之學不足。而研究義理究有淵源。議論亦頗篤實。於詩人美刺之旨尚有所發明。未可徑廢也。四庫又本永樂大典著録先生律吕成書二卷。提要云。是書以候氣爲定律之本。因而推其方圓周徑以考求其積分。蓋劉氏之學篤信宋儒。故其註詩守朱子之説。不踰尺寸。其論樂守蔡氏彭氏之説。亦不踰尺寸也。

㊀「人」下脱「者」。

隱君陳先生仲文

陳先生潔合傳。

陳仲文字奎甫。長樂人。隱居山林。性嗜學。敦孝友。與族子潔建書院于藍橋林壑之中。以程朱正學倡。鄉人課其文行。名爲義學。福建通志。

教授王梅浦先生天與詳見西山眞氏學案。

陳先生□

陳□。進賢人。所著春秋編類傳集。吴草廬序之云。子朱子曰。析之有以極其精而不亂。然後合之有以盡其大而無餘。陳君春秋類編。析經以主傳。分傳以屬經。創意廣例。論類粲然。蓋有得于子朱子之教者也。吴草廬集。

文肅鄧匪石先生文原詳見北山四先生學案。

汪先生九成

汪九成字又善。新安人。著有四書類編二十四卷。鄧文原序之。稱其博采先德之所紀著。區分彙列。純而不雜。簡而不疏。既以自淑。且以勗夫人云。素履齋稿。

進士薛先生大猷

薛大猷。湯陰人。早中甲科。棄而不仕。隱居教授。有四書講義。姓譜。

蕭先生鎰附歐陽養正。

蕭鎰字南金。臨江人。著有四書待問八卷。泰定甲子自序云。比客建城。與友人歐陽養正讀書之次。隨時采集。因成是編。皆先儒之遺言緒論。及時之不倍師説者。閒亦附以一二鄙語及養正所述。則以會蕞自修别之。凡五百四十問。一百十七則。經義考。

隱君安默庵先生熙詳見靜修學案。

郡守崔先生翼之附陳炎西。

崔翼之字鵬舉。□□㈠人。大德閒爲南康守。增置洞學田百畝。又陳炎西。至元閒爲南康路總管。繕修書院。興學賑饑。白鹿洞志。

縣令熊先生升

熊升。豐城人。至元閒爲星子令。常與諸生講學鹿洞。白鹿洞志。

㈠「□□」當作「燕山」。

嚴先生養晦

嚴養晦。山陰人。著先天圖義一卷。戴剡源序之。稱其方圓之象。縱横之數。不勞執比。一一脗合。而陰陽往來。動靜消息之理。開卷可一目而盡。是其于濂溪康節考亭之學。可謂叩其疆藩。而窺其堂室矣。戴剡源文集。

附録

牟陵陽巘序先天圖義曰。最後一圖。乃易所謂太極。邵子所謂道卽太極。心卽太極。而朱子所謂象數未形之全體也。兩儀四象之所由生。今顧列于諸圖之後。嚴君之意。自流泝源。蓋欲復其性初于寂然不動之時。尤見先天圖心法。是當求之于象數之外。

山長黄資中先生澤詳見草廬學案。

提舉龍麟洲先生仁夫父起霔。

龍仁夫字觀復。永新人。父起霔。避兵居太湖之涼泉。鍵户著書。深明性理之學。州郡交辟不起。先生官湖北儒學提舉。晚居黄岡。卜築望江。隱居著述。所著周易集傳。其言多先儒所未發。安徽通志。

雲濠謹案。萬姓統譜載。先生博究經史。以道自任。學者稱麟洲先生。四庫書目著録周易集傳八卷。浙江巡撫採進本也。元史儒學劉詵傳。同郡龍仁夫。劉宋申。皆與詵齊名。有集行世。而仁夫之文尤奇逸流麗。又言。其爲江浙副提舉。不就。

附録

周易集傳立説主本義。每卦爻下各分變象辭占。謂雜卦爲古筮書。春秋傳所引屯固。比入。坤安。震殺。皆以一字斷卦義。此類是也。孔子存之。以爲經羽翼。初非創作。

待制陸先生以衎

陸以衎。無錫人。明易經。遡程朱之原。得象外旨趣。至正中。官翰林待制。姓譜。

梁庸齋先生益

梁益字友直。其先自福州徙江陰。先生博洽經史。而工于文辭。其教人以變化氣質爲先務。學徒不遠千里從之。自同里陸文圭既卒。浙以西稱學術醇正爲世師表者惟先生。所著有三山稿。詩緒餘。史傳。姓氏纂。又有詩傳旁通。揮發朱子之學爲精。元史。

梓材謹案。先生所著詩傳旁通十五卷。前有至正四年太平路總管府推官濱州翟思忠序。稱三山梁先生友直號庸齋。曰。三山者。以其先福州人也。黄氏千頃堂書目稱其舉江浙鄉試。四庫書目提要言。朱子詩傳詳於作詩之意。而名物訓詁僅舉大凡。是書仿孔賈諸疏。證明注文之例。凡集傳所引故實。一一引據出處。辨析源委。因杜文瑛先有語孟旁通。體例相似。故亦以旁通爲名。間有與朱子之説稍異者。是是非非。絶不堅持門户。視胡雲峯等之攀附高名。言言附合。相去遠矣。

劉靜觀先生傳大父元芝。附弟仁。儀可。

劉傳字芳伯。鄱之清溪人。大父元芝。宋迪功郎。先生少學于家庭。迪功教誨甚嚴。先生讀書清苦。日記千言。迪功常訓子孫曰。吾家歷世習詩禮。蓋三百餘年。汝曹勉旃。無墜先業。先生感勵奮發。遂窮五經。尤深于易。推明程朱之傳。復輯諸儒之言以輔翼之。又輯大學中庸要語以授學者。深居不出。聚書數千卷。討論皆造其極。郡人爭具禮幣延致于家塾而師法焉。有弟曰仁。曰儀可。各以所學分教鄉邑。朔望來歸。深衣巍冠。諸子侍立。一家父子兄弟以道義相規切。若師友然。晚年獨喜爲詩。中臺御史列薦其行習。集賢院臣表以靜觀處士之號焉。蘇滋溪集。

吴先生程

吴程字伯章。新安人。著有四書音義。四書輯釋引用姓氏。

胡宜齋先生祖義

胡祖義字季時。號宜齋。新安人。著有四書附通。四書輯釋引用姓氏。

教授程林隱先生復心別見潛庵學案補遺。

王先生善

王善字元善。號竹樓。莆田人。著有四書通考。四書通義引用姓氏。

張先生師曾

張師曾字叔輿。宣城人。著有四書音考。四書輯釋引用姓氏。

干先生文傳

干文傳字壽道。平江人。少嗜學。十歲能屬文。未冠已有聲譽。用舉者爲吴及金壇兩縣學教諭。饒州慈湖書院山長。仁宗詔舉進士。先生首登延祐二年乙科。授同知昌國州事。累遷長洲烏程兩縣尹。陞婺源知州。又知吴江州。先生長于治劇。所至俱有善政。宋大儒朱子上世居婺源。故業爲豪民所占。子孫訴于有司。莫能直。先生諭其民以理。不煩窮治而悉歸之。復募好義者卽其故宅基建祠。俾朱氏世守焉。至正三年承詔預修宋史。書成。擢集賢待制。亡何以嘉議大夫禮部尚書致仕。卒年七十八。元史。

程先生𤫉

程𤫉。新安人。著易學啓蒙類編。虞道園序之云。蓋取朱子與門人平日之語有及于此者。彙而附焉。道園學古録。

黎拙翁先生獻

黎獻字子文。東莞人。性警敏。篤學問。弱冠授徒。一依紫陽白鹿規以爲教。人稱拙翁先生。姓譜。

張魯庵先生奐

張奐號魯庵。漁陽人。潛心性理之學。靜處一室。玩味經旨。衣冠儼然。端坐終日。從遊受業者甚衆。家居嚴肅。冠婚喪祭一遵文公家禮。潮人多化之。元末盜起。過其里。曰。此張先生所居。不敢犯。旁舍亦賴之以安。廣東戴志。

涂桂莊先生應雷

涂應雷。

文節哈剌魯先生伯顏附兄曲出。師黃坦。

伯顏一名師聖。字宗道。哈剌魯氏。隸軍籍。蒙古萬户府。世居開州濮陽縣。先生生三歲。常以指畫地。或三或六。若爲卦者。六歲從里儒授孝經論語。卽成誦。蚤喪父。兄曲出買經傳等書以資之。日夜誦不輟。稍長。受業宋進士建安黃坦。黃曰。此子穎悟過人。非諸生可比。因命以顏爲氏。且名而字之焉。久之。黃辭曰。余不能爲爾師。羣經有朱子説具在。歸而求之可也。先生自弱冠卽以斯文爲己任。其于大經大法。粲然有覩而心所自得。每出于意言之表。鄉之學者來相質難。隨問隨辨。咸解其惑。于是中原之士聞而從遊者日益衆。至正四年。以隱士徵至京師。授翰林待制。預修金史。旣畢。辭歸。而復起爲江西廉訪僉事。數月以病免。及還。四方之來學者至千餘人。蓋其爲學專事講解。而務眞知力踐。不屑事舉子詞章。而必期措諸實用。士出其門。

不問知其爲伯顏氏學者。至于異端之徒。亦往往棄其學而學焉。十八年。河南賊蔓延河北。先生言于省臣。將結其鄉民爲什伍以自保。而賊兵大至。先生乃渡漳北行。邦人從之者數十萬家。至磁。與賊遇。賊知先生名士。生刦之。以見賊將。誘以富貴。先生罵不屈。引頸受刃。與妻子俱死之。年六十有四。既死。人或剖其腹。見其心數孔。曰。古稱聖人心有七竅。此非賢士乎。乃納心其腹中。覆牆而揜之。有司上其事。贈奉議大夫僉太常禮儀院事。謚文節。太常謚議曰。以職守論之。伯顏無職守之責。而死可與江州守李黼一律。以風紀論之。伯顏無在官之責。而死可與西臺御史張桓並駕。以平生有用之學。成臨義不奪之節。乃古之所謂君子人者。時以爲確論。先生平生修輯六經。多所著述。皆燬于兵。元史。

徵君張先生淳

張淳字子素。南樂人。至元中徵辟不就。著有四書拾遺。黄虞稷說。

馮慎齋先生彦中

馮彦中。秦溪人。少孤好學。長克樹立。上奉八十之母。咸稱其孝。闢室爲讀書之所。顏之曰慎齋。日延鴻生碩士。反覆考亭朱子之說。以泝中庸大學之要。自一念之發充之。無一不致其所慎云。貝清江集。

馮先生彥章

馮彥章。秦溪儒者也。深病時俗惑于浮屠。而喪祭之禮俱廢。由是獨違衆行之。而盡革其所爲。顏其堂曰復古。蓋思復古之不易復也。專取考亭朱子所定家禮。爲矯數千百年之非。正之于一旦。可謂豪傑之士矣。貝清江集。

提舉張先生理詳見草廬學案。

太學蘇北谿先生壽元

蘇壽元字伯鸞。又字仁仲。福安人。號北谿先生。弱冠游太學。連魁三館。時太學生至京師者。皆授郡博士。先生歸隱于建陽之唐石。以春秋四書教授學者。著春秋經世。春秋大旨。凡數十萬言。蔣易說。

辭科石義齋先生鵬附子承義。

石鵬字雲卿。號義齋先生。其父自五臺東徙唐封。家焉。世傳儒業。先生早以文行。師範一方。至元丙子。用辭科魁多士。資純篤。恬于世味。惟閉户讀書。務爲無所不窺。四書小學。尤所致力。集其所得。遂至成書。沈潛玩味者有年。反復更易。初不去手。易簀際。屬其子承義曰。吾平昔精力。盡在是書。藏之家塾。詒訓子孫。吾世其庶幾乎。王秋澗集。

薛秋潭先生延年

薛延年字壽之。號秋潭。著有四書引證。四書輯釋。

梓材謹案。經義考引黄虞稷云。臨汾人。安西王文學。

周先生良佐

周良佐。清江人。著有四書人名考。朱子之釋四書。義理精矣。然所引用人名及其事實。初學有所未詳。先生博考備述。俾人名事實坦然明白。閒又發揮其詞語。通曉其旨趣。於讀者誠有資云。吴文正文集。

縣丞吴先生成大

吴成大字浩然。瑞安人。博覽羣籍。通易詩書三經。教授鄉里。翕然稱之。登至治辛酉第。授永嘉丞。所著有四書圖行世。温州舊志。

陸先生天祐附子居敬。思誠。

陸天祐。鄞人。倜儻好義。慕伊洛之學。欲建義塾以教鄉之子弟。未就。遺命其子居敬。思誠。俾卒爲之。二子乃構學一區。于東湖之里。奉祀文公朱子。浙東帥王本齊名之曰東湖書院。建先進祠。祀鄉先生陳文介公而下十人。延師講學。以淑一鄉子弟。寧波府志。

程前村先生直方詳見張祝諸儒學案。

山長涂先生溍生

涂溍生字自昭。宜黄人。邃于易。三上春官。不第。爲贛州濂溪書院山長。著有四書斷疑。易義矜式行世。江西通志。

雲濠謹案。易義矜式一作易主意。一卷。經義考云佚。

縣尹汪遯齋先生汝懋詳見慈湖學案。

提領鄭先生太和

鄭太和。浦陽人。同居六世。文嗣之從弟也。文嗣歿。先生司家事。嚴而有恩。雖家庭中凜如公府。子弟小有過。頒白者猶鞭之。每遇歲時。先生坐堂上。羣從子弟皆盛衣冠。雁行立左序下。以次進拜。跪奉觴。上壽畢。皆肅容拱手自右趨出。足武相銜。無敢參差者。見者喈喈嗟慕。謂有三代遺風。部使者武威余闕行縣。以其孝友。七郡或莫之先。書東浙第一家以褒嘉之。皇太子聞其事而歎曰。此國家之祥瑞也。復親御翰墨。畀以鳳麟二大字。先生性正大。不奉浮屠老子經傳。冠婚喪祭必稽朱子家禮而行。子孫從化。孜孜孝謹。不識廛市嬉戲事。諸子晝趨功。入夜輒坐棣華軒中。温温談笑。至更餘始休。諸婦唯事女紅。不使預家政。有家範三卷。宋文憲集。

梓材謹案。先生嘗爲龍灣務提領。

鄭氏家範

子孫自八歲入小學。十二歲出就外傅。十六歲入大學。聘致明師訓飭。必以孝弟忠信爲主。期至于道。若年至二十一歲。其業無所就者。令習治家理財。向學有進者不拘。

子孫年未二十五者。除綿衣用絹帛外。皆用布。除寒凍用蠟屐。其餘遇雨皆以麻屨從事。三十里内並須徒走。初到姻親家者不拘。

子孫年未三十者。酒不許入脣。壯者雖許少飲。亦不宜沈酗杯酌。喧呶鼓舞。不顧尊長。違者責之。若奉延賓客。惟務誠慤。不必强人以酒。

子孫當以和待鄉曲。我寧容人。毋人容我。切不可先操忽人之心。若累相凌逼。進退不忌者。當以理直之。

子孫毋得與人眩奇鬬勝。兩不相下。彼以其奢。我以吾儉。吾何害乎。

俗樂之設。誨淫長奢。切不可令子孫及臧獲輩習肄之。違者家長箠之。

子孫不得畜養飛鷹獵犬。專事佚遊。亦不得恣情取餍。以敗家事。違者以不孝論。

子孫不得私造飲饌。以徇口腹之欲。違者姑誨之。誨之不悛即責之。産者病者不拘。

凡遇生朝。父母舅姑存者。酒果三行。亡者則致祭祠堂。終日追慕。

子孫有妻子者。不得更置側室。以亂上下之分。違者責之。若年四十無子者。許置一人。不得與公堂坐。

子孫須恂恂孝友。見兄長坐必起。行必以序。應對必以名。毋以爾我。諸婦並同。

子姪年非六十者。不許與伯叔連坐。違者家長罰之。會膳不拘。

子孫受長上呵責。不論是非。但當俯首默受。毋得分理。

子孫不得謔浪敗度。免巾徒跣。凡諸舉動。不宜掉臂跳足。以蹈輕儇。見賓客亦當肅行祇揖。不可參差錯亂。

子孫不得目視非禮之書。其涉謔浪淫褻之語者。見卽焚毀之。妖幻符咒之屬並同。

子孫毋習吏胥。毋爲僧道。毋狎屠豎。以壞亂心術。當時時以仁義二字銘心鏤骨。庶幾有成。

廣儲書籍。以惠子孫。不許假人。以致散逸。仍識卷首云。某氏書籍。子孫是教。鬻及借人。兹爲不孝。

家中燕享。男女不得互相勸酬。庶幾有別。若家舅姑宜饋食者。非此。

家衆有疾。當痛念之。延良醫爲之救療。

諸婦必須安詳恭敬。奉舅姑以孝。事丈夫以禮。待娣姒以和。然無故不出中門。夜行以燭。無燭則止。知其淫狎。卽宜屏放。若有妒忌長舌者。姑誨之。誨之不悛。則責之。責之不悛。則出之。

諸婦媟言無恥。及干預閫外事者。當罰拜以媿之。

諸婦工作當聚一處。機杼紡織。各盡所長。非但別其勤惰。且革其私。每歲畜蠶。主母分給蠶種與諸婦。使之在房畜飼。待成熟時。卻就蠶屋上箔。須令子弟直宿。以防風燭。所得之蠶繭。當聚一處抽繅。更預先鈔寫各房所畜多寡之數。照十一之法賞之。

諸婦每歲公堂于九月俵散木綿。使成布匹。限以次年八月交收。通買錢物以給一歲衣資之用。公堂不許侵使。或有故意製造不佳。及不登數者。則準給本房。甚者任其衣資不給。有能依期登數者。照十一之法賞之。其事並係服長主之。

諸婦育子。苟無大故。必親乳之。不可置乳母。以饑人之子。

諸婦之于母家。二親存者。禮得歸寧。無者不許。其有慶弔。勢不可已者。則弗拘此。

諸婦親姻頗多。除本房至親與相見外。餘並不許可。見者亦須子弟引導。方入中門。見鐙不許入。會衆。罰其夫。主母不拘。婦人親族有爲僧道者。不許往來。

女子年及八歲者。不許隨母到外家。餘雖至親之家。亦不許往。違者重罰其母。

男女不共圊溷。不共湢浴。以謹其嫌。春冬則十日一浴。夏秋不拘。

男女不親授受。禮之常也。諸婦不得刀鑷工剃面。

縣尹朱先生倬

朱倬字孟章。新城人。以辛巳領江西鄉薦。登壬午第。初授某州同知。以憂家居。服闋。授文林郎。遂安縣尹。下車興學誦詩。民熙化洽。歲庚寅。同考浙江鄉試。始識汪仲魯于葛元哲家。因見仲魯詩義而惜其不遇。壬辰秋。寇由開化趨遂安。吏卒逃散。先生大書于座。有生爲元臣。死爲元鬼語。遂坐公所以待盡。寇焚廨舍。乃赴水死。而仲魯爲之哀辭。新安文獻志。

梓材謹案。四庫全書著録先生詩疑問七卷。提要云。朱睦㮮授經圖。焦竑經籍志。皆作六卷。疑爲傳寫之訛。

附録

劉錦文跋詩疑問曰。朱君以明經取科第。凡所辨難。誠足以發朱子之藴。而無高叟之固。然其閒有有問無答者。豈眞以爲疑哉。在乎學者深思而自得之耳。

隱君趙鐵峯先生德

趙德。南昌人。宋宗室。自號鐵峯。博學工文。隱居郡城之東湖。江西通志。

梓材謹案。先生名一作起悳。古今字爾。經義考載。先生四書箋義纂要十二卷。又紀遺一卷。又載先生詩辨説七卷。闕。詩辨疑本七卷。附録朱氏疑問後者。其撮要也。四庫全書著録朱倬詩疑問。附先生詩辨説一卷。提要云。其書與倬書略相類。殆後人以倬忠烈。悳高隱。其人足以相配。故合而編之歟。

附録

李粲序先生四書箋義纂要曰。鐵峯博學多聞。授徒之暇。蒐輯經傳子史百家之書。作爲箋義。

鈎元提要。本末兼備。皆羽翼文公之説。非有異于文公也。

郭先生好德

郭好德字秉彜。京兆人。授徒于鄉塾。著論語義。袁清容序之曰。嘗聞文公之教于其家也。謂集義之作。理義詳而訓詁略。别爲一書。曰訓蒙口義。今此書不存。秉彜是書殆深得文公之意云。清容居士集。

李先生恕

李恕字省中。廬陵人。著有周易旁注四卷。易音訓二卷。其自序合程朱二家之説。及本義附録何氏發揮。大易粹言。南軒解義諸書。節而一之。以爲旁訓云。經義考。

知府方愚庵先生克勤曾祖重桂。父炯。附師董彜。

方克勤字去矜。寧海人。曾祖重桂。鄉貢進士。有學行。學者尊之曰介軒先生。父炯。元鄞縣教諭。先生年十餘。暗記五經。爲文有奇語。稍長。閲關閩遺書。歎曰。爲學當如是矣。遂刮去浮藻。竭心推性命之秘。閉門講習。不知饑渴寒暑。年十八九。充然成德爲名儒。受業質疑者繼乎門。先生以易教授。開陳其説。士俗爲之變。番陽董先生彜。爲慶元路儒學正。先生從之遊。彜素以通易名。先生與之辨質羲文大旨。彜不覺自失愧其門人者。久之。先生知元之將亂。彌自韜晦。窮理致知。以盡其變。至于陰陽消長之度。禮樂名物之數。井田封建之制。躔次疆理之説。

咸求折中。授業者日益多。洪武三年。郡辟爲邑庠師。晝夜辨析。諄諄不懈。四方後進負笈求聽者百餘人。學者私稱不以姓。因所自號稱愚庵。既以母夫人春秋高。自罷歸。從而歸者踵相接。一庠爲空。四年。徵之京師。授濟寧知府。八年。强卒誣之。謫江浦。釋歸。九年卒于京師。初受濟寧之命。郡學官闕。先聖廟頹壞。先生聘前進士爲師。弟子未備者選充之。役浮屠。葺廟堂。鑿廟前地爲泮池。撤佛庵。增廊廡。度廟後地爲射圃。造弓矢。置旄鵠。日視學。率諸生習業。始。郡兵後人未知學。先生以身爲師。爲之立章句。謹節文。講内聖外王之道。不踰時皆化。郡邑之内學舍數百區。在弟子籍者二千人。先生在官。未嘗一時閒。雖無事。終日冠帶坐堂上。召諸吏授以詩書法律。盛暑嚴寒不廢。先生之學明白純正。以紹述考亭爲己責。有汗漫集若干卷。子三。孝孺其次子也。遜志齋集。

附録

性不喜近名。常自誦曰。近名必立威。立威必害人。吾不忍爲也。

宋潛溪爲墓版文曰。自我齊國文公紹伊洛之正緒。號爲世適。益衍而彰。傳道受業者幾徧大江之南。而天台爲極盛。時則有潘子善氏。林叔恭氏。趙幾道氏兄弟以及杜良仲氏。如此者不能徧舉。皆見而知之。推原體用之學。敷化弘治而風動于四方。重徽疊照。于斯爲至。流風遺俗。迄今猶有未泯。若我愚庵先生。其殆聞而知之者歟。

朱先生近禮

朱近禮。盱江人。吴草廬跋其詩傳疏釋云。朱子之注經。詩傳爲最善。學者之窮經。亦惟詩爲易入。近禮喜讀詩。隨己所知。具疏其下。或有所釋。或有所廣。年未二十而專攻一經。志可尚已。吴文正文集。

張中溪先生清子

張清子字希猷。號中溪。建安人。著有周易本義附録集注十一卷。其書以文公本義高下字行。反置之王弼今易經文之下。董季眞説。

教授張先生恕附子端臣。

張恕字如心。浦江人。幼而穎悟。取家中遺書。晝夜研磨之。暑寒不易其度。迨長。聲名藉藉起士林閒。遠近來學者户外之屨常滿。用薦教授常德之武陵。遷婺之東陽。處之慶元。所至以興學爲己任。尋以母春秋高。夷猶里閭。日侍母側。卒于至正癸未。年七十三。遺命治喪勿用浮屠氏法。當依朱子家禮從事。子端臣。博學而能文辭。宋文憲集。

黄先生元吉

黄元吉。

鄉薦王先生元杰

王元杰字子英。吴江人。至正間領薦。值兵興。不復仕。教授于鄉。著有春秋讞義十二卷。黄氏千頃堂書目。

附録

干文傳序先生春秋讞義曰。河洛二程。紫陽朱子。續正學于千載之上。易禮詩書俱著訓辭。獨于是經未聞著釋。子英家世業儒。有志經學。考求易經本義。詩傳訓辭。禮經制度。四書集句。集義。語録。紫陽宗旨。凡釋經引證之言。師友講明之論。其有發明春秋之旨者。具載本經。證以胡氏釋詞。目曰春秋讞義。旁搜取證。竭慮窮思。學者引而伸之。觸類而長之。則知聖經賢傳並行而不悖矣。

梓材謹案。四庫全書著録春秋讞義九卷。提要云。昔程子作春秋傳未成。朱子之論春秋亦無專書。王氏乃輯其緒言。分綴經文之下。復删掇胡傳以盡其意。胡氏之書。在朱子前。而其説皆列朱子後。欲別所尊。故不以時代拘也。又云。三家之末。王氏以己意推闡。別標曰讞。如桓公四年紀侯大去條下。程子以大爲紀侯之名。意主責紀。不責齊。王氏之讞。則委曲恕紀。不從程子之説。而全書之内。於朱子無一異詞。其宗旨槩可見矣。又闢其書襲葉夢得之謬。以讞爲名云。

朱先生文霆附師林岡孫。

朱文霆字原道。莆田人。九歲能文。十三從進士林岡孫學經。每日暮。須諸生出。獨援疑義難其師。其師驚歎之。至治癸亥。以尚書舉進士。至順壬申。賜進士。擢同知瑞安州事。累遷同知泉州路總管府事。以總管致仕。居官無廢事。公所講授不輟。學者因所居稱葵山先生。宋文憲集。

醫丞王先生勉

王勉字緬之。曹南人。仕至太醫丞。老而勤學。註書甚夥。晚乃用力于孝經。章分句析。條記粲然。博考諸家之説。擇其要者。梓而録之。而大要以朱子爲宗。危太朴集。

訓導梁五經先生寅

梁寅字孟敬。新喻人。通五經。元末累舉不第。洪武初。召至京議禮。以年老告歸。從學者甚衆。所著有石門集。姓譜。

梓材謹案。明太祖實録載。先生辟集慶路儒學訓導。以親老辭歸。明年兵起。遂隱居教授。所著有周易考義。詩書演義。周禮考注。春秋考義。又云。結廬石門山。學者稱爲梁五經。四庫書目著録周易考義十二卷。提要云。其大旨以程傳主理。本義主象。稍有異同。因理會參酌。合以爲一。又旁采諸儒之説。以開發之。其注釋經義。言理而不涉虛無。言象而不涉附會。大都本日用常行之事。以示進退得失之機。論其醇正。不愧爲儒者之言焉。又著録詩演義十五卷。提要稱。其前有自序云。此書爲幼學而作。博稽訓詁。以啓其塞根之義。理以達其義。隱也使之顯。略也使之詳。今考其書。大抵淺顯易見。切近不支。元儒之學主於篤實。猶勝虛談高論横生臆解者也。

周禮考註

比長至卑。而一鄉之治必始于此。必相處相和親也。而後善俗可以興。有罪奇衺相及也。而後姦慝無所容。無受無節必治也。而後寇盜無所匿。

周官設冢人墓大夫之職。天子既以昭穆而袝葬。自諸侯羣臣下至萬民亦令族葬。而治以王官。蓋以生也爲君臣。爲親屬。而其卒也葬以類從。以序昭穆。以嚴尊卑。以襃崇功德。孝敬以存。人心以萃。由是道也。自秦漢以來。天子葬各異處。山陵營治。侈費不貲。士大夫多惑于陰陽拘忌。庶民亦妄思富貴。或久而不葬。或葬之遠方。或遷徙頻數。或爭訟不已。爲人上者思以敦厚止爭。安可聽其自爲。而不嚴其禁令哉。

附録

先生自述曰。歸老之後。于書也。以蔡氏傳之詳明。而姑釋其略。謂之書纂義。于詩也。因朱子之傳。演其義而申之。謂之詩演義。于讀春秋也。病傳之言異。求褒貶或過。乃因朱子之言。惟論事之得失。謂之春秋考義。讀程朱易。以其釋經意殊。乃融合二家。合以爲一。謂之易考義。于周官也。删剔其注。使其明暢。謂之周禮考注。于禮記也。以其多駁雜。惟取極善。以類而分。謂之類禮。

鄉貢劉先生玉汝

劉玉汝字成之。廬陵人。嘗舉鄉貢進士。著有詩纘緒。其大旨以發明朱子集傳。故名曰纘緒。

四庫書目提要。

雲濠謹案。四庫全書本永樂大典所載纂定詩纘緒十八卷。提要稱其體例與輔氏童子問相近。凡集傳中一二字之斟酌。必求其命意所在。或存此説而遺彼説。或宗主此論而兼用彼論。無不尋繹其所以然。至論比興之例。謂有有取義之興。有無取義之興。有一句興通章。有數句興一句。有興兼比賦兼比之類。明用韻之法。如曰隔句爲韻。連章爲韻。重韻爲韻之類。論風雅之殊。如曰有腔調不同。有詞義不同之類。於朱子比興叶韻之説。皆能反覆體究。縷析條分。雖未必盡合詩人之旨。而於集傳一家之學。則可謂有所闡明矣。

李先生朝佐

李朝佐。佚其名。雲陽人。窮經積學。有志當世之務。著大學治平龜鑑。傅若金序之云。大學一書。古今帝王爲治之要道也。子朱子既集儒先之説以爲章句。而行諸世矣。今李氏不畔其説。而能增益發明。以申其義。又引事比類。凡唐虞三代下及漢唐歷代之君。善可以則。惡可以戒者。悉附著于其下。其言數千。雜出五經諸史之文。察其用心勤矣。經義考。

李先生嗣榮

李嗣榮字文昌。金溪人。治舉子業。通毛氏詩訓詁。折衷于朱子之説。毫分縷析。唯恐不合性情之眞。試江西鄉闈。立論與有司不合。卽棄去。一假古律詩以自見。扁其室曰嘯雲軒。宋文憲集。

華貞固先生悰韡

華悰韡字公愷。自號貞固。無錫人。著有慮約集。序先業之艱難。述己志之勤勵。戒子孫之守成。更于朱子家禮中取其不悖于古而可行于今者爲一編。其旨歸于積善以培後人。訓俗遺規。

周先生公恕

周公恕。著有大學總會五卷。總載或問。宋儒語録。及考亭師弟問答。大學語。張萱説。

家先生鉉翁

家鉉翁。輝和爾氏。其先居北庭。脱脱太師寧國公之裔。幼穎悟。自命不凡。脱去紈袴習。修孔氏之業。讀文公之書。應江浙進士舉。及格。貢詣京師。旋報罷。自是杜門養志。閩憲聞其才而辟之。尋調行臺御史府掾。牆東類稿。

梓材謹案。先生與家則堂同氏名。蓋慕其爲人。如司馬相如之慕藺相如耳。

余先生應

余應字則亮。政和人。私淑朱子。志性凝重。非公事不入宰室。以孝友著稱于鄉。洪武初。以明經爲本縣訓導。徵拜京都留守。中衛知事。越三載免歸。明年。丁父憂。治喪一以文公家禮。政和縣志。

羅先生復

羅復字中行。廬陵人。著詩集傳音釋。黄氏千頃堂書目。

梓材謹案。經義考云。曹氏靜惕堂有詩集傳音釋藏本。乃合白雲許氏名物鈔而音釋之。

掌教陳先生雅言附師傅志行。徐復。

陳雅言。永豐人。受詩于傅志行。受書于徐復。明興。首起典教縣學。其著述多所發明。有四書一覽。大學管闚。中庸類編。書經卓躍。鄒緝表其墓。經義考。

管先生壽昌

管壽昌字伯齡。崑山人。不數歲能暗誦小學。四書通大義。既長。爲學道書院訓導。諸生悦服。文譽蔚然。越二年。以病請告而歸。自是年愈長而學愈進。善屬文。尤工于詩。泗橋杜玉泉招先生以教諸子。館穀凡二十餘年。玉泉歿。而教授于家。學徒愈盛。先生抱俊逸之才。負高尚之節。齋名尚志。超然晏居。有詩文二十餘卷。曰尚志齋集。藏于家。謝龜巢稿。

隱君李先生天祥

李天祥字閏芳。歙之東關人。隱居讀書。樂善好義。宗人貧乏者恆周之。又以百緡收息。置義田。凡喪葬嫁娶。饑寒無資。及有志頌讀。力不逮者。皆取給焉。輸助邑學。創紫陽書院以祀朱子。鄉人稱之。歙縣志。

隱君邊先生昌

邊昌字伯盛。吳人。隱居教授。張氏據吳。以禮招致。弗就。著有四書節義。虞熊說。

教授單先生仲友

單仲友名佐。以字行。鄞縣人。刻意問學。自經史百氏以至周程張朱之書。靡不深究。爲文下筆數百言未嘗屬草。洪武六年與同郡桂彥良舉明經。官大理府教授。姓譜。

孝子應坦齋先生宗詒

應宗詒。號坦齋。黃巖人。篤志嗜學。能詩文。家雖儒素。事親極甘旨。務得其歡心。居喪哀毀骨立。葬祭一遵紫陽家禮。鄉族稱孝云。台州府志。

孝子孫先生惟中

孫惟中字伯庸。昌邑人。祖父世爲農。先生朝出耕。夜歸讀。古人書惟雅愛宋名臣言行。歷歷能道之。及壯。推擇爲寧海州史。一年貢益都府。瀕行。會父卒。皇皇如欲無生。縣有漢昌邑王廢城。舉柩葬城中。結庵廬其側。藉苫以居。或勸其還。哭而不對。宋景濂爲作孝子傳。宋文憲集。

梁氏講友

劉先生永之

劉永之字仲修。清江人。治春秋學。洪武中以戍卒。其與梁孟敬講春秋一書。可謂持平之論。邵遠平說。

春秋本旨自述

說春秋者。其失有三。尊經之過也。信傳之篤也。不以詩書視春秋也。其尊之也過。則曰聖人之作也。其信之也篤。則曰其必有所受也。其視之異于詩書也。則曰此見諸行事也。此刑書也。今僕之愚。曰。其文則魯史。其義則彰善而癉惡。冀述而傳于後。則以删詩定書贊易同其狂僭。而其爲傳也。則直釋其義。其善者曰。如是而善。其惡者曰。如是而惡。無褒貶予奪之說。其區別凡例則主程子。其綱領大意則主朱子。其三傳則主左氏。以杜預說而時覈其謬妄。其諸家而無適主。取其合者。去其弗合者。如是而已。

朱氏續傳

山長朱先生椿

朱椿。文公四世孫。初省府以公三世孫沂充考亭書院山長。既歿。諸生請以先生襲其職。熊勿軒集。

山長朱先生林

山長朱先生彬合傳。

朱林。朱彬。死節浚二子也。東平袁璧以臬事至閩。訪求文公後。表二子于省。長南溪建安二書院。奉韋齋及公祠。熊勿軒集。

朱先生柯

朱柯字拱之。文公四世孫也。曾大父始自建安徙居華亭。幼穎悟。既冠。益勇于學。日取論語孟子大學中庸詩禮記各誦數百徧。遇有疑。輒從先生長者質問辨析。必得其義乃已。夜則徧閲諸史百家之書。至忘寢食饑渴。外甚樂易而内實嚴正。嘗謂士不通經不足爲學。故其家子弟皆明經篤行。循循有禮節。元至正三年卒。年四十七。貢玩齋集。

朱先生煒

朱煒字君美。文公五世孫。以宸旨入國學。出仕將行。清容作序以送之。清容居士集。

太學朱先生垕

朱垕字仲端。文公六世孫。元順帝在位。十五年詔求天下直言極諫。先生方游成均。條天下之事。自朝廷以至于邊鄙。自政理以及于財用。所以矯其弊而反其正者。本末備陳。綱紀畢舉。其目凡二十。曰治政萬言書。獻諸中書。王忠文集。

王氏續傳

義門王先生澄附子子覺。子麟。

王澄。浦江深溪之同居者。大常少卿萬之元孫也。先生以忠厚爲家。州里之無告者煦之以仁。人愛戴之不啻若父兄。瀕終集家衆言曰。汝曹能同居如義門鄭氏乎。吾瞑目無憾矣。言訖而逝。其子子覺。與弟子麟。合謀召子姓謂曰。一體之分散爲九族。痒疴疾痛舉切吾身。今吾家相傳四葉矣。和孺之樂雖殷。管攝之計未建。庸非缺歟。吾父有遺言。欲法鄭氏。今其家法具在。吾將損益而行之。何如。于是子姓等踴躍承命。遵而行之。同居者七世。金華徵獻録。

鄭氏家學

隱君鄭師山先生玉詳師山學案。

鄭初門人

教諭解筠澗先生開別見北山四先生學案補遺。

立庵門人

侍郎金先生問

金問字公素。吳縣人。道玄子。先生少受易俞貞木家。貧無書。從人借讀。無不通解。官至右侍郎。精星曆之學。然未嘗以語人。姑蘇志。

黃氏門人

廉訪王先生儀

御史篤堅不花先生合傳。

都事田先生復合傳。

奉禮程先生垚合傳。

翰林李先生繡合傳。

王儀。四川行省參政。歸賜僉燕南廉訪司事。篤堅不花。監察御史。田復。中書左司都事。程垚。太常奉禮郎。李繡。應奉翰林文字。黃提舉清善教誘後進。初在朝著。一時名公卿各遣子弟執經受業。四方之人亦有不遠千里而至者。作成人材居多。此尤知名者。蘇滋溪集。

吴氏門人

忠憲先生闊里吉思

闊里吉思。趙王阿剌兀思別吉忽里子。性勇毅。習武事尤篤。于儒習築萬卷堂于私第。與諸儒討論經史性理。陰陽術數。靡不該貫。再尚公主。封高唐王。大德元年遇敵于巴雅斯之地。馬躓陷敵。不屈死焉。追封高唐忠憲王。加封趙王。元史。

胡氏家學

常博胡先生持

胡持。武安人。江浙提刑祗遹之子。官太常博士。彰德府志。

梓材謹案。先生著有周易直解。經義考云佚。

胡氏門人

御史席先生郁

席郁字士文。大名人。少學于翰林學士紫山先生胡祗遹。時集賢學士雷膺。翰林學士王暉。與紫山同稱文章家。先生往來其閒。醇然不雜。則多得于紫山。而芳澤厭滿。皆其自致。早以御史薦爲殿中知班中丞。崔公目之曰。是眞讀書明理者。吾知其不可回撓矣。爲秘書郎三載。至大三年。仁宗方正位東宫。而武宗在御。先生爲澄源書數千言。以貽兩府。其概曰。正己而格君。謀國而任人。是在兩府。宰相。元氣也。臺臣。藥石也。元氣受病則有藥石以輔。彼此相維而君心可正。治道可成。識者多之。及爲御史。首論選官之法。又論興學所以立教。師道不嚴。蒙養不正。望其成功難矣。延祐五年卒。年六十。嘗受言于紫山。曰。士所以異于人者。以義理養心志。以學問養才能。以德養身。以名位養功業。以道養天下。以政養民。以著述養萬世。又曰。盛極而衰。氣數之必然。故君子憂治安而惡滿盈。所以君子小人之澤皆五世而斬。蓋識之座右。常懼一言之不售云。柳待制集。

汪氏門人

吴先生瑋

吴瑋。婺源人。師汪又善。鄧巴西集。

程氏家學

程孝則先生可紹别見介軒學案補遺。

涂氏門人

朱灊山先生隱老父應岳。伯父應五。應祥。應焱。附師姚江村。洪泳齋。趙洌泉。

朱隱老字子方。豐城人。自幼輒劬書。時姚江村。洪泳齋。趙洌泉。皆宋之遺老。淹通六藝之故。而桂莊涂應雷又遠承考亭遺緒。先生咸執經叩請。莫不交與之。一踐場屋不中。益潛心于聖賢之秘。窮索于經。驗諸身心。唯恐有不合者。久之。心與理涵。瞭然如辨黑白。遂倡鳴道學于荷山之陽。四方學子悉從之游。稱瀔山先生。至正壬辰春。江淮兵動。鄉之惡少年爲變。殺戮到雞犬。先生猶操觚正冠衣而坐。從容語鈔掠者曰。貲財任取之。書籍非爾所好也。及其再至三至。先生復曰。吾家已罄矣。爾幸他之。盜笑而去。臨殁語其子善曰。吾以數推。明年江西當大變。汝當謹避以免難。戊戌四月。僞漢陳友諒陷南昌。果如其言。先生多著書。大抵研精易禮之學。而及于邵氏先天横渠正蒙諸書。共若干萬言。初先生伯父應五。應祥。應焱。與其父應岳。皆足以師表州里。先生又能纘成之不墜。士論多之。宋文憲集。

梓材謹案。貝清江爲瀔峯祠堂記云。案瀔峯爲洞雲處士之子。初洞雲兄弟四人。長雪澗。次碧泉。月澗。而洞雲最少。雪澗以文章顯於時。而洞雲與之齊名。又言。其子善。克承其志。且建祠奉之。上推瀔峯之意。而及其祖洞雲處士與伯祖雪澗。以明斯傳之所自來。可謂能子矣。瀔峯卽瀔山之别稱。

朱瀔山語

先天之學。心學也。其圖皆從中起。其前無古。而後無今。大之爲天地。小之爲民物。顯之爲禮樂。幽之爲鬼神。遠之爲闔闢之初終。近之爲瞬息之起止。莫不具焉。邵子以命世人豪。乃操是圖。著爲皇極經世書。性命物理之説。重明于世。學者往往厭其難。棄而弗講。余于是有經世書說。張子正蒙書實與太極圖通書西銘並傳。而未有爲之注釋者。余于是有正蒙書說。禮傳殘缺已久。朱子雖定爲儀禮經傳。而其輯録多出于門人勉齋黄氏與信齋楊氏。其中予奪多有未定。余于是有禮說。易之爲書。廣大悉備。伊洛大儒雖嘗論著。而其義皆愈索而愈無窮。余于是有易說。吾道不行于時。而其見于言者。不過如此而已。

聖人之于經也。其託始有原。其要終有柢。其指事有情。其命名有義。仲尼之修經爲天下計。爲來世計也。苟有志乎爲學。則上自天子。下至匹夫。皆可以學仲尼也。

鄭氏家學

鄭青樓先生欽

鄭欽字子敬。浦江人。龍灣務提領太和之嗣子也。龍灣喜學。先生益左右之。得一言必籍記而力行之。龍灣采先世所行定著家規五十八則。先生復著續規七十三則。以補其未備。自號青樓居士。卒年六十三。子五。渙其次子也。黄文獻集。

附録

先生善治家。廣田二十畝。貯其歲入于家禮莊。以給冠昏喪祭之費。其于疏族則有續食之粟。禦凍之衾。鄉里則有推仁之財。免利之穀。勸學之塾。廣孝之阡。庇窮之屋。嘗曰。民吾同胞。

憂樂共之。可不盡心乎。

鄭先生渙別見北山四先生學案補遺。

方氏家學

純孝方先生孝聞

方孝聞字希學。愚庵長子。年十三。居母之喪。不肉食至服除。人以純孝稱之。宋文憲集。

附録

學通五經。尤邃于易。孝孺嘗曰。某所以粗知斯道者。非特師父之教。抑亦吾兄之訓飭也。

文正方正學先生孝孺詳見明儒學案。

方氏門人

盧先生原質

盧原質字希魯。寧海人。母方氏。孝孺姑也。先生問學得于方門爲多。洪武戊辰廷試第三。歷除太常少卿。左遷溧水丞。單車赴任。摩煦撫字。尤存心教化。大修孔子廟。後以他事坐逮。耆民數十百詣闕。言丞廉平狀。多感激流涕。上遣還。永樂初。起爲太常少卿。不屈。族其家。台州府志。

黄氏門人

訓導景訥菴先生星

景星字德輝。餘姚人。洪武中官杭州儒學訓導。其學長于春秋。有四書啓蒙行于世。姓譜。

景訥菴説

大學傳五章。此謂知本一句。非但衍文。正是釋格物二字。經言。物有本末。此本字指極本窮源處。卽至善之所在也。經曰。知止。傳亦曰。于止知其所止。經曰。物有本末。傳亦曰。知本非釋物格知至而何。程子曰。格物者謂知至善之所在。如此則謂之傳無闕文可也。靜安慮得四字。卽可以見吾心之全體大用。無不明處。謂非致知工夫不可。本末終始四字。卽可見衆物之表裏精觕無不到處。謂非格物工夫不可。不待補而義足。此説得之矩堂董氏。中庸曰。知所以修身。則知所以治人。知所以治人。則知所以治天下國家。學莫先乎致知。其所知者不過自心而身。自身而家國天下。此外餘無㊀蘊矣。

㊀「餘無」當為「無餘」。

附録

四書集註啓蒙自序曰。星幼承父命。嗣儒業。而苦無常師。年十六。始得出就伯父黄先生學。先生曰。汝爲學必先熟讀四書以爲之本。而後他經可讀矣。星于是晝誦夜思。不敢少惰。居四年。得犓通大義。後欲明經習舉子業。先生又引星進郡庠。受春秋經于勾乘楊先生。一時師友切偲問辨。資益爲多。復得諸引翼書爲之啓發。然後益知四書奥義。不可不窮矣。

梓材謹案。先生號訥庵。四庫書目著録大學中庸集説啓蒙二卷。提要云。其書發揮頗簡切。大學聖經章句欲其一於善而無自欺句。注。一於善。祝本改作必自慊。於字句亦復不苟。又傳之二章。注盤。邵氏謂恐是盥頮之盤。傳之四章。注備引程子饒魯吳澄之説。中庸三十二章。注引鄱陽李氏之説。皆與章句異同。非堅持門户者比。蓋猶能自抒心得者也。

朱氏門人

助教木先生景方

木景方。瑞安人。資稟淳厚。受書于朱文霆。得朱學微旨。爲文典雅。足式後進。洪武間。授國子監學録。陞助教。卒于官。姓譜。

附録

洪武初。舉爲本學訓導。尋以明經薦于朝。試陽舒陰暢論。稱旨。授國子監學録。自祭酒以下。咸器重之。所淑俊彦皆有聲。

梁氏門人

鄧先生雅

鄧雅字伯言。洪武壬戌有辭聘詩。時梁寅方講學石門山中。先生與之游。著有玉笥集九卷。即寅所勘定云。四庫書目提要。

陳氏門人

王樂翁先生朝附方炯門人陳虛中。

王朝字德暉。號最樂翁。莆田人也。其學出于同安尹陳仁伯。再試鄉闈不利。以布衣教授州里以終。詩文十卷。其友方炯門人陳虛中刻梓以傳。宋文憲集。

朱氏家學

文恪朱一齋先生善

朱善字備萬。豐城人。灊山之子。九歲通經史大義。能屬文。元末兵亂。隱山中。著詩經解頤。史輯。洪武八年對廷試第一。授翰林院修撰。奏對失旨。謫遼東教授。未至。放還鄉。召爲翰林待詔。上疏論婚姻律曰。民閒姑舅子若女及兩姨子若女。法不得爲婚。讎家訕訟。或已聘見絶。或既婚復離。或成婚有年。兒女成行。有司逼奪。按舊律尊卑長幼相與爲婚者有禁。姑舅兩姨子女無尊卑之嫌。今浙江此事尤多。以至訟獄繁興。願下羣臣議。弛其禁。帝是之。十八年擢文淵閣大學士。未幾請告歸。卒年七十二。正德中諡文恪。列卿録。

雲濠謹案。先生一名善繼。號一齋。見聶氏鍾所作墓志。

梓材謹案。四庫全書著録先生詩解頤四卷。提要稱。是編不載經文。但以詩之篇題標目。大抵推衍朱子集傳爲説。其説不甚訓詁字句。惟意主借詩以立訓。故反覆發明。務在闡興觀羣怨之旨。温柔敦厚之意。而於興衰治亂。尤推求源本。剴切著明。在經解中爲别體。而實較諸儒之爭競異同者爲有裨於人事云。

景氏門人

侍郎蔣先生驥

蔣驥。景訥庵門人。官禮部侍郎。其跋訥庵四書集註啓蒙稱。訥庵先師用功于四書十年。去取諸説而爲此書。大學已有刊本。而語孟中庸則未刊云。四庫書目提要。

王氏家學

孝子王先生公穀附子寅。

王公穀字德良。莆田人。生三年而父亡。稍長。問其母曰。吾父何在。母曰。若父死已久。墓木今將拱矣。先生擗踊號慟。即製斬衰絰帶追行三年喪。事兄最樂先生朝。有如其父。絲毫不違其教令。最樂亦盡心于先生。鞠育導迪。無不備至。先生肄業郡庠。歲當大比。同舍生皆踴躍入家狀。期赴鄉闈。先生獨杜門不出。日以色養爲事。元季亂亟。先生挈妻孥避往仙遊山中。及明御曆。謂其子寅曰。不仕無義。吾非不知也。第迫于親老且病耳。爾當力學淬行。以繼其門。寅遂以尚書中鄉貢。擢爲給事中。尋兼靖江相府録事。而先生始卒。宋文憲集。

一齋門人

司訓丁先生隆

丁隆。南昌司訓。一齋朱先生得家學之傳。經籍無不考賾。古詩三百篇。尤博極其趣。每授諸弟子。于發明肯綮處輒録之。時亦在門云。詩解頤題後。